传奇将军冯玉祥

余华心 著

学苑出版社

图书在版编目（CIP）数据

传奇将军冯玉祥 / 余华心著. — 北京：学苑出版社，2007.9（2016.5 重印）
ISBN 978-7-5077-2932-0

Ⅰ. 传… Ⅱ. 余… Ⅲ. 冯玉祥（1882～1948）- 传记 Ⅳ. K825.2

中国版本图书馆 CIP 数据核字（2007）第 139365 号

责任编辑：李　耕
出版发行：学苑出版社
社　　址：北京市丰台区南方庄 2 号院 1 号楼
邮政编码：100079
网　　址：www.book001.com
电子信箱：xueyuanpress@163.com
联系电话：010-67601101（营销部）、010-67603091（总编室）
印 刷 厂：保定市彩虹艺雅印刷有限公司
开本尺寸：720×980mm　1/16
印　　张：21
字　　数：272 千字
版　　次：2007 年 9 月北京第 1 版（2011 年 3 月第二次修订）
印　　次：2016 年 5 月河北第 5 次印刷
定　　价：58.00 元

献身

献身给国家,
不怕刀砍和枪杀,
献身给民族,
情愿粉身与碎骨。
民族生存,我方生存,
我身虽死,换得民族生存。
国家自由,我方自由,
我身虽死,换得国家自由。

冯玉祥
一九三七年

冯玉祥印章

（左：光复国土　右：还我河山）

国民军联军总司令之印

1926年9月17日，冯玉祥宣誓就任国民军联军总司令，率全体官兵加入国民党。

民众抗日同盟军总司令之印

1933年5月24日，张家口各界组织"民众御侮救亡大会"，成立"民众抗日同盟军"，公推冯玉祥为总司令。

布衣将军

在美国
（仅存于世的冯玉祥单人彩照）

冯玉祥在南京挥毫。冯氏诗自成一体，画风纯朴。其画配诗粗犷、直白。从他留下来的许多遗作里可见其忧国忧民的拳拳之心。

画上题字：

鸽子鸽，石上落，回着头儿少快乐。好似为了失了土地发愁，好似为三千五百万同胞难过。可叹啊，我们连小鸽子都不若。傲伟啊，我们还是爱生活。

画上题字：

有公鸡，有母鸡，子孙绵绵不绝迹，生活不能离土地。而今四省全不要，我们将要愧对你。你能领着母鸡任意游，三千五百万同胞已经丢。

画上题字：

老公鸡，观子红，生来好斗有本领。老公鸡，尾巴长，威风斗斗不怕强。老公鸡，一腿站，谁敢来惹向谁干。老公鸡，老公鸡，可怜中国不如你。

画上题字：

待人经营，老母鸡责任更重。小鸡初生，在乡人家，到处乱跑，也有可怕，须防老鹰和老鸦，如遇危险，老鸡掩护要先牺牲自家。今日国民，不如小鸡，因为没有国家保护他。

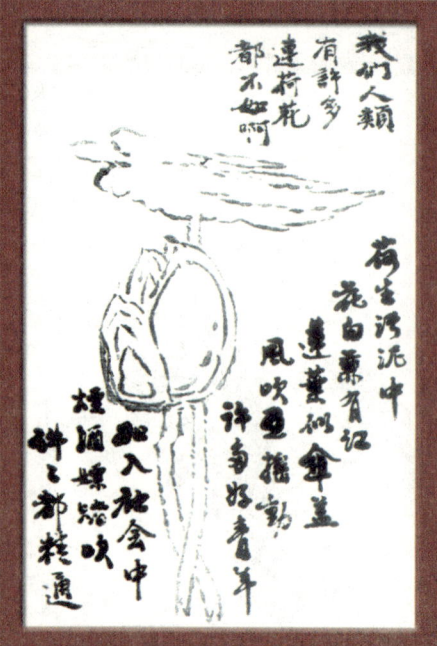

画上题字：

荷生污泥中，花白兼有红。荷叶似伞盖，风吹互摇动。许多好青年，加入社会中。烟酒嫖赌吹，件件都精通。我们人类有许多连荷花都不如啊！

画上题字：

竹有节，竹有节，不畏风，不怕雪。内中空虚是谦逊，生性不屈是刚烈。日本欺我不抵抗，借问一声有无节？

画上题字：

花有芝兰香，绿叶丛又长。虽生野林中，不改本来芳。军人何本分，手中有根枪，日人占四省，腼颜不抵抗。如此一二载，将成何模样？祖宗庐墓尽，子孙都灭亡。

画上题字:

对琴独坐,我思如何,
对外不抗,民族将没。
对琴独坐,我何所思,
如不抗日,国亡在兹。
对琴独坐,我如何想,
对日不抗,国家要亡。
对琴独坐,我想如何,
南京建楼,农村产破。

画上题字:

　　大叶风吹响,一人坐石上。问君何所思,为何不抵抗。如果不抗日,民族一定亡。

1943年12月28日，冯玉祥为刘兰华女士（本书作者之母）专绘作品

画上题字："一个大白菜，味是真正美，大家常常吃，打得倭寇必败北。"

1943年12月28日，冯玉祥赠给九岁的余华心（本书作者）

画上题字："红萝卜，紫茄子，味都好，味都香，大家多吃些，一定打过鸭绿江。"

前 言

（一）

1935年,当冯玉祥将军组织领导的抗日同盟军被迫解散,他满怀忧愤二次隐居泰山时,在同盟军中任总务处长的父亲余心清,带着母亲和一岁多的我,也上山居住。

父亲作为文职人员,跟随将军左右二十余年,极受倚重,为将军办学和从事政治活动不遗余力。20世纪20年代,将军选派属下有为的青年到德国和苏联学习军事,而父亲被送到美国学习行政管理,回国后,任将军开办的开封训政学院院长,专门培训将军辖区的县级行政官员,并先后担任过将军在山西汾阳办的铭义中学校长、北京军官子弟学校校长。1933年,反对蒋介石的不抵抗政策、坚决抗日的福建人民政府成立,将军派父亲作为他的代表前往参加并代任经济委员会主席。整个抗日时期,他们都在一起,直到战争胜利后将军被迫出国踏上不归路,命运才将他们永远分开。父亲曾发自肺腑地对将军说："凡追随先生的人,没有不受到先生伟大精神熏陶的,以致有大刀阔斧拼命实干的精神。"

将军1939年9月25日在给父亲的长信中写道："……您那样实心办学,真心做事,赤诚为国,忠实对祥,而二十年来,祥觉得没一条帮了您的忙,望您时常指教我,规劝我,使我抱定用之则巧,舍之则藏的决心,能以彻始彻终,不争名不争利的拥护抗战到底,那就是我对您请求的……"谦逊的言语中,饱含着深厚的情谊。

我母亲刘兰华和冯夫人李德全,是20世纪初北平贝满女中的同学,她们都是那个时代自强自立的杰出女性,也是知己朋友。日后我和冯家的小儿子洪达走到了一起成为夫妇,大概也是家庭的渊源吧。

（二）

1943年春节,母亲带着九岁的我去给将军拜年,他穿着北方农民那种半截子粗布棉袍,和我们面对面站定,互行三鞠躬。留饭后,他把我们领到书房,给我们母女俩每人画了一幅蔬菜水彩画,给母亲画上的题词是:"一个大白菜,味是真正美,大家常常吃,打得倭寇必败北";给我画上(上款对我也称"女士")的题词是:"红萝卜,紫茄子,味都好,味都香,大家多吃些,一定打过鸭绿江。"在在表现出他对抗日战争必胜的坚定信念。那时谁能想到这两幅画日后竟经历了两次失而复得的命运。第一次是1947年,父亲因为从事秘密工作,在北平被国民党特务机关逮捕抄家,画没了。新中国成立后,有一天军管会通知我去认领被抄的东西,虽然只找回了少量物品,但幸运的是其中有这两幅画;再次是1966年"文革"中家又被抄,父亲愤而撒手人寰,十年后落实政策,又从荣宝斋找回了这两幅画,真是割不断的情缘、画缘。几十年前和将军的那次会面,当时谁能想到,日后我会成为他的儿媳妇,并且在十年动乱之后,当年那个黄毛小丫头首先拿起笔来,写出他生命最后的篇章,为他讨还历史的公道。

(三)

20世纪50年代后期,我从复旦大学中文系毕业后,又到中国人民大学读研究生,学的是中国革命史专业。在对历史及其人物都缺乏客观公正评价的年代,有一次我问冯夫人对将军应该怎么看?她沉思了一下说:"他是爱国的。"

爱国爱民,从思想到行动,贯穿了将军的一生。他参加辛亥革命,意在推翻清朝;他发动首都革命,驱逐溥仪出宫,斩断了帝制复辟的孽根;他参加北伐,最后指挥一、二集团军80万大军挥师北上,取得了国民革命的最后胜利;他奋起抗日,组织民众同盟军,抗敌御侮,大振国威。在抗战期间牺牲的著名爱国将领赵登禹、佟麟阁、吉鸿昌(被蒋介石杀害)、张自忠都是他带出来的。抗日战争结束后,他被迫离国去美,在美国的本土上,义无反顾地进行反对美国政府援助蒋介石打内战的斗争。他从不畏强权,在任何外国势力面前,为了维护国家的主权和尊严,态度都是强硬的。

将军的一生,好学不倦,极为敬重有知识的人。他不仅治军有道,而且能诗会画,精于书法,著书立学,成为学问家,弹奏起古筝《高山流水》,也是一曲惊人。他从年轻时开始写日记,终生坚持,留下了丰富的史料。这些年来,他的日记、文集和自传陆续出版。国内外都成立有冯玉祥研究会。

将军出身贫苦,对底层人民的痛苦深有体会。从领兵日起,不论走到哪里,他都尽心尽力为老百姓办好事、办实事，禁烟禁赌，修桥筑路，兴办义学，植树造林，扶困济贫。他主政几个省的时候，都立即大力推行他的改造社会，实现清明政治的施政纲领，时间虽短，却大有成效。这大概就是为什么至今有关他的种种事迹，仍不断地出现在报纸杂志上，为人们念念不忘。

将军一生身经百战，在近代历史进程中一些重大的关键时刻，都做出过贡献。但是由于过去长期对历史人物的歪曲，造成了人们认识上的误区。20世纪80年代初，我调到一个新组建的单位工作，被评为"先进工作者"，后来又给拿下来了，对此我并不在意，但是当知道了被拿下的原因，是因为有人到领导那里去反映"冯玉祥是大军阀、大官僚、大政客，他的儿媳妇有什么资格评先进"时，使我深感历史的真相实在是有澄清的必要，我觉得自己有责任写写真实的冯玉祥，以正视听。当下我就给全国政协文史资料委员会去信，毛遂自荐说我想写冯玉祥，希望他们给予支持。真是感谢他们的帮助，给我单位发了借调函，为我创造了实现愿望的条件。

（四）

将军的一生波澜壮阔，从何着手？考虑的结果，我把重点放在了他生命最后几年的生活和斗争上，因为晚年这一段由于他的突然遇害去世，是个空白。

为了更多的收集资料，我到中国革命历史博物馆、中国第二历史档案馆、北京市图书馆报库查阅了大量的史料，走访了能联系上的将军的旧部故交尹心田、彭秉信、王华岑、韩多峰、庞齐、吴组湘、赖亚力、刘思慕、吴茂荪等叔辈，在全国政协文史办公室阅读了全国各地政协编写的《文史资料选辑》里有关将军的文章，以及父亲未及发表的遗作《我所认识的冯玉祥》，在此基础上，和洪达合作，于1981年完成并出版了《冯玉祥将军魂归中华》一书。在当时，发行渠道是由新华书店先向全国征订而后再付印，这本书印了25.3万多册，说明了人们仍在怀念着这位历史人物。

书出版以后，一些地方的将军旧部给我来信和寄来他们写的回忆文章，以及他们在当地档案馆发现的相关史料；四川合江县、万县，山东泰安县，河南郑州市，陕西西安市搞史志的热心人，也都提供了文字和图片资料，对我大有帮助。1984年，应《大连日报》的约稿，写了长篇连载《爱国名将冯玉祥》，反响也很热烈，这不是因为我写得怎么样，而是将军一生的事迹感人。1988年，受军事科学出版社之托,整理出版了文言文体的《冯玉祥自传》。今天出现在读者面前的这本书,就是在以上三书的基础上,力图把将军一生所经历的重大历史事件和最能体现他为人处世的原则以及特立独行的性格风貌展现出来。

(五)

全书分上、下篇,上篇《叱咤风云谱传奇》以珍贵的史料和图片,展现出将军从一个泥瓦匠的儿子一步一步成长为最高军事首脑,并参与近代史上众多重大事件的传奇经历;下篇《魂绕中华日万周》(篇名取自郭沫若悼诗《永远活在人民的心头》,诗见本书第292页。)从1946年被迫出国开始写起,详细记录了他生命最后两年在美国的生活和斗争。

将军1948年由美国经苏联回国途中,在黑海苏联客轮上发生的火灾中遇难。关于他的死,有过种种传说,但都认为是一场意外,而笔者始终对此存有疑问。1982年,曾长期在将军身边工作、灾难发生时也跟随将军同在船上的赖亚力先生看到了《冯玉祥将军魂归中华》一书后,在青岛约见了洪达和我。赖先生曾任我国驻联合国代表团团长,他告诉了我们当年事故发生后,苏联有过一个调查报告,船上起火的真正原因是烈性炸药引起的,这就证实了将军死于谋害,而不是意外,但阴谋的策划者是谁,仍是个谜。在本书中,首度披露这个历史的真相。

岁月匆匆,人生短暂。当年访谈过的将军旧部和我的先生洪达,如今都已经不在人世了,想起他们,心里就难过。今年11月是将军诞辰125周年,这本书,是纪念他的,也是纪念已故前辈和亲人的。

作者
2007年8月

目录

前言
上篇　叱咤风云谱传奇

第一章　苦难的童年…………3
第二章　在军旅中成长…………6
　　　　正式入营当兵…………6
　　　　义和团之役…………8
　　　　苦学苦练…………8
　　　　由淮军到新军…………10
　　　　滦州起义…………11
第三章　第十六混成旅…………15
　　　　建军…………15
　　　　反对袁世凯称帝…………17
　　　　整军经武…………19
　　　　反对张勋复辟…………20
　　　　浦口停兵…………22
　　　　武穴主和…………24
　　　　坐镇常德…………24
第四章　征调频频…………28
　　　　开赴武汉…………28
　　　　梦啼信阳…………30
　　　　主政陕西…………31
　　　　主政河南…………34
第五章　陆军检阅使…………37
第六章　首都革命…………44
　　　　草堂密议…………44
　　　　星夜班师…………46
　　　　驱逐溥仪出宫…………49
第七章　西北边防督办…………52
　　　　伟人辞世…………53
　　　　新的转折…………54
　　　　建设新西北…………57

　　　　强硬外交…………60
　　　　助郭讨奉…………60
第八章　赴苏联考察…………63
　　　　出国原因…………63
　　　　出国途中…………65
　　　　耳目一新…………67
第九章　离苏返国…………70
第十章　五原誓师…………75
第十一章　驰援西安解重围…………80
第十二章　国民革命…………86
　　　　出征北伐…………86
　　　　会师中原…………88
　　　　郑州和徐州会议…………90
　　　　"礼送出境"…………94
第十三章　北伐胜利…………96
　　　　初识蒋介石…………96
　　　　继续北伐…………97
　　　　功成祭英烈…………99
第十四章　祸起萧墙…………102
　　　　裁军风波…………102
　　　　风云变幻…………105
　　　　误落陷阱…………107
第十五章　中原大战…………109
　　　　战况…………109
　　　　大结局…………111
　　　　大敌当前…………112
第十六章　解甲泰山壮志不移…………115
　　　　抗日同盟军…………115
　　　　在泰山…………122
　　　　共赴国难…………131
第十七章　西安事变前后…………138
第十八章　针锋相对…………144
　　　　宣传抗战…………144
　　　　长沙巧谏…………149
　　　　痛骂汉奸…………151
　　　　陪都生活…………155
　　　　六十大寿…………160
第十九章　民主阵营…………166

第二十章　大江东去…………169

下篇　魂绕中华日万周

第二十一章　被迫出国…………175
　　　　　　告别…………175
　　　　　　民族之光…………178
　　　　　　船上见闻…………179
　　　　　　明月故国…………180
　　　　　　一番议论…………181
　　　　　　抵达美国…………183
　　　　　　初步观感…………184

第二十二章　在美国西部…………187
　　　　　　最初的日子…………187
　　　　　　刻苦学习英语…………188
　　　　　　国内全面开战…………190
　　　　　　难忘国耻…………191
　　　　　　考察水利有感…………192
　　　　　　想到故乡…………195
　　　　　　透过现象看美国…………196
　　　　　　见解独到…………196
　　　　　　对比伤情…………198

第二十三章　公开反蒋开始了…………200
　　　　　　《告全国同胞书》…………200
　　　　　　中国无自由…………205
　　　　　　申请延长留美的斗争…………206
　　　　　　观潮…………208
　　　　　　"你们几乎出不来了"…………210

第二十四章　到东部去…………211
　　　　　　东去途中…………211
　　　　　　打响第一炮…………213
　　　　　　成立旅美中国和平民主联盟…………217
　　　　　　在华侨中…………219
　　　　　　大声疾呼…………222
　　　　　　义无反顾…………229
　　　　　　一场论战…………231

第二十五章　《我为什么与蒋决裂？》…………235

　　　　　　　彻底决裂…………235
　　　　　　　下令回国…………238
　　　　　　　开除公职　吊销护照…………239
　　　　　　　开除党籍…………240
　　　　　　　声明和公开信…………242
第二十六章　中国国民党革命委员会成立…………244
第二十七章　流亡革命者…………249
　　　　　　　定不还账…………249
　　　　　　　街头演讲…………251
　　　　　　　遗嘱…………254
第二十八章　在美生活片断…………259
　　　　　　　崇尚简朴…………259
　　　　　　　教子…………261
　　　　　　　一个重感情的人…………262
　　　　　　　良好的习惯…………264
　　　　　　　困境…………265
　　　　　　　日日新…………265
第二十九章　决心回国…………267
　　　　　　　告别美国…………267
　　　　　　　在"胜利号"上…………273
　　　　　　　最后诗信…………275
　　　　　　　"防止起火啊！"…………276
第三十章　黑海惨剧…………277
　　　　　　　无声无息火突来…………277
　　　　　　　冯玉祥将军告别了…………281
　　　　　　　灾难深重…………281
　　　　　　　苦难之夜…………283
　　　　　　　紧急搜索…………284
　　　　　　　一片残褛…………285
　　　　　　　劫后余生…………287
　　　　　　　忠魂化做轻烟去…………288
　　　　　　　深切的悼念…………290
　　　　　　　长眠泰山…………296
第三十一章　冯玉祥百年诞辰纪念…………300
结束语…………302
注释…………304
主要参考书目…………312
后记…………313

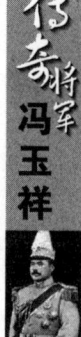

上 篇
叱咤风云谱传奇

第一章
苦难的童年

> 我的家世，我生长的环境和我所处的正在急剧变化中的时代，都是我个性、思想，以及一切行为活动的摇篮。
>
> ——冯玉祥《我的生活》

冯玉祥有过显赫的祖上，根据家谱历代的记载，他的先祖冯如霖因屡建战功，在同治七年七月初十的皇帝诰命中，被封为振威将军，夫人获一品之殊荣。列祖中的建威将军雨膏公："伟哉将军　公忠为国　扫荡烟尘　纵横南北"。松亭公："幼年好学　强壮从军　征南扫北　纬武经文"。郁亭公："壮年从军　功保副将"。藩卿公："品貌堂堂　征南扫北　有功不伐　有才不狂"。

冯玉祥的家道是何时和因何败落的，无从考证了，下面的故事从这里开始：

清朝年间，在安徽巢县竹柯村里，有一个青年泥瓦匠，名叫冯有茂，他就是冯玉祥将军的父亲。他在富人家做工，抽空"偷师"看少爷学武，自己暗中苦练。一次偶然被教练发现，觉得他很有上进心，征得主人家的同意，收他为徒，边工边学，武艺渐渐娴熟，人也长得身强力大。后来他随主人家的儿子们参加武试，少爷们都落了榜，而他却中了武秀才。

冯有茂入伍后，编入朝廷重臣李鸿章淮军辖下的铭军。由于他武艺好，锐意进取，很快就成了一名下级军官，辗转江苏、湖北、山东及甘肃等省，受尽跋涉饥困之苦。

冯有茂娶妻游氏，他们共育七个男孩，长子基道，次子基善——即冯玉祥，其余五个儿子小小年纪都因营养不良而夭折了。冯玉祥1882年11月6日（农历九月二十六日寅时）出生于直隶（今河北）青县兴集镇。乳名科宝，族名冯基善，字焕章，晚年号济公，人们都喜欢称呼他为先生。冯玉祥出生后不久，冯有茂的部队调往保定，这时他因功已升为相当于连长的后营右哨哨官，他们的家安在离保定城二里远的康格庄。

冯玉祥幼年不幸的是他的父母染上抽大烟的恶习，屡戒屡犯，戒烟时痛苦不堪的挣扎情景，令他幼小的心灵受到极大伤害，家里经常不得不靠典当衣物和日常用品糊口，等父亲开了饷再去赎回来，到月底揭不开锅了又去当，恶性循环，搞得家徒四壁。他小时从没穿过新鞋，他所穿的鞋，都是在旧货摊上买的"二鞋"，就是人家穿过又经鞋匠缝补过的破烂货。七八岁时，他就要找农活儿帮助家里，大热天钻到密不透风的苞米地里，帮人家剥用来喂牲畜的叶子，饿着肚子一干一天，身上划出道道伤口，汗水一渍，浑身刺痛。雪上加霜的是母亲在他12岁时又撒下他们父子病故。他所经历的苦难，使他对鸦片有切肤之痛，对平民生存的艰辛有亲身体会，后来领兵握权，他到处禁烟，与劳苦大众血脉相连，立志救国救民，一生生活俭朴，这些思想作为，可以说都源自于幼时的环境影响。

冯玉祥一辈子只上过一年三个月的私塾，这是他一生中仅有的一次正规学习。那是在他哥哥去当骑兵后，因学费已交了，他去替补读完后半段。后来好不容易有个机会，兵营中出了空缺，管带因与冯有茂日常关系不错，有心照顾他家生活困难，就说把他儿子补了兵吧，随手在花名册上给他写了个名字冯御香。日后有人说这个名儿太女人味儿了，便又改叫冯玉祥，以后就一直沿用了下来。字焕章还有个来由，那是他认得些字后看《彭公案》，其中有个人叫顾焕章，性极侠义，扶困济贫，除邪铲奸，又极孝顺父母，友爱兄弟，冯玉祥羡慕他的为人，就把焕章做了别号。

因年纪还小，冯玉祥入伍暂时不用到营服役，但按军中恩饷制，可以享受每月领饷一份，虽然微薄，对穷家也不无小补。他年纪虽小，却生得高大壮实，气力过人，营中人叫他"冯大个子"。12岁时父亲奉命修筑大沽口炮台，他也跟着去了，驻扎在曹头沽、南港、双桥等处。离他们施工20里远的海面上，就停泊着日本军舰，从那里开炮，可以直接命中大沽口炮台。冯玉祥经常听到营里的人议论日本军舰和外国欺侮中国的事，这种局面，在每个官兵的心上，都投下了耻辱的阴影。

冯玉祥一营人在极其艰苦的条件下整整干了两年，才修成大沽口炮台。这一建筑之坚固，堪称全国首屈一指的海防工程。19尊崭新的大炮，威风凛凛，都是李鸿章从德国买的。冯玉祥他们对自己的辛劳成果打心眼里感到自豪。可是光绪二十六年（1900年）八国联军打进北京，慈禧太后仓皇出逃，李鸿章出头议和的结果，是与列强签订了丧权辱国的《辛丑条约》，其中一条就是拆毁大沽口炮台，而且以后永远不准中国再在大沽口设置任何国防工事。各炮台还没一试，就要拆毁，消息传来，冯玉祥内心十分痛苦。从这一刻起，他心中就埋下了有朝一日要雪国耻的决心，并在以后练兵中，都以日本为假想敌。

冯玉祥年谱

1882年（出生）

冯玉祥原籍安徽巢县，11月6日出生于直隶（今河北）青县兴集镇，取名基善，乳名科宝。

1891年（9岁）

哥哥入伍，接替他读完私塾。这是冯玉祥一生中仅有的一次正规学习。

1892年（10岁）

父亲兵营中出缺，管带照顾，补兵进入保定练军。花名册上名为御香。

1894年（12岁）

4月，母亲游氏病故。8月，与父同行，随军调大沽口守备，参加修筑炮台的工程。

第二章
在军旅中成长

> 我从童年入伍到今天，前后三十多年了，足迹不离军旅。早在清朝末年，兵制屡改，而北洋、淮、练各军，是日后编练新军的前身。中国的军事，自前清咸同年间，湘军、淮军历经变迁，最后演变为北洋军。我前后服务于北洋新旧各军，所有军事变化的经过，其中的优劣成败，所见所闻，一言难尽，而我忍辱负重，艰苦奋斗，只是希望在军界树立一帜，以国家为重，区区微忱，始终不渝，数十年如一日。
>
> ——《冯玉祥自传》第五章《入伍后之奋斗》

正式入营当兵

从大沽口回到保定以后，冯玉祥正式到营服役，他的军队生活从此开始了。

这一年，保定瘟疫流行，病死人无数。迷信的官吏命令每哨出 50 个人，带枪 50 支去打瘟。冯玉祥穿着军服，托着长枪，随大伙进城打瘟。在军民心里，对外国人的侵略和压迫，早已痛恨在心，但是没有机会发泄，冯玉祥人虽小，也充满了这种情绪，他趁着人多拿枪打瘟神，到处乱哄哄的工夫，走到美国长老会教堂附近，举起枪对着教堂的匾连放数枪，出了口气。

回防不久，父亲冯有茂坠马受伤，卧床在家。冯玉祥生性孝顺，在家尽心尽意服侍父亲，但每逢军营教练的日子，他得要回营报到操练。每次去野外打靶，父亲心疼他太小，总是给他几个制钱，叫他买几个烧饼揣在怀里，饿时好拿出来吃。冯玉祥舍不得花，攒下来等凑够了数，买上点猪肉飞奔回家让父亲能吃上点荤。当父亲问出买肉的钱是哪来的时候，不禁老泪纵横，一句话也说不出来。冯玉祥曾写有一首《怀幼诗》："肥肉二斤买回家，手自炖熟奉吾父。贫家得肉良非易，老父食之儿蹈舞。"

冯有茂因为伤病，赶上军中裁兵，也被裁减。没了收入，生活更加窘迫，万不得已，只得卖掉房子，筹措路费回原籍。他舍不下小儿子，想要带他一起回老家，可是倾家所有，只凑得路费八千钱，不够两人花费，无奈只有忍痛分离。冯玉祥在《我的生活》中有一章《河边的眼泪》，写的就是这次父子离别的情景。

父亲南归后，冯玉祥寂寞凄凉，把业余时间都用在习文练武上，他买了《彭公案》、《施公案》、《三国演义》等书，抽空就看，因为识字不多，只能一字一句地读，不懂的地方，就向人请教。在武功方面——摔跤、打拳、举石头、刀枪剑戟，也都下了很大功夫，练出一副钢筋铁骨。

为了能多挣点饷银供奉父亲，冯玉祥苦练喊操，因为够格喊口令，工资就高一些。他起早带晚一年到头地练，就连大年三十的早晨也照练不误，甚至走路都边走边喊，惹得人说他是神经病。同伍的人给他起了个绰号"外国点心"，说他早晚得让外国人打死。冯玉祥回敬说："被外国人打死，是为国而死，那倒成全了我。"他还特地刻了一个"外国点心"印章，日后给人写对联还用上了呢！保定军营外树木很多，居民常来偷砍做柴禾，军官屡禁无效。有一天，冯玉祥拿着禁止伐木的告示，手持军棍前往劝阻，众人不听，反而扑上来对他大打出手，冯玉祥只身勇斗，平日练就的功夫此时大显身手，把对手全打跑了，偷伐树的现象才少有发生。自此以后，冯玉祥一生提倡种树爱树，走到哪种到哪。他驻兵徐州时，写有一首诗："老冯驻徐州，大树绿油油。谁砍我的树，我杀谁的头。"

冯玉祥年谱

1896年（14岁）
随军开回保定原防，正式入伍受训。开始看《彭公案》等小说，并以他崇敬的人物之名为号——焕章，更名玉祥。

1898年（16岁）
勤奋习武，苦练喊操，自强不息。

1900年（18岁）
正月，练军奉命镇压保定地区的义和团。
6月，八国联军占天津、北京，暴行累累。冯玉祥恨道："我恨不能一刀砍死他们，以发泄我胸中的激愤。"

1901年（19岁）
数年苦功夫，练出了好嗓子，升为教习，负责喊操，银饷稍长。

义和团之役

在内忧外患日益深重的清朝暮年，外侮内乱，层出不穷。在几年当兵的时期，冯玉祥首先经历了甲午战争失败的国耻之痛，外国人压迫和侵略中国愈来愈猖狂，人民仇外的怒火也愈燃愈炽烈，1900年义和团举事，以"扶清灭洋"为口号，在北京、保定和其他地方大量杀害外国官员、神职人员、教士和商民。（笔者的外祖父母就因为是基督徒在山西殉难了。）2月，冯玉祥所在部队接到镇压义和团的命令，开赴保定府东北白河沟，3月，保定府又接到准许创练义和团的谕旨，于是各地义和团公开成立，冯玉祥所在的练军又和义和团一起进行了攻打东流河天主教的战斗。义和团暴动的结果是引来八国联军占领北京，攻下保定城，冯玉祥所在练军被打散，他孤身一人跑到幼时的朋友赵万顺家躲藏，赵家人每顿饭只有两碗小米粥，为他单添两块地瓜。每当洋兵进村，他就保护赵母躲到野外阴沟里，等到黑夜才摸回家。在赵家躲避了二十多天，打听到议和已成，洋兵已退，自己的部队在固安县大宫村集结，他几乎是跑步行进，三天并作两天回到了部队。但大乱之后，部队成了没娘的孩子，饷银无着，生活十分艰难。

最终，丧权辱国的《辛丑条约》签定，重创了国家，重创了民心。

冯玉祥回到部队不久，因哨卡无端开枪打死一个德国人，又招来洋兵大队人马包围，官兵四散奔逃，军营又一次被打散了。冯玉祥身无分文，伙同两个同伍路过新城县张庄时，找朋友求助不遇，幸得朋友家中母亲慷慨借给制钱二百文，又给烙了几张大饼供路上充饥，才能继续上路。回到保定后，他干过商店伙计、厨役，但都没几天就下岗了，漂泊无定之际，打听到自己那一营的管带在蠡县召集旧部，赶去就编，才总算又找到了归宿。

苦学苦练

1901年年初，冯玉祥所在练军改编为淮军，归李鸿章节制，到了年底，李鸿章去世，袁世凯接任直隶总督兼北洋大臣。当时淮军月饷只有三两三钱，他作顺口溜："三十三天三两三，除了吃的只够穿。"士兵之苦，由此可见。

冯玉祥经过四个年头的苦练，终于练出了一副喊操的好嗓子，得以升为本哨副教席，负责喊操了，月饷可以拿到四两八钱。他这时开始读《操法》、《阵法》等兵书，但大部分读不懂，到处找人求教，累得人一天天消瘦，他的一个好友劝他说："你这样下去，一定会生病的，自己保重身体要紧。"他报以感激的一笑回答说："我就是念书念死了也好，免得变成一个庸碌无知的废物，一点事也不能做，光消耗粮食。"因为他不肯跟一个姓李的老兵出去赌，每当他在自己用五块砖垒起的小桌子上写字时，姓李的就过来给他掀了，还说："你好写字，我好推桌子，你管不着！"他晚上读书，有人说："这蜡烛可是发给大伙的，别一个人全给燎了。"他就自己掏钱买。又有人说："老亮着灯，还让不让人睡觉啦？！"他便又想了个法，在床头墙上掏个洞，把灯放在里面，外面糊上一层白纸，把头凑在洞外读书。班长邢聚春挖苦他说："你个穷当兵的，白黑的念书，干什么？你想当官啊？实话告诉你，官虽如雨点这么密，也落不到你身上，别做梦啦？！"不管有多少闲言碎语，都挫伤不了他求知的欲望。

勤学苦读的冯玉祥每次考试都是第一名，渐渐出了名，1903年被保荐六品军功，一年中两次晋升。他的薪饷多了些，正好有一个落魄的山东秀才胡长源在营里干杂活儿，冯玉祥每月给他点钱，请他讲解《论语》、《孟子》，并背诵

哨长

9

了许多古文。有一年秋天他正在汗流浃背地挑土修建营房,标统(团长)从一旁走过,看见地上一件衣服口袋里露出一卷书,上有"纲鉴"两字,这是一本简明通俗的史书《纲鉴易知录》,标统当即问:"这是谁看的书?"冯玉祥立正回答:"是我。"标统高兴地说:"我们队里居然有人能看这种书,真了不起!"问他看到哪里了?有什么困难没有?叮咛他读书要多看几遍,多向人请教。平时受惯讽刺挖苦的冯玉祥,忽然感到心头一热,两眼蒙上了一层泪水。

由淮军到新军

冯玉祥在淮军,对军营积习太深、功过不明、赏罚失当、士兵疾苦无人过问、腐败异常等现象深感失望,萌生去心。这时,正值袁世凯编练"新建陆军",气象一新,冯玉祥便毅然离开淮军,转投新军。他在淮军时已是教习,到了新军又成了一名士兵,一切要从头干起。每天清晨他比别人都起得早,腿绑沙袋,疾行15里,练习脚力。回到营中,大家还在睡,他又扛出长枪操练。努力奋斗的精神尤胜过去。

一次,同伍的士兵中有两个人得了伤寒病,医生已告无救。同棚的人害怕被传染上,想把他们撵出去。冯玉祥于心不忍,他把这两人搬到另外一间小屋,担负起了煎药、看护的责任,一直服侍了两个月,病危的人居然痊愈了,营中的人对冯玉祥心生敬意。城里一位姓马的商人,听说有如此侠义的人,特来相见,和冯玉祥拜了把兄弟。

冯玉祥一心扑在习文弄武上,无心婚事。过去每逢朋友们对他提起这事,他总是说:"我现在不能自立,不能奉养老父,怎么能成家。我只想每月能多挣几两银子,好早一天从南方老家把父亲接回来同住。"冯玉祥的长官陆建章①见冯玉祥才德兼优,非常赏识,就想把自己的内侄女许配给他。冯玉祥怕长官亲属金枝玉叶,跟他吃不了苦,很是犹豫。经王标统开导,才答应了这门亲事。陆建章在冯玉祥日后的几个关键时刻,都起了很大作用。

1905年4月,23岁的冯玉祥娶妻刘德贞(河北盐山人,1887年出生)。新房是找的北京南苑槐树房村一间高不过六尺、宽不过一丈的小屋。冯玉祥的哥哥为了操办婚事,把自己骑的马卖了,又向亲戚借了一百来元,亲自动手裱糊房屋,操办一切。

同年，冯玉祥经过考试，提升为队官，相当于连长。这年他23岁，终于如愿以偿和老父团聚，可以尽孝心了。但天不遂人意，潦倒困苦一生的老父此时肺病已到了晚期，虽多方请医治疗，终是回天无力，撒手西归，享年57岁。冯玉祥悲痛万分，将父亲棺木运回保定，和母亲一起安葬在安徽义地，次年初又迁到保定西北郊，多年后冯玉祥中原大战兵败后隐居山西汾阳峪道河，又将父母灵柩迁往该处合葬，这个墓一直保存至今，近年当地政府又加以了修缮。

不久，冯玉祥所属部队由南苑移师东三省奉天新民府，和他同住一室的军医邓鉴三是清末贡生，在他的帮助下，冯玉祥的学识大有长进。每逢考试，冯玉祥在学、术两科方面的成绩都是最好的，还以能背诵47本课文而得奖47元，合每本一元。

部队驻防区土匪很多，抢劫百姓，无恶不作，民众恨之入骨。冯玉祥奉命带一连人马剿匪，擒获土匪头子孙景山。孙景山以3000大洋贿赂冯玉祥求释，被冯玉祥拒绝。考虑到匪首人际关系错综复杂，恐怕有变，冯玉祥当即下令处死，民心大快。果不其然，第二天标统范国璋和军法官就前来要提走犯人，但为时已晚，冯玉祥背上了擅杀的罪名，有功变无功。但是这个案子影响很大，上峰极为重视，总督徐世昌电令将孙匪就地正法，还嘉奖冯玉祥大洋3000元。

滦州起义

冯玉祥所在的第一混成协与原来的独立第一、二团合并为第二十镇，由陈宦统制。不久，在陈宦组织的官长考试中，冯玉祥考取第一名，被提拔为第四十协（旅）第八十标第三营管带（营长）。

清朝政府的腐败无能，令冯玉祥等一批军人心中郁积的不满情绪愈来愈强烈。他结识了革命党人孙谦声，读到了

冯玉祥年谱

1902年（20岁）
3月20日，脱离淮军，到北京改投袁世凯新军武卫右军，重又为兵。
年底，升为副目（副班长）。

1903年（21岁）
4月，升为四棚正目（班长）。
12月，获六品军功，升任二营右哨哨长（副排长）。

1905年（23岁）
4月，迎娶协统（旅长）陆建章的内侄女刘德贞为妻。
7月，升任第二十四标（团）第三营后队排长。
8月，在下级军官中考试中获第一名，升任第二营后队队官（连长）。
12月15日，父亲病逝。

1906年（24岁）
刻苦自学，学识大有长进。

1907年（25岁）
移防奉天（沈阳）新民府，任第三营后队队官。
奉令带所部一连人到朝阳县境剿匪，杀土匪头子孙景山。

1908年（26岁）
苦心研读文史、兵书，学问大长。

《嘉定屠城记》和《扬州十日记》，始知清朝人入主中原之初，屠杀汉人的惨状。他在《我的生活》中记述读后的心情："心里的火山像新加了几个喷火口，血液被燃烧得沸腾，不可遏止。军中一部分有良心热血的官长，对于清廷的昏庸误国，也都愤愤不平，深恶痛恨。在这种无形的一致要求之下，我们常在一起的一些朋友，遂想到暗自组织一个团体。大家磋商鼓励，从而做推翻满清政权的工作。"经过暗中串联，冯玉祥和兄弟营营长王金铭、施从云等成立了秘密组织"武学研究会"，大家公推冯玉祥为会长。

这时候，南方的革命运动在孙中山的影响下，风起云涌，势不可当。孙中山密派国民党员白雅雨北来，和冯玉祥等取得联系，宣传革命思想，扩大组织，采办军械，待机举事。

1911年，辛亥革命的消息传来，冯玉祥热血沸腾，情绪激昂。他和战友们冒着极大的风险，大量翻印传单，暗中散发到各兵棚，把南方胜利的捷报广为宣扬，这一异常情况引起了上级的警惕。不巧的是冯玉祥让护兵往他家里搬油印机那天，恰巧被都统范国璋碰见了，他成为怀疑对象，当即被从驻地新民府调到海阳镇，严加防范。王金铭从滦州（今唐山）潜来海阳密秘会见冯玉祥，把和南方联络的情况详细告诉他，两人商定密约烟台民军从海道自秦皇岛登陆，由冯玉祥带人配合，滦州方面同时行动，合战山海关以后，再分头打北京和奉天省城。但是各方尚未联络妥当，白雅雨过高估计了形势，于1912年1月1日仓促宣布独立，成立北洋军政府，在冯玉祥毫不知情的情况下，推举王金铭为大都督，施从云为总司令，冯玉祥为参谋总长，白雅雨为参谋长，并通电发出檄文。滦州地处清廷之侧，肘腋生变，朝廷震惊。袁世凯急派人以抚慰为名平定未果，便调来大批保皇兵与起义军展开激战，被打得落花流水。败局之下，又以议和为幌子，诱杀了王金铭、施从云、白雅雨等14位革命志士。赶到来抓冯玉祥的时候，他的好朋友、同营中一个叫李鸣钟的排长，生得人高马大，情急中让他踩在自己的肩膀上，翻过营房的围墙逃脱了。事后他的老长官和姻亲陆建章百般作保，为他周旋。鉴于起事时他不在现场，袁世凯碍于陆建章的情面，只好下令从轻发落，削去军职，押回原籍，交地方看管。途中，陆建章又一次搭救了他，叫他先暂回保定，等待机会。

滦州起义虽然失败了，但滦州接近帝都，它的起义，好像是一把尖刀，刺进了清政府的心窝里。著名史学家简又文评价说："则北方滦州之役可媲美南方黄花岗之役了。"台湾"中央研究院近代史研究所"所长、史学权威梁敬錞所著《辛亥革命》中,极重视滦州一役,他说:"他们的行动不仅使清政府震动,在前线的北方军队也为之吃惊……因此滦州事件对于辛亥革命之成功,关系重大。"(见《传记文学》1971年10月,113期梁书译文6、8页)

为了缅怀英勇献身的战友,1924年国民军首都革命成功后,冯玉祥在北平中山公园(旧中央公园)为王金铭、施从云、孙谏声三烈士立铜像;先后又在北京西郊和山东泰山修建了滦州起义烈士纪念塔和衣冠冢,亲书"精神不死"四个大字,至今犹存。

纪念塔

辛亥革命推翻了清王朝,袁世凯当上了民国总统,立即着手扩充军队,陆建章出任左路备补军统领,借此机会召回冯玉祥,提拔他为营长。冯玉祥受命后,先后赴直隶景县和河南郾城一带招兵,这是他一生建立自己队伍的开始,前后招募了近两千人,亲自带回北京,着手编练。成军之始,二十镇旧属来投效的有李鸣钟、张维玺、陈毓耀、韩复榘、谷良民、谷良友、许祥云等。应募入伍的有孙良诚、刘汝明、石友三、佟麟阁、吉鸿昌、过之纲、冯治安、韩占元、曹福

冯玉祥年谱

1909年(27岁)

调任第一混成协睁队官,负责报表。

与军中好友成立了旨在推翻清王朝的秘密组织"武学研究会",被推举为会长。

1910年(28岁)

升任第四十协(旅)第八十标第三营管带(营长)。

1911年(29岁)

武昌起义爆发。冯玉祥与武学研究会的同志王金铭、施从云等秘密印发传单在军中宣传南方革命的消息。

1912年(30岁)

1月1日,王金铭等在孙中山派来的革命党人白雅雨的决定下,仓促宣布举行滦州起义,公布冯玉祥为义军参谋总长。时冯玉祥因传单事发,已被调往海阳镇。

1月8日,王金铭、施从云、白雅雨等14名革命志士被诱杀。冯玉祥被开除军队,递解回保定。

2月下旬,赴北京投奔任京防务执法处长的姻亲陆建章。

1913年(31岁)

左路备补军扩兵,升任左翼第二团团长兼第一营营长。

林等。这批人后来都是冯军的骨干力量，成为风云一时的领兵大将。

此间冯玉祥做的另一件事是他在军务空时，经常和李鸣钟、商震等骑着高头白马到亚斯立礼堂听讲道，他觉得基督教博爱救人的宗旨，和军人献身救国的精神很吻合，他又见教会中人都不准缠足、吸毒和饮酒嫖赌，家中男女小孩都读书识字，所有这些都令他由衷感佩，信仰之心，由此而生。他以耶稣基督不怕牺牲的精神教育官兵，并记熟了几首赞美诗的曲调，自编了《战斗动作歌》、《射击军纪歌》、《利用地物歌》等歌词，印给士兵唱。33岁时，他接受洗礼，正式皈依基督教，参加美以美会，这就是为什么他被人称为"基督将军"的来由。

陆建章出任剿匪督办，把原来的备补军改为警卫军，冯玉祥团扩充为旅，他任旅长兼第一团团长，奉命开往陕西剿灭"白朗"。白朗出身河南农家，最初聚众百来人，后来发展到两三万人，攻城略地，焚杀劫掠，跨省祸害到直、豫、皖、鄂，成为为害极大的流寇。袁世凯正想把势力扩张到陕西，就委陆建章为剿匪督办，率五旅人入陕，冯玉祥部在内。白朗闻大军到来，窜到陇西，冯玉祥率部追到泾川，白朗又从陇南折回宝鸡，打算突袭西安。陆建章急电召冯玉祥回防，冯玉祥以救兵如救火，率部急行军昼夜不停往回赶，三天两夜抵达西安，平均每天走二百多里，因而得到"飞行军"之誉。所部伏击白朗，激战一昼夜，白朗受重伤，人马溃散，折回河南后，被部下枪杀。这时四川发生了兵变，为恐陕省受波及，陆建章令冯玉祥担任陕南镇守使。部队人困马乏，军纪松懈，为了提高士兵的精神与认识，冯玉祥特编了《精神书》一本，内分道德、爱国、军纪三部分，作为军中政治训练的教材。

第三章
第十六混成旅

> 我自民国元年统兵以来，由营而团而旅而师而军，十数年中，其间饷械两缺，苦不堪言。然经战大小不下数十百次，从未有过败北之举。驻扎遍及直、鲁、豫、陕、川、甘、察、绥、热、湘、鄂、皖十二省，也从未有过哗变扰民之事。我的军队颇为中外所称许，虽觉受之有愧，但我的治军之法，也有可说之处。
>
> ——《冯玉祥自传》第六章《治军》

建　军

1914年10月，冯玉祥部改编为第十六混成旅，他被任命为旅长，晋升陆军少将，加封焕威将军，授予一等嘉禾勋章，归北洋政府直接指挥。他的实力共有步兵两团、炮兵一营、骑兵一营、机关枪一连，每营三百多人，全旅五六千人。军械共有步枪千余支、山炮十八门。

冯玉祥根据他多年的实践经验和研究心得，已形成了一整套练兵方法用到了训练中。他认为，军队的好坏，在于教育，教育的优劣，在于长官。官长是士兵的表率，必须具有高尚的品行。而教育的施行在平时不在临时，贵精神不贵形式，治军最重要的是要得兵心。官兵之间既要有严格的要求，又要相互友爱。他强调一个"忍"字，比如作战，身在枪林弹雨之中，也许负伤了，但不产生退避怕死的念头，能在最后五分钟制敌于死命，这就是"忍"字的功效。他的这种思想，部分来源于元代名将铁木耳。一次战败，铁木耳躲藏树下，忽然看见一个蚂蚁叼着一粒米吃力地爬行,遇坑跌失,遇高坠落,这样的遭遇反复多次,始终不肯舍弃这粒米,最后成功地衔回了窝。他从这只小蚂蚁的坚忍精神受到激励,鼓起余勇取得了最后的胜利。所以冯玉祥说,人要是有这种坚忍之心,什么样的功不能立?他还订了一整套行之有效的练兵程序:1,我做给你看;2,你做给我看;3,讲评;4,我再做给你看;5,你再做给我看;6,讲评。

　　冯玉祥知道,军队的基础是士兵,所以他从士兵抓起。新兵入伍,他都要亲自检查,只要是右手食指有茧子的,他就不要,因为这说明这个人在别的部队当过兵,是兵油子,来当兵的他最喜欢的就是学生和农民。光年轻还不行,体格要好,也讲一定的仪表,太不像样的他也不收。新兵入伍以后,如果不识字,就要学文化。他亲自编写了《六百字课》,要求不管什么人,伙夫、马夫、士兵,每天每顿饭必须认识两个字,不认识就别吃饭。谁来教呢,连长、排长当先生,要学会讲、学会写,逐渐学会用,这样就可以看《军人精神书》了,不一定能完全看懂,但是可以看了。下一步再学《八百字课》,有了这一千四百字的基础,就可以给家写信了,也可以看他编的别的书了。空时他常向士兵讲话,以伦理道德及救国救民的道理谆谆教导。他对士兵的饮食、冷暖、起居亲自督查。有一次,他叫官兵全体坐在地上,脱掉鞋袜,他挨个检查脚丫子是否干净,有没有湿气。他还常常查看每个人的耳朵、指甲是不是干净,甚至有一次替士兵洗脚。官佐们议论说,这一下,这个士兵不但把他自己的命送给了冯玉祥,连他儿子的命也送了,因为这个士兵感激得会叫他的儿子也来报效的。有时,士兵家里来信要钱,他就往左边口袋里一摸,掏出二十块钱来,再在右边口袋里一摸,又掏出二十块钱来,交给士兵说:"我身上只有这点,你全拿了去吧!"走在路上遇见卖熟花生米的,问了多少钱一斤以后,他就全买下来,分给左右的士兵一起吃,所以士兵和他的感情非常亲密。

　　冯玉祥的部队和其他北洋陆军的部队一样,分为官、佐、目、兵、夫五种人,其中"兵"是战斗人员,又分为上等兵(正兵)、一等兵(副兵)、二等兵(候补兵)。副兵升正兵,要考六百字课,不会就升不了正兵;正兵升副目,要考八百字课,不熟也升不了;副目升正目,要能做好单杠屈身上,否则不能升;当排长要考摇动转回,升连长要考倒立,此外还要经过《军人精神书》、《军人读本》和《军人宝鉴》的考试,不会《军人读本》的人就当不了军官。连长以上的军官,光会指挥士兵还不行,还要懂得战术,会进行图上作业。所以在冯军里，当排长的都是学、术两科兼优的人，已经是个小知识分子了。副兵升正兵，正兵升副目、正目，是在团里考；升排长、连长，就由冯玉祥亲自考，非常严格。《军人读本》收集了古今中国著名文学家的作品，班超、岳飞一类的名人故事也有四十篇，要求军官每月熟读六篇，做到会背会讲，冯玉祥亲自检查，谁不会就要打板子，此外军官们还必须会背诵曾国藩和胡林翼的治兵语录，进行研讨。冯玉祥对官长的要求比士兵更严更高，他从来没有直接惩罚过目、兵、夫，即使发现他们中有不良现象，也总是归罪于主管长官而加以惩处。

要想建成劲旅，他认为必须先从训练下级军官干部入手，全旅的干部，他自己选配，他从士兵中选出能识字的优秀分子百余人，编成模范连，以副官李鸣钟为连长，参谋长蒋鸿遇等为教官，教授学、术两科。他说古今用兵，没有将帅和而战士不拼命的，也没有将帅不和而战士能拼命的。第十六混成旅是冯玉祥日后发展成大军的根基，其后的国民军、西北军、国民革命军第二集团军及中华民国陆军第二方面军等，都源生于此。

反对袁世凯称帝

1915年，袁世凯重金笼络人心，想当皇帝，一时逢迎讨好的人纷纷表示拥戴，北洋军少将以上的军官也联名通电拥护袁世凯称帝。当电报送给冯玉祥签名时，他怒道："情愿牺牲，定要反对帝制到底！"结果，在这份由陆军总长王士珍带头发出的劝进电报上，袁世凯北洋系少将以上的人都签了名，独缺冯玉祥一个人。

经过密谋策划，袁世凯于1915年12月13日登基称帝，改元"洪宪"，接受百官朝贺，大封爵位，也封冯玉祥为男爵。冯玉祥听此消息，气得顿足痛哭说："这是对我冯玉祥的极大侮辱。不把袁贼铲除，不把帝制推翻，对不起滦州起义的弟兄们。"

冯玉祥在北京结识的牧师刘芳忽然收到孙中山从广州给

冯玉祥年谱

1914年(32岁)

春季，备补军改为京卫军。冯团扩充为左翼第一旅，冯玉祥任旅长兼第一团团长。

4月，冯旅随陆建章入陕围剿白朗起义军。

5月下旬，冯旅改为第七师十四旅。

10月，冯旅改为第十六旅。不久，又扩编为第十六混成旅，开往陕南汉中驻防。

当年正式皈依基督教。

1915年(33岁)

5月下旬，奉命率本旅第一混成团随袁世凯心腹大将陈宦入川。

8月中旬，在阆中接到北洋将官拥护袁世凯称帝的电稿，坚决拒绝签名。

岁末，陈宦命冯玉祥率部开赴泸州，阻击举兵讨袁的蔡锷护国军。冯玉祥命部将张之江、蒋鸿遇与蔡锷暗中联系取得共识。

1916年(34岁)

3月，攻下叙州。

5月，退出叙州，并亲赴成都，向陈宦面陈利害。陈宦迫于形势，遂通电劝袁世凯取消帝制，并宣布四川独立。

6月6日，袁世凯死，帝制瓦解。月底，冯部离川回陕。不久，调廊坊驻防。

他寄来的一封信,信皮上赫然写着"广东军政府孙寄",内容是:"听说台端与冯玉祥将军熟稔,请劝其相机在华北起义,革命倒袁。"这封信着实把刘牧师吓得不轻,因为袁世凯说过,谁反对他做皇帝,他就收拾谁。幸而信是通过日本邮局寄的,没有被发现。刘牧师把孙中山的信转达给冯玉祥后,冯玉祥表示只要时机成熟,必将有所动作。

袁世凯称帝后,蔡锷②等在云南举义,组织护国军起兵讨袁。为了巩固自己的统治,袁世凯特派他的心腹大将陈宧入川指挥,坐镇西南。陈宧调冯玉祥十六混成旅随他入川,抵达内江待命,接着又命令他开往泸州。冯玉祥的处境非常为难,和护国军作战,违背他的心意,环顾四周,袁世凯的领兵大将曹锟、吴佩孚、张敬尧等实力雄厚的部队也都入川,而他兵力单薄,不能公开表示反对袁世凯。经过反复权衡,他密派自己的参谋长蒋鸿遇③持信去和蔡锷接触,因为蒋鸿遇在云南时就和蔡锷是棋友。他在信中表明对蔡锷正大光明的行动非常钦佩,不过自己的队伍势单力薄,身处重围,不能立刻有所动作,但必定竭力设法避免对战。最后表示"不久的将来,亦必寻求机会和您携手,共同担负起打倒帝制的任务"。蔡锷复信表示对冯玉祥的处境很了解,只要能共同合作,一切都不成问题,并且也希望冯部进驻泸州。

冯玉祥部开驻泸州时,护国军刘云峰部已攻下叙州。陈宧命令冯玉祥出兵收复叙州,十万火急,但冯玉祥按兵不动,曹锟等再三电令,催迫出兵。冯玉祥不得已缓兵行进,又密派蒋鸿遇去和护国军师长刘云峰、参谋长张璧接洽,提出:第一,约定彼此不打,万不得已时只放朝天枪;第二,只要有机可乘,即通电表明态度;第三,说明北洋军队在后边紧逼,无法违抗命令;第四,交代已与蔡锷接洽的经过。但是对方提出冯玉祥只有两个办法:一是立刻通电讨袁,再是立刻缴械。此时陈宧又急令反攻叙州,冯玉祥无奈仓促出战,先打了一个败仗。他考虑只有先攻下叙州才能再和护国军议和合作,便奋勇迎战,一战而胜,护国军败退,这才和冯玉祥议和,实现了局部停战。

冯玉祥入城后,安抚百姓,恢复秩序。护国军留下的伤兵和官眷百人,十分恐惧,冯玉祥派员调查,挨家发给大米,对伤员一一治疗,痊愈后各发十元、二十元不等,分遣原籍,人人感激。冯玉祥致电陈宧,劝告他不要和革命的护国军打仗,而要反对袁世凯称帝,宣布四川独立。陈宧举棋不定,又担心成都的安全,催令冯玉祥部速赴成都。冯玉祥就把叙州防务交给蔡锷部队接收,自己率兵北上,并把第十六混成旅改编为护国军第五师。

在全国一致声讨的巨大压力下，袁世凯被迫取消帝制，但仍称大总统。陈宦在冯玉祥的劝说和压力下，终于通电宣布四川独立。四川的独立以及贵州、广西、广东、浙江等省的先后响应，给予袁世凯沉重的打击，不久袁世凯便猝然而死。

袁世凯死后，黎元洪代理大总统，护国战争宣告结束。冯玉祥率部队回陕，恢复第十六混成旅编制。没多久，国务总理段祺瑞命他进驻廊坊一带，于是他又率部由汉中出发，到汉口上火车，北归河北廊坊。

北洋时期

整军经武

征战时久，回驻廊坊后，部队得到了一个休养生息、补充训练的时间。冯玉祥在当地置义茔30亩，安葬两次攻打叙州阵亡的官兵，又在东街建"昭忠祠"一所，设员守护，每年派人祭扫。凡阵亡和负伤的官兵，都给予抚恤金，残废的照常发饷，对他们的家人老幼都负起教养的责任。军队内部也出现了新气象，成立了"新剧团"，其正规化不亚于正规剧团，订有新剧团排演方法、演剧注意事项、排演戏剧人员、新剧团执事人员，连茶炉厨房点心由谁负责都落实到人，演出的剧目不少，官长等多有粉墨登场，现身说法，寓教于乐，为枯燥的军营生活增添不少乐趣。另外，还组织了士兵俱乐部，其中设备有音乐、游戏、书报杂志等，以增加士兵的兴趣和知识。与此同时，还在北京开办军官子弟学校一所，培养后继人才。

在军事训练方面，这时更加严格。冯玉祥一心想培养出一支有爱国爱民思想、有文化、会打仗的军队来挽救民族和国家。叙州之战虽然获胜，但从与护国军的接触中，冯玉祥觉得成绩还比不上对方。因此他加紧训练和整顿全军，淘汰老弱官兵，招募补充新兵。在装备方面，补充炮兵营为团；出于战时机关枪不够用，编手枪五支为一组，成立手枪队，作为机关枪的辅助；又选技术精优的二百人成立大刀队，每人发给手枪、马枪、大刀各一，临阵时分别使用。

在以后历次战争中，冯玉祥的大刀队名震一时，敌人闻之丧胆。

反对张勋复辟

正在冯玉祥意气风发、整军经武之时，意外发生了。

黎元洪出任北洋政府总统，实权实际上操纵在段祺瑞手里。冯玉祥的部队要想生存，若不投靠兼任陆军部总长的段祺瑞，就得投靠北方的军阀头子吴佩孚、曹锟，可是他哪边也不沾，也不愿意去巴结任何人，没有靠山可依。朝中的那些人，也不信任他，遇事难为，所以他部队的营房、被服、饷项均无人过问。一次段祺瑞问他的一个亲信对冯玉祥的看法，那人说："此人是滦州谋反的主犯之一，前番入川，又搞兵谏，直到现在，他的部队还戴着护国军的肩章，我看他生就一副反骨。"时隔不久，段祺瑞突然下令免除冯玉祥旅长职务，调任直隶南路巡防统领，换上无能的亲信杨桂堂。冯玉祥虽然服从调动命令，但十六混成旅官兵闻讯大哗，群情激愤，宁可全体解散，也不从命。多少年来，冯玉祥和官兵情同父子手足，战士伤病，他亲喂汤药，给他们洗脚剪指甲，有谁想家，就接其父母来住上一阵，关心爱护，无微不至。现在忽然要离去，官兵哪里肯依，坚决不让他走。全旅连发数电向段祺瑞政府抗议，要求收回成命，但段都不答应。于是北京谣言大起，说廊坊兵变，陆军部调兵威吓，也不管用。眼看事情闹成僵局，赶紧请陆建章出面调停。陆老将军对官长们说："他们歧视我们，想要吃掉我们，那是妄想。可是我们眼下不能反抗，一反抗，反倒变成我们的不是了。我们要养精蓄锐，那就谁也别想消灭掉。"大家这才不再坚持。陆建章和冯玉祥一起南下，全军送行，哭声震地。部将们拉着他的衣服，依依不舍，以至把他的衣服扯裂了，大家一人撕下一小条留作纪念。

冯玉祥挂了一个闲职，他不愿甘拿薪水不做事，一再上辞呈，不获准，只得佯称有病，来到京西附近天台山一座庙里。他记挂部队，也恐官佐因想念他而生事，提笔给张之江④、李鸣钟⑤写了一封信：

"昨日下午八时，平安抵天台山，觉目旷神怡，有超出尘寰之慨，至为畅适。因思民国十余年来，军阀害国而有好结果者，曾有几人？岂可尤而效之，自速败亡？此次下野，诚千载一时之机，从此静养山林，不问国事，遂我平生求学之愿，留备将来救国之用……"

1917年,黎元洪和段祺瑞之间政见不一,矛盾日益加深。二人斗法的结果,段祺瑞失败,被黎元洪免了职。不甘失势的段祺瑞,派人南下和军阀张勋联系,对黎元洪采取联合行动。黎元洪没有军事实力,只得听命,通电请张勋率兵入京"调停国争"。张勋是铁杆保皇派,为了表示忠于清王朝,他和所部一直都还留着辫子,故人称"辫子军"。张勋先到天津和段祺瑞面商后,致电黎元洪提出解散国会等六项要求,黎元洪全盘接受。张勋率"辫子军"一部三千余人进入北京,驻扎天坛。他跑到紫禁城叩见了废帝溥仪,继而紧锣密鼓策划了他的复辟计划,纠集前清一帮孤臣孽子、遗老遗少又把溥仪抬出来,在紫禁城内举行了皇帝复位典礼,而且还把象征皇权的龙旗又公然挂了出来。

冯玉祥的部下史心田等二人急奔天台山,向他报告了张勋复辟的消息。第十六混成旅以张勋复辟事关重大,公推鹿钟麟⑥赴天台山请冯玉祥复出主持大计。冯玉祥对张勋之举,不胜愤懑,立刻做出决定指示史心田:一、尽快把部队眷属送回保定以南安置;二、检查枪支,发足子弹,准备打仗。他又派人把他在北京城里的房产典押五千元,暂做官兵的伙食费。

冯玉祥下山先到天津,和陆建章讨论局势。他的到来,早有密探报知下台后住在天津租界区私宅里的段祺瑞,段立即派人把冯玉祥请到家里来。一见面,满面堆笑,寒暄过后说:"焕章,我们谈谈目前的问题。您的十六混成旅在四川举义旗,吃了千辛万苦,真可以说是和民国共生死的。现在张大辫子又闹出这种事,十六旅正好驻廊坊,非得您出一番力不可,我们现在给您一个委任,请您就回廊坊去……"冯玉祥说:"我们在四川反对皇帝,是造反的事,难道谈得上什么功劳不成?加委的事倒不必,不过这次张勋危害共和,祸国殃民,我和他势不两立!"说完告辞。

当他回到廊坊时,第十六混成旅主要军官张之江、李鸣钟带着队伍在车站迎接,冯玉祥一下车,官兵们一拥而上,

冯玉祥年谱

1917年(35岁)

4月1日,因受到段祺瑞的猜忌,被免去第十六混成旅长职,调正定府任第六路巡防营统领。辞职不准,以养病为由,上了北京西郊天台山,读书度日。

7月1日,张勋拥戴废帝溥仪复辟。闻讯立即下山返回廊坊,召集旧部,并通电反对复辟,起兵讨伐逆军,先后攻克万庄、丰台,率先攻入北京,粉碎了复辟阴谋。

12月,冯旅奉命进军福建,攻打孙中山的护法军。冯反对段祺瑞政府的武力统一政策,兵至江苏浦口停兵不前。

握手拥抱，多人泪下。回到驻地，全体官兵欢声雷动，流泪不止。冯玉祥对旧部讲话，痛斥张勋复辟倒行逆施，号召官兵奋起讨伐，并发出通电申讨张勋。

其实，张勋搞复辟，段祺瑞是幕后的操纵者。他开始是利用张勋把黎元洪赶下台，扳倒他的主要政敌，得逞后，又在马厂誓师，打出讨逆军的旗号，领衔各路大军讨伐张勋。

冯玉祥一面与马厂的讨逆军取得联系，一面命部队在廊坊挖断铁路，构筑工事，准备进攻。"辫子军"一部分主力驻扎在万庄，距廊坊很近，冯玉祥派人侦听他们的电话，摸清底细后，即下令冒雨攻击。

"辫子军"全无战斗力，刚一接火就败下阵去。段祺瑞派人送来委任状，任冯玉祥为讨逆军第一梯队司令。冯玉祥率部直捣黄村，又一鼓作气追击至丰台。段祺瑞、曹锟等率部随后到达。众人商定分路向北京进发。但正在万马待发之际，段祺瑞忽然又变卦，他以调停人的姿态致电张勋，劝他主动退出北京，取消复辟，交换条件是保留清室优待条件。冯玉祥坚决反对调和，主张战斗到底，直到彻底铲除复辟祸根。

当夜，他由丰台发兵，攻至右安门，士兵架云梯爬入城内，打开了城门。战斗持续了一昼夜，"辫子军"不支，挂出白旗投降，张勋逃入荷兰使馆。

一出张勋复辟的丑剧到此收场。

攻下了北京，冯玉祥在段祺瑞派人来劳军的大会上表示："我们十六混成旅的官兵什么也不要,只要求把溥仪赶出紫禁城去。"他痛感尽管取得了这场胜利，但如不彻底铲除清廷封建余孽这个祸根，革命就不可能彻底。他又发表通电，提出处置清廷的四个条件：

一、取消民国优待清室条件四百万两经费，停止缴付。

二、取消宣统名义，永不准再以帝号名称召满蒙，应即贬溥仪为平民。

三、所有宫殿朝房及京内外清室各公地府园，尽归国家公共之用。

四、惩办此次叛逆之诸元凶，以遏奸邪之复萌。

段祺瑞在这个通电上批了四个字："胡闹多事。"冯玉祥的这一主张没能实现。

浦口停兵

张勋一幕结束之后，冯玉祥统率第十六混成旅又回驻廊坊。

段祺瑞论功行赏，他的亲戚私交如傅良佐等都有升赏，唯独功劳最大的冯玉祥还是一个旅长，而且在这个位置上一直干了七年。

时值第一次世界大战期间，段祺瑞为了实现武力统一中国的企图，假借对德宣战为名，向日本大量借款，扩充军队。他拥戴冯国璋当总统，而自行回任国务总理，军政大权都在他手里把持着。两人在人事配备上，各用亲信，伸手南方，扩张自己的势力范围，引起了南北争端。南方组织起军政府，孙中山被推举为大元帅，高举护法旗帜，以雄厚兵力分三路同时进攻湘、赣、闽三省。冯国璋为保住自己的地位，主张与南方妥协联合，而野心勃勃的段祺瑞必欲以兵力征服全国。这当口，段祺瑞又得借助冯玉祥了，他令冯玉祥速速发兵去援救告急的闽督李厚基。

冯玉祥在吴佩孚等参加的聚会上沉痛地说："民国以来，连年内战，人民受尽苦难，国家衰弱到了极点。现在欧洲正在大战，我们对德也已宣战，要是打算图强，老是自己打自己，怎么对外？国家的前途，民族的存亡，都担在我们肩上，我们应当痛彻地觉悟到内战的罪恶，若再有内战发生，我们坚决拒绝参加，并且尽自己的力量反对内战，制止内战。"

军人以服从命令为天职。冯玉祥虽然同情南方的革命行动，但终究自己隶属北洋系统，不能公开反抗，他表面上听命南下，实际上找种种借口，留驻浦口，停兵不前。

停兵浦口期间，发生了一件有趣的事，充分反映了冯玉祥特立独行的性格。有一天，南京的最高长官宴请他，众多官员坐陪。席间，主人请众客飞条子，每人各叫两个歌妓来陪酒，冯玉祥不肯这样做。主人劝他说："您来到南方大城市里，不该洁身自好，像圣人一样。来吧，有什么大不了的，如果您没有相熟的姑娘，让我来介绍两个。"说着，进来两个花枝招展的女子，在冯玉祥身边坐下。冯玉祥霍地站起来，离席而去，回到驻地，痛哭一场，他感到国家的上层领导人物，尚且放荡如此，中国还有什么希望呢？

过后，他也设宴，遍请全体军官。席间他说："我们也当及时行乐，好像他们的军官一样，他们赴宴都有歌妓陪酒，我们也来叫叫条子，每人一个吧。"众人面面相觑，莫名其妙。冯玉祥又说："我已经替你们出了条子了，每人一个，每个一元，他们快来了。"不多时，大门开启，一群破衣烂衫的乞丐蜂拥而进，或男或女，有瞎有跛，都是冯玉祥事前叫人从街上召来的。他当下站起来郑重地说："这些就是我们所叫的条子。请每位给他们一元，他们都是我们的叔伯、兄弟、诸姑姐妹，我们应当照顾照顾吧！"军官们从命，一人掏了一元。乞丐们走了以后，他才说出自己赴宴的所见，告诫大家要洁身持正。

作为北洋军阀集团中的一名高级将领，冯玉祥对一般军阀的残暴和腐朽奢侈总是看不惯，别人对他的性格作风也看不顺眼，背后骂他是个"怪物"。但在冯玉祥来说，凡是他认定了应该做的事，坚决去做，一切后果，在所不计；凡他认定不应该做的事，绝不迁就屈从，什么流言蜚语，强权威胁，均所不顾，称得起是个敢作敢当的硬汉子。他一生遭人妒恨，多是因此而起。

武穴主和

进入1918年，南方革命军势如破竹，节节胜利。段祺瑞调兵遣将，大举南下，欲挽危局。2月，冯玉祥接到军令，命他入湘。之前他已经以拖延办法拒不赴闽作战，现在当然仍不愿从命，但表面上，还是率军乘江轮溯江而上，他借口前方黄石港水浅，军用物资笨重不便登陆，改由武穴上岸，再赴战场。上岸后，就停兵武穴不再前进，并发表措辞激烈的通电呼吁和平，几天后，他再通电，理直辞严矛头直指段祺瑞"不与外人较雌雄，只与同胞争胜负……为公理正义而战，虽败亦荣，为义气与私愤而战，虽胜亦辱……"他公开反对与孙中山的护国军作战，主张南北对话。

冯玉祥公然违抗命令，停兵不前，段祺瑞一怒之下，又下令撤他的职。部队愤怒抗议这一决定，连电政府收回成命，段祺瑞害怕事态扩大不好收场，只得作罢。

曹锟借机想把冯玉祥部收到自己旗下，从中斡旋，任他为湘西镇守使，驻节常德。

坐镇常德

初进常德，冯玉祥见许多商家门前都挂着日本国旗，非常吃惊，心想这里既没有割让给日本，也没有被日军占领，又不是日租界，怎么会有这事？一打听，才知道常德是南北军交战拉锯之地，任何一方战败，溃兵便大肆抢掠一番，商家不堪其苦，才想出这样一个下策。他便召集商家，告诉他们，托庇外人，是最可耻的事，并保证自己的部队绝不会扰民，当晚市面上的日本旗就没有了。

有一天，几个日本水兵下舰进城，城门守卫要检查，日兵不从，还打了守卫一耳光。冯军士兵素受爱国教育，哪能咽下这口气，刺刀见红，捅伤了三个日兵，被抬回舰去。不多时，日舰舰长和当地日本居民会会长找上门来，提出先把行凶的士兵抓起来再说谈判。冯玉祥问："你这是根据什么说的？"日舰长掏出一本很厚的小册子说："按照日本海陆军刑法。"冯玉祥当下动怒，脱下一只鞋站起来，日本会长见苗头不对，忙问怎么回事？冯玉祥说："用你们日本军法来判处我们的士兵，显然是侮辱中华民国，我当然要教训教训他。"日本人当下威胁说要打电报报告天皇，还要直接找段总理交涉。冯玉祥说："我冯某刚不久在武穴停兵，通电全国，就是反对段总理，你不知道吗？你快去吧，快去和段总理办交涉，叫他来惩处我！我冯某只知真理，只知国法，此外什么也不怕！"结果是以双方互相慰问伤者了事。

这是冯玉祥一生中强硬外交手段的初试牛刀。他善于利用一切机会宣传爱国，在5月7日他定的"国耻纪念日"这天，他把全旅九千多人集合在常德府西门外大校场阅兵，并请当地的学生、商界人士来参观。阅兵后进行演习，然后把商人、学生、部队召集起来讲话。先讲了5月7日是什么日子，接着带领全场唱"国耻歌"，开头两句是"四年五月七日，二十一条件……"下面的意思是反对卖国贼，反对日本。唱完之后，他又说："我们中国人应该自强，首先我们自己应该自强。不自强的话，要永远受人欺侮，有亡国的危险。西方人说我们如同一盘散沙，要改变这种状态，我们要联合起来，要好好联合起来，谁家欺侮我们，就打谁。我们不欺侮别人，但是谁要欺侮我们也不行，要想不受欺侮，就要好好联合起来，大家振奋。当兵的首要一个任务就是爱国、救国，学生要爱国救国，商人也要爱国救国，但是我们商人中也不完全是爱

冯玉祥年谱

1918年（36岁）

2月，段政府又命冯部援湘，兵至湖北武穴再次违命，并通电北京，反对内战，主张停战。

2月下旬，段祺瑞宣布将冯撤职，全军不从，一致通电坚决反对，段怕事态扩大，只得作罢。

3月中旬，经曹锟调停，冯玉祥兼任湘西镇守使，率部开赴常德驻防。驻湘两年期间，为当地人民办实事，深得民心。

1919年（37岁）

五四运动爆发，冯支持常德青年学生不买日货、捣毁日本洋行等反帝爱国举动，并在与日军舰长和日商会长的谈判中，表现了强硬的立场。

在军中成立教导团，倡导亦军亦工，培养多种技能。并以基督教义作为军队精神教育的主要内容之一。

国救国的,也有奸商。"说到这里,他下令把没收来的大烟土,统统堆在操场,像一座小山一样,一把火点着了。他指着燃烧的鸦片说:"这个东西就是亡我们国家、亡我们民族的一个毒物,这是从外国来的洋烟,灭亡我们的。"

常德一地,民风不正,冯玉祥一到任,就兴利除弊,禁烟、禁赌、禁娼,提倡放足、整顿教育、兴办实业、改善交通等,取得不小的政绩。他委任薛笃弼⑦代理常德县知事一职,因为他认为薛为人慎重负责,有头脑,识大体,能脚踏实地地做些有益地方的事,他们商量了许多行之有效的措施。当时四川、云南每年运到常德的鸦片有数百万两,冯、薛派员严查,几天之内没收烟土三十多万两,那天当众焚烧,人心大快。后又成立了一个戒烟所,请有医生,备有伙食,派专人监管,强迫或自愿戒毒者有四百多人。冯玉祥还仿照处理退伍士兵的办法,送戒了毒的人去工厂学习技艺,一定要到他们技术熟练到能养活自己了才放出去,免得他们无一技之长流落社会为非作歹。

冯玉祥常和地方的父老交谈,询问他们百姓最感痛苦的事是什么,最需要他出力帮助的是什么事。他听说河决堤、石桥塌,出行难,多年修不起来,就组织部队在石匠的指导下,加固修缮,并把主要街道翻修一新。他还注意到老百姓吃的江水非常肮脏,也设法解决,当地人民感恩不尽。20年后他再到常德,当年的设施,江边还留有旧迹。

这时任湖南督军的张敬尧托人来向冯玉祥提亲,想把自己的女儿许配给他的大儿子冯洪国,一向不愿趋炎附势的他回了一封信,其中说:"虎女岂配犬子",拒绝了。洪国到军中来,当兵的见了叫他"少爷",冯玉祥知道了就把有关人员叫了去告诉说,以后不许叫"少爷",就喊他的乳名"生儿"。

冯玉祥驻兵常德两年,除尽心施政,对于军队的训练更是严格。开设教导团,内分军官、军事两班,3个月一期,每期150人,毕业后回营练习,分别提升;组织官佐体操团,加强军官体能训练;组织各部行军比赛,规定行程120里(60公里),以8小时为限。他又设读书讲解会,令官兵一律参加学习,除普通知识和战学外,还教英语、日语,他自己也努力学习英语,每天规定两个小时的读书时间,到时不办公、不见客,门外挂一个木牌,上写"冯玉祥死了",等学习结束,拿掉牌子说"冯玉祥复活了"。

在他读的许多书籍中,孙中山的著作尤得他心。他写信给孙中山,其中写道:"中国已濒于危境,真正救中国者只有先生一人,百折不回,再接再厉,无论如何失败,而我行我素,始终如一。此种精神,凡谋国者为之感奋。现下虽恪于环境,但精神上之结合固已有日矣。"

对于军官子弟和妇女的教育,他也特别重视,建培德女校和官佐子弟小学各一所,食宿费记账,每月由父兄的军饷中扣除;在北京开办的子弟小学这时也扩充增加了初中班。

冯军种种设施中最有影响的还属军人工厂的创办。首先筹捐1万二千元为开办基金,办起了织袜、缝纫班,后来又增办印刷、肥皂、木工班,挑选士兵分班入厂,每班四百人,三个月一期。开办数月,就大见成绩,织出可供九千多人穿的线袜了。在这个基础上,又以提倡实业的思想,组织军官工业团,设木工、铁工、织袜、毛巾、照相、绘图六科。他自己选择了学铁工,每天也坚持学两小时。大家的学习成果,分类呈列公布出来。

自皈依基督教以后,冯玉祥一直将牺牲精神视作重要的人格品质。这是他在1946年的题字

冯军中还设有教堂,他请牧师为全军讲道,做礼拜唱圣诗,以基督教义中"舍己救人"的牺牲精神教育官兵。他说:"耶稣为了传播他广大的爱,竟被敌人钉在十字架上,这是伟大的死。他一天到晚专和些下层的人,如木匠、渔户、税吏在一起,因而被人轻视,我又觉得正合我这穷小子的味儿。"他同时自称是"一个科学的基督徒,毫无迷信观念"。实际上,他信教的动机是为救民,是为改良社会的。他的宗教生活与行为是仁爱、牺牲,为人民服务与维护正义的。

第四章

征调频频

> 我驻军谌家矶,徐季龙、钮惕生两先生前来,襟抱相倾,使我得以听到孙中山先生的救国之言,这和我素来所抱的宗旨,不谋而合,从此信使往来不绝。时我军军饷无出,我忧愤成疾,卧草庐中,两君又来传达了中山鼓励我的话,闻之跃然而起。于是对中山的著述,更是早晚潜加研究。
>
> ——冯玉祥《我的生活》

开赴武汉

1920年7月,冯玉祥奉北京政府命令,率十六混成旅离开常德开赴武汉。行前,常德民众牵衣顿足,难舍难离。

段祺瑞一心要搞垮冯军,不发分文军饷,陷冯玉祥于困境。全旅一万多人住处不够,大部分搭帐篷,这时正赶上大水之后,天气奇热,猪圈似的住处像蒸笼一样,官兵病亡近四百人。冯玉祥痛心疾首,唯一的办法只有与将士同甘共苦,共渡难关。他和士兵穿一样的布军服,经常住宿营中,在兵棚里和士兵一起睡在

为士兵输血

稻草地铺上，跟聊天一样了解他们的家庭情况，如他和一个士兵的问答：今年多大了，什么地方人呵？河南省。什么县？信阳州。信阳州哪个方向？南边。什么地方？李家沟。离信阳州多远？十五里。属啥的，哪年哪月哪日生，父母多大年纪了？等这些家事问完了，又问为什么当兵？现在你想怎么样？你棚里的人怎么样？你棚里有几个人，给我背一背，他们都是什么地方人等。接触一两次，再见面他就能叫出名字来，甚至连小名也能叫得上来。全旅四个步兵团，一个炮兵团，一个骑兵营，一个辎重营，还有直属的炸弹连队、地雷连、电话连，以及模范连、手枪队、军乐队，每个班长的名字他都能叫上来，排长更不用说,什么地方人,家住哪里,全在他脑子里装着。对伤病官兵，他一定到医院看望慰问，帮助官兵家属解决困难，还不止一次为伤病战士输血。

就在冯玉祥极度困难苦闷的时候，这年9月，孙中山派秘书徐谦⑧和钮永建⑨带着他的亲笔信，到汉口来看望冯玉祥。对孙中山和他领导的南方革命军，冯玉祥仰慕倾向已非一日，忽然见到使者到来，心潮涌动。徐谦对冯玉祥说了很多勉励和鼓舞的话，希望能够一致从事革命工作。冯玉祥听了很是兴奋感激，他对两位客人说，连年以来，国事腐败，今天南打北，明天北打南，甚至北与北火并，南与南相打，使国家破碎，外侮日甚，人民整天生活在痛苦之中。北方大佬们深中清廷遗毒，积重难返，他们之中好的也只是保妻子谋富贵，没有一点为国家为民族的远大眼光。现在四万万五千万人民，都把眼睛望着中山先生和他领导的团体，我们这里稍有上进心的将领，也是这种心情。冯玉祥像是见到了知己一般，毫无保留地把郁积心中多年的苦闷，尽情倾吐。两位客人盘桓多日，看了冯军的操练，确实训练有素，名不虚传。他们走后不久，冯玉祥派秘书任佑民到广东去回拜孙中山，他在信中表示："任何时候只要用得着我时，我当无不尽力以赴。"

冯玉祥年谱

1920年（38岁）

7月6日，冯玉祥部接北京政府命令移驻湖北。

9月底，孙中山派徐谦会晤冯玉祥。冯也派人赴广东回访孙中山，表示愿为国民革命效力。

11月初，冯军调防河南信阳。部队无饷，全军陷入饥困伤病的悲惨境地。

1921年（39岁）

7月初，冯旅随二十师长阎相文入陕，驱逐皖系势力。7日，进驻西安，阎接任督军（省长）。

8月5日，冯旅升格为第十一师，冯任师长。24日，阎相文不堪重负，自杀身亡。25日，冯受命任陕督。

梦啼信阳

在局势混乱和动荡的时代中,冯玉祥部频频调动。从武汉又奉令调到河南信阳驻防。在这里,他开始记日记,从此坚持了一生。

1921年1月9日的日记中他写道:"自移驻信阳以来,饷项奇绌。目兵仅用盐水下饭,到处呼吁,从无怜而助之者,可叹可叹!昨夜梦中,为筹款事,不觉啼哭,醒来泪痕沾枕,爰咏诗一首记之:南北争持苦未休,孤军驻守信阳州;梦中筹饷曾啼哭,残泪醒时湿枕头。"一字一泪!

他唯一的办法就是从精神上鼓励官兵咬紧牙关战胜困难。许多年后,他在泰山读书,所写《现代政治斗争原理笔记》中有这样的话:"我过去受经济的困

难得的珍贵图片:1920年冬驻河南信阳时,冯玉祥与夫人刘德贞及子女合影

窘不少。随我共患难的人，有的他家中老幼都挨饿受冻，无一日不在穷苦中挣扎。因为我不了解经济，所以认为，空着肚子不大要紧，只要把兵练好了就行，其实那（哪）有这样简单呢！"

河南的督军赵倜把持全省财政，对冯玉祥的部队视如无物，不但官佐的薪金发不出来，就连士兵每天的菜钱都没有着落，只能以盐水下饭。冯玉祥为怕加重百姓负担，也不愿意就地筹款，他向上峰求款的电报中有"可以令官兵了解而挨饿，但不能令军马明白而不踢"这样辛酸的话。实在维持不下去了，他亲自赴北京要饷，徒劳而返。到了年关，各赊欠商家纷来要款，冯玉祥甚至想把部队拉到铁轨上，让火车辗死也比饿死强。夫人从保定来营探望，冯玉祥动员她卖掉首饰，让士兵吃上点菜。在最苦的时候，忽然听说有火车由汉口运20万大洋路过此地北上给交通部，他愤而当机立断，将车扣下，然后致电北京请罪，说一人犯法，总比全体官兵犯法抢掠好。政府这才回电答应拨款10万元，火车始获放行。

奉系张作霖听说此事，即电请北京政府严惩冯玉祥。这是一种报复之举，因前段祺瑞被赶下台，北京又由梁士诒组阁，张作霖曾力保起用张勋，遭到冯玉祥的严词痛斥和竭力反对，结怨在心。此事直系吴佩孚却为冯玉祥辩护，反唇相讥，说张作霖过去也扣留过政府的军械车，犯事在冯之先，此事才不了了之。

主政陕西

时皖系陕西督军陈树藩被撤职，改由直系第二十师师长阎相文接任。陈树藩抗拒免职令，拒不交权，北京政府授命阎相文率兵入陕，武装驱陈，冯玉祥第十六混成旅奉命随阎相文入陕。全旅分四个梯队乘火车离开信阳，开赴河南阌乡、灵宝，会同兄弟师分道入陕。继又奉阎相文命令由潼关向西安推进，在临潼与陈树藩交战大胜，缴械无数，顺利进入西安。陈树藩败退汉中，阎相文就职陕西督军之职，冯玉祥旅移驻咸阳。

政府方面以冯玉祥部连年转战功高，终于下令第十六混成旅改编为第十一师，冯玉祥任师长。算起来，冯玉祥从1914年任旅长以来，七个年头过去了，这期间与他同辈甚至资历比他浅的人如吴佩孚等，早已飞黄腾达，身居要职，手握重兵，左右时局了。这都和他独特的性格有关：冯玉祥不善逢迎，不拉帮结派，总有革命的倾向而时时遭忌。

师部编制以刘骥为参谋长，张之江、李鸣钟分任第二十一旅、第二十二旅旅长，孙良诚、张维玺、宋哲元、刘郁芬为团长，另编一卫队团，以赵席聘为团长。改编完毕后，就在咸阳一带训练和剿匪。原陕西靖国军第一路司令郭坚已沦为匪，奸淫掳掠，为害地方，冯玉祥奉阎相文手令，诱捕了郭坚，把他的卫队全部缴械，将郭坚就地正法。

阎相文接陕督之职是受命于危难之时，这时的陕西混乱穷困已极，而各方面的军队集中在这里的高达20万之众，军需浩繁，无法应付。阎相文性情懦弱，能力有限，但具有爱民之心，既不忍对人民苛捐杂税，又没有良策打开局面，绝望之中，竟想不开服毒自杀了，留有遗书说："我本愿救国救民，恐不能统一陕局，无颜对三秦父老之诚。"

冯玉祥接省城急电赶过去，协同处理后事，调兵维持治安。北京政府来电，正式任命他为陕西督军。但他以陕政难办，请辞不就，并推荐他过去的长官张绍曾任此职。政府不允，他勉为其难走马上任。

当务之急莫过于筹饷养军，但陕省财政枯竭，力不从心，这种困境从他发给政府的催款数电中，让人至今读来为之唏嘘：其中之一："连年兵匪交哄，道路梗塞，商货不通，收入短绌，地方田赋，早已支借逾额……目下各师旅伙食无款应付，驱饥卒以临阵，危险莫甚。"

之二："十一年陕省田赋，早经陈树藩提取净尽。西路交通尚阻，税收短绌，兵匪蹂躏数年，地方凋敝已极，挖肉补疮，无肉可挖。"

之三："我军饷费全无，兵有饥色，派兵剿办，动则用款，坐视扰乱，为害非浅，陕匪不能早日肃清，则陕局不能早日统一；陕局不统一，则财政愈难整理。财匮匪众，民困兵饥，其危险有不堪设想者。"

之四："兵饷缺乏，士卒枵腹，各将领奔走抚慰，日无暇晷……军事吃紧之际，军中有绝粮之忧……省垣金融恐慌，达于极点。富秦（陕西官办大钱局）银票每两只合大洋八毫，犹复日日低落。钱行数百余家，一律饱受困难，银根愈行紧迫。汉中、榆林两属之三十余县，除近省垣十余县外，其余各县纵有少数收入，早为该县驻军拨用，我军饷项遂至筹无处筹，借无处借。"

之五："陕省大乱连年，元气断丧殆尽。喘息未定，疮痍未复，加以各方军队星罗棋布，偶有开拔调遣，车马取之于民，粮秣取之于民，一切军中所需零星物件，无一不取之于民，其他冰雹、地震、水灾、盗贼之害，层见叠出。嗟我秦民，谁能堪此！"

为了统一军令，整顿陕局，除非先肃清杂牌军和土匪军，否则别无办法。冯玉祥调兵进攻汉中，陈树藩逃到上海，汉中收复。有靖国军胡景翼①部驻三原一带，冯玉祥敬重他的为人，没有以兵戎相见，而是派张之江等前往抚慰，胡景翼感于冯玉祥的诚意，主动取消靖国军名义，改为陕西正式军队，服从冯玉祥的指挥。二人感情日深，成为挚友，日后首都革命同心起事，誓共生死。

整治伊始，冯玉祥公布了《治陕大纲十条》，这些纲领都是本着孙中山的民族、民权、民生三项主义制订的。窘困的财政，从整顿陈树藩时滥发纸币入手，稳定金融，重罚毒贩，每月可收入六七万元，清理盐务，设盐务局，收入大增，使得军队境况有所改善，但是也只够维持日常生活，按期发饷做不到。每月收支账目公开，处处节俭。省政方面厉行廉洁，杜绝中饱，涓滴归公。冯玉祥在职不到一年，离开陕西时省库尚有余款。经过艰苦努力，财政、政治逐步走上轨道。冯玉祥注意修好与毗邻的关系，东与山西的阎锡山，西与甘肃的陆洪涛及陇东镇守使张兆钾等互为睦邻，相安无事，这才使他有精力专心致志于军事训练。除了仍紧抓官兵的学、术两科学习外，对于军队内部的风纪、军纪尤其注意，件件都有严格的规定：如军服裹腿上下一色用灰色国布，内衣和运动衣用白色，鞋黑色，禁止穿丝绸，官佐兵士的个人用品均有限制，不准私备额外品。每天早起，唱爱国歌，饮食起居一律有定时，剪发、洗衣、补衣、缝纫等都是士兵自己动手。又为士兵办储蓄，家中有需要时就寄去，特别困难的家庭，冯玉祥自己出钱给买田地，使他们没有后顾之忧。人说他："对于官兵之爱护，可谓严父慈母兼而有之。"这里还有个故事，有一次他走在路上碰见了军需李荫九，他向这个军需立正敬礼，弄得军需惊慌失措。冯玉祥说："我不是向你敬礼，是向你的缎子鞋敬礼。"从此，谁也不敢穿这种鞋了。

在政绩方面，冯玉祥仍按照他在常德时的方针政策，禁绝鸦片和娼妓，取消苛捐杂税，劝导放足，提倡清洁，实行种树，设立平民学校及运动场。他率领士兵在旧皇城修建新督署一事，也传为佳话。

原来的旧督署深宅大院，重门叠户，当初慈禧太后和光绪帝躲避八国联军逃到西安时，就以此为行宫。冯玉祥认为住在这样一个地方一不能和官兵常在一起，二来老百姓也不易亲近他，他算什么亲民之官？于是他选了城东北角一块空地盖新督军署，拆了旧督军署几座小房，利用旧砖木动起工来。他自任大工头，卫队营营长张自忠①任二工头，部分官兵当小工，只请了两个泥瓦工匠做指导，就盖成了。其中成绩最大的，是率军修筑西安至潼关的汽车大路，大大便利了交通；此外还筹建了陕西图书馆。一时，社会气风大变。但美中不足的是由于全省政令尚不统一，新政只惠及省会附近一带，未能普及全省。

督陕期间，冯玉祥还做了一件大大得罪吴佩孚的事。当时吴位居直鲁豫巡阅副使，位显权重，他在洛阳大摆宴席，庆祝五十大寿，各方人士都携贵重礼物往贺，康有为送的贺联书道："牧野鹰扬，百岁功名才半纪。洛阳虎视，八方风雨会中州。"冯玉祥也派人送去贺礼，吴佩孚打开一看，是一个坛子，但里面装的不是酒，而是清水，冯玉祥附张条子，上写"君子之交淡如水"，吴佩孚冷笑说："知我者焕章也！"感到很扫面子，心中结下怨恨。

在外事方面，又有一段趣事，反映了他不怕得罪洋人，维护主权的一贯立场。陕西终南山里，珍禽异兽出没其间，常遭外国人捕猎。美国亚洲古物调查团团长安德思和英国矿师高士林进山猎杀了两头野牛，雇脚力抬下山，而后来拜见冯玉祥，报告战果。冯玉祥一听就问："你们到终南山打猎，和谁打过招呼？"安德思说："我们打的是无主的野牛，用不着通知任何人。"冯玉祥说："终南山是陕西的辖地，野牛是我国领土内的东西，怎么会是无主的呢？你们不通知地方官府，私自打猎，就是犯法的行为，你们知道吗？"高士林又说："我们在中国十五年，所到的地方从来没有不准打猎的，再说，中国的法律上也没有不准外国人在境内打猎的条文。"冯玉祥据理反驳说："中国法律上没有不准外国人打猎的条文，难道说又有准许外国人打猎的条文吗？你十五年没遇到过官府禁止你打猎，那是他们睡着了，我没有睡着，我负有国家人民交托的保土护权之责，我就非禁止不可。"并要他们赔偿，把牛弄活送回山去。两人开始还蛮不讲理，后来见冯玉祥态度严厉，毫不妥协，才认错道歉说："现在野牛已经死了，没法弄活赔偿了，请饶恕我们这一次吧！"

事后，冯玉祥将此事报告政府，才有外人狩猎须领执照，并只可捕猎指定野兽的规定。

主政河南

随着由政治上的斗争演化到武力上的抗争，1922年第一次直奉战争爆发。奉系张作霖入关进攻,曹锟、吴佩孚迎战失利,急电冯玉祥求援。冯玉祥决定讨奉援直,在接电后三小时内,就调兵遣将完毕,开始向潼关移动。临行前,冯玉祥给胡景翼写了一封信,说"为着讨伐媚日祸国的张作霖,我现在离开陕西了。你若要争取权力,可和刘镇华⑫打,若要救国,请你和我同来。"冯军刚到潼关,胡景翼就来了复电说:"你放着督军不干,要去参加讨奉战争,这种光明磊落的态度,使我钦佩无限。我不过一个师长而已,打仗也丢不掉的,同向为国奋斗的途上迈进。"

冯玉祥首派第二十一旅旅长李鸣钟率孙良诚⑬等两个步兵团和孙连仲⑭的炮兵团星夜北上,听吴佩孚指挥。接着又接吴急电,说豫省后防空虚,请他速来坐镇洛阳。冯玉祥亲率张之江、胡景翼两部和炮、骑两团,以及辎重、手枪、学兵等营,日行一百六十里急驰郑州守备,布置后防。

冯玉祥出兵援手,是张作霖始料不及的,经过交锋,冯军乘胜追击,一举攻下开封,奉军大败急退。这次直奉战争,以奉系失败而告终。

这次战争中,河南督军赵倜听信奉方编造的吴佩孚战死的谣言,以数倍于冯军的兵力袭击郑州,交战至第三天,赵军被迫后撤,冯玉祥命冯治安⑮、张自忠率学兵连,李向寅率手枪队上阵,将赵军全部击溃,冯军乘胜追击,一举攻下开封,赵倜化装潜逃至上海租界。

北京政府免除了赵倜河南督军职务,听候查办。特任冯玉祥为河南督军。

就职后,冯玉祥的第一要务是恢复秩序,安抚人民,任鹿钟麟为警察厅长。他亲自带卫队出巡,镇压乱兵,地方始得安定。又派李鸣钟等为各属镇守使,剿匪安民。他每天去督署办公,都走着去,人们见了都奇怪,说当了督军不坐汽车,好歹也该弄个轿子坐坐。

他颁布《督豫施政大纲》十条:一、赈恤战区灾民,俾免流离。二、清理财政各税,期除苛敛。三、彻办户口登

冯玉祥年谱

1922年(40岁)

4月底,第一次直奉大战爆发。冯玉祥任援直陕军总司令,驻守洛阳,节制后方各军。

5月5日,奉军败退。11日,冯就任河南督军。

10月31日,冯改任陆军检阅使,移军北京,进驻南苑。

记，以清盗源。四、整饬巡缉各队，以维治安。五、查拿贪官痞棍，以安善良。六、筹设实业工厂，以纳游民。七、浚河治路，以利交通。八、推行义务教育，以开智识。九、严禁烟赌娼妓，以淳民风。十、厉行剪发放足，以除陋习。

　　河南在赵倜的统治下，吏治腐败，买官卖官，徇私舞弊，重税人民。冯玉祥从严查办贪官劣绅，罚款用来兴办公益事业；抄没赵倜全部财产，尽行充公，大办教育。他派余心清⑩创办"中州大学"（后改名为河南中山大学）及第一女子中学，他听说本省出了一个留学美国的教育博士，刚在南开大学任教务长，即电请他回河南，任命为教育厅长。河南多庙，他就利用庙办学，对各县教育局，责令积极整顿教育，建立图书馆和平民教育等设施。对以办学为幌子实是骗人钱财的学校，查明即取缔。一时，河南教育事业生气勃勃。另外，还建了开封平民工厂等。

　　冯玉祥督河南，雄踞洛阳的吴佩孚时时索要款项，冯玉祥到任之初，吴佩孚就索款八十万，还令以后每月缴二十万，冯玉祥回复他说我没有这个本事，要钱你自己来当河南督军好了。吴佩孚还滥荐多人到开封找冯玉祥求职，冯没照办，都使吴大为不快。当时河南驻军的成分非常复杂，军饷开支，冯玉祥尽力维持，平均支配，而吴佩孚擅自截留税款，不上缴省署。

　　由于连年战争中多有伤亡，为补充实力，冯玉祥在吴佩孚不知情的情况下，征得北京陆军部长张绍曾同意，招募新兵增编第七、八、二十五三个混成旅，任命张之江、李鸣钟、宋哲元⑪三人为旅长，另把空着番号的十六混成旅重新组建。此事后来被吴佩孚知道了，必欲去之而后快。当时华北的形势，由北京到汉口都处在吴佩孚直系势力控制之下，唯独当中河南是非嫡系的冯玉祥部队，"卧榻之侧，岂容他人鼾睡？"不久，北洋政府发布命令，撤销冯玉祥河南督军职，改任陆军检阅使，授予扬武上将军衔。这实际是明升暗降，削弱实权。这个消息使河南民众很难接受，一时，舆论界、全省公民大会及各界民众组织，纷纷去电政府热诚挽留，却不获被准。

　　在他离职前一个月，上海一家由美国人主办的英文周刊举行一次当代中国名人选举，由多数为教员学生等中国知识界人士三万五千名读者投票，选出当时"最伟大的中国人"十二名，结果，孙中山第一，冯玉祥第二，胡适之第三。

第五章

陆军检阅使

> *荀子云："凡用兵攻战之本,在乎一民。"又曰："善抚民者,是乃善用兵者也。"这是至理名言,所以我从军队成立的那天起,就谆谆告诫官兵兵民合一的重要性,并汇集古人爱国保民的范例若干条,名之为《军人精神书》,让大家背诵,身体力行之。*
>
> ——《冯玉祥自传》第六章《治军》

1922年11月,冯玉祥离开河南,将所属一个师和三个混成旅的全部人马带到北京。这次移师并不顺利,吴佩孚只许他带走第十一师,其余新兵留在原地,开拔前令铁路局准备的六列火车,也被吴佩孚扣下,还不给军费。冯玉祥仅从财政厅筹得三万多元,临时又向各车站征车皮,凑了五列,然后定计让新兵打着老兵的旗号先走,走完后,老兵打着第十一师的旗子全数开走,车少人多,拥挤不堪。等吴佩孚知道了,冯玉祥的神速调兵已经完成了!

到达北京,驻兵南苑。

调任陆军检阅使时,冯玉祥41岁。1923年,他在治军和学习两方面都有重大的收获,但在个人生活上又极为不幸,相随他20年的妻子刘德贞因病逝世了,冯玉祥伤心恸哭,全军为她举哀,各官佐目兵分班致祭,遗体在京按基督教礼仪入殓,灵柩运回保定冯家墓地安葬。刘夫人一生勤劳朴素,自操家务,直到现在冯玉祥就任陆军检阅使的高位,她还是布衣布褂,自己跑街买东西,没有一点官太太的架子,不知情的人,还以为她是家里的女佣人呢!她在军中很受爱戴,经常慰问部队,对官佐家属极为关怀,大家都以贤姐称呼她。她倡办了培德女中,使妇女有受教育的机会。当时军人的鞋子都由家属做，每人都有定额，刘夫人和大家一样需按时完成自己的那一份，没有一点特殊。

刘夫人留下了儿子洪国、洪志，女儿弗能、弗伐、弗矜。小的才只有几岁。

这一年，却是冯玉祥治军的鼎盛时期，他完善了一整套练兵方法，为练就三万精兵打下基础。南苑练兵的内容主要分学科和术科两大方面，按不同等级进行训练。

在学科方面，冯玉祥特别注重精神教育，包括爱国精神、舍己救人精神、为社会服务精神、刻苦耐劳精神等。他选编的书有《军人精神书》、《军人读本》、《军人宝鉴》等，这些书的主要内容是爱国的。士兵都要学《军人精神书》，这本书要求士兵必须具备三大精神，即爱国精神、道德精神、军人精神，如果没有这三大精神，就不配当一个军人。爱国精神，选择了介绍历代爱国军人、爱国人士如冯子才、林则徐的短篇文章，冯玉祥说他们打了胜仗，可是由于政府腐败反而签订了丧权辱国的条约。道德精神，是讲修身养性的，也收集了一些名家名言，如"人非圣贤，孰能无过，过而能改，复于无过"之类。军人精神，是讲应该怎样训练，怎样锻炼，怎样吃苦耐劳，怎样爱护老百姓等，保护商人也是其中的一条。他经常在对部队讲话中说："老百姓是什么人？老百姓是你爹。老百姓为什么是你爹？因为你穿的老百姓的，你吃的老百姓的，你不爱老百姓行吗？"他日后凡送部下出国留学，临行前总要嘱咐："你们要爱国救民到底"，"不要忘记不扰民，真爱民，誓死救国"。

冯玉祥在爱国教育方面下了很大的功夫。他主持绘制和印发了一种"国耻地图"，发给官兵每人一张，让大家经常带在身上，以备随时查阅。凡是被列强通过侵略战争或不平等条约抢去的中国领地，都在地图上用红色标明，并写上那一块块的领土是何年何月何日，通过哪些战争，根据什么条约，被哪个列强侵占的。官兵们从地图上看到祖国的周围，特别是北部，一片片被染上红色的地方，都已经被列强侵占；那像秋海棠叶似的祖国版图上，一片片大好河山，一块块肥田沃土，一座座森林矿藏，被列强们蚕食鲸吞，感到非常痛心。他们由此知道了英法联军攻占了天津、北京，火烧圆明园；八国联军屠杀父老兄弟；日本人发动了甲午战争，俄国人霸占旅顺等，从而激起了内心强烈的民族仇恨和爱国心。

冯军部队里，一天二十四小时中除了睡觉，到处是歌声。起床要唱，走路要唱，饭前要唱，休息更要唱，睡觉前还要唱。这些歌有几类性质，有讲军队纪律的,有讲射击的,有讲团结的等。坐船有坐船的歌,坐火车有坐火车的歌,有什么行动就编什么歌。如经常唱的"战斗歌":"一散开在一条线上,不要出前落后,妨碍射击",说的是要有战斗队形;"军歌":"高丽国、琉球岛与台湾,地不小,可怜都被它侵吞了",这是控诉日本侵略罪行的,唱起来无形中就会激起为国家所受的耻辱而悲愤的感情,还有的说外国人看中国人是一盘散沙,把中国当做桌子上的一盘肉,抢着吃,"盘中餐,外人伺";吃饭歌有好几个,如:"盘中粒粒皆是辛苦,民脂民膏来之不易";爱民的"要爱护老百姓,爱护禾苗";此外还有"植树歌",部队在哪里驻防,就一定要种树。

总之,冯玉祥采取了种种办法对官兵进行精神教育,每个士兵的床头贴着志愿书,有六条的,有八条的,如爱国的,勤学的,每天对照检查做得怎么样。部队中有很多是河南兵,家乡人传开了,说:"冯玉祥的军队不得了,当过三年兵以后,土匪也变成大姑娘了。"这是因为冯军士兵走路时目不斜视,对群众不干扰,不进民房,也识字了,有文化了,不那么粗野了。

官佐所学内容有:正副目学《军人教科书》、《八百字课本》、《各种兵教科书》、《简明军纪》、《军人教育》、《军歌》、《军士战术》、《军事勤务》等。初级军官所学的内容增加《初级战术》、《军人宝鉴》、《军人读本》、《典范令》、《曾胡治兵语录》、《左传摘要》等。中级军官所学的内容增加《高级战术》(聘请法、日教官讲授)、《兵器学》、《欧洲战史》、《国文》、《易经》及《子书》一两种。

在术科方面,主要的训练项目是:刺枪、劈刀、器械体操、应用体操、八道拦阻、沟垒比赛、挖掘起伏地等项。其中特别重视体力锻炼、射击训练和夜战训练。

冯玉祥练兵亲自督练,从不懈怠。每次出操前,他要求士兵端"枪架子",练臂力,练瞄准,营房里处处设有人头靶,供士兵随时练习。他亲自编写了《战斗射击歌》:"射击瞄

冯玉祥年谱

1923年(41岁)
带兵有方,治军有道,这一年,练就了一支能吃大苦、耐大劳、打硬仗的劲旅。
12月15日,夫人刘德贞因病去世。

1924年(42岁)
1月,孙中山派孔祥熙到北京南苑赠送手书《建国大纲》一书。
2月,与李德全结婚。

准最为先,第一须知省子弹,一颗千金买不来,生死安危在一弹。瞄得不准万不发,发时必中一当千。枪不虚发好男子,千万千万莫等闲。战时全凭子弹胜,虽有子弹输送难,多少能战之军队,皆因乱放大败还。一弹须当性命看,保身保国保安全,枪不虚发好名誉,千万千万莫等闲。"官兵时时唱,练出不少神枪手。为适应夜战,士兵一入伍就要先学会识星辰辨方向,还要熟练夜间集合的动作要领,就寝前衣物和装备按规定摆放,紧急集合时穿戴服装、佩带装备也有一定秩序。他认为夜间战斗是对装备较好的敌人作战的重要手段。他要求班、排、连都进行刺枪、劈刀的练习。每个士兵都有一把特制的中国大刀片,背在身上寒光闪闪,刀把上的红绸迎风飘动,显得格外威风。冯玉祥还教士兵光着膀子演练冲锋、肉搏。尤其强调注重耐热、耐寒、耐风雪等适应恶劣自然环境的训练,常在冬季大风雪或酷夏暴雨时举行全军行军、战斗演习。当时其他很多军阀部队,一出动就要祸害老百姓,闹得鸡犬不宁,这种情况在冯玉祥的部队里从来没有发生过。一次严冬天气野营训练,风非常大,气温极低,演习部队冻死六个人,冯玉祥马上下令停止演习,统统回营。途经宛平县休息时,在这样恶劣的条件下,部队仍然"不扰民",不进民房。饭盒里的大米饭和咸菜都冻得硬邦邦的没法吃,又冷又饿,也没人到民家找口热水喝。还有一次也是最冷的天气,举行全军夜间挖战壕比赛,土冻半尺,不准用火烤,只能用大铁杠子一寸一寸地凿。部队干了一夜加半个白天,才完成了各自划分的地段,数百人受伤。事后总结时,有的长官说:"这次比赛的激烈程度,真不亚于实际战斗呀!"冯玉祥说:"军队如果不养成耐寒的精神,没有吃苦的锻炼,没有硬地挖战壕的本领,一旦对敌作战,遇到恶劣的天气和环境,怎么能顶得住?顶不住,怎么能进攻?不进攻,怎么能打胜仗?"

冯军素有"静似泰山,动如奔潮"之誉,完全是苦练出来的。周恩来曾评价冯玉祥说:"先生善练兵,至今谈兵的人多推崇先生。"

体育运动方面,冯玉祥要求官兵们练单杠、木马、打拳、跳高、跳远,特别是单杠,要求每个人必须学会"屈身上"、"摇动转回"、"倒立"等动作,还要官兵学会游泳。通过这些训练,提高官兵的身体素质,锻炼他们的意志和耐力。有时,他让部队全副武装,携带武器、弹药、背包、水壶、饭盒等全套装备,进行逾越障碍竞赛。

冯玉祥爱兵如子,每逢作战,常和士兵一起蹲在战壕里,施工的时候,总和士兵一起挖土推车,在生活上也是十分关怀。一次他睡在兵棚,第二天全棚去出操,他就检查士兵的笔记和武器,然后和大家一起吃饭,吃到最后一口时吃到一颗砂粒,顿时大发雷霆,立刻把管伙食的三排长叫来,罚他跪在地上,当着大家的面训道:"当兵的就是你爹,你就叫你爹吃砂子?你的良心哪里去了?"走后一个多小时,才让这位排长站起来。他还对官长强调训练军队要从重视病人做起,怎么样让病人少?病了怎么治?吃中药还是吃西药?当长官的每天要挨个去看过,不论病轻病重都要一一记上,如果自己去不了,也要派最重要的人去,回来亲自看他记下来的病情,然后签上字。他说一个士兵离开父母,背井离乡,孤身在外,最感痛苦的就是有病的时候,我们是他们的长官,我们不去留心他,谁去留心呢?

也是在这一年,冯玉祥在书法练习、英语学习方面进步很大,尤其是在读书方面收获颇丰,可以说是古今中外博览群书。他还特别聘请专家学者为他讲学授课。如请沙明远讲授《易经》、《书经》、《左传》、《群书治要》、《我师录》;请王瑚[19]讲授《孙子兵法》、《大学》等。

生活方面,自从他丧妻后,各个方面的实力人物都想以联亲来拉拢他为盟友,说媒的人纷至沓来,连曹锟也有意将自己的女儿嫁给他,派副官来提亲,但是冯玉祥不愿意。为了能推掉这门亲事,他提出了条件:一、不许穿绫罗绸缎,吃山珍海味。二、要能纺纱织布。三、要抚养我的几个孩子。这门婚事当然是告吹了。

冯玉祥的第二次婚姻是在刘夫人去世后的次年。关于他娶李德全为妻的故事,有多种传说。实际上他们是由李德全的亲戚唐悦良[19]夫妇撮合的。唐悦良的夫人李淑成和李德全[20]是堂姐妹,俩人的父亲是亲哥俩。我们称呼李淑成为唐姨,管唐悦良叫唐姨父。解放后李德全私人交往的人不多,她最常去的地方就是唐家。上世纪50年代有一天婆婆李德全带我去唐家,谈起往事,唐姨兴致勃勃地对我说婆婆的大媒是他们做的。唐家人都是基督徒,冯玉祥任陆军检阅使驻防北京时,常去做礼拜,互相结识,有时去他家串门。有一次冯玉祥当笑话说起曹锟提亲之事,说话者无心,听话者有意。事后有一天,唐悦良夫妇约冯玉祥去基督教女青年会参加一次演讲会,女青年会学生部干事李德全也在会上讲了话,她圆圆的脸盘上戴一副黑边眼镜,笑容明快,口才出众,冯玉祥顿生好感。经唐家搭桥,以后去通州李德全家里交往接触多次,了解到她的家境贫寒,父亲早年从蒙古来到北京,为谋生扛过活儿,很合乎他的择偶条件,便请唐悦良夫妇出面做媒,这桩婚事就这样成了。

李德全1896年出生在北京郊区通州(今通州)德兴庄草房村一个贫苦农家,祖上是蒙古人,父亲是一个牧民,后离开草原逃到通州。那个时代外国人来中国传教的很多，他们深入各地农村，发展教徒，李家就信了基督教。李德全的祖母和叔叔就因为是教徒，在义和团时遇害殉道了。李德全刚出生三个月，父母就抱着她接受了洗礼。长大以后，在教会的资助下，上完了小学、中学，毕业于美国教会开办的"贝满女中"，后来又曾回到母校任教。中学毕业后考入私立的汇文女子大学（即燕京大学前身的一部分）。她在学校非常活跃，担任学生会会长，热心宗教工作，极富爱国心。第一次世界大战结束后，她听说外国人在巴黎讲"中国人不值两毛五"的话，非常气愤，就和同学们写了大幅抗议书："中国不值两毛五，全中国四万五千万人，每人值0.0000000005！"并把这幅抗议书放到美国校长的办公桌上。李德全是20年代极少数受过高等教育的妇女之一，这样的知识妇女那时追求男女平等，要独立自主地干一番事业，多喜独身，所以当她已是29岁的老姑娘了还没有出嫁，直到遇到了冯玉祥，她一生的命运就此发生了传奇性的变化，日后成为中国著名的社会活动家。

　　1924年2月9日，冯玉祥和李德全订婚，交换婚约，同月19日在南苑驻地由牧师刘芳主持，按基督教仪式举行了简朴的婚礼。婚后新娘问丈夫："你怎么会看上我？"回答是："我看你天真烂漫！"

　　在南苑，为悼念阵亡官兵，冯玉祥在南苑修建了昭忠祠，埋葬亡者的骸骨。每年派人前去慰问遗属，酌情给予照顾，有适龄入学的子女，就带回北京送进子弟学校。对残废官兵，以各种方法安慰救济，历年战阵受伤的官兵，都有详细的光荣记录。他以为，中国的道理"死为大"，要是埋在哪里我们都不知道，死者如此，生者怎么想？

　　官佐家凡有婚丧事时，他规定只许上级官对下级官送礼，下级官兵都不准送礼，这在当时的军队中是绝无仅有的事，人都不能理解。他的一个军中朋友对他说："我在军队里看到的惯例，是只有下级对上级送礼，谁的礼品办的贵重，长官就喜欢谁，到后说话就特别有效，官也升得快。所以大家都要在送礼上面用心。送一次礼，典卖借贷都在所不惜。因为这是下的本钱，升官之后那是一本万利的。下级官对上级官送礼，有这个讲究。你们这个规矩是为什么呢？"

　　就是因为冯玉祥做事常有些地方不合时宜，所以招来人在背后骂他是"活妖怪"，他也知道别人这么骂他，并不以为然，照样我行我素。

　　驻兵南苑期间，冯玉祥各种社会活动不少，和各使馆人员时有接触。一次高级教导团招待日本人，布置会场时，冯玉祥叫把万国旗里的日本旗拿掉，日本人到时,其中有人注意到这一现象,询问怎么唯独没有本国旗?冯玉祥说我们办事的人跑遍了街上也买不到日本旗,大概是因为贵国对中国的二十一条的原因,老百姓有抵触情绪不卖日本旗子。他对在场的小幡公使说应该电告日本政府反省。

官场的铺张浪费、乌烟瘴气,让他气闷。经常是按时去赴宴,宾主都迟迟不到场。他不耐烦等,自己叫碗面条或吃几个包子,撂下张名片就走了。他接触北京场面上的大人物,更看清了他们的嘴脸,一到聚在一起,嘻嘻哈哈谈的就是昨晚打牌输赢了多少,明晚有什么好戏,谁家姨太太漂亮,哪里又有官地要卖,就是没有谈论国计民生的。有一次总统黎元洪召集例会会餐,吃谈间他忽然发起了牢骚,说这总统真不是人干的,总赔钱,每年得赔上36万,连煤矿股票和盐票的利息都赔进去了,长此下去不能支持了。众人听了都恭维他仁义忠厚,唯独冯玉祥脱口而出说:"总统是当旅长出身的,怎么会有这么多的钱呢?"黎总统说:"存的呀!"冯玉祥刨根问底又说:"旅长的饷每月不过几百两银子,怎么会存那么多呢?"黎元洪无以作答,打个哈哈一笑了之。

一次永定河在丰台西南决口,北京永定门一带的居民惊惶失措,冯玉祥听说后,立刻派鹿钟麟率两旅人前往连夜抢修,费尽力气终于把决口堵住了。为了不遗后患,冯玉祥又决定要加宽加深河道,根治永定河。工程必须赶在春天水涨以前完工,一团一团的人开上去,五天一倒班,在风狂沙暴的天气里施工,苦干了几个月才完成,冯军得到老百姓极大的尊敬和好感。

冯玉祥、李德全结婚照

第六章

首都革命

> 自十二年(1923年)秋，贿选告成，曹锟窃位，为中华民国历史上一大污点。我曾向朋友表示，只要能利国利民，消除国内无意义的纷争，我虽然不才，但愿跟随海内贤豪共图大计。
>
> ——冯玉祥《我的生活》

从1921年开始，中国政局发生了重要的新的变化：中国共产党成立了，并于1923年在广州举行了第三次全国代表大会，确定了和国民党建立统一战线的方针；经过苏联和中国共产党的具体帮助，孙中山着手改组国民党，发表了中国国民党改组宣言，确定了实行联俄、联共和扶助农工三大政策。

民国以来十几年北京政治舞台上的头面人物，就像走马灯一样，你方唱罢我登台。皖系段祺瑞失势后，北洋政府的实权又操纵在直系军阀曹锟、吴佩孚手中，这两个人野心都很大。曹锟早在清末当长江上游警备总司令的时候，搞了不少钱，每逢他做寿的时候，各省督军、省长纷纷前来祝寿，场面之大，非一般人可比，渐渐地，一些奉承巴结的人就在他耳旁吹风："大帅足可以当总统。"于是一场贿选运动开始了。曹锟开出的价码是每投他一张票给5千元，直接替他活动的政客们还不止这个数。

曹锟贿选总统的丑行，遭到孙中山的反对，全国人民也一片嘘声。在万众的指责下，曹锟还是一不做，二不休，大模大样地上台做了总统，并且兴师动众，准备和奉系军阀张作霖打仗。

草堂密议

政局如此，冯玉祥对曹锟的贿选和军阀混战都极感厌恶，通过马伯援给孙中山带去五条意见，提出实行民主、改革政治和团结协商等具体主张。孙中山派代表告诉他，在当前的形势下，首要任务是先打倒最反动的直系军阀，冯玉祥答应俟机而动。但他知道除非联合同志共同行动，不足以成大事。他想到了知己朋友、现任第十五混成旅旅长的孙岳，对曹锟贿选总统之举也深恶痛绝。于是，他就以在南苑建成"昭忠祠"，举行落成典礼为由，把孙岳请到北京。

这天，冯玉祥陪孙岳祭过烈士亡灵，往义地走来。孙岳边看边叹息说："民国成立不过十多年，这里已经躺下这么多战士了。"冯玉祥说："他们为国捐躯，落得一个忠字，也算不朽了。"孙岳点头说："都是忠义好汉呵！都是精魂忠骨呵！"冯玉祥感慨地说："他们死了，能得忠骨之称，孙二哥，将来您百年之后，人当如何评价？"孙岳说："那不用问，像现在这样干下去，一个不折不扣的军阀走狗罢了。"冯玉祥说："您统兵数千，坐镇一方，为什么甘心做人家的走狗？"孙岳哈哈大笑说："我算什么？还有那些带着三四万人的，不也是做着军阀的走狗，莫可如何吗？""您说谁？"冯玉祥明知故问。"即你冯焕章是也！"两人半开玩笑地说着，来到坟地一座草亭里坐下。冯玉祥严肃地说："目前闹成这个局面，我想稍有热血良心的人，没有不切齿痛恨的。我带的部队名义上号称一师三混成旅，实际上还不到三万支枪。如此境地，未敢莽撞。但是我们必须努力，把这一批祸国殃民的混账东西一股脑推翻，不然的话，如何对得起我们创造民国的先烈？"孙岳正容说："你要是决定这么干，我一定竭尽全力相助。"他还保荐了胡景翼和他的副手岳西峰，可共同举事，这两个人也都是冯玉祥相知的人。

二人密议结束，冯玉祥叫过随员以草堂为背景，和孙岳合影一张，以资纪念。

这就是近代史上有名的"草堂密议"。

经孙岳联络，胡景翼即派岳西峰前来和冯玉祥密晤。岳西峰说："有几句话，今天要和你好好谈谈。你是一位创造民国的

> **冯玉祥年谱**
>
> 1924年（42岁）
>
> 9月，与知友孙岳密商推倒曹锟、吴佩孚，迎请孙中山北上主政的行动计划。
>
> 9月，第二次直奉战争爆发，冯玉祥任第三路军司令。按计划中途下令回师北京。
>
> 10月23日，冯玉祥发动了首都革命。25日组成摄政内阁。建立辖四个师、九个旅、三个团的"国民军"，并电请孙中山北上主持大计。26日，电请段祺瑞主军，出面维持局势。
>
> 11月2日，曹锟宣布下台。5日，冯玉祥派鹿钟麟带兵包围紫禁城，驱逐溥仪出宫。10日，孙中山发表《北上宣言》，要求召开国民会议，结束军阀割据的局面。15日，段祺瑞被推举为临时执政。首都革命，功亏一篑，冯玉祥愤然辞职。

人,尤其在陕西、河南的时候,你领导指挥我们为国效劳,咱们过去同过多年的生死患难,想你一定能相信我们,推心置腹。咱们今天就说革命党的话,开门见山地说,你说好不好?"冯玉祥说:"你这些话都是从心窝里掏出来的,我信得过。你来的时候,笠僧(孙岳)说什么了吗?"岳西峰说:"笠僧的意思完全听你的命令,只要你肯带着我们打倒这帮害民贼,你说怎么办,我们就怎么办,没有半点含糊。"冯玉祥听后说:"西峰弟,你既如此说,我们公是公,私是私,我也把话和你说透。第一,吴佩孚为所欲为,要打倒异己,对张作霖的战事,目前已到了一触即发的地步,这种战事,我们誓死反对,如果吴佩孚有命令给你们那边,你们万万不可接受;第二,我们必须利用形势,相机而动。将来如果我们成功,一定要迎请孙中山先生北来,主持一切。他是中国唯一的革命领袖,我们应当全心全意地拥护,否则我们就是争权夺利,不是真的革命。"最后他嘱咐说:"你告诉笠僧,纪律是军队的命脉,有之则生,无之则死,应该马上着手严整军纪,切切不可大意。"

冯玉祥这边加紧补充军械,同时又从河南招了一万多名新兵,对外称只是一个营,进行训练。驻密云的部队,奉命每天练习行军,有时空手,有时全副武装,总是向西往北京方向走,或50里而回,或60里而回,使部队时时准备,使居民司空见惯。

北京政府从意大利买进大量的比士尼步枪、大炮和子弹,冯玉祥派总参议蒋鸿遇去见陆军总长陆锦请领,陆总长避而不见。后来经曹锟批准,可以领三千支步枪、十八门炮和几百万发子弹。哪知领了好几次都领不到,因为马上要打仗了,冯玉祥有点着急,召集大家开会,他追问蒋鸿遇:"究竟为什么领不到东西,难道总统批准都不算数吗?"蒋鸿遇才如实说:"现在军械都归李彦青①掌管,不送上钱去,是什么都领不到的。"冯玉祥问需要多少钱?蒋鸿遇说最少得十万。没有办法,只好在每月应领的经费项目下凑足十万元给李彦青送去,下午4点送到,6点就接到李彦青的电话,通知去领枪弹。不久首都革命成功,冯玉祥杀了李彦青,这也是他贪赃枉法,自食其果。

一切准备就绪,只待时机到来。

星夜班师

1924年9月,张作霖进兵山海关,威逼北京。曹锟北京政府发布了对张作霖的讨伐令,第二次直奉战争爆发。

吴佩孚召开出征会议,军政要员六十多人齐聚一堂。等了多时,只听得一声"总司令出来啦!"吴佩孚身穿紫色绸夹袄,外罩黑坎肩,下面一条白绸裤,嘴里叼着纸烟,走到座上盘腿一坐,口传命令。他自任讨逆总司令,任冯玉祥为第三路司令,胡景翼为第二路司令,孙岳为北京警备副司令……命令宣布完后,冯玉祥问:"给养怎么办?"吴佩孚说:"此次出兵,概不设兵站,粮秣饷项,统由各部队就地筹办。"冯玉祥说:"这恐怕行不通吧,路途这么远,行动这么难,假如还要自己筹饷办站,不但不利于部队作战,并且扰害地方,乡绅百姓都会得罪。"吴佩孚还是说:"兵站用不着办,你们只管走到哪里吃到哪里。"冯玉祥说:"祸害百姓的话且不说吧,我走的古北口这一路,全是荒僻的地区,百八十里地也见不着个人,我们到哪里去办粮去?"吴佩孚不耐烦地挥挥手,表示不谈了。冯玉祥最后说:"在如此没有保障的情况下,我军前进越远,危险越大,败则牺牲塞外,胜也难以立功呵!"吴佩孚说:"今天就这样了,散了吧,散了吧!"

会后,吴佩孚又留下几个人,对其中的王承斌说:"派你为监军,随冯玉祥行动,好生监视他。"又交代胡景翼说:"你带部队跟在冯玉祥后面,如果发现他有异动,可就近解决。"

就在曹锟下令对张作霖开战的同一天,孙中山在广州发表了"北伐宣言",讨伐曹锟、吴佩孚,并派孔祥熙给冯玉祥送来他亲笔书写的《建国大纲》,使冯玉祥精神上受到极大的鼓舞。冯玉祥知道时机已经成熟,决定南呼北应,立即采取行动。

出师前,他和孙岳、胡景翼密约,决定发动首都革命。

冯玉祥平时就注意和北京政府里的机要人员联络,对曹、吴的情况了如指掌,在布置妥了北京城里的应变计划后,他把部队分为五个梯队,逐次出动。先头部队是张之江旅,之后是宋哲元旅、刘郁芬②旅、李鸣钟旅,最后是鹿钟麟旅,大军四天之内开拔完毕。从河南招的万名新兵临时编成三个补充旅,以训练营为名,留在北京以为应援。一切布置停当,冯玉祥方始起程。途经怀柔,大路两旁的枣树上挂果累累,冯玉祥问路边看热闹的老百姓:"枣子短了没有?"有的说:"是您带的队伍过境,哪会摘我们的枣儿吃。"还有的说:"我们叫大伙吃,弟兄们说要钱我们就吃。我们说都是树上自己长的,要钱干嘛,你们能吃多少,可他们还是不吃。"冯玉祥对部队的纪律性很满意。

冯玉祥心知肚明,相偕同行的王承斌,是来监视自己的,索性把全盘计划向他挑明了。王承斌听后说："吴大帅好些做法，我并不赞成，但是我不能参加你们的行动，只是你放心，我王某也绝不会出卖你们。"冯玉祥说："人各有志，你既认为各行其是为好，我也不勉强你，咱们能彼此谅解就好。"抵达古北口时，段祺瑞派员给冯玉祥送来一封亲笔信，表示不赞成内战，对贿选政府希望冯玉祥有所自处。

吴佩孚大军压境，张作霖感到压力很大，也派出代表马丙南，赶到古北口面见冯玉祥，要求联合行动，一致对付曹、吴。冯玉祥表示同意，并和对方达成两点协议：一、事成之后，国事由孙中山主持；二、奉军不得入关。

吴佩孚此时在山海关出战失利，电令冯玉祥火速增援。冯玉祥抓住战机，突然由热河班师，派三路大军截断吴佩孚的退路，命在古北口、滦平和承德三地的部队星夜驰返北京。兵贵神速，古北口的部队距北京约二百华里，一昼夜到达；滦平的部队距北京三百多华里，两昼夜到达；距北京六百里的承德兵马，三昼夜到达。三军在寒风砭骨的冬季以创纪录的行军速度，准时在京郊北苑集结。10月22日午夜十二点，开赴安定门，守城的孙岳即令守兵大开城门，迎接入城。特别行动小组割断电线，占领电话局，缴了曹锟总统府卫队的枪，囚禁曹锟于延庆楼上，实现了首都革命的壮举。这一切，都是神不知鬼不觉在一夜之间完成的。

1924年10月23日清晨，北京的老百姓发现全城街上的岗哨都换了人，每个士兵的臂上都戴着白袖章，上面印着"不扰民，真爱民，誓死救国"的字样，一打听才知道冯玉祥的部队已经入城接防了。

《中华报》第二次号外

冯玉祥于23日回抵北苑，胡景翼、孙岳二人来会。当天，他们三人和高级人员刘骥、张之江、李鸣钟、鹿钟麟等开会，全体决议正式组织"国民军联军"，公推冯玉祥为总司令兼第一军军长，胡景翼、孙岳分别任副司令兼第二、第三军军长。总司令部设于旃檀寺。

完成新的军事组织事宜后，冯玉祥又在北苑召开会议讨论政治改组，大家一致决议推翻贿选总统曹锟，成立以黄郛为首的"摄政内阁"，行使大总统职权。冯玉祥虽军权在握，但在内阁组阁过程中，为了避操纵把持之嫌,他没有参与其事,也没有推荐任何一个自己的部下入阁。

曹锟见大势已去,只得交出印信,宣布退职。

驱逐溥仪出宫

前文已叙,冯玉祥早在率部攻入北京讨伐张勋时,就曾决意驱逐溥仪出宫,为段祺瑞所阻。这次他召见爱将鹿钟麟,对他说:"一定要采取断然行动,把溥仪驱赶出宫,把故宫的宝物收归国有。速办不得有误。"《民国日报》1924年11月6日的报道是这样写的:"冯玉祥在辛亥革命前就一贯痛恨封建帝制,北京政变后,他决心以全力行其素志。在商得摄政内阁同意后便于11月4日命警察总监张璧访问内阁总理黄郛,召开临时内阁会议,修改了清室优待条件,决定把溥仪驱逐出紫禁城。遂由北京警备总司令鹿钟麟等执行了这一任务。"

清朝末代皇帝溥仪,这时还居住在故宫养心殿里,他紧急召开会议。奉召而来的王公、帝师、内务府大臣们,一个个惊慌满面,愁肠百结。溥仪紧锁双眉,一语不发。溥仪的岳父、总管内务府大臣荣源急了,说:"事关皇上安全的大事,咱们得快拿主意,等冯玉祥的人来了,都和他们讲什么。"宗室宝熙说:"这种事咱们经过也不是一回了,我看咱们还是抱着欢迎的态度,冯玉祥总不至于和咱们太过意不去。"曾任军咨大臣和训练禁卫军大臣、溥仪的叔父载涛摇摇头说:"从各方面传来的消息说,冯玉祥这次班师来京,不但要推倒曹锟,还要撵皇上出宫,皇产和各王公府第一律没收。咱们千万不能等闲视之,掉以轻心呀!"奉恩镇国公载泽说:"我看还是找个得力的人去跟冯玉祥疏通疏通吧!"溥仪的父亲、醇亲王载沣说:"这冯玉祥不同于别人,不论是他还是他手下的人,从来和咱们没有一点来往,这条门路怕是打不通。听说,曹大总统已经给关起来了,曹四爷㉓服毒自尽了,事

冯玉祥、胡景翼、孙岳在首都革命后开会

情难办了。"载涛说:"要不然,皇上索性去天津避乱吧,天津租界有早准备下的房子。"总管内务大臣绍英说:"万一外面所传消息不实,皇上轻易出宫,岂不是自寻引火烧身之祸?再说,敬懿、荣惠两位太妃㉔怎么办?她们在宫里已经住了几十年,就是死也不会同意出宫的。还有瑞康太妃㉕去世才月余,灵柩尚未抬埋,怎么能丢下不管?"

会议最后毫无结果。

这边鹿钟麟带着几个卫兵进宫来了,他见到溥仪问道:"你到底愿意做平民,还是愿意做皇帝?若愿意做平民,我们有对待平民的办法;若是要做皇帝,我们也有对待皇帝的手段。"溥仪当即回答说:"我自然应该做平民,无奈许多人跟着吃我,他们逼着我在这里,要不然,我早就走了。"鹿钟麟说:"既然如此,就请你立刻迁出宫去,从此做一个善良的平民。"鹿钟麟命溥仪交出玉玺,溥仪犹豫,总管内务大臣绍英不依。鹿钟麟考虑到自己只带了几个兵,而宫内还有三千禁卫军,拖延下去,恐生意外,顿时心生一计,叫过副官,掏出怀表说:"时间快到了,盼咐外边暂别动手,这里还有话说。"溥仪和绍英慌了,以为已被重兵包围,命悬一线,马上同意一切照办。一天的功夫,溥仪和后妃们匆匆收拾了一番,鹿钟麟就用汽车把他们送到了溥仪父亲的家——什刹海醇王府。任务完成后,鹿钟麟带着溥仪交出的玉玺来见冯玉祥,报告任务执行经过。冯玉祥高兴地说:"好,办了一件大好的事情,完成了我们的宿愿。"

消息传出,举国上下,拍手称快。北京全城在溥仪出宫的次日悬挂国旗,热烈庆祝。(据悉,1959年溥仪被特赦后,在全国政协会议期间重又见到鹿钟麟,他热烈地拥抱鹿钟麟,并要求合影留念,同时一再表示感谢冯玉祥将军。)

新政府出台的对废帝溥仪的决定是:一、大清宣统皇帝,即日永远废除皇帝尊号,享有中华民国国民法律上之权利及义务。二、本条件修正后,民国政府每年支出五十万元,设立北京贫民工场,收容满旗贫民。三、清室即日移出紫禁城,自由选择住所,民国政府负责保护。五、清室私产仍归私有,一切公产,民国政府没收之。

溥仪出宫后,紧急内阁组织了清室善后委员会,委员会委员长是李煜瀛,委员有汪精卫、蔡元培、鹿钟麟等人,会同绍英和有关王公等对故宫的珍贵文物进行清点、登记、妥善保管。属于溥仪私人的东西,归还本人。这中间,还有一个插曲,冯玉祥想请王瑚老先生出任故宫博物院院长,王瑚坚辞不允。老先生说:"我自信一生清廉,不爱财,不贪财。故宫宝物很多,我当然不会偷,可是故宫好书也多，我爱书，当然也不会偷。不过只要一动心，我就完了（意思是不再是完人），所以决定不干。"

溥仪出宫的消息传到蛰居天津的段祺瑞耳中，他忘了自己曾是民国的国务总理，竟气得一脚踢翻身边的痰盂，大骂一通，并去电质问冯玉祥："清室逊政，并非征服。优待条件，全球共闻。迫之，于优待不无刺谬，何以昭信于天下乎？"冯玉祥回电说："清室为帝制余孽，复辟之祸，贻羞中外。张勋未伏国法，废帝仍保旧号，均为民国之耻。留此余孽，于清室为无益，于民国为不祥。此次移入私邸，废去无用之帝号，除却和平之障碍，人人视为当然，除清室少数人仍以帝号为尊荣外，莫不欢欣鼓舞，谓尊重民国，正所以保全清室也。"

首都革命的成功，孙中山先生也极受鼓舞，他马上打电报给冯玉祥，电文说："义旗聿举，大憝肃清，诸兄功在国家，同深庆幸！建设大计，即欲决定。拟即日北上，与诸兄晤商。先此电达，诸维鉴及……"

冯玉祥也立即回电孙中山："辛亥革命未竟全功，致令先生政策无由施展，今幸偕同友军，戡定首都，此后一切建设大计，仍希先生指示，万望速驾北来，俾亲教诲是祷。"并即派马伯援为代表持亲笔信前往广东欢迎中山先生。

吴佩孚兵败后，并不甘心，率残部约两旅之众，集中在天津附近的七里河、杨村、北仓、军粮城之间，企图反攻北京，并向苏、鄂两省督军求援。当时国民军将领们正在开会，听到这个消息顿感军事上又呈严峻之势，为了加重自方

冯玉祥(左二)、张作霖(左三)、段祺瑞(左四)在段宅合影

筹码的分量，孙岳提出有必要联络皖系山东督军郑士琦，而要达到这一目的，还需借重皖系头子段祺瑞的影响，暂时请他出山进行拉拢。仓促之间，只重军事而缺乏政治头脑和眼光的革命派们，竟一致同意了这个意见。首都革命功亏一篑，这是铸成大错的主要原因。会后，冯玉祥即与孙岳、胡景翼通电讨伐吴佩孚，下达进攻令，以张之江为总司令，率刘郁芬、蒋鸿遇、李鸣钟、石友三㉖等出战。交战三天，吴佩孚不敌，仅率卫队从大沽口乘船逃跑。

张作霖此时已违背不入关的协定，率奉军大举入关，占领了秦皇岛、昌黎、滦州、芦台、塘沽等地，并与段祺瑞又联合到一起，策划于密室，请冯玉祥到天津会谈。冯玉祥多次推脱不去，段、张一再劝邀，他只得乘火车前往，快到杨村时，突然一列快车从后面冲上来相撞，伤及随员，幸而他本人当时正好是躺在车厢里，没有大碍。事后查知，这是曹锟、吴佩孚余孽所为。

会议在段祺瑞的公馆举行，直系和皖系军政人员等均有出席，只有冯玉祥是单刀赴会。局面是南北各省直、皖两系督军在吴佩孚垮台后，群龙无首，顿失依附，但又不甘心屈居冯玉祥、张作霖之下，纷纷表示拥戴段祺瑞临时执政。在共同的施压之下，冯玉祥抱着始终如一的"谦谦君子，激流勇退"的态度妥协了，屈从了。日后他反省这段历史时自谴道："一时只看见了军事的成败，而忽视了政治的结果。孙二哥这个提议竟得全体一致的赞成，真是'失之毫厘，谬之千里！'哪知由于这个临时动议，竟断送了此回革命之全功。"

冯玉祥是一个经验丰富的军事家，但却不是一个成熟的政治家，在那波谲云诡、错综复杂的局势下，他仍守着"谦谦君子，高揖群公"的道理，从而导致军事成功、政治失败的结局。

11月21日、24日，段祺瑞和张作霖相继率军开进北京，段祺瑞宣布就任中华民国临时执政，政权又落入了他们的手中。冯玉祥痛心道："这次班师回京自愧未做一事，只有驱逐溥仪，可以告天下后世而无愧。"

与此同时，孙中山于11月13日抱病北上，可惜当他到达北京的时候，冯玉祥因厌与段祺瑞为伍，七上辞呈，不顾各方挽留，坚决辞去陆军检阅使之职，取消国民军组织，又往京西天台山去了。临行前，他抱着愧对孙中山的心情嘱咐北京警备总司令鹿钟麟说："孙先生到京后，一定要尽力保护。咱们的队伍，就等于是孙先生的队伍，应听孙先生的招呼。"冯玉祥至诚欢迎孙中山先生来促进和平和政治改革的设想又落空了。

第七章
西北边防督办

> 察绥一带虽是苦寒之地，但我却极乐意去。第一，中山先生曾派汪兆铭和吴稚晖、孙哲生等先生屡次到山上劝我不要消极，其他各方也函电交促，劝我出山。第二，我厌恶这个政治中心——乌烟瘴气的北京，极想远远地离开，效法张留侯退居留坝的办法，到那地僻人稀的区域里，一则可以藏拙，二则或者更适宜于我的避免参加内战的心愿。
>
> ——冯玉祥《我的生活》

伟人辞世

1925年2月27日，冯玉祥派夫人李德全持他的亲笔信到北京谒见了孙中山。中山先生将六千本《三民主义》、一千本《建国大纲》和《建国方略》赠送给冯玉祥，由李德全带回。冯玉祥将这些书作为国民军的教材。

不幸的是孙中山因肝病复发，医治无效，于3月12日在北京与世长辞。冯玉祥悲痛不已，下令全军一律缠黑纱，志哀七天，又通令各部队上自官长，下至战士、伙夫，都要以三民主义为必修课，无一例外。他对左右说："中山先生一次次派人来送信，给我以种种指导，特别是还专门派孔祥熙先生送给我他手写的《建国大纲》，征求我的意见，让我加以增减，这种知遇之恩和特别瞧得起之情，我毕生难忘。如今一代伟人死了，知道我了解我的人不在了。"

在孙中山治丧期间，一切保护守卫工作，都是由冯军担任的。事后，孙科[20]特地来向冯玉祥致谢，冯玉祥流着泪说："我景仰中山先生几已二十年，我们之间信使往来也有多年了,但我一直没有机会和他见面,这是我永远感到遗憾的事。我总觉得自己和孙先生在精神上是一致的,正是他对我的启示和鼓动,使我遁走大路,未入歧途。"

几天以后,孔祥熙来见冯玉祥说:"那次送给你的那本孙先生手抄的《建国大纲》,原本是孙先生赠给孙夫人的,后来借出来送给了你,孙先生当时答应另抄一本还给孙夫人,没想到没来得及。现在这个写本是一女许配了两家,归了你,孙夫人就没有了。"冯玉祥一听忙说:"孙先生的写本,我虽然视为珍宝,但我也绝不能把孙夫人的纪念物占为己有。"当下取来托孔祥熙带还给孙夫人。

北伐成功以后,冯玉祥从河南选上好大理石材做成几十块石碑运到南京,请当时政界名流以不同风格的书法,每人一块恭书孙中山先生的《建国大纲》,刻之于上,永存纪念。这些碑文,现在还完好地保存在中山陵旁边的一处建筑物中。

新的转折

在时代潮流的推动下,冯玉祥和中国共产党的领导人李大钊相识了。

1924年冬,李大钊从苏联回国时,《盛京日报》上还登着曹锟政府北京卫戍司令通缉他的命令,但他毫无所惧,毅然回到北京,成立了中共北方区执行委员会,亲负总责。为了专心致力于党的工作,他辞去了几个大学的教授职位,和其他几位同志领导着东到东三省,西到陕西北部,南到直隶、山西,北到内蒙的整个北方地区的工作。李大钊分析了首都革命后复杂的政治形势,采取了联合冯玉祥国民军的策略。冯玉祥驻军南苑的时候,李大钊就进行过第一次拜访,他向冯玉祥详细介绍了苏联革命的情况,从此交往日深。一次冯玉祥提出希望李大钊来军中负责政治工作,李大钊接受了这一邀请,但后因党的工作脱不开身,改派其他同志和通过书信来往,开展对冯玉祥和他的主要将领的争取工作,向他们解释宣传打倒帝国主义、打倒军阀、打倒土豪劣绅等政治主张。同时还派一些同志直接深入到国民军中去,在中下层军官和士兵中进行活动。

冯玉祥辞职后,段祺瑞虽重又上台掌权,但内心却有隐忧,因为冯玉祥一走,三角局面打破,他非完全受制于张作霖不可,早晚会危及他的政治生命。为了维持均势,他再三要求冯玉祥出任西北边防督办。因为在天津会谈时,段祺瑞、张作霖气势压人,冯玉祥就已不愿和他们纠缠下去,当时曾表示自己愿意去开发西北,为国家开辟富源。

再度处于困扰中时,徐谦又来见冯玉祥,谈到他和李大钊以国民党中央委员的身份,与苏联驻华大使加拉罕㉙谈过冯玉祥的处境问题,苏方表示,可以为冯玉祥提供无偿援助。提到加拉罕,冯玉祥经徐谦介绍,在南苑时就认识并常相过从了,加拉罕对他讲述苏俄革命后各方面的情况,使他得到许多新的知识,觉得他们的国家确实有伟大的前途。有一次外事活动后,他和加拉罕同坐一个车,加拉罕自己开车,又快又稳,冯玉祥很惊讶,问他身为大使,怎么也会开汽车?加拉罕说他是工人出身,这在他们是极平常的事,冯玉祥对他的印象非常好。徐谦这次是有目的而来,他给冯玉祥分析问题说,察哈尔、绥远接近外蒙,如果接受西北边防督办一职,统辖这些地域,苏联的援助物资比较容易运输进来。经徐谦如此一点拨,冯玉祥对前途又有了信心,他二下天台山,来到张家口,走马上任西北边防督办之职。不久,政府又发表冯玉祥兼任甘肃督办,他委派刘郁芬代理,蒋鸿遇为帮办,后又保举薛笃弼为甘肃省长。

李大钊在徐谦的陪同下,来到张家口和冯玉祥商谈苏联给予军事援助的问题。接着,苏联派驻广东革命政府的顾问鲍罗廷㉚和苏驻华武官格克尔也来到张家口,进一步洽谈关于援助物资的细节问题,拟定了苏方援助步枪、机关枪、大炮及弹药的清单;交货办法是通过铁路运至苏联境内最靠近蒙古的上乌金斯克,然后用汽车运到库伦,这里是中转站,再由冯部接运至平地泉和张家口。这些军用物资约值四千万元,苏联一分钱没要,援助是无偿的,没有任何附加条件。这样的武器装备,使冯玉祥的军事实力仅次于东北军,位居第二。

冯玉祥也对鲍罗廷谈了他的政治主张,他说:"中国的目的是争取自由平等,谁能赞助我们达到这个目的,谁就是我们的朋友。"鲍罗廷表示同意他的看法。俩人又谈了些关于革命、

冯玉祥年谱

1925年(43岁)

3月12日,孙中山在北京病逝。病重期间,冯委派夫人代往探望,孙中山相赠《三民主义》、《建国大纲》、《建国方略》数千册。

奉调去张家口任西北边防督办。部队扩大到十八个师、十一个旅、六个团,改称西北军。

苏联政府决定对国民军进行军事援助。

张作霖下达进攻国民军令,部将郭松林力主和平,反对战争,并与冯密议反张。冯致电张作霖劝其自动下野。

张作霖在日本关东军的武装干涉帮助下,击败郭军,郭松林夫妇遇害。

宗教，以及取消不平等条约等问题，愈谈看法愈接近，使冯玉祥的思想和政治方面的见解开始起了变化，决心为实现孙中山的联俄、联共、扶助农工三大政策而努力。他请苏联方面派遣军事顾问，协助训练部队，掌握苏式武器。

时隔不久，苏联援助的军火物资陆续运到。苏方派出的军事顾问团30多人也到达了，人才济济，步兵、骑兵、炮兵、工兵的专家都有。他们帮助建立了兵工厂、军官教导团、陆军干部学校；在张家口下堡建立了培训电报、电话、汽车、战车等人才的通讯、交通教导团。为了避人耳目，他们每人起了一个中国名字，总顾问叫任江，曾参加过第一次世界大战，是苏军远东军区总司令。顾问们的生活起居一切自备自理。他们还从冯军年轻干部中选送了十人到苏联学习。冯玉祥又接受李大钊的建议，选派团以上军官组成代表团赴莫斯科，考察苏联的军事和教育，他自己也听苏联政治顾问讲政治课。

冯玉祥的进步立场，引起了共产国际的重视。斯大林派遣苏联工农红军政治部主任布勃诺夫率领一个委员会到中国来，了解苏联顾问的工作情况。通过苏联顾问他们了解到冯玉祥的言行中有不少正确和进步的东西，例如他号召废除不平等的条约，宣传苏维埃制度的优越性，极其重视对部队进行爱国主义精神教育，制定了严格的纪律要求等。顾问们对冯玉祥总的印象是："他是一个有价值的人，他会同国民革命运动一同前进，并将给运动带来好处。"

布勃诺夫在会见中国共产党的领导人陈独秀时，交换了对冯玉祥的看法。陈独秀说："我个人的意见是这样的，在目前的斗争中，他们正在进行着反对帝国主义的斗争。这场斗争在客观上是有利于革命的，我认为目前他们是站在革命方面的，我们无疑是支持他们的。"

革命势力的发展创造了许多好条件，一些中共党员直接在冯军中担任了职务，重大原则问题随时可向李大钊请示汇报。在冯玉祥的辖区内，群众享有较多的民主权利，为中共发动、组织群众运动提供了便利条件。工人们随时可以举行好几百人参加的集会，张家口一带工会会员已发展到四万多人，工会干部的工资待遇有了显著的提高。在李大钊的亲自主持下，中共北方区执行委员会、中国共产主义青年团北方区执行委员会在张家口宝善街工人俱乐部召开了"西北农工兵代表大会"，通过了《和冯玉祥的合作关系》等决议；在北京，李大钊还利用国民军大刀队以"维持秩序"为名，实际上保护群众集会、游行。当"二七"大罢工被捕的工人领袖还关在监狱里时，李大钊就利用首都革命后的有利时机，救出了他们，恢复了各铁路失业工人的工作。在很短的时间内，铁路工人运动又重新生气勃勃地发展起来了。

建设新西北

这时直接处在冯军势力下的地盘，除了察哈尔、绥远、甘肃三省外，北京警备司令还是鹿钟麟，西苑、南苑以至张家口以外，都属冯军驻防区。冯玉祥任命张之江为察哈尔都统，李鸣钟为绥远都统。全军已扩充至步兵十二师、骑兵两个师、炮兵两旅、卫队一旅、交通兵一团，统称西北陆军，这就是后来称为西北军的来历。以韩复榘、孙良诚、郑金声（由他军改编）、石敬亭、石友三、马鸿逵（改编）、谭庆林（改编）、唐之道（改编）、刘汝明、佟麟阁⑳、蒋鸿遇、张维玺等分任步兵师长，张树声、孙连仲任骑兵师长，冯治安任卫队旅长，冯安邦任交通团长，全军总司令部设在张家口。到了1925年夏，新老兵合计，已达十多万人了。

初到张家口，冯玉祥首先办的事一是筹办《西北日报》和西北印刷局，再是令石友三率一旅人，在千年荒草乱石中开辟出一条从包头到宁夏的汽车路；他亲自监工，在郊外荒地上建起了极简朴的十来幢石砖房，四周栽树种花，他称之为"新村"，表示新生的意思。在苏联顾问的建议下，他大办军事教育，成立干部学校，军官补习所，交通教导团，骑兵教导团，炮兵教导团，铁甲军团等。特别是在这里设立的西北军干部学校，所收的学生，多数都是北京各大学的学生，从中选拔了一批人去苏联和日本留学，不过这些留学生西北军没有来得及用上。

1925年夏，冯玉祥又邀请李大钊来张家口，商谈如何进一步和苏联取得联系。李大钊的行踪非常秘密，先乘火车到宣化，冯玉祥派汽车到宣化把李大钊接到张家口，冯玉祥的苏联之行，就是他们这次见面决定的。临别前，冯玉祥对李大钊说有什么事可以就近找在北京的鹿钟麟接头，又通知鹿钟麟要对李先生暗中妥为保护。1926年4月，

任西北边防督办时，在张家口学习

鹿钟麟迫于形势，为保存实力不得不决定撤出北京的时候，事先通知了平素有联系、居留在北京的国民党和共产党上层人士，请他们以及他们认为有必要的人，先行离开北京或者随部队退往南口再定去向。和李大钊联系时，他表示要留在北京，继续革命工作。鹿钟麟担心李先生的安全，特去敦促他和部队同行，李大钊没有同意，他以极其坚定的语气说："我们从事革命工作的，生死早置之度外，你们撤出北京以后，留下来的革命工作更重要了，更须努力了，我们怎么能放弃这个责任呢！危险固然免不了，但是为了革命，不能因为危险就不干了。"

由于冯玉祥向苏联倾斜，招来北方军阀的攻击，说他的"赤化"甚于洪水猛兽，从阴谋排挤他，到进而想方设法要消灭他。

虽然处境险恶，冯玉祥仍一心一意开发西北，他一向关于政治、社会和种种建设的理念有了实践的机会，练兵之余，他全力以赴兴办社会事业，时间虽短，成就可观，列举如下：

一、贫民借本处。贫民可借小本以营生计，不纳利息。

二、男女戒烟所。西北全区厉行烟禁，力劝人民戒烟。

三、保婴院。收养贫民婴儿和私生子入院养育。

四、孤儿院。真正孤儿由五岁至十五岁，接受相当教育，学习工艺。

五、老人院。贫苦之老人及乞丐，五十岁以上送入此处。或有残废者亦可入院。绥甘两区亦兴办此事。（时北京某政治人员从包头返回，说千余里看不见一个乞丐，治绩全国所无。）

六、人民医院。专为贫民而设，免费。

七、平民教育处。西北全区设立贫民识字学校，以八个月为期，教以千字课。（颇见成效）

八、车夫休息处。（冯玉祥有一次夜巡，见人力车夫冷冻街头，次日即令盖小房多处供他们休息。）

九、工人休息处。为俱乐部性质，内有沐浴、娱乐、阅读书报等设备。

十、蒙民招待处。（蒙古人一向来往无人闻问，都在车站受苦。冯玉祥建大幕招待。）

十一、五族学院（汉、满、蒙、回、藏之意）。设在绥远，教育汉蒙子弟。

十二、小图书馆。为小孩设立。

十三、公园。

十四、修筑马路。以兵为工，遍筑张家口。

十五、娼妓教育所。

十六、修理河道。（此为张之江之功。在困苦中省出款项建一铁桥替代木质危桥，保障了车马行人的安全。）

十七、组织西北基督教协进会。（以高级官佐三十五人为董事，张之江为主席，另聘干事七人，陈崇桂牧师为总干事。如浦化人、余心清、胡庭修等都是干事。按计划，军中每千人设一牧师，万人设一干事。算下来须有牧师一百人以上，但开办后只请到五十余位。另建一面粉公司，以其收入作为传教人士的工作经费。）

十八、妇女训练班。由夫人李德全主办，军佐家属来此补习文化。

十九、青年会。设立基督教青年会，为军政人员娱乐、研道的场所。

二十、诚洁旅馆。（冯玉祥鉴于各地来访的客人很多，平时都住俄国旅馆，价格很贵，故建成此旅舍招待。）

冯玉祥的大儿子洪国这时在天津南开中学读书，放假时要回张家口，校长张伯苓是冯玉祥的老熟人，给洪国买了一张头等火车票，他回到家没敢说这事，但父亲还是知道了，立刻把儿子叫来训斥说："你有什么资格坐这种车？我还没有坐过，你凭什么坐？……"接着，叫勤务兵带洪国去掏驻地的厕所，勤务兵自然难以这么做，就替他掏了。这又叫冯玉祥知道了，他绝对不准别人代劳，一定要让儿子自己干了才算完事。在这方面，就是夫人李德全坐火车，以及每次她带自己的孩子出门，也都是买三等车票。有一次一个部下就看见她因为没有座位，手里提着个布袋，站在三等车厢的门口。很多年以后，有一次冯玉祥带全家乘专列从浦口北上，孩子们惊喜地说："这是什么车呀，这么好，我们没有见过！"当爸爸的说："那是因为妈妈永远都带你们坐三等车。"

冯玉祥住在张家口，方方面面来看他的人很多，特别是国民党的高层人物更多，其中如孙科、汪精卫、于右任[①]、孔祥熙[②]、李烈钧[③]、邵力子[④]、吴稚晖[⑤]、董必武等。有一次，彼此之间无话不谈的于右任来看他，向他细说政党政治的道理。冯玉祥听后直抒己见道："中山先生的革命事业，我是竭诚敬佩的，中山先生的主张，我也是拥护的。但是国家政治，总还是选贤与能的好，若定要结党成派，在我看来，总不免有私而不公的弊病，我现在还不能赞同。"于右任也不和他辩驳，只是笑道："请你不要误会，我并不是请你入党。"

强硬外交

在和外国人打交道中,冯玉祥采用强硬的手段,直接打击了外国人的在华利益。

在察绥一带,有个英国人开的合记公司,专门从事畜牧,养了二十多万头羊,占中国的土地,雇中国的劳力,从不纳税,长久以来,无人过问。冯玉祥听说这事后,派人调查情况属实,下令把羊全部没收,肉供部队吃了,羊皮全做了军衣。英国老板气急败坏,通过他们的大使馆告到外交部,但是又拿不出任何条约依据,只好自认倒霉。

冯玉祥改革京绥铁路货运办法,也大大得罪了外国人。当时京绥路上货运的惯例,凡是外国商人运货,只须拿货运联单,向税关纳一次税,货物就直达目的地;而中国商人却是每遇一关就得纳税一次,手续繁杂,处处为难。外商依仗洋威,运货有优先权,而华商的货却长时间堆在站上运不走。冯玉祥知道这个情况后,把路局负责人找来订立新规则,华商的货优先启运,其次才运洋人的货。他认为自己这件事办得最合理,中国的铁路,中国人理当享有优先权。至于外国人如何骂他,他一概置之度外。

助郭讨奉

常言说:"树欲静而风不止"。当冯玉祥正专心致志开发建设新西北的时候,野心勃勃的张作霖为扩张地盘,势力已经伸展到沿海及长江各省,意欲夺取孙传芳[①]占据的浙江地盘,双方剑拨弩张,战事一触即发。冯玉祥当即通电,力为浙、奉双方调停,电文说:

"报纸宣传,江浙因上海驻兵,稍有误会,祥辟处西陲,莫名真相,弟念海内扰攘,十有四年,一线国脉,不绝如缕。上年主和,同具此志,力之所及,愿为斡旋,同为袍泽,当可谅解,两兄体国公忠,视民如伤,务望双方本互让精神,和平解决,非为江浙人民之幸,国家大局,实利赖之。"

一席忠言,不被接受,双方打了起来。浙军沿津浦线顺利推进,占据徐州,从而得以将浙、闽、苏、皖、赣五省纳入旗下,孙传芳一跃而成为"五省联军总司令"。奉军失利，张作霖迫冯玉祥发表讨孙宣言，出兵相助，遭到拒绝。因为担心战线拉得过长，又怕冯军从背后袭击他，张作霖采取了以退为进的策略，转而以全力压迫冯玉祥，企图先行统一北方，再取南方，于是借口保卫京师，占据三河，逼近北京，逼冯部驻军让出通州、北苑、南苑一部分为奉军驻扎地。冯玉祥正鸿图大展建设新西北，不愿再有战祸，为了维护和平，所以宽容忍让，令所部退守南口，以人不犯我，我不犯人为原则。同时，亲笔给张作霖写了一封信，明确表示所以不能与他联合行动的理由，其中历数了这些年来张作霖的种种不是，驱逐共过患难的朋友，用人行事好坏不分，过河拆桥，颠倒黑白，对于强迫他发表宣言坚决不从。

在张作霖的奉军中，有一位才高力厚的大将郭松林，他久已不满张作霖侵略黩武和与日本订立密约的所作所为。这年秋天日本举行大操之典，冯玉祥和张作霖都接到请柬。奉方派郭松林，冯玉祥派韩复榘①率团前往。在相处相谈中，韩复榘说时局不稳多由张作霖而起，郭松林透露出不愿再为张家做争权夺利的工具。在奉军中，郭松林虽很得张学良的器重和信任，但却遭受同仁的嫉恨压制，心中愤懑，倒张的情绪积蓄已非一日。

韩复榘回国后向冯玉祥报告参观的情况和郭松林有倒张之意。冯玉祥此时已将司令部从张家口移到包头，以此表示他更加深入西北，不愿闻听和介入内战。就在这时，郭松林秘密来到包头面见冯玉祥，披露愿与冯玉祥的西北军合作，以维护和平的心愿。他同时告诉冯玉祥，他已与张作霖的大将李景林约定，举旗时一致行动。冯玉祥深知郭的为人，胸有大志，富于革命思想，维护和平的观点与他一贯的主张一致，加以张作霖总是与他为敌，所以下了助郭讨奉的决心。当下约定举兵的暗号是"母病愈出院"。发兵前，冯玉祥对鹿钟麟说："谋事在人，成事在天。"

郭松林拥有七万精兵良械，实力雄厚，尤其是重炮队最为得力，堪称是奉军的精锐部队，因此这次举事，有一定的把握，准备完毕后，即发表通电，历数张作霖的种种倒行逆施，要他下野，接着举起了"东北国民军"的旗号，向山海关进兵，与守关的奉军张守相部发生冲突。张作霖闻报，急令张学良、张作相等在绥中一带防御，冯玉祥也派宋哲元遥相声援，并通电请张作霖下野。

郭松林旗开得胜，先在滦州逮捕了张作霖的一员大将姜登选，宣布其罪状，执行枪决。继而攻克山海关，张作霖下全军动员令，全力抵抗，并调一部分部队回援奉天。冯玉祥令宋哲元直捣热河，向奉天进攻。郭松林得宋哲元之助，军心益振，所向无敌，不多日就攻至新民屯，距沈阳不远。张作霖大为震慑，准备退走，据说连现金都汇往国外去了。

就在胜利在望时，战局突然发生了急剧的变化。先是日本人怕失去自己在东三省的既得利益，公开出兵分布在南满铁路一带，并从本土和朝鲜调兵进驻营口、沈阳等处，关东军司令部也移至沈阳，一方面为阻碍郭军的行动，另一方面代替张作霖部队守卫省城。

尤其不幸的是原本约定联手倒张的奉系将领李景林突然变卦，当冯玉祥派重兵沿京奉路东进援郭时，李怀疑是对着他来的，不准假道，与冯军交火。冯玉祥顿感局势严重，立派张之江为攻津总司令，统大兵攻李军，李景林方面有英国人相助，以六七万劲旅顽强抵抗。冯玉祥继派李鸣钟助战，宋哲元也率所部由热河来援。冯玉祥把前线部队共编成十个混成旅，骑兵两师，有重炮二十门，并以预备队一师为策应。而后，鹿钟麟也由北京赶到前方，献全线总攻击良策。李鸣钟、宋哲元、孙连仲分三路进攻。冯军士兵反穿老羊皮袄，在积雪盈尺的冰天雪地里匍匐而进，猛烈攻击，伤亡极大。经过激战，大获全胜。其他经冯玉祥改编的邓宝珊部、徐永昌部协同作战，包围了天津。李景林微服到穆家庄视察，见所部已向天津西站溃退，知局势已无可挽回，先逃到英租界，后又跑到济南投奔张宗昌①以期再起。前后激战三天，李鸣钟、宋哲元、孙连仲、邓宝珊、徐永昌各部会师天津。

天津在握，援郭路通，冯玉祥严令各部整装待命，但万万不料郭松林竟在大胜李景林之日，惨败而死。

张作霖既有日本相助，得以集中兵力开赴战线，加之李景林临阵背盟，郭军内部又有人暗行叛变，敌众我寡、内外受敌，郭松林终不能支，全军大败。他和夫人韩淑秀改装潜逃到一个村子时被发现了，夫妇二人就地惨遭击毙。冯玉祥闻讯，痛惜不已。他说郭松林的死使北方失去了一位有力的革命同志，同时也是国家人民的大不幸！后来北伐成功，冯玉祥向国民政府为郭松林请恤，自己又为他铸铜像，表彰他的革命功勋。郭松林虽未成功，精神不死！

第八章

赴苏联考察

> 目前这个战事是无边无沿的。我一走之后,也许可以釜底抽薪,让他们少些兴头。从我自身着想,我也必得到国外去看看,增长些见识学问,回来之后,再同大家一块儿好好地奋斗。
>
> ——冯玉祥《我的生活》

出国原因

大战结束,冯玉祥深深感到,历来战争之后,胜者多招嫉恨,败者日思报复。此时,图谋再起的吴佩孚已与张作霖握手言和,化敌为友,准备联合攻打冯玉祥,形势极为险恶,一场内战又迫在眉睫。冯玉祥考虑再三,本军在北方孤立无援,只有自己立即引退,转移张作霖的目标,才能避免重启战祸。于是,1926年1月1日,他通电引退。

通电后,他把指挥权交给了多年生死相从的部将,委任张之江为西北边防督办,李鸣钟、鹿钟麟、宋哲元分掌军权,自己携家口前往绥远小镇平地泉。犹唯恐和平难保,故命张之江、鹿钟麟将所有军队开驻平地泉以西,以此表示和中原无争。但张之江、鹿钟麟没有立即执行命令,稍一迟疑,吴佩孚、张作霖联合山东的张宗昌组成"讨赤军",以讨赤为名,共同向冯军扑来;山西的阎锡山㉟听信谣言,忽也加入奉、直联军阵线,出兵威胁冯军后方。冯军四面受敌,虽是强旅,但孤军难挡。鹿钟麟一夜之间把天津的部队完全撤到北京附近,准备和各方议和,但奉、直的"讨赤军"继续进逼,鹿钟麟率军在京东、京南一带勉力抵抗。

值此之际，北京发生了"三·一八"惨案：北京学界愤于外国人在大沽口压迫我国，联合游行示威，整队到段祺瑞政府门前请愿抗议，不想卫队竟向示威群众开枪射击，死伤百余人。鹿钟麟这时侦听到段祺瑞和张作霖阴谋里应外合，消灭他的部队。事不宜迟，他以警备司令的身份首先解散了段祺瑞的卫队，为爱国青年雪冤，接着举兵包围段政府，要擒拿段祺瑞以谢天下。但段祺瑞于半小时前听到消息，仓皇逃走，藏进了东交民巷使馆区。起起落落称霸政治舞台一时的段祺瑞政府至此彻底瓦解，退出了历史。

拿到了这个筹码，鹿钟麟开始和各方进行和谈。吴佩孚首先不接受，在复电里发出了"恨不能食汝之肉,寝汝之皮"的恶语，而且提出要鹿钟麟交出军队；张作霖也反对和议，非消灭冯军誓不罢休，二人率军继续猛攻不止，鹿钟麟为保持实力，退兵南口，退却时秩序井然，没有出现兵败溃退的现象。

冯玉祥打算到苏联和德国去考察学习，一家人在平地泉等候签发护照。从鄂尔多斯吹来的风，令人口干舌燥，环境十分恶劣。他们住在车站附近一个私商家里，四间不大的房子，冯玉祥夫妇住两间，几个大孩子住两间。为了避人耳目，房子里没有一个军人，卫兵都换上了蓝布长袍，打扮得和商人一样，子弹夹和手枪都藏在长袍里。

这天，两位苏联顾问阿连和艾凡思来和冯玉祥谈话，唐悦良当翻译。时当中午，冯玉祥请他们吃涮羊肉，圆桌上摆了只翻滚着开水的铜火锅，冯夫人身穿一件蓝布旗袍，面带笑容端进来一个大陶瓷盘子，里面摆着切得像纸片一样薄的生肉片和鱼片，两位专家没吃过，不知所措地坐着。主人用筷子各夹了几片放进锅里一滚，然后夹起来放到客人的碗里说："这种半生不熟的涮肉片有特殊的味道，容易嚼烂，很有营养价值。"宾主尽兴。饭后，冯玉祥让他们不必介意，可以吸烟，还问他们抽的是哪国烟？阿连风趣地说："俄国的，因为总司令抵制英国货，所以我们也参加了抵制。"冯玉祥笑了，过后说话转入正题，他问道："我们的老大哥在关心哪些问题呢？"艾凡思说："为什么总司令放弃了对军队的最高领导权？"冯玉祥低声回答说："没有力量。"艾凡思说："现在军队在采取攻势，还有时间在北方巩固起来，还有时间攻打山东，击溃张宗昌。"冯玉祥说："我们没有子弹，也没有钱，没有力量。"阿连说："可是敌人终归要进攻，那怎么办呢？"冯玉祥说："现在，我就请你们去南口，加固山口的防御工事，给你们派去三个营。这样做，好吗？""您还是要去俄国和德国吗？"阿连问。"是的。"艾凡思又问："总司令,军阀联盟会维持很久吗?您的敌人之间不会发生争吵吗?"冯玉祥说:"我给你们讲一个故事,中国古代有个著名的打虎猎人叫卞庄子。有一次打猎时,一下子遇到两只老虎,可是他手里只有一杆标枪,他看得出两只老虎比他的力气大,于是他就对第一只老虎说,难道你不知道,它管你叫花狸猫吗?满洲虎气得毛都竖起来了,大声吼着。卞庄子又对另一只南方虎说,它在说你怪话,说你长了一身难看的毛皮。这一来,第二只老虎也冲着第一只老虎吼叫起来,两只老虎互相搏斗,一场恶战之后,一只虎死了,另一只老虎也受了重伤。卞庄子不费吹灰之力打死了第二只老虎,他带着两张虎皮胜利回家了。中国的军阀就像这两只老虎。"听完这个故事阿连问道:"可是,什么事会使他们争吵起来呢?"冯玉祥回答:"北京和总统的宝座。"

出国途中

出国护照办下来了,冯玉祥拒绝使用政府委任的实业专使的头衔,在护照上写的名义是"陆军上将冯玉祥",签证的国家有俄、德、法、比、意五国。同行的家属有冯夫人、长男洪国、次男洪志,长女弗能、次女弗伐,随员有唐悦良、尹心田等十一人。

1926年1月23日晚,冯玉祥一行人离开平地泉前往包头。许世英内阁特派亲信陆军总长贾德耀赴包头面见冯玉祥,敦促他打消出国下野之意,务请出山,但冯玉祥不愿再卷入军阀混战的漩涡,坚辞不允。部将们对他的远离也非常难过,有的哭倒在地,多少挽留的话都不能使他改变主意。其实,冯玉祥的心里何尝不痛苦,但仍安慰大家说:"目前这个战事是无边无沿的,我一走之后,也许可以釜底抽薪,让他们少些兴头。从我自身着想,我也应该到国外去看看,增长些见识学问,回来之后,再和大家一块儿好好地奋斗。"

冯玉祥年谱

1926年(44岁)

1月,张作霖、吴佩孚结成军事联盟,准备发动战争进攻国民军。冯玉祥迫于国民军腹背受敌的困境,宣布下野,取消国民军名义。

1月9日,段祺瑞派冯玉祥任考察欧美各国实业专使,冯不受,宣布出国只以个人名义。

2月19日,直鲁联军向冯军进攻。冯暂缓出国,指挥反攻。

3月20日,为了保存实力,把敌人直指自己的矛头引开,冯把军权交给部下,动身到苏联去考察。

4月15日,冯军撤离北京,退守南口。

乘汽车上路了,塞外风光,天高地阔,黄沙漠漠,野羊成群,穿过戈壁滩的流沙地段,驶入阿拉善大沙漠,又翻越寸草不生的沙山,历时三天,艰辛备尝。

快到库伦(乌兰巴托)时,蒙古国民党委员长丹巴多尔基和蒙古军官学校的许多人员,迎出几十里恭候。进入库伦城内,蒙古政府已准备好了一所阳光充足的木制两层楼洋房接待。冯夫人的头胎儿子洪光,这时三岁,结实活泼,在楼梯上爬上爬下。父母决定把他留在蒙古,不想一别成永诀。

离开库伦到上乌金斯克,各机关有关人员头一天便出迎二十里地以外等候。第二天正赶上是"五一"劳动节,当地政府邀请冯玉祥参加他们的纪念会,阅兵并讲话。群众队伍游行时,他看到一千多名女工,头扎花巾,裤脚卷到膝盖,袖子挽到臂膊以上,昂首阔步走在行列中,竟忍不住落下泪来。站在身边的徐谦忙问怎么回事?冯玉祥说:"人家的国家是这么一种情形,我们的国家却演着混战的丑剧;人家的女子是这么一种情形,我们的女同胞还在缠着小脚!想起来我怎能不流泪!"

冯玉祥在蒙古住了三十多天,学习俄语,考察蒙古社会和政治各方面的情况。张家口每天都有部下来电,报告张作霖、吴佩孚和直鲁联军李景林等,并未因他离去而放弃消灭国民军的决心,反而认为是进攻的大好时机,加紧了压迫和进逼,南口一战势不可免。

这时,国民党的要员徐谦、于右任等和苏联顾问鲍罗廷,从北平取道海参崴到广东去,途经库伦与冯玉祥相遇。冯玉祥和鲍罗廷相识于去年,鲍罗廷到张家口两天,考察国民军的一切措施,并根据国民政府的意思,和他交换对于中国革命作战计划的想法。这次见面,他们连日密商救国救民的大事,以及国民党的主义和政策,鲍罗廷说:"你拥有中国最强的军队,20年来,志在救国,但是不知道你的救国方针,有什么具体的计划?什么时候实现?你的救国计划,如果比国民党的还好,我们就离开国民党来支持你,如果你还没有计划,我

抵达蒙古(左为冯玉祥)

希望你尽快加入国民党,接受它的主义和政策,联合一致,达到革命成功的目的,这是大家的希望!"冯玉祥说:"我是一个军人,不懂政治,更没有具体的计划,我只知道要革命,以及仰慕孙中山先生的主张。"事后,鲍罗廷和徐谦商议,无论如何一定要说服动员冯玉祥加入国民党,北伐就要开始,革命需要他这样的人,相信他会和国民政府合作的。20年代初被孙中山派出与冯玉祥进行联络的第一个使者徐谦,曾担任上海大学校长,长期埋头古籍,成为著名的学者,当革命闯进他的书斋,他才放弃了这一切,投身革命事业。这次老友异乡相逢,无话不谈。当又提及入党一事,徐谦对冯玉祥诚恳地说:"我们的党,绝不是你心目中所想的那个党。这个党是有组织,有主义,有纪律的一种政党。是以国家民族的利益为前提,绝不是'君子群而不党'的党,也更不是营私结党的党。"冯玉祥这一夜没有合眼,他知道自己只是一个军人,素来缺乏政治见识,只会练兵打仗,只有革命救国之心,却无计划和政见。日前他请第三国际驻库伦的代表阿姆加给他讲关于第三国际的一些问题,阿姆加说英雄的时代已经过去了,革命事业不是一两个人能搞成的,必须有群众,有主义,有组织,否则一定不会成功。冯玉祥觉得这话句句都是针对他说的。想到这里,他下决心加入国民党。在徐谦的介绍下,冯玉祥在抵达苏联的次日,就加入了国民党,并令国民军全军将士一律加入国民党,以实现孙中山主义。

耳目一新

1926年5月9日,冯玉祥在徐谦的陪同下抵达莫斯科。车站上欢迎的场面隆重热烈,盛况空前。苏联政府的高级党政军官员都到场,骑兵、步兵仪仗队人强马壮,刀枪耀眼。几百名东方大学和中山大学的中国青年学生,挥舞的小旗上写着"欢迎国民军领袖",口中热情高呼

冯玉祥(中)在库伦与鲍罗廷(右二)、徐谦(左二)等合影

"中国国民军万岁"等口号,欢迎仪式整整进行了一个多小时才结束。

在莫斯科,除了斯大林因在黑海养病没有见到以外,苏联党政军的首脑人物都热情友好地接见了冯玉祥,他和领袖人物、教育家、政治家、军事家、新闻记者、平民和逃亡苏联的世界革命领导人分别晤谈。苏联人民政府主席加里宁像拉家常一样,向他介绍十月革命的经过和国家建设方面的情况和困难,还问到冯玉祥首都革命的事。前去会晤加里宁时,冯玉祥看到外面走廊上有许多老百姓在等着见加里宁,有的是为牛生病的事,有的是为孩子的事,这位日理万机的领导人都不厌其烦地接见、解决问题或让秘书去办,这种亲民作风冯玉祥看在眼里,感动在心。

在会见列宁的夫人和妹妹时,她们郑重地赠给冯玉祥一套《列宁全集》和一尊列宁塑像,赠送冯夫人一把袖珍手枪。

中共莫斯科支部负责人蔡和森、瞿秋白等也多次与冯玉祥晤谈,分析国际国内形势,交换对苏联的观感以及有关中国革命的问题。蔡和森给他和随员们讲马克思理论,使他的认识大为提高。他说我现在才明白,过去干了这么多年,很大程度上是盲目的,今天要想革命成功,非有鲜明的主义和指导行动的党组织不可。他感慨颇多地说:"我想世界各帝国主义者,用不平等条约压迫中国,致中国于死命,只有苏联自动地取消不平等条约,以平等待我,自是引起我们的好感,使我们彼此亲善。"

苏联到处洋溢着浓厚的、热烈的革命气氛,冯玉祥听说苏联的县长是由人民选举的,不由联想到国内的情况,各个省的县长,不是省长的亲戚,就是师长的弟弟,再不就是吴佩孚的护兵,大字不识一个。参观一所军事院校和营房,看到士兵的生活水平比较高,羡慕地说在国内当兵一个月就给六块,自己都养活不了自己,拿什么养家,而且就这点钱也往往不给。

使他印象最为深刻的是共产党的严密组织、有效工作、宣传方法、严格纪律、刻苦生活、

冯玉祥夫妇在莫斯科

紧张活动及"世界革命"、"民族解放"等理论。这一切，和他一向的生活和主张非常贴近，所以极易接受。这期间，他除了会客、参观、讨论以外，对于经济、政治和社会学说等学问下功夫研究，他极佩服蔡和森的学识，请他当老师，另外还学习俄语和绘画，稍有空闲就拿起斧头锯子干木工活儿。

正兴致勃勃的时候，一个突如其来的噩耗给他们以沉重打击，留在蒙古的小儿子洪光暴卒。（婆婆李德全回忆往事时对我说，洪光的死，有可能是吴佩孚令人下的毒手。）

祸不单行，国内部队在南口浴血苦战不断失利的消息，对冯玉祥更是雪上加霜。自他到苏联后，张作霖和吴佩孚就向国民军发起全面进攻，他远在异国，鞭长莫及，每接战报，五内俱焚。

自冯玉祥去国后，部队感到无依无靠，将士们唯一的信念就是他很快就会回来，因而仍保持着旺盛的斗志，坚守在南口山道的堡垒里。

冯玉祥画的列宁头像

冯玉祥走后一个月，张作霖的部队对南口开始了第一次进攻。从南口的山顶望去，山下是一片无边无际的平原，通过望远镜，北京城清晰地出现在视距之内。4月中旬的一天，从南口的高地上看到一列列火车驶向沙河车站，奉军在那里下了车。步兵的队伍，像几条深灰色的长蛇，向南口游动过来，愈来愈近，在离南口40里处扎下大营。入夜，燃起了宿营的篝火，黑茫茫的大地上闪烁着数不清的点点火光，说明张作霖投入了大量的兵力。除此以外，还有吴佩孚的直军、阎锡山的晋军也参加联合作战，从三面围攻国民军。

从翌日开始，"杀！杀"的喊叫声，密集的步枪和机枪声，震耳欲聋的大炮声，响彻南口的山谷间。古要塞南口，又演出了一场同室操戈的悲剧。这一战，国民军拼死抵抗，艰苦卓绝，终因寡不敌众，在苦撑了三个月后，以败退告终。

第九章
离苏返国

在我留俄的期间，当我们国民军与军阀集团在南口浴血鏖战的时候，国民革命军也在广东誓师，出发韶关，实行北伐了。全国各地弥漫着革命的云烟，而我们困斗数月，弹尽粮绝的国民军，此时又有放弃南口向西北退却之讯。石筱山代表国民军全体将领到库伦，连电促我归国，在此情形中，势已不容我再在莫斯科逗留。我同顾问乌斯马诺夫等几位朋友讨论，他们也都赞成我回国的计划。

——冯玉祥《我的生活》

广东革命政府发表《北伐宣言》，国民革命军在广州举行北伐誓师典礼。此间，于右任到达苏联，敦促冯玉祥早日回国，本部将领们也电请他尽快返回。

这时，国内各地弥漫着革命的硝烟，第一次国内革命战争已经进入高潮，国共合作的广东政府正在出师北伐，进行反对帝国主义代理人北洋军阀的战争。形势也不容许冯玉祥继续在苏联学习考察。于是，就在南口失守后第三天，他启程返国，家属暂留苏联。为了防备中外敌对分子的暗害，回国的准备工作极端保密。到了动身的这天，一行人在四名苏联秘密警察的保护下，乘上一列挂在西伯利亚东行列车后面的客车，静悄悄地离开苏联，穿行在无边无涯的田野和广漠辽阔的荒原中，沿途各站概不下车，向上乌金斯克飞驰而去。

和冯玉祥同行的人中，有苏联顾问乌斯马诺夫将军和中共党员刘伯坚[①]等。

进入蒙古，凉秋九月，塞外草衰。归程中，冯玉祥一行人踏上去包头的艰途。第一天就在向导失误，毫无标记可识、一望无垠的草原上迷失了方向。冯玉祥后来说，难就难在不是没有路，而是条条是路。等到发现走错了路，已是黄昏时分，走到天黑也找不着预定的宿营地，只得摸黑又顺原道回到岔路口，在一条小河边露宿。明净的夜空，布满星斗，秋风袭来，寒气砭骨，大地盖上一层白霜，旷野里万籁俱寂，只有河中淙淙的流水声，好似在低吟浅唱。

大家冻得难以忍受，找来些干牛粪烧了热茶，静静地坐在一起喝茶取暖。乌斯马诺夫忽然问道："冯先生，你的部队在南口一败涂地，投降的投降，溃散的溃散，现在你带着我们回去，打算怎么办呢？"冯玉祥稍加思索说："只要我们能遇着一两股，有个二三百人，我就可以有办法，就算跑到山上去当个山大王，我也有把握把原来的部队慢慢招集起来。"乌斯马诺夫听了这话十分高兴，他微笑着说："不但可以遇到二三百人，我们一定可以遇到成千成万的人马。"

一宿冻得无眠，冯玉祥口占一绝：

解放民族欣回国，露宿河边梦不成。革命未成心未了，卧听流水到天明。

第二天上路，平沙漠漠，不见尽头，有时遇到一座座像坟头似的沙堆群，汽车行驶极其困难，很多地段流沙很深，大家就都得下车，用几条毡毯铺在沙面上，人推着车走，毡毯倒着往前铺，车轮一步一步往前挪……

披星戴月，餐风食露，一连半月，才来到山势高耸的大青山。穿过山口后，便到达内蒙的乌兰脑包，国民军败退下来的二军、三军、五军、六军的官兵们，在这人烟稀疏，荒凉冷寂的地带，零零落落地驻扎着。大家忽听总司令回来了，全体出迎，相见之下，悲喜交集，泣不成声。自从南口撤退以来，部队整天挨饿受冻，头发久未剃过，个个蓬头垢面，人人衣衫褴褛。但列队欢迎冯玉祥时，队形仍然非常整齐。此时，国民军残部在五原一带的有数万人，流亡散落在塞外绥远、察哈尔各地的有数万人，全军各处官兵听到冯玉

冯玉祥年谱

1926年(44岁)

8月17日，冯玉祥在苏联顾问和一批中共党员的陪同下，离苏回国。同时，派人赴广东洽谈南北革命军协同作战的问题。广州国民政府任命冯玉祥为国府委员兼北方国民联军总司令。

祥回来了的消息，奔走相告，希望重燃，都说："老总回来了，不怕了，一定有办法了！"其他失落在沿途的五六万散兵，辗转得知冯玉祥归来，虽无官长统率，也三五成群，携枪归队。包头这时已经落入晋军之手，冯玉祥要冒险前往，说服驻扎在那里已为晋军收编的石友三部重回本部。部下力劝不可，他执意要往。就在准备动身前，石友三自己坐车来到五原，见了老长官跪倒在地，失声痛哭，说投奔阎锡山是万不得已，既然总司令回来了，他就要把部队带回来。韩复榘的部队为阎锡山收编后，驻军归绥，也率部来归，开拔时，阎锡山派兵阻拦，韩复榘说："我们是暂时相投，借个盘缠，你当是真的投降了不成？"冯玉祥体恤部下南口大战之惨烈，坚持数月之艰难，既往不咎，亲自迎接他们重投本军怀抱。退兵到宁夏的张之江，乘船从黄河顺流而下，赶到五原，一见冯玉祥，悲从中来，泪如雨下，觉得部队在他手里吃了大败仗，难脱责任。冯玉祥安慰他说："多少人有多少人的干法，孙中山先生只有一个人，照样干出一番轰轰烈烈的事业。"

从苏联回国后，冯玉祥即发了一个通电，表达了他的真实思想和政治主张。其中谈到他个人说：

玉祥本是一个武人，半生戎马，未尝学问。惟不自量，力图救国，无奈才识短浅，对于革命的方法不得要领，所以飘然下野，去国远游。及至走到苏联，看见世界革命，起了万丈高潮。中国是世界的一部分，受国外帝国主义与国内军阀双重压迫，革命运动早已勃兴，又受世界的影响，民族解放的要求，愈加迫切。孙中山的三民主义与所领导的国民革命，即由此而生。于是我明白了救国的要诀已经由他开辟了道路。

……我虽然做过几点革命事业，却都没有鲜明的革命旗帜。因为我对于革命，只有笼统的观念，没有明确的立场。革命的主义，革命的方法，在从前我都没有考察，所以只有一两点改革式的革命，而没有彻底的做法。我也赤裸裸地说出来，好使国人知道我做的忽而是革命，忽而又不象（像）革命，其缘故到底是怎么一回事。就革命的观点上说，过去若说我是中国革命者，是一个孙中山主义者，我都不配；至于马克思主义、列宁主义与世界革命的话，更是说不上了，不意当时有人说我赤化了，现在看起来，真是惭愧！当时的冯玉祥，那（哪）里够得上赤化？不但骂我的，不知赤化是什么，就连我自己，亦不知道什么是赤化。

谈到中国的现状，他分析指出：

我们要想战胜军阀，必须要先打倒帝国主义，帝国主义在中国压迫之甚，几使中国不能生存。工人、农民及一切受苦难的人为什么这样穷这样苦？就是帝国主义所给的。帝国主义的各国，强迫中国订下了许多不平等的条约，于是在中国有租界，有租借地，有陆军驻扎权，有航行权，有领事裁判权；修铁路，开矿山，把持中国的海关，强制中国实行关税协定，压迫剥削，不一而足。……为此，中国只得穷困，而且穷到死的地步！帝国主义经济的侵略，把中国弄穷了；又用政治的侵略，陷中国于危境。……其最厉害的是利用中国军阀压迫民众，又唆使军阀互相战争不已，以巩固其在华之权利，遂使民国成立十五年，年年都有战祸。已经被他们弄穷了的中国，又加上十几年的战争，于是农人、工人、商人、学生、机关职员、新闻记者、士兵及一切的民众，穷的穷死，其原因都在于此。痛苦的来源已经求出来了，我们要解除深切的痛苦，惟有推翻帝国主义的压迫。

面对国家人民处于如此悲惨的境况，冯玉祥在宣言的最后表明了自己的立场和态度：

因此，我就投袂而起，与革命同志们共同担负这个使命。现在我所努力的，是遵奉孙中山先生的遗嘱，进行国民革命，实行三民主义。所有国民党第一、二两次全国代表大会宣言与决策案全部接受，并促其实现。今后国民军建在民众的意义上，完全为民众的武装，与民众深相结合。军队所在的地方，工人组织、农人组织，均当帮助；并联合其他民众团体，共负革命的责任。同时对于学生、教员、商人、机关职员、新闻记者各阶级之利益，均极力顾全，意义是在解放被压迫之中国民族，以与世界各民族平等；解除军阀之压迫，使工人不受剥削，农民不受穷苦，商人不破产，学生有书读，教员及机关职员都有薪水发，新闻记者不发生性命的危险，其他人民的痛苦，均为解除。

冯玉祥这一篇三千余字的宣言，是在1926年发表的，现在，他已经离开人间半个多世纪了，我们重读这篇宣言，回顾他的一生，听其言而察其行，不难得出结论，冯玉祥确实是胸怀坦白，说真心话，做革命事的人。他勇于解剖自己，毫不掩饰自己的弱点，公开向全国人民承认自己过去没有鲜明的革命旗帜，只是想革命，还不会革命，因而做出的事忽而是革命，忽而又不像革命；他自认为还不配做孙中山主义者，至于马克思主义、列宁主义和世界革命，就更谈不上了。特别耐人深思的，是冯玉祥以别人骂他赤化而感到惭愧。惭愧他自己还不知道什么是马克思列宁主义，亦即所谓赤化。但他所反对的，目标却极为明确，即：压迫、侵略我国民族的帝国主义；勾结帝国主义并与其秘密订约、出卖国家民族、屠杀人民大众的军阀。他所奉行的是联俄、联共、扶助农工的孙中山的三大政策，是国民党第一次全国代表大会通过的革命的新三民主义。

第十章

五原誓师

　　我本是一个武人，半生戎马，未尝学问，惟不自量，力图救国，怎奈才识短浅，对于革命的方法不得要领。及至走到苏联，看见世界革命，起了万丈高潮，中国是世界的一部分，受国外帝国主义与国内军阀双重压迫，革命运动早已勃兴；又受世界的影响，民族解放的要求，愈加迫切。孙中山先生的三民主义与所领导的国民革命即由此而生。我的热血沸腾起来，情不获已，遂赶紧回国，与诸同志上革命前线，共同奋斗。

——冯玉祥《我的生活》

就任国民军联军总司令

长空万里，一碧如洗，太阳的金光穿透漠北的寒气，把大地照得有丝丝暖意，三军低迷的士气，绝望的情绪为之一振。部队官兵此时的穿戴，五花八门什么样的都有。领章肩章全都没有了，衣服破烂不堪，有的穿着破袜子，脚上连鞋都没有，戴的帽子有的是奉军的皮帽子，有的是直军的布帽，手里的枪支，有的没有背带，有的没有刺刀，七零八落，找不到一个稍许整齐的人。他们中间有人还打趣地指着自己的光脚说："这穿的是肉色袜子呀！"

这天是1926年9月17日，冯玉祥经集结在内蒙五原的国民军各首领一致公推，宣誓就任国民军联军总司令。誓师典礼的会场，就设在城内县政府西边的广场上，临时垒了一个土台，坐北朝南。国民军全体官兵遵照冯玉祥的命令，已经集体加入国民党，今日都是以党员的身份来参加大会的。当冯玉祥、鹿钟麟、方振武、于右任、刘伯坚、乌斯马诺夫及执事的军官、卫士来到会场的时候，场上响起了阵阵掌声、欢呼声，气氛异常热烈。鹿钟麟任司仪，宣布大会开始。国民党中央委员会任冯玉祥为西北军的国民党党代表、国民政府委员会及军事委员会委员等职。国民党中央执委员会常务委员于右任，以党代表的身份授旗，冯玉祥当众接受党旗。刘伯坚简要致辞，主要阐明部队建立政治工作制度，乌斯马诺夫致祝词，冯玉祥庄严宣读誓词：

"本国民军之目的，以国民党之主义，唤起民众，铲除卖国军阀，打倒帝国主义，求中国之自由独立，并联合世界上以平等待我之民族，共同奋斗，特宣誓生死与共，不达目的不止。此誓。"

全场万众，欢声雷动。冯玉祥振臂高呼："同志们，你们辛苦了！"台下山呼海应："我们是为革命服务"，豪气冲天。

接着，宣读通电；改五原县为义旗县；又颁布治军新条令：

"烟酒必戒，嫖赌必戒。除去骄惰，除去奢侈。实行勤俭，为党牺牲。国民革命，方能成功。"

条令名为"九一七新生命"。

大会结束后，就地会餐。吃馒头，啃咸菜，喝白开水，冯玉祥称之为"革命饭"。虽然艰苦如此，但大家觉得有了希望，萎靡不振的精神状态一扫而空。

冯玉祥困境之中，重整队伍。五原是黄河后套地区的一个小镇，距包头约一百来里，近沙漠，水奇缺。每早起来，冯玉祥拿半碗水，高呼"同志们洗脸

国民军联军总司令印章

了"！鹿钟麟等五六个高级军官，和他围成一个圆圈，冯玉祥从碗里喝半口水含在嘴里，把碗递给下一位，自己把水喷在两掌上，往脸上一搓就算洗脸了，人人照此办理，等都"洗"完了，那点水还没有用完。轮到做饭，更是戮力同心，总参谋长拨马粪，秘书长点火引粪，总司令在马粪火上用个铁桶熬小米汤，吃的黑馒头，偶而有点羊肉，就在火上烧着吃。残破之师，衣履不蔽，人人冻馁，冯玉祥努力设法解决，偏僻之地，找布不易，故不管什么杂色布只要有就用，军服红绿间杂，蔚为奇观。部队晚上睡觉，铺草盖草草中人，两人两人打通腿，互相抱着脚抵御风寒。一日，老友简又文历尽辛苦前来报效，冯玉祥令上点心招待远方来客，客人以为可以享受一顿美点，结果大失所望，因为端上来的只是一盘青萝卜片。幸喜当地有个养羊大户王英，感于冯玉祥的爱国之志，雪中送炭，慷慨赠送几万头羊，全军吃上了肉，又有老羊皮衣穿了。

　　冯玉祥苏联一行对于政治见解的最大收获，就是要在军队中开展政治工作，但苦于没有熟悉党务和政治工作的人员。应他的请求，第一批共产党员刘伯坚等数人和他同行到来，他即委任薛笃弼为政治部长，刘伯坚为副部长主持工作，乌斯马诺夫为政治、军事顾问，全军成立政治处，负责

冯玉祥年谱

1926年(44岁)

9月16日，抵达绥远五原，发表宣言，响应北伐。

9月17日，誓师五原，成立国民联军。

10月，接受李大钊建议的"固甘援陕、联晋图豫"的军事行动方针，将所部分成十路，由宁夏向陕西、甘肃进军。

11月27日，国民联军击溃镇嵩军，解除了刘镇华对西安近8个月的包围。

党务、政治、宣传等工作。冯玉祥回国后提出的第一个口号就是"全军政治化",也就是"全军革命化",他说这样才有生气,才有精神,我们比不上卖国军阀,他们有烧杀抢掠和搜刮来的钱,有卖国得来的钱,而我们连饭都没得吃,我们只有这一颗鲜红的赤心,来解除民众的痛苦。

开展政治教育缺乏教材,如何使国民军党化、政治化、革命化?冯玉祥自己拟定了"不忘"问答和口号,使党义简单化、通俗化,易于士兵理解和记忆。其内容是:

一、问:我们国民军历年战争,为的是打倒侵略我们的帝国主义和卖国军阀,你们明白不明白?

答:明白。

二、问:侵略我国的帝国主义和卖国军阀,就是指那日本在民国四年强迫我国承认二十一条,英国在民国十四年五卅惨案,无故杀害我国的学生、工人这一类的事情。我军时时刻刻的反对他。那日本鬼就勾结张作霖,英国就勾结吴佩孚,作为他们的走狗来打我们。我们和他们拼命打仗,是为救国家、救人民,不是为一二人,你们知道不?

答:知道。

三、问:我们的弟兄们,为救国家、救人民死了的还没有埋葬,伤了的也没有药治,不伤不死的现在又无衣无食,你们忘了没有?

答:不敢忘。

四、问:我们直隶、山东、河南、北京一带的同胞百姓们,被匪军奸淫虏掠,欺压的不能生活,我们应该救他们不?

答:应该救。

五、问:既是如此,我们应当怎样做呢?

答:应当不怕死,不要钱,忍苦耐劳,明白主义,来救国家、救人民,誓雪此耻。

每天凌晨冯玉祥即集合部队,他站在一张木桌上,进行"不忘"的问答,雄壮的声音在旷野上久久回响。他经常讲话鼓动士气,不但声音洪亮,而且具有演说家的天才,说话深入浅出,表情丰富,引人入胜,可以说是最有效力的政治工作。他讲道:"假使我们一点主义都没有,目的仅为少数人谋吃好的,穿好的,住好的,那就太没有价值了,那和帝国主义走狗有什么分别?我很盼望各将领各长官们,对于我们的头目,我们的兵,务必要常常给他们讲解,甚至于一个伙夫,一个马夫,也得叫他明白三民主义。……什么是三民主义?就是救国救民的主义。"他又特别讲到对待老百姓的态度问题,说爱惜百姓,就是爱惜我们个人,因为我们的父母都是老百姓,对于老百姓说话,总得态度平和,总不要忘了一个"请"字和一个"谢"字,问人家路以后,总得要道声谢,表示我们是受过教育的兵,就可以免去许多野蛮气。

至于说到国民军党化的方面,人人右臂上佩戴一块小红布,中有青天白日;胸前佩一长方形小白布,上面有红字"我们为取消不平等条约誓死拼命"。

此外,政治部还编有政治问答标语,在纸张极其缺乏的情况下,出壁报,油印小册子下发全军。冯玉祥要求全军都要能背诵孙中山总理遗训,中下级军官须为士兵一字一句地讲解,务使大家都能理解其意义。

在练的方面,他对官长们说,要赶紧把"立正"、"托枪"、"开步走"、"一二三四"这些旧的、没用的、死板的、只图形式的操法改掉,这是洋人只务外表求虚形的笨法,我们现在要的是实战经验,弹不虚发,冲锋跑步,挖战壕,白刃战等等,要天天练,拼命练,教士兵得到实战的经验,这是最要紧的。军队最怕的是绣花枕头的军队,老段的边防军服装好,枪炮好,但是没有实战训练,一打就败了,有什么用?平时多用心,战时少死人,平日认真操练,临战既能自救,也能救人。

五原誓师是国民军政治上和军事上可资纪念的新起点。

第十一章
驰援西安解重围

　　李、杨等部在西安被刘等四万余敌兵围攻，内少粮秣，外无救兵，只在危城中艰苦撑持，到我们五原誓师的时候，他们已被围困了八个月之久。西安城中军民吃食无着，饿毙者狼藉遍市巷，实在已到了易子而食的绝境。我在五原听到那种令人不忍卒闻的惨状，每日所收求援的电文，宛如雪片一般。所以我决定取道甘肃，分为十路，进援陕西，以解西安之围。

——冯玉祥《我的生活》

　　当冯玉祥还在苏联时，广东方面的蒋介石等就已经致电请他去参加革命。回国后，他派李鸣钟、刘骥为全权代表前往接洽，并电蒋介石等，敦促他们进攻武汉。自己这方面则积极备战，准备配合广东北伐军出征。关于出征的路线，将领们有两种意见，一主由南口攻北京，一主入陕西出潼关。正犹豫不决时，李大钊派来一人，面见冯玉祥后，撕开贴身小袄的缝线，掏出一块白绸子呈上。放在药水里一浸泡，显现出来的是李大钊亲拟的一份作战计划，上面首先祝贺他就任国民军联军总司令，然后建议采取"巩固甘陕，联合晋阎，进窥豫鲁，会师郑州"的方针。冯玉祥明白李大钊这一建议的深谋远虑，旨在使他有一个巩固的后方，侧背不至于受来自山西阎锡山的威胁，而后进据鲁豫，与广东北伐军会师郑州。冯玉祥即据此确定了"围甘援陕，联晋图豫"八字方针。

　　军事部署既定，但武器弹药严重缺乏，影响很大。孙良诚率部出征时，官兵们互相勉励："同志们，二十颗子弹要打出潼关！"冯玉祥到苏联虽然受到当局的热情招待，但是来去匆匆，没有来得及和斯大林会晤，有关要求支持和援助的事，只得到原则上的同意，没有具体落实。为此决定由任国民军联军总部参谋长的鹿钟麟以观光的名义，率领由23人组成的代表团再去苏联。

鹿钟麟在莫斯科有幸会晤了斯大林。在斯大林的办公桌上，摆着一个磁盘，里面放着式样不同的烟斗，他一会用这个烟斗抽烟，一会又用那个烟斗抽烟，好像感到其中有无穷的乐趣。他谈了一些对鹿钟麟来说还不大容易理解的革命道理之后才问："你在莫斯科参观中有什么感受？"鹿钟麟说："一切很好，尤其是红军对我们招待得很周到，最初给我们准备了一处很舒适的住所，我们为了要向红军学习，要求与红军同吃同住，使我们学习到很多的东西，受到很大的教益。"斯大林听了端着烟斗笑容可掬地说："客气，客气。"紧接着又谈到了中国的革命问题。鹿钟麟向他汇报中国革命形势的现状，一边是国民革命军从广州出发，一边是国民军联军从五原出发，双方准备在郑州会师，然后再继续北伐。斯大林对中国革命形势作了分析，谈到中国革命的性质，他说："中国的革命，今天仍属于资产阶级民主主义革命，还不是无产阶级社会主义革命。蒋介石不是革命的，他代表大资产阶级的利益，看来很靠不住，你们必须注意，提高警惕。"他接着从中国土地制度谈到中国的地主阶级，又由地主阶级谈到农民阶级，他说："中国的地主压迫农民是世界上少有的。"鹿钟麟认为中国的实际情况好像并不完全是这样的，就说："中国的地主都是中小地主，而且这些中小地主多属勤俭起家，像沙俄那样的大地主，在中国是罕见的，所以中国的地主压迫并不像所说的那样严重。"斯大林微笑了一下，站起身来走到书橱前，从中取出来一大叠文件说："这里全部是有关中国土地问题的资料。"他翻开来对鹿钟麟讲解，从中国土地兼并情形和中国农民负担的情形，分析中国地主阶级和农民阶级的矛盾，最后归纳指出当前中国民主主义革命

冯玉祥年谱

1927年（45岁）

1月26日，到达西安。

3月，发出《讨奉公告》，兵分三路，向鄂、豫、晋、绥四省进发。

4月6日，被武汉国民政府任命为国民革命军第二集团军总司令。

4月12日，蒋介石发动"四·一二"政变。18日，蒋介石在南京另立国民政府，造成宁汉分裂。

4月28日，李大钊等人在北京被奉军杀害。冯玉祥闻讯大恸，率全军将士举哀。

的根本问题,就是解决土地问题,就是解决农民问题。鹿钟麟听后觉得自己根本还不懂革命道理,有点不好意思。领教完后他才向斯大林说出武器弹药缺乏的实际困难,请求支援。斯大林听后很慷慨地说:"我们已经考虑了给你们以必要的支持和援助,你们所需要的武器弹药,可以从苏联在库伦的军械库拨给,数量、种类不限制,只要我们库存有的,需要多少你们可以运多少,需要什么你们可以运什么。"鹿钟麟喜出望外,激动地说:"这样就保证了我们革命的胜利,我们不知道如何答谢才好!"斯大林说:"我们不需要任何答谢,只要你们革命成功,什么时候有力量,照样照数还给我们就够了。"鹿钟麟欣喜之际,忽又想到库伦距甘、陕遥远,交通困难,运输费浩大,也是一个大难题。于是又鼓足勇气向斯大林要求说:"我们中国有一句俗话,救人救到底,送人送到家,我们有了足够的武器弹药,运输费还是难题,还希望给予解决。"斯大林听了一再问翻译"救人救到底,送人送到家"是什么意思,经过翻译解释后,他含笑说:"好,拨给你们10万,够不够?"一听拨给10万,鹿钟麟又是一个喜出望外,马上说:"够了,够了!感激不尽了!"一个多小时的亲切会见,一切问题都获得圆满解决,鹿钟麟起身告辞。斯大林亲自送到办公室门外,彼此又客气了一番,最后才握手而别。

走出克里姆林宫,鹿钟麟才想到这令他无比兴奋的10万元巨款不知是卢布还是银元?在什么地方付给?刚才忘了落实这个问题,但愿不是卢布是银元就好了,心里又不安起来。等回到库伦时得知,这10万款项早已汇到了,是银元。

鹿钟麟抓紧时间,立即到苏联军械库领取武器弹药进行抢运。在这之前,苏联曾援助过一批装甲汽车,因为沙漠地难走,全都陷在沙漠里损失了。吸取上次的教训,这次以领取轻武器和弹药为主,重武器只要了山炮十二门,运输工具全靠骆驼,苏联驻外蒙古大使和他的夫人看见重炮用骆驼拖着走,视为奇观,一直站在门外看。

这时,从广州出发的北伐军,已经长驱直下攻下了武汉,正兵分两路,与军阀联军搏战于武胜关和江西一带。大时代的到来,使国民军已没有时间进行更多的训练。冯玉祥面对的敌人是三支军阀部队:一、直系吴佩孚,兵力约二十万,据有湖南、湖北、河南和陕西的东部,河北的一部,控制着京汉铁路。二、奉系张作霖,兵力约三十五万,据有东北各省和北京、天津,控制着津浦路北段。三、由直系分化出来,自成一派的孙传芳,兵力约二十万,据有江苏、安徽、浙江、福建、江西五省。

国民军兵分十路出发，冯玉祥第一步是进援陕西，解西安之围。

何谓"西安之围"？原来自直奉军阀联军挫败了河南一路的国民军后，吴佩孚即任命刘镇华为陕甘剿匪总司令，刘镇华很快组编成一支号称10万之众的部队，向潼关进发取西安，所过之处，庐舍为墟，人民灾难深重。陕西人民要活下去，就必须和刘

在西安城里与官兵同尽力

镇华拼命，加入了国民军的陕军将领杨虎城为顺应民心，迎头痛击刘部，亲率万名精锐部队，抢先开进了西安。

刘镇华占据西安的打算落空了，恼羞成怒，调集7万兵力包围了西安，不断地进行攻击。在吴佩孚源源不断地补给之下，加上阎锡山供给的大量重火器和炸弹，刘镇华的装备远远胜过守军。冯玉祥出兵时，西安之围已经持续了8个月之久，城中发生了军民争食的现象，一切可以吃的动物、植物、皮革制品、药材等都已搜罗得一干二净，冻死饿死的军民近5万人。当冯玉祥五原誓师讨伐军阀的消息传出后，大大鼓舞了陕西军民最后战胜刘镇华的信心，杨虎城向冯玉祥求救的电报，雪片似地飞向漠北。

1927年1月，冯玉祥派孙良诚为援陕总指挥，率久经沙场的得力战将孙连仲、吉鸿昌①、马鸿逵等出五原，经银川、平凉等地，远程驰援。这部分军队，经过南口败退，元气大伤，现在又长途奔袭，风雪交加，战士骡马时有冻死，沿途几经激战，疲惫不堪，仍奋勇向前。当先头部队开始向咸阳地区的刘镇华部发动总攻击，西安城内人民听到隆隆的攻打炮声时，绝处逢生之情达到了发狂的地步，非文字所能形容。

几经激战，国民军以疲惫之师解了西安之围。冯玉祥进城后，看到城内暴尸街头，污秽堆积，亲自抬着箩筐和官兵一起进行清理。

死难军民的遗体，冯玉祥命令集中埋葬在西安东北角的空地里，分为东西两大冢，并召开隆重的追悼大会。这块被称为万人冢的地方，辟为"革命公园"，刻石纪念，至今还在。

一向热心办学的冯玉祥又在西安成立了西北军政治学校，中共党员续范亭等先后任校长，邓希贤（小平）等担任领导职务，刘志丹、高岗等任教官。

西安之围既解，杨虎城内心深感"愧对三秦"，退隐富平。冯玉祥请他参加北伐，派人持任命他为第十路军总司令的亲笔信到富平，请他出山，杨虎城令到即行，冯玉祥深为嘉许。

为了安抚百姓，尽快恢复社会秩序，冯玉祥一面采取紧急措施，一面严肃军纪，他知道南口溃败以后，军纪不如前，除加紧整顿外，还派出一些便衣，在城里严查，凡有违纪的，一律严办。

冯玉祥在西安，外界的消息很闭塞，要想知道一点上海和长江南岸的消息，全靠一些不怕死的同志，穿过张作霖、吴佩孚控制下的禁区递送，电报和邮政一概不通。国民军第八军军长、前敌总指挥唐生智派出自己的心腹，风尘仆仆从广州来见冯玉祥，机密地说："总司令，唐军长认为，张作霖、吴佩孚是旧军阀，我们大家要打倒他，但是蒋介石是个彻头彻尾的新军阀，我们也要打倒他！总司令对这个看法有什么意见？"冯玉祥说此处不是说话的地方，不带随从，领着客人找了一个僻静的小饭馆坐下，要了果盘茶水，见四下无人，才谈了起来。冯玉祥说起他在库伦时听说广东3月20日抓了很多人，是蒋介石干的，详细情况不清楚。来人说："月晕而风，础润而雨，见微而知著。蒋介石背叛孙总理的主义，不是一天两天了。"冯玉祥说："眼下正在北伐，要是自己内部不一致，互相攻击，张作霖、吴佩孚怕打不下去了。"来人说："旧军阀太腐败了，他们对高级将领是拿赌博、妓女来笼络，这样的军队容易打；新军阀满口革命、主义的骗人，是不容易打的。唐老总的意思，要打，现在就打，不能等到北伐以后再打！"冯玉祥说："西安被围困八个月之久，饿死几万人，才把吴佩孚的部队刘镇华赶出潼关去，我们国民二、三两军是很疲劳的。国民一军自从南口吃了败仗以后，行军几千里，人员、马匹、器械急待补充。现在吴佩孚在河南巩县兵工厂，张作霖的军队在河南信阳，对我们虎视眈眈，要是我们革命军队自己杀自己，后果不堪设想。"客人说："此事对你可能太突然了，不要紧，我们还有时间详谈，不必非今天做出决定。"

客人一连住了几天，详细地把蒋介石的独裁专制说给冯玉祥听，但冯玉祥就认准一个理说："你的话说得很对，不过大敌当前，我们先要打正面的敌人，万万不可自己杀起自己来。"客人失望而去。临走给冯玉祥留下一封信，内中说："……蒋介石这个独裁者，若不在这个时候把他打倒，将来他会把你打倒。"

这时在北京坚持斗争的李大钊，一再受到张作霖的通缉。北京城里到处贴满了"宣传赤化，主张共产，不分首从，一律死刑"的告示。李大钊的表姑问他："你们老搞这事，也不怕吗？人家那么厉害，兵权在手，今日赶，明日捉，把你们从这儿赶到那儿，你们不是自讨苦吃吗？"李大钊回答说："他们就好比是一堵墙，我们捣来捣去，总会把这堵墙给捣垮的。怕什么！早晚我们是要胜利的。我们的主义，就像庄稼人的种子一样，到处都撒遍了，他们是破坏不了的。他们破坏了这儿，还有那儿长出来，没有关系。"

李大钊不幸终是遭了毒手。1927年4月6日清晨，奉军和京师警察厅出动数百名警察、宪兵、特务，进行疯狂的大搜查，逮捕了李大钊。敌人用种种残酷的刑法拷打他，折磨他，用竹签扎进他的指缝里，最后竟拔去了他双手的指甲，但他始终坚贞不屈。

4月28日，张作霖不顾人民群众和社会舆论的谴责，悍然把李大钊送上远道从外国运来的新式杀人刑具——绞刑架，秘密杀害了。同时遇难的还有中共党员和国民党左派人士等。

冯玉祥离开西安兵至潼关时，听到了李大钊遇害的噩耗，悲愤交加，下令全军带孝哀悼。他挥泪写下《吊李大钊等二十位同志》的悼诗，这首悼诗刻碑立于潼关县，至今还保存在那里。

第十二章
国民革命

> 当此军民交困之时,我对军政两方面正在励精图治,则闻京汉线方面,奉军已伸势力于许昌郾城;长江方面,直鲁军及孙传芳军与北伐军激战于苏皖境内,而吴佩孚残部于学忠又勾结川将杨森及鄂北驻军,希图乘虚直扑武汉,倾覆政府。我为援鄂攻豫,会师中原计,而定三路出师,分向鄂、豫、晋、绥四省进展。
>
> ——冯玉祥《我的生活》

出征北伐

阴云四合,天幕低垂,冷风飕飕,雪前景象。冯玉祥一路行军,人困马乏,兵至彬州,稍加休整。县政府腾出几间办公的上房,供他和随员们住宿。过往的部队经过此地,冯玉祥都要亲自一一点名,骡马、枪支以及弹药,也都照单点验。各军军长和各路总指挥,也都一样排班点名,点到谁,谁就立正答"有",一丝不苟。

一路上和冯玉祥同行共宿的王瑚老先生见此情形对他说:"凭你的精神,战事一定会取得最后的胜利。"冯玉祥摇头说:"我们现在八字还没见一撇,谁胜谁负,还难断言。部队伤兵病号太多,无法处置,有的枪弹都缺,亟待补充,有的缺吃少穿,将濒绝境。要粮饷、要弹药的电报整天不断,我每打开一份电报,神经都感到紧张。"王老先生说:"平日只见你整天的愁眉苦脸,批阅文件电稿,人人都向你要东西,要饷项,把你弄在夹板缝里过日子,长此下去,身心都受不了，要是病了，怎么得了？"冯玉祥重重叹口气说："甘肃和陕西，都穷困不堪，财政的困难，像座铜墙铁壁挡在我们面前，丝毫也不能撼动。子良负责财政，一筹莫展，常常逼得要自杀。这种种难关，怎么打破？搁在我肩上的重责，又如何担当？"

这时的军费，只靠从张垣撤退时带来的"西北银行"印的纸币当做现洋，但不兑换通用，不多时用完了，无法再印，只得借陕西省立的"富秦钱局"所存的印好还没发行的纸币，加盖总司令部印章通用，名叫"加字票"。等到这种加字票也用完了，没法了。而北伐大军陆续出发，掌管财政的薛笃弼（子良）手里只有五百现洋，这就是北伐的本钱，于是不得已拿来购买纸张，印刷一种军用的"金融流通券"千余万元，分发各军，随地应用。这一举措引起陕西、河南人民极大的反感，然而迫于军令，最后是折扣通用。等到了河南数月后，冯玉祥下令收回此券，改换公债票，并以某种实业做抵押。他许诺大军进行国民革命而借人民的血汗钱，有生之日将来一定偿还。可是到北伐成功以后，他虽然屡次请求国民政府还债，但时局时变，他的承诺没能兑现。全军的军饷更是微薄到了无以为生的地步。

冯玉祥所住县政府旁边是监狱，他路过时顺便进去看看。狱吏打开狱门，一股恶臭扑面而来，在一间间只能容纳二十人的木笼子里，关着六十多人，地当中放了个犯人大小便的粪缸，令人窒息，牢房的窗户还都堵得死死的。冯玉祥问犯人都为什么吃官司？大多数是因为官府征车征草拿不出来被抓来关了起来。他们诉说整天被关着，出去透透风还得给狱吏使钱。冯玉祥听了很气愤，叫狱吏马上把县长叫来质问了一番，然后说："你马上把关着的人都给我放了，今天走不了的，就让他们住在你给我准备的房子里，明天统统打发回家。"开始放犯人后，县长想走，被冯玉祥拦住，说要想帮他把这个地方先改革一下，逼着县长和自己一起，把牢

冯玉祥年谱

1927年（45岁）

5月1日，就任国民革命军第二集团军总司令。6日，誓师潼关，挥兵南下。26日，攻占洛阳。31日，攻克郑州。至此，完成了与广东北伐军会师中原的战略目的。

6月8日，汪精卫到达郑州。10日、11日冯、汪举行郑州会议，决定由冯负责河南政务。13日，武汉国民政府任命冯玉祥为河南省政府主席。16日，又任命冯为开封政治分会主席，统管豫、甘、陕三省政务。

6月20日，冯与蒋介石在徐州举行会谈。议定宁汉合作，共同"清党"，继续"北伐"。

7月，开始在自己辖区内"清党"。

7月15日，汪精卫背叛革命，国共合作破裂，第一次国内革命战争失败。

10月中旬，张宗昌率直鲁联军进攻河南，冯部与直鲁军在陇海线上展开拉锯战。

12月16日，在冯的支持下，已于8月宣布下野的蒋介石得以复出，任国民革命军总司令。

房的大粪缸一个一个地抬出去,边抬边说:"我今天也叫你闻闻这臭味儿!"

会师中原

此时,军阀势力还在做殊死搏斗。奉军沿平汉铁路向南,占据许昌;直鲁联军及孙传芳部与南方北伐军激战于苏皖境内。吴佩孚残部企图进窥武汉,颠覆从广州移驻武汉的国民政府。为彻底肃清北方地区的军阀势力,武汉国民政府决定第二次北伐,命唐生智为北伐军总指挥,率部从武汉出发,沿平汉线北上;将国民军联军改为第二集团军,任命冯玉祥为总司令。冯玉祥集合军民几万人,宣誓就任,他的誓词表明了出师革命的宗旨:

"以为大多数被压迫民众谋最大幸福之决心,联合革命民众,将全力贡献于党,拥护党之主义及政策,与国际帝国主义及国内一切反革命势力做最后决斗,完成国民革命,生死以赴。"宣誓后,他作了长篇讲话,申明革命的意义,说到激动之处,高举双手慷慨陈词:

"如果我冯玉祥不是为救国救民,而只是为自己争权力、抢地盘,你们哪一位弟兄都可以开枪打死我。"闻者有感动落泪的。说完后,有一个象征民众联合的场面,以工、农、商、学和妇女代表各一人,在台上手拉手成一圆圈,台下军乐大作,冯玉祥率党政军和群众团体负责人,举行大规模的阅兵式,所到之处,冯玉祥领大家高声问候:"同志们,辛苦了!"部队则同声回答:"为革命服务!"气壮山河。

第二集团军总共已有30万人之众,兵多将广,以孙良诚为前敌总指挥,方振武⑤、马鸿逵为副指挥。部署完毕,冯玉祥即于1927年5月5日下达总动员令,并亲赴潼关为出征将士壮行。

大军出发时,每

在西安誓师大会上

人背一小袋够三天用的馒头，部队急行军仅半天工夫，出的汗就已经把干粮都湿透了，第二天又酸又臭，只能就水勉强吞咽。当时没有火车行驶，行军运输，全靠步行，后方粮食接济不上，部队时常饿着肚子进军，忍常人之不能忍，可敬可叹！

视察缴获的铁甲车

孙良诚率领的中路军，下辖六个军由华阴出潼关向洛阳、郑州挺进；鹿钟麟率东路四个军，由孟津渡黄河，向直隶进攻；岳维峻率南路军三个军出紫荆关直指南阳；徐永昌[⑧]率左路两个军由陕北碛口渡黄河经太原出娘子关；孙连仲率右路军保护陕鄂交通；宋哲元率北路军为后援，留驻陕西。

中路军是主力部队，由冯玉祥亲自统率，下辖第一、三、四、五、六、十三军等精锐部队，出潼关，沿途与刘镇华部激战，连克灵宝、陕州、洛宁、渑池等地。刘镇华率数万人退守要隘铁门镇，凭险死守。孙良诚部猛攻一日未下，再调集重兵，以石友三为右翼，方振武为左翼，另派骑兵抄袭后方，发起总攻，刘军终于不敌，放弃铁门退入新安城，孙良诚穷追猛打，破新安，俘虏6千多人，得枪炮军需不少，最值得庆幸的是缴获火车头一列，车皮百余节，有了交通工具往返运送补给，大利战事。

中路军士气大振，一鼓作气直指洛阳。在磁涧与奉军万福麟精锐部队4万兵马接火，连战连胜，打得万福麟乘火车逃窜，盘踞洛阳的吴佩孚也仓皇东逃，孙良诚再下一城。这一仗收获又颇丰，俘获4千之众，枪炮数千，机车数辆，汽车数十辆，尤以奉军丢弃的炮弹为多。但在攻城陷池中，部队的伤亡也很惨重，每天运回后方的伤兵数以千计，医院安置不了，缺医少药，状极堪忧。

攻克洛阳，冯玉祥命孙良诚部沿铁路线东进，方振武部向东南由登封、禹州奔许昌，以援助南方北伐军，留马鸿逵守洛阳，骑兵集团则在巩县、汜水一带活动，阻断敌军后方交通。后两日，又连下孟津、偃师，时奉军援军至，在黑石关凭险抵抗，企图赢得时间拆走孝义兵工厂的机件并把工厂破坏掉，但是国民军锐不可当，没能得逞，奉军弃关而逃，张学良只好放弃郑州总撤退。5月30日，冯玉祥第二集团军完成了拿下战略要地郑州的目的。

不可一世的奉系张作霖被赶回黄河以北，直系吴佩孚残余势力遁入西南。战后，冯玉祥兴奋地对将领说："打垮吴佩孚是我的夙愿，现在终于用北伐这把铁扫帚把他扫除了。"

冯玉祥身为最高统帅，操心苦劳非常人所能想象，他在日记中记述道："在这悠长的激战期间，我除调度部队，指挥作战外，更要筹办救慰伤兵，掩埋阵亡官兵，奖赏有功各部，以及人马、枪弹、粮秣、补充等等的事。每天随身带着二三十副电话机，与前方各部不断联络……此外还要各处奔走，一会儿又到郑州，一会察看东路，一会儿又察看北路。在各城各地，一方面与各级长官接头，一方面须对士兵讲话，同时还得对民众宣传。一天到晚，黑天白日，生活老是如此忙迫，神经老是如此紧张，一直继续了数月之久。"

第二集团军攻下郑州不久，1927年6月4日，从武汉北上的北伐军也进入郑州，南方的北伐军和冯玉祥的国民军联军联合作战，节节胜利，完成了北伐会师中原的任务。

郑州和徐州会议

在北伐势如破竹的胜利进军中，工农运动风起云涌，革命形势汹涌澎湃，引起了一部分军政人员的不安。湖南一位军长何键对冯玉祥说："湖南情形，糟成一团，连长营长的父母兄弟都被农民协会抓去，当土豪劣绅办了。"唐生智的部队在河南，他告诉冯玉祥："我的部队在河南呆不下去了，大家都不安心，急着要回湖南老家去。"孙科、徐谦也都向冯玉祥谈起武汉的情况说："社会秩序太乱了，只拿商店来说，就有百业俱废的趋势。我们在衣铺里定做了两套衣服，老是取不到，老板说，工人每天出去游行，我们实际上已经停业，你们的衣服就是再过两个月，也是做不出来的。"冯玉祥听了这些话说："破坏了社会秩序，这不是革命，是作乱。"

冯玉祥碰到鲍罗廷，忍不住问："你在两湖提出什么阶级斗争，使工人和厂主打，佃农和地主打，店员和店东打，闹得互相乱打，老百姓没法生存了。"鲍罗廷回答说:"这都是革命运动中不可避免的现象,是可以纠正的。"

1927年4月12日,蓄谋已久的蒋介石采取突然袭击的手段,在上海等地向革命分子和共产党员开刀,进行血腥的大屠杀。4月17日,国民党左派以汪精卫为首的武汉政权和国民党中央发布命令,斥责蒋介石叛变革命,开除了他的党籍,免除他所兼各职,通电讨蒋。而蒋介石于18日在南京成立了他的"国民政府",和宁汉成对峙状态。面对这种局势,冯玉祥十分苦恼,为了不偏不倚,他在武汉和南京双方都派有代表,一视同仁地进行联系。

在革命阵营处于分裂的错综复杂形势下,拥有军事实力的冯玉祥,成了各方面拉拢争取的对象。

蒋介石不择手段地攫取权力,陷入了四面楚歌之中,他派孔祥熙往返穿梭,竭力活动冯玉祥帮他们打武汉。冯玉祥说:"要是我们自己打起来,何以对得起孙中山先生,又何以对得住中国人民?无论如何,我宁愿得罪你们,也不愿你们自己打自己。我恳求你们团结一致,共同北伐,先打倒我们的敌人,这是重要的事。"

汪精卫打着革命的招牌,也想凭借冯玉祥的力量扳倒蒋介石,取而代之。在河南战役胜利之后,武汉政府约定冯玉祥到郑州开会。

冯玉祥的动向究竟如何,各方都拿不准。中共中央政治局派张国焘到郑州,设法了解郑州会议的情形。张国焘乘京汉铁路总工会为他特备的专车到达郑州后,直接来见汪精卫,说:"我刚才在车站的大厅里看见冯玉祥的十几位将领,他已经到了吗?"汪精卫非常客气地请张国焘坐下说:"冯玉祥还在从洛阳来郑州的路上,我们准备去车站接他。"张国焘说:"汪主席,这次郑州会议关系党国安危和你个人的政治前途。于国于己考虑,都应极力争取冯玉祥对武汉政府的支持,否则前途将不堪设想。如果冯玉祥有什么要求,我们应当适当地满足他。"汪精卫说:"是啊,这一点我们过去做的很不够。"张国焘又说:"至于我们两党的关系和工农运动的问题,都是可以获得适当解决的。我向你重新保证,我们中共一定坚决支持武汉政府。"汪精卫做出热烈赞成的样子说:"这样极好,极好!"接着又说,"不过,我真不大敢相信冯玉祥会支持我们,他这个人你不要看外表很粗,实际上精细得很,恐怕在他看来,我们武汉已经是个朝不保夕的穷亲戚了。"张国焘说:"所以你应该在会上做有力的发言,让冯玉祥明白支持武汉的正统。至于方式,可以由郑州会议发表文告,或者由你召集国民党四中全会,请冯玉祥到武汉参加，表示他支持武汉的诚意。"汪精卫答应："好，我就把你的意见和孙科他们商谈一下。"

冯玉祥的专车进入火车站时，月台上人山人海，徐谦、孙科、唐生智、汪精卫等武汉政府要人和许多军队、人民团体都来欢迎。冯玉祥背着油纸雨伞和干粮袋，穿一身灰色土布军服，束一根腰带，满脸胡子走下车来，跟个普通士兵没两样，等到他走到众人面前，大家才惊愕地认出他来。他满面笑容地和大家一一握手。

郑州联席会议，在军事、政府、党务方面，都有重要议案确定：成立河南、陕西、甘肃三省政府委员会，分别任命冯玉祥、于右任、刘郁芬为省主席，（于右任不就，改为石敬亭）；组建国民党中央开封政治分会，统管以上三省党务，冯玉祥为主席；军事方面唐生智各部撤回武汉，陇海铁路以北，京汉铁路以东防务由冯玉祥部队担任。在这次会议上冯玉祥占据了主导地位，武汉政府赋予了他不少重大权益，他对这次会议的成果是满意的。

除此之外，会议上许多人都激烈反对蒋介石的独裁，主张兴兵讨伐。冯玉祥再三说："现在张作霖在北边，吴佩孚跑到四川去了，他们的实力还很强，我们如果自己打起来，他们做梦都会笑醒。我希望宁汉方面好好合作，千万不要分裂。"他的话有人同意，有人反对，有人气得不等会开完就回武汉去了。

会上大家还诉说了一些工农在两湖"捣乱"和鲍罗廷专横的情况，以及武汉财政困难的事。会议期间汪精卫经常无故不出席，弄得十几个人的会开起来都很难。每次开会，桌子上必摆满了水果点心，气得冯玉祥说："这哪还有点革命政府的味道？他们也不想想自己正在干什么，老百姓过的什么日子，前线上拼血肉的弟兄们吃的什么！"他实在气愤不过，写了一副对联让人给汪精卫送去：

一桌子点心，半桌子水果，那(哪)知民间疾苦。

两点钟开会，四点钟到齐，岂是革命精神。

横批：官僚旧样

汪精卫等人的作风，使冯玉祥有些失望，也降低了对他们的信任感。

郑州会议于6月12日结束，到了17日，蒋介石那边就从徐州发来电报，请冯玉祥前去同样商谈军、政、党务。

徐州之行，冯玉祥特别慎重保密，连他身边的人都多不知有此一行。他令铁路局备车往西去，及至机车发动，忽又命向东，铁路人员费了不小的事才把机头掉过来。这一决定果然令他又避过一险,因他向东去不多时西边就发生了炸弹爆炸。

当冯玉祥的专列行驶到离徐州还有二十里的黄口车站时,蒋介石亲率各将领从清早起已在此恭候了。车站上冠盖如云,仪仗队、军乐队、器械鲜明,金光灿烂。列车缓缓驶进月台,军乐大作,欢迎人群整肃衣冠,垂手立正,齐向头等花车里面张望,但见全是文武随员,其中有人以手指车后方,大家才一齐向后走去。列车后面挂的是一系列装运马匹的敞篷车和既没有窗户,更没有桌椅的载货铁皮车。列车停下后,众人看见一个彪形大汉站在铁皮车门口微笑招手,始知这就是冯玉祥。他的布衣敝履,和这批革履佩剑、光彩辉耀的官员们形成了鲜明的对比。

站在冯玉祥面前的蒋介石,身材瘦削,穿一套黄军装,戴一顶大盖帽,两只眼睛深陷眼窝,说起话来先咧嘴笑笑,接着鼻子里哼哼几声。蒋介石请冯玉祥改乘他的头等包厢,到徐州后,安置住进第一流的花园饭店。在盛大的各界欢迎会上,蒋介石致辞说:"冯同志所部苦撑多年,艰苦备尝,使北洋军阀不能以全力和我们作战,所以我们才能取得北伐的长足进展。现在又绕道西北,会师中原,共肩北伐大业,丰功伟绩,我们至为钦佩!"在招待盛宴上,南京政府方面的党政军要人均出席作陪。蒋介石称冯玉祥为"民众救星",高呼"冯总司令万岁",请冯玉祥讲话。冯玉祥高兴地说:"今天我们在这里商量继续北伐,我们要枪口一致对外,自己人不打自己人!各位都知道,张作霖、吴佩孚他们说,南方赤化的头子是蒋介石,北方赤化的头子是冯玉祥,那么,今天是南赤、北赤在这里集会了,我们哪里赤呢?我们是真真实实地赤心赤面要流赤血,保护中华民族的赤子,绝不像张、吴两个那样,他们只要杀谁就给谁一顶赤帽子戴。"冯玉祥不愿介入宁汉兄弟阋墙之争,所以一上来就明确地亮出自己的观点,继续北伐彻底消灭军阀势力才是当务之急。

当场有人站起来举杯说:"今天南北两位集团军总司令在这里见面,真是紫气东来,来,大家干一杯!"

会议主要也是讨论有关政治建设、国民党党务、继续北伐、武汉政府以及对待共产党的办法等。

蒋介石要求冯玉祥共同行动,向武汉进兵,消灭敌对势力,冯玉祥力主调解,拒绝了这个要求。他的解决办法是取消武汉党部,武汉方面的忠实同志速到南京合作奋斗。

关于继续北伐的问题，冯玉祥劝蒋介石放弃他原定的"暂守徐州，停止北进，回师镇压长江中部"的计划，双方取得一致意见，继续北伐，表示要做到："凡百诱惑，在所不顾；凡百艰险，在所不避；凡百牺牲，在所不惮。"蒋介石拿来已经拟好的继续北伐的电稿给冯玉祥看，声明："两部数十万将士，为三民主义信徒。……必尽扫帝国主义之工具，以完成国民革命之使命。"两人都签上了自己的名字。

一天，蒋介石来到冯玉祥的房间说："西北军久处穷困边远地区，又出师北伐，转战千里，军队给养之困难我们是知道的。劳苦功高之师，我们应聊表绵薄之意。"冯玉祥说："我们无衣无食，无枪无弹，真是只能吃补药，不能吃泻药了。"蒋介石说："我已经和他们说了，这次先拨50万现洋和一批军火过去。以后我第一集团军有什么，你第二集团军就有什么，请不要客气。"蒋介石此举解了冯玉祥燃眉之急，使他感激不尽，大有相见恨晚之憾。他对孙连仲说："有蒋先生领导我们，北伐成功的希望就大了。"此时冯玉祥的嫡系军队共约有近25万人，加上改编和新编的总共已有40多万，达到了冯玉祥统兵以来实力的顶峰，军费开支浩大，困难显而易见。

礼送出境

由于共产国际的失误，进一步引发了蒋介石"清党"的运动。

斯大林把持下的"第三国际"，为了巩固和扩张中共的势力，密令鲍罗廷等采取如下方针：一、排除国民党诸领袖，以共产党代之；二、编练农民军数万人为共产党亲信军队；三、准许农民直接占有土地。鲍罗廷认为如果照此办理，则必引起国民党全体的对立，导致共产党和苏联人无法立足，为稳妥计，他没有执行这个密令。但第三国际代表印度人罗易持不同意见，他认为应该坚决执行第三国际的指示，自行宣布了这个密令，这使一直奉行联俄容共政策的武汉政府如雷轰顶，大为光火，决意驱逐鲍罗廷和所有的苏联顾问，厉行清党运动。

蒋介石成立南京政府后发出的第一号通令也是通缉共产党的首要分子，名单上的第一名就是鲍罗廷。在这一点上，宁汉取得了共识。

冯玉祥在本部队中也开始了清理中共党员的举措，乌斯马诺夫对他说："想不到你也赞成分共，为什么？"冯玉祥又把他听到的一些民间情况相告，乌斯马诺夫说："这都是幼稚病，革命嘛，免不了。"冯玉祥说："苏联是我们最忠诚的好朋友，这次我回国参加革命，你们帮助我许多枪械，在军中工作的顾问们也都至诚至恳地努力，有的苏联同志还牺牲了生命，所有这一切，我是永远感激不尽，永远不会忘记的。"乌斯马诺夫说："这是我们应该做的。"冯玉祥又说："但是就事论事，也许是由于对中国的国情不了解，第三国际的许多做法，实在也有不妥当的地方。"乌斯马诺夫严肃地说："我是第三国际的代表，我来中国，上面给我的命令是帮助中国完成国民革命。中国的国民革命，不是无产阶级革命战争，不是阶级斗争，也和第三国际没有关系。"话已谈不到一起了。

冯玉祥"清党"，采取的是比较温和的做法。他吩咐财务官苏进（建国后任二炮副司令）把账上仅有的八百元大洋分赠给刘伯坚等中共党员，然后用车运送他们离开自己的辖区，这就是史称的"礼送出境"。

汪精卫的"清党"，则是放纵反动军官到处摧残中共和工农团体，中共中央组织采取紧急措施，转入地下。

鲍罗廷身处危境，已无力影响武汉政局，离开武汉时，汪精卫还假惺惺地到车站送行。鲍罗廷带领苏联顾问一行人不敢走南京、上海，而是取道冯玉祥的辖地经外蒙回国。他在郑州见到冯玉祥时，还受到了很好的接待，而汪精卫却密电冯玉祥把鲍罗廷扣下杀掉。冯玉祥大不以为然，他认为，你汪精卫要杀鲍罗廷，自己为什么不在武汉下手？显然，他这是学的曹操的做法，曹操想杀弥衡，可自己不动手，把弥衡送给刘表，刘表又借黄祖的手把他杀了。可我绝不是黄祖，昨天还在一个桌子上开会，今天无缘无故就翻脸相害，这种事我是万万做不到的。冯玉祥不但没有这样做，还派妻弟李连山等高级军官一路护送鲍罗廷、乌斯马诺夫等苏联顾问入陕西，经甘肃，穿过大沙漠直到安全抵达外蒙古的库伦。

1927年中国革命澎湃的大浪，就在分裂声中退潮了。

还留在莫斯科的冯夫人听说了国内的情况，几乎不敢相信。她对冯玉祥送到苏联学习的吉合说："他要是背叛革命，我就和他离婚！"当时也在苏联学习的蒋介石的儿子蒋经国和冯玉祥的儿子冯洪国公开发表声明，和各自的父亲断绝关系，以示抗议。

第十三章

北伐胜利

> 我自从民国十四年一月间离开北平，不觉三四年的光阴已经过去，这回转了一个大大的圈子，重又来到此地，眼看着卖国军阀已经打倒了，国民革命告一段落了。可是这个疮痍满目、积重难返的国家，是不是能够从此就走上轨道，循着三民主义的国策一天天向前发展迈进呢？
>
> ——冯玉祥《我的生活》

初识蒋介石

蒋介石由于自身估计错误，指挥失当，被军阀孙传芳打败，丢了徐州。他恼羞成怒，既不宣布罪状，也不经军事会审裁判，就把十军军长王天培当替罪羊枪毙了。一军军长何应钦①、七军军长李宗仁②等高级将领见蒋介石随便杀人，人人自危，不服调动。蒋介石对军队失去了控制权，干不下去了，宣布下野，上了日本。

张作霖、张宗昌见有机可乘，卷土重来，大举进攻，眼看北伐将前功尽弃，冯玉祥便会同第三集团军总司令阎锡山联名通电请蒋介石回国，支持他重任总司令之职。蒋介石感激不尽，提出要和冯玉祥换帖做盟兄弟，他亲笔写

冯蒋结义金兰谱

了帖子,上书:"安危共仗,甘苦同尝。海枯石烂,死生不渝。"冯玉祥的帖子写的是:"结盟真意,是为主义。碎尸万段,在所不计。"两人互相拜了四拜,蒋介石说:"大哥,我们既成了无话不说的朋友,请给予指教。"冯玉祥说:"老百姓是我们的主人,老百姓喜欢的事,我们做,老百姓不喜欢的事,我们万不要做。"蒋介石又客气地问:'大哥,还有什么事没有?"冯玉祥说:"你若再问我,我就告你,我们要和士兵共甘苦,兵不吃,我们不要吃,兵不穿,我们不要穿,你要是能做到这些的话,我们革命一定成功。"蒋介石点头说:"好,我们一定这样做。"

不久,蒋介石偕新婚的宋美龄过郑州到石家庄去看阎锡山,冯玉祥准备了馒头、猪肉炖白菜和小米粥,招待他和他的几百名随从。后来有人从石家庄过来告诉冯玉祥:"蒋先生到了石家庄,阎锡山给他预备的是燕菜席,所有跟他的人都是八人一桌的鱼翅席。蒋先生私下对人说,你预备的饭太普通了,太看不起他了。"冯玉祥听了说:"我们革命是为了人民大众,要改善人民的生活,提高大众的生活,不是为大官的生活更好。蒋先生说我看不起他,我不能看着官兵和百姓都没有饱饭吃,而拿人民的血汗去预备那么贵的燕菜席和鱼翅席。"

继续北伐

冯玉祥和蒋介石在郑州会晤时,商谈过北伐大计和作战策略,具体的部署是:

山东方面,集中优势兵力,首先解决。军力的配备是:蒋介石第一集团军的刘峙第一军团,陈调元第二军团,贺耀祖第三军团,以及冯玉祥第二集团军下辖的方振武第四军团,孙良诚第三军,马鸿逵第四军,石友三第五军等。

河北方面,全系冯玉祥部,分别为孙连仲第二方面军,

冯玉祥年谱

1928年(46岁)

2月16日,蒋介石、冯玉祥、阎锡山在开封会晤,决定蒋任国民革命军总司令兼第一集团军总司令,冯玉祥、阎锡山、李宗仁分别担任第二、三、四集团军总司令。18日,蒋、冯换帖结拜兄弟。

3月7日,国民党举行中央政治会议,推举蒋介石任主席,李济深、李宗仁、冯玉祥、阎锡山分别为广州、武汉、开封、太原分会主席。

4月10日,四个集团军同时下达攻击令,继续"北伐"。

5月30日,奉军实行总退却。

6月4日,张作霖在沈阳皇姑屯被日军炸死。8日,冯军率先进入北京。

7月1日,由郑州到北平参加善后会议。

10月8日,国民党中央决议蒋介石任国民政府主席,冯玉祥任行政院副院长兼军政部部长。

12月29日,张学良宣布东北易帜,"北伐"结束。此时冯玉祥的军事实力已达顶峰,所辖的军队有40个师,17个旅,约计40余万人,管辖山东、河南、陕西、甘肃、宁夏、青海。

韩复榘第三方面军,刘镇华(后归顺)第八方面军,鹿钟麟第九方面军。

山西方面,由阎锡山第三集团军负责。第一、二集团军只在平汉铁路沿线采取牵制行动。

第二次北伐战争打响了。蒋介石指挥着津浦路的军队,冯玉祥指挥着平汉路和津浦路与平汉路之间的大军,在山东曹州、济宁一带跟孙传芳部激战数个回合,攻下济南。蒋介石率军先进入济南,他的军队和日本宪兵冲突起来,由小打变成大打,被日本人全数缴了械。蒋介石和他的外交部长黄郛东西丢光,穿着内衣内裤跑到泰安车站,急电冯玉祥求救。冯玉祥不顾危险,立即开火车前往营救。到了泰安车站,只见他的盟弟和黄郛两人穿着白内衣正站着发呆。"大哥,怎么办?"蒋介石狼狈地问。冯玉祥说:"日本人见他们的走狗孙传芳、张宗昌败退,着急了,要向我们挑战。现在没有别的办法,只有先把这地方的日本人俘虏了再说。"黄郛担心地问:"我们有这样的力量吗?"蒋介石害怕了:"那会出大事的。"冯玉祥说:"出什么大事?革命就是大事,其他什么事情都不用管。"蒋介石犹豫再三说:"我看还是先把济南撇开不管,我们先打到北平,打倒了军阀再对付日本。"冯玉祥只好说:"那好吧,你既有这种忍耐力,我也赞成。"蒋介石惊魂不定地说:"可是,我要回南京去,去安排安排,这里所有的军队都交由大哥指挥了。"

蒋介石扔下自己的部队回南京主政去了。冯玉祥统帅80万雄师,指挥着两个战场前线的军事行动,先倾全力进行京汉路战事。这时阎锡山的晋军与奉军相持于保定、新乐之间,阎锡山怕不敌,急电求援,冯玉祥调动钢甲车队,正面助战,郑大章骑兵和韩复榘两军也出动策应。东战场已渡河的各军,因地狭人多,交通不便,粮秣供不应求,面临退则死、进则生

北伐中的冯玉祥和蒋介石

群雄会（左起：李宗仁、阎锡山、蒋介石、冯玉祥）

的局面。冯玉祥果断下令全力前进，扭转战局。各路大军齐心协力，在东西两战线都取得了胜利。任"安国军"大元帅的张作霖仓皇乘火车回老家，行至沈阳附近的皇姑屯，被日军事先埋设的炸药炸死，至此奉军自动退出关外，关内宣告统一。冯玉祥肩负的重任已经完成了一半，他长期紧张疲惫的神经一下子松弛了下来，倒头便睡，一觉睡了6天。

急先锋韩复榘2万余将士急行军，三昼夜走800里，直迫北京；东战场方面，天津的敌人也尽数向东逃遁，京、津均告平定。

但是，韩复榘部虽然率先到达北京，却奉命只能屯兵南苑，不得入城。这是蒋介石早有预谋，要把京、津地盘给阎锡山；而在外交方面，外交使团也不希望冯军进入北京，这就是韩复榘所以被阻在北京城外的原故。不独韩复榘心中不快，冯玉祥心里也蒙上一层阴影。后来的事实证明，战功最著、牺牲最大的冯军，其实已被蒋介石看做是心腹之患，压制打击才刚刚开始。

功成祭英烈

北京攻克，蒋介石分别致电请二、三、四集团军老总冯玉祥、阎锡山、李宗仁到北京开"善后会议"，冯玉祥托病不参加。蒋介石派人请在汉口的李宗仁协助调解和冯玉祥之间的隔膜，李宗仁派员赴河南殷切问候冯玉祥并力劝他出席会议，冯玉祥感其诚意，动身由南京北上。

抵达北京后，首先当告慰孙中山在天之灵北伐成功。1928年7月6日，四个集团军的首脑蒋介石、冯玉祥、阎锡山、李宗仁齐聚北京,到西山碧云寺公祭国父孙中山先生。

9日,冯玉祥在南口开会,追悼两年前在这里牺牲的3千余名将士。会堂悬挂着他写的一副挽联:

"不共国贼戴天,四月战边关,视死如归,数万健儿余白骨;终教元凶授首,两年收燕蓟,招魂何处,一腔血泪奠黄沙。"

蒋介石、李宗仁等应邀参加并先后讲话。

冯玉祥主祭,数万人参加,挽联多至逾万副。鹿钟麟代读祭文,痛哭失声。冯玉祥最后讲话,其中说道:"死为人人所不能免,然而死有重于泰山,有轻于鸿毛者。我南口阵亡将士,可谓重于泰山矣。其死之日,固无意流芳百世,然今竟名垂千史矣,非所谓为国牺牲,死有余荣者耶。……今日到会场之人,对

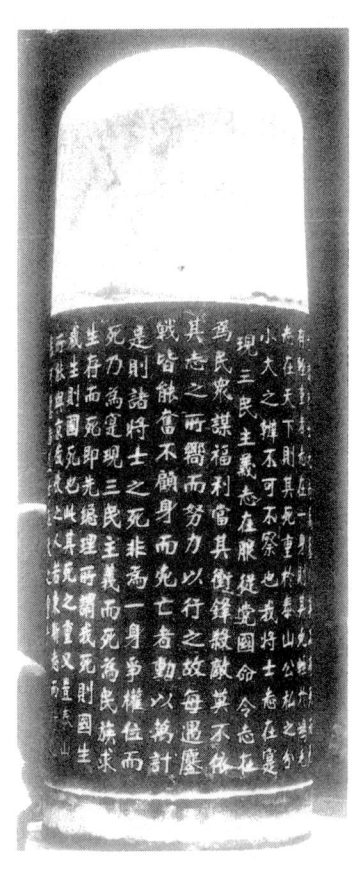

碧沙岗现存的汉白玉石碑

鹿钟麟在追悼大会上代读祭文

于阵亡将士,非亲即友,乞转达诸烈士家族,凡阵亡者,无论官长兵夫,其父母即我辈之父母,其子女即我辈之子女,誓必竭力相助,使老者得养,壮者得业,少者得教,绝不辜负烈士于地下,息壤在彼,绝不食言。"

冯玉祥自己说到做到。同年他在郑州又为在民国十一年讨伐赵倜之役和北伐中牺牲的将士修建陵园。郑州以西四公里处,有一个黄土岗,当地人叫做白沙岗。这里常年风沙弥漫,形成高低起伏的沙丘,因为种不成庄稼,附近村民只在岗上种些树木防风固沙。在这里建墓地,不占用老百姓的耕地,很合冯玉祥的心意,他先后拨款九万元,购地四百亩建造了烈士陵园,起名为"碧沙岗",意即"碧血丹心,血殷黄沙"。再拨四万元建筑围墙,内分四部分:1.北为中山公园,内有冯玉祥命名题字的民族、民权、民生三亭,兼造一铁桥;2.中为烈士祠,红墙碧瓦,极为庄严,烈士牌位,皆系铜质;3.西南为烈士公葬地;4.东南为民众公葬地。部分无生计的烈属安排看管陵园。冯玉祥让人在这里多种些柿树、李树、桃树,少种柏树和柳树,树间还可以种粮食和萝卜。他在郑州时,每逢星期日必到烈士祠行致祭礼,并到墓园亲自添坟。他要求所有部属,凡到郑州必须到碧沙岗祭奠英烈,以"激发革命情绪"。他不止一次说过:"我退休以后就在这里看书、写字、看坟,死后也葬在这里,和好兄弟们朝夕相处。"

第十四章

祸起萧墙

> 北伐成功之后，接着就开南京会议。蒋介石首先用种种方法，使自己当国民政府主席，以前有功于革命的人，他一脚踢开。如同军事委员会中有五六十位委员，北伐一成功只留几个人，其余的全取消掉。这种过河拆桥的办法大家都不满意。蒋要消除异己，他自己已经有了决心，无论说什么，一定要依着他的提案去办。中国之乱，人民得不到平安的生活，就是蒋介石自私自利的打算弄成的。
>
> ——冯玉祥《我所认识的蒋介石》

裁军风波

蒋介石把大家请到北京开会，主要目的是要抛出他的"编遣计划"，壮大自己的势力，削弱别人的军权。这时冯玉祥拥有的兵力共有九个方面：1.孙良诚，2.孙连仲，3.韩复榘，4.宋哲元，5.岳维峻，6.石敬亭，7.刘郁芬，8.刘镇华，9.鹿钟麟。每个方面军下辖若干军，计有30多个军，50多万兵力。后来刘镇华、岳维峻相继脱离，尚有40多万。

在讨论裁军原则时，冯玉祥主张裁汰老弱不良者，采取"精兵主义"，而阎锡山主张各集团军平均缩减，采取"平均主义"，会议开了几天，毫无结果。最后大家同意先成立编遣委员会，再行研制裁兵。

这次会议后不久，国民政府完成改组，蒋介石当上了国民政府主席，成了享有实权的国家元首。冯玉祥当选为国民政府委员、行政院副院长兼军政部部长。

有一个想找个人出路的政客向蒋介石献"削藩论",要点是:"以经济方法瓦解二集团军;以政治方法解决三集团军;以军事方法解决四集团军;以外交方法对付奉张。"

转过年来,进入1929年,1月1日"编遣会议"继续召开。冯玉祥报告第二集团军的情况时,君子坦荡荡,开诚布公,把本军的实力和盘托出,如有兵力多少,连轻重机枪、大炮等有多少都一一列出,其力量之强,其他军无一可及。

会议讨论的结果定出的方案是,以四个集团军平均为原则,每个集团军保留20万人。这样的话,第三集团军还得补兵数万才够数,第四集团军不增不减,唯有冯玉祥的第二集团军须减员一半,他当然觉得不公,当场提出反对,重申他的原则:"强壮者编,老弱者遣;有枪者编,无枪者遣;有训练者编,无训练者遣;有功者编,无功者遣。"他更不客气地指出,蒋介石的第一集团军收编南北残败之兵有10来万,要裁应该首先裁这部分人。讨论到最后,阎锡山抛出四个集团军平分秋色的方案,各编11个师,另设一个中央编遣区,也编11个师,归蒋介石节制。这一方案的通过,唯一吃亏的仍是第二集团军。

军阀已经打倒了,国民革命也告一段落了,可是国家是不是从此就能走上正轨?从不断发生的事情中,让冯玉祥感到愈来愈没有信心。

国民政府召开第一次会议,冯玉祥本来是满怀期望出席参加的,但是万没料到大会讨论的第一个问题,竟然是给每个政府委员加薪。那些党国老大们,这个说南京生活水准太高,目前这800块钱一月不够用,那个说这么多年来大家

编遣会议闭幕后合影

103

都吃了不少苦,如今总可以多少享用一点了,又和日本比,愈比愈觉得拿的太少了。冯玉祥听不下去了,站起来说:"月薪800元不够用,我现在代表民众来问问,南京生活程度高,我们为什么住高级房子?普通房子不是很多吗!说什么革命成功了,革命真的成功了吗?其实是你自己成功了,你昨天还是穷光蛋,今天当了大官了。"在座的人直看蒋介石,他只当看不见,也不吭声。冯玉祥索性说个痛快:"你们说加薪,怎么对得起五省受灾的老百姓?至于把我们和日本阁员比,要是跟人家比的话,我们连800块也不配拿,人家占了我们的山东省,打了我们的济南,杀了我们的外交官,缴了我们革命军队的枪,逼得我们的革命将领、部长跳墙逃命,这样的阁员,一月拿8千块也不多。我们这革命政府、革命军事领袖、革命党、革命外交部对这种奇耻大辱,连句带有革命味儿的话都不敢说,大家想想看,我们可值8个铜子儿?反过来说,如果我们的军队能开到日本东京的话,我敢代表四万万同胞,主张每月送给各位8万块钱!"会场死一般沉寂。冯玉祥意犹未尽,语调变得沉痛:"我每到国民政府,常见有许多猪哼来哼去,它哼一声,我就出一身冷汗。我想猪报答主人的,是猪毛、猪皮、猪肉、猪骨头、猪蹄、猪血,哪一样不值钱?而主人给它的,不过两顿糠而已。我们呢?我们不如猪,我们的主人把脂膏血汗都给了我们,我们没把一分一毫的利益和幸福给他们,我们对得起那八百块钱吗?"最后他大声地说:"这个提案我反对到底!"蒋介石打圆场说这个问题以后再讨论。

还有一次应邀参观行政院,主人谭延闿兴冲冲地说:"焕章,你看咱们行政院收拾得怎么样?"冯玉祥四处瞅了瞅说:"这不叫行政院,应该叫洋货铺。""你又来了。"主人不悦。冯玉祥直言说:"你看地板上铺的是日本漆布,漆布上又铺着俄国地毯。"说着走到一排簇新的椅子跟前问多少钱一对?陪同的总务处长回答大的480一对,小的240一对。冯玉祥对谭延闿说:"现在西北五省连年闹旱灾,灾情很重,饿死的人不知有多少,行政院光买椅子的钱就能救活多少人,你想过没有?"谭延闿说:"我遇着你算倒霉了!"

军政部长冯玉祥请客吃饭,一人半个鸡腿,两个烧饼,吃惯了山珍海味的客人都咽不下去,又一次得罪了人。

为了要拓宽马路,蒋介石叫南京市政府拆民房。市政府就在一张图纸上画了两道线,线内的限两周内自行拆完。老百姓集合了上万人到国民政府来说理,蒋介石他们谁也不肯出去,就推冯玉祥去跟请愿的民众打交道。冯玉祥说:"最好你们另找别人去，若我出去，恐怕说出来的话又要得罪人了。"大家还是推他去。冯玉祥来到外面听完民众代表的申诉后表态说："市政府要拆房，要是先给你们盖上房，再叫你们搬出去那是好的，要是没盖好房，硬叫你们搬出去那就不对。这是中华民国，不是中华官国。人民既是主人，官吏就是仆人，仆人应当为主人做事，应当讨主人的喜欢。"代表们热烈地鼓起掌来。冯玉祥又说："我们是民主国家，要是不得到我们的同意，看谁敢让拆房！"

蒋介石对这番话很不满意。

南京市政府还在忙着办另一件事，就是市长刘纪文要举行结婚大典了，官场上都纷纷送礼。冯玉祥也用红布包了个木匣子让人送去，刘市长一看气得直说："触霉头，触霉头！"原来里面满满装的是南京市民的状纸。

风云变幻

冯玉祥所管辖的豫陕甘三省，地僻民穷，交通闭塞，有关经济问题，冯玉祥痛说："拿老百姓的钱，替老百姓做事，这本来是用不着什么客气的。可是老百姓，现在已经穷到了这样地步，我们还忍心向他要钱？现在我率领了一班武装同志，拼命地打仗，希望救国家救人民，由我冯玉祥做总司令起，到伙夫止，饷连一文没有，所要的只是吃饭费，但是每月的总数，已经不少了！所有文官，无论是主席，是厅长，他们也是没有领过薪水的，每月所发的，只是维持费20元……"

蒋介石利用手中的财权，以减少和扣发军饷的手段，企图迫使冯玉祥就范。冯部几十万将士，官兵一起吃大锅菜，勉强维持。冯玉祥心中对蒋介石的愤懑，与日俱增。按这种情况，冯蒋一战必首先触发，但错综复杂的争斗局势往往又变化得令人意想不到，编遣会议后首先拥兵反蒋的是第四集团军、桂系的李宗仁，他联络冯玉祥请助一臂之力，冯玉祥

冯玉祥年谱

1929年(47岁)

1月1日，国民党在南京召开编遣会议，决定将冯玉祥的军队压缩为12个师。

3月，桂系军阀起兵反蒋。

4月，桂系战败。

5月19日，冯玉祥在华阴召开军事会议，布置反蒋。25日，南京政府下令讨冯。冯部大将韩复榘、石友三通电叛冯投蒋。冯接受阎锡山的建议，通电下野。

6月，冯玉祥赴山西和阎锡山商谈倒蒋，被阎软禁。

10月10日，冯玉祥部第九师师长宋哲元宣布代理冯职，进兵河南，爆发蒋冯大战。

11月初，冯军失利。冯玉祥令鹿钟麟代理总司令，策划进攻山西，以逼阎释冯。

立即答应派兵13万相助，任命韩复榘为援桂总司令，由平汉路直下武汉。不料蒋桂战争刚打响，李宗仁的主将阵前倒戈，叛变投蒋，导致各路部队溃逃，只得撤兵返桂。蒋介石的中央军先韩复榘两天进入武汉，原本任武汉政治分会主席的李宗仁倒蒋未成，丢了武汉地盘不说，第四集团军也就此瓦解了。

蒋介石发表《和平统一为国民政府唯一之希望》，为讨伐冯玉祥制造舆论。形势所迫，冯玉祥也急令所属各部队向潼关集结，并在陕西华阴召开军事会议，策划反蒋。

第二集团军统辖下的地域辽阔，全军防线太长，容易被切断。韩复榘这时任河南省主席，不愿西撤。他对冯玉祥说："我不放弃河南，蒋介石也不敢来打。再说西北太穷，今年又歉收，去这么些部队，恐怕养不活。"他进而献进攻之策，请兵10万沿平汉铁路南下，保证拿下武汉，并立下军令状，不成功愿意受死刑；同时还建议让孙良诚、石友三也各领兵10万，攻浦口、南京等。冯玉祥没有把自己的全盘考虑和计划说出来，当下很不耐烦地训斥说："你小孩子，这不是你今天应该说的话，西北饿不死你，快走，快走！"

韩复榘和冯玉祥，早年在清军中时就相识相从了，既是爱将，又视他为子弟，所以根本没有考虑他此时的感受，部队多年来受尽饥寒交迫之苦，此时突然回兵，既无思想准备，又无物资保证，军心思改善、思稳定。冯玉祥没有很好地体察到这种心理，同时他也养成了一定的家长式作风，对部将一向不客气，好像大人对小孩子一样，不思量站在他面前的已是身经百战的统兵大将、一省之长，还当过去一样看待。

一听说又要行动了，有的将领向冯玉祥恳求说："别打啦，老总，咱们得打到什么时候才是个头啊！"反映了厌战的情绪。冯玉祥一直要求部将保持艰苦奋斗的本色，但环境终是在变，谁都想过得舒服一点，有的家里用上了绸缎被子，听说他来了，赶紧又换上粗布的，就很能说明心理上的变化。

韩复榘不服从冯玉祥的调动，带领自己的部队尽数开拔东去，冯玉祥急令孙良诚阻截，韩复榘不及应战，全军溃散，只带少数人辗转回到开封。这时石友三全军奉命退至郑州，马鸿逵由山东也到了河南，韩复榘说动他们二人，一致行动都背叛冯玉祥归附了蒋介石。蒋介石大喜过望，立即嘉奖，许诺所有驻陕、甘部队统归韩复榘指挥，任石友三为安徽省主席，并立即送去500万元犒劳。

嫡系部队韩复榘、石友三的叛离，带走了冯玉祥三分之一的最能征善战的精锐部队，这对冯玉祥的打击是致命的，钢铁雄师分裂，军队根基动摇，军心不稳，形势逆转，冯玉祥的计划全盘落空，他军事生涯的鼎盛时期从此走向下坡路。不久，杨虎城也脱离而去。

国民党中常会通过将冯玉祥永远开除出党，革除一切职务的决议；国民政府下令查办冯玉祥；国民党中宣部发表《讨冯宣传要点》；蒋介石发表《告西北将士文》，其中指责冯玉祥"勾结苏俄"、"叛党叛国"。不过不久又恢复了他的党籍。

工于心计的阎锡山以和事佬的面目出来调停，一面致电蒋介石力劝罢兵，一面劝冯玉祥下野出国。冯玉祥深知此时已难以和蒋介石正面对抗，通电下野，部队全交给了宋哲元、石敬亭，自己应阎锡山之请，于1929年6月25日进入山西境内。

误落陷阱

阎锡山招待冯玉祥住在晋祠，部下时常有人来探望。在见到余心清时，冯玉祥命他研究本军过去的错误及中国各军队的缺点，分条写出，以供参考。

阎锡山打的算盘是欲借冯玉祥的手打击蒋介石，故意在冯玉祥面前大骂蒋介石，历数他的种种不是，竭力挑动冯玉祥再次举兵反蒋，并表示愿意全力合作，供应一切。心中积愤的冯玉祥中了圈套，10月兴兵，又爆发了蒋冯之战。部将宋哲元、孙良诚、刘郁芬等27人联名通电，拥戴阎锡山为讨蒋总司令，冯玉祥为副总司令，宣布蒋介石六大罪状，中有"蒋氏不去，中国必亡"，"即日出发，为国杀贼，万死不恤"等壮语。宋哲元为临阵总司令，孙良诚为前敌总指挥，分三路向河南进攻，蒋介石分兵五路讨伐冯军，同时派人去与阎锡山接触，赠以重金，封他为全国陆海空军副总司令，并要求他扣住冯玉祥，严密监视。于是阎老西就把冯玉祥迁出晋祠，移至五台山下的建安村，派兵看守，马路挖了深沟，房屋四周围上了铁栅，防备他逃走，冯玉祥气极，出来大骂，奉

冯玉祥年谱

1930年(48岁)

2月，阎锡山亲赴建安村，接回冯玉祥，共商反蒋。冯获释离山西。

4月1日，反蒋联盟阎锡山、冯玉祥、李宗仁分别宣布就任陆海空军总、副司令。冯玉祥下达命令，向蒋介石宣战。28日，亲赴郑州督战。

5月1日，蒋介石宣布讨伐阎、冯。11日，下总攻击令。蒋、冯、阎中原大战爆发。

6月10日，冯军在平汉线上发动总攻，蒋军不支。但阎锡山却观望不前，致使冯军孤军作战，形势逆转。

7月中旬，蒋军在山东开始反攻。

10月，冯、蒋各军决战。蒋军占领开封、郑州、洛阳。冯部向豫北溃退。

11月初，中原大战结束。冯玉祥决定下野，避居晋西汾阳峪道河。

命守卫的营长也不理睬,有一两次冯玉祥坚决要走,营长就给他跪下,劝他回屋去,完全限制了他的行动自由。饮食方面,原来每餐是四菜一汤,后来减到了两菜一汤。

蒋、冯两军进行决战的结果,由于阎锡山违约,加之宋哲元和孙良诚之间出现了暂时的误会,短促的一战,以冯军失败告终。阎锡

冯玉祥(右四)被阎锡山(右二)软禁8个月后恢复自由

山坐山观虎斗,收渔翁之利,11月他宣布就任陆海空军副总司令,同时还在北平、太原召开"讨逆大会",表示服从中央。天津《益世报》刊登了蒋、阎之间往来的电报,冯玉祥始知上了阎锡山的大当,致使战事失败,悔恨交加。当他收拾行装要离开建安村时,阎锡山的卫兵不敢强拦,齐齐跪下相阻,僵持了数小时,冯玉祥无奈,只好作罢。

事后通过外交途径,冯玉祥将事件原委在英、美各报予以揭露,阎锡山也丢了脸面。

进入1930年年初,冯玉祥用米汤在一本《三国演义》上给鹿钟麟、宋哲元写了一信,其中说:"你们一定要设法对付阎,能联合韩复榘、石友三一同动作更好。千万无以我为念,而且只有你们这样做,我才有办法。"

阎锡山软禁冯玉祥,久不释放,部下忍无可忍,决定攻打山西。北伐时的四个集团军,现在还保持完整的只剩下阎锡山了。老奸巨猾的他猛然醒悟,处心积虑必欲消灭异己的老蒋,下一个目标肯定就轮到收拾他了,他面临的主要敌人不是别人,而是蒋介石,在中央军的强势下,到时他将是孤立无援,绝难支撑。现在又得到消息,冯军要打他了,想到这儿,他立即改弦更张,派人去接被他软禁了半年的冯玉祥,遭到拒绝,他又亲自到建安村赔礼道歉,冯玉祥才同意和他回太原。

阎锡山又做推心置腹状,向冯玉祥表示他反蒋的决心,共商反蒋大计,取得了共识。大敌当前,双方一笑泯恩仇。

第十五章
中原大战

> 第二集团军、第三集团军和第四集团军有的半年不关饷,有的八个月不关饷,跟蒋要饷的电报很多,可是蒋都不答复。蒋的第一集团军的饷不但一个月不欠,同时蒋还派人带着现款到北平附近收买张、吴、孙等的军队。这时候全国军民已开始不满蒋介石的独裁了,许多革命的同志和军事领袖在北平集合,开扩大会议,决定了命令:第二集团军、第三集团军、第四集团军来讨伐蒋介石。
>
> ——冯玉祥《我所认识的蒋介石》

战 况

蒋介石建立专制独裁统治,排斥异己,扩充嫡系,引起各方的反对,经过南北联络,全国各派反蒋力量一致要和他决一死战。

开战前,冯玉祥派薛笃弼到兰州见任青海省主席的孙连仲,要他把青海交给本地人管理,带着他的部队出潼关,并且说打下南京,改组中央政府。孙连仲对薛笃弼说:"这不是孤注一掷吗?再说,后方一定要安定,假如打不过去,后方安定,还可以退回来,如果像这样的折腾,结果把所有的部队都折腾散了!"他的话没有起任何作用,他是冯玉祥的部队,他服从命令,还是带着部队出了潼关。

1930年2月阎锡山领衔由44名将领联名通电讨蒋,蒋介石政府也像曾经对待冯玉祥一样,革除阎锡山的党籍和一切官职,着令缉拿军办。

原第二、第三、第四集团军50余名将领联名通电讨蒋，推举阎锡山为中华民国陆海空军总司令，冯玉祥、李宗仁和张学良为副总司令，刘骥为总参谋长。4月29日，阎锡山、冯玉祥分别下达了总攻击令；5月9日，蒋介石在徐州下达总攻击令。一场大规模的内战就在河南、山东、湖南等省铺开了，史称"中原大战"，又称"蒋冯阎大战"。联合战线成立"中华民国军总司令部"，军队分别编为中华民国军第1、第2、第3方面军，石友三（经冯玉祥派人做工作，又杀了回马枪）部编为第4方面军。联军分别向津浦、陇海与鲁西南、平汉、湖南战场同时进发，目标是会师武汉、进逼南京，推翻蒋介石控制的南京国民政府。

面对反蒋派的挑战，蒋介石确定"讨逆剿共，应分二事"的方针，由地方驻军围剿红军，而调集主力和拥护自己的各派军队，与反蒋联军于5月上旬在东起山东、西至襄樊、南迄长沙的绵延千里战线上，展开百万大军的拼杀。

开战以来，原本同意加盟但却一直保持沉默的张学良，忽然通电拥护南京中央政府，呼吁各方"即日罢兵，以纾民国"，并派20万大军入关占领北平、天津，实行武装调停，使冯玉祥和阎锡山联军腹背受敌。

战事方面：平汉路战场，冯玉祥军约30万人，3月开始出荆紫关、潼关向河南进军，4月底进至郑州等地，拟先以一部分兵力协同驻许昌的第八方面军组织防御，尔后向武汉发动攻势。蒋介石为解除平汉路冯军的威胁，令第三军团组成左中右三路，分别由东、西和正面北攻失利，双方形成对峙。第三军团在飞机配合下，不断猛攻许昌，第八方面军总司令樊钟秀被炸死，守城部队出现慌乱。冯玉祥及时调整部署，增派兵力，从正面和两翼实施反击，第三军团向豫南溃退，冯军跟踪追至郾城、漯河。此时，陇海路战场的阎、冯军受到蒋军猛烈攻击，冯有后顾之忧，停止平汉路的攻势，双方转入对峙。湖南战场，李宗仁指挥第一方面军3万余人，由广西全线北指武汉，攻占衡阳；蒋军第四路军北撤长沙。当天，蒋令第八路军由粤、桂北上，断李军退路。何应钦调整部署，阻李军北进未得手。李军攻占长沙、岳阳后继续向前推进，蒋军又切断其退路，腹背受敌，遂向长沙撤退。蒋军趁机进攻长沙。李军为夺回衡阳，进行激战，因伤亡惨重败回全州。陇海路战场，为夺取战略要地归德，蒋军第二军团由山东曹县向归德阎军发起攻击得逞。阎军第六路军三个师投蒋。蒋军团继续西进，攻占了宁陵等地。此时，冯玉祥指挥所部第一、第四路军和阎军约九个师的兵力，由正面和两翼突然实施反击，袭敌侧背，迂回敌后，蒋军败退，两军以宁陵地区为中心展开拉锯战。津浦路的阎军受到蒋军重兵压迫,冯玉祥应阎锡山要求,指挥所部及第四方面军一部向徐州侧击,以近战、夜战、迂回、渗透等战法实施攻击,蒋军以七个师组织防御,顽强抗击,争夺激烈。蒋军飞机在冯军夜袭中被毁10余架,伤亡惨重,但冯军攻势也未达预期目的,双方再度形成对峙。津浦路战场,石友三指挥第四方面军4万余人,由河南新乡东渡黄河,占领考城、东明,为第三方面军开进创造了条件。阎锡山指挥第三方面军约20万人,分兵沿津浦铁路正面,分向山东东阿、齐河进军,占领济南。蒋军第一军团、预备军团分别向胶东、鲁南撤退。阎军分途追击,攻占泰安、曲阜,并一度攻击兖州。但阎锡山为保存实力,停止进攻,转入防守;第四方面军又消极避战,失去了会师徐州的战机。此时,蒋军已击败入湘的桂张联军,平汉、陇海路战场又处于相持状态,蒋遂从湖南、平汉、陇海路战场抽调兵力,组成左中右三路向津浦路的阎军发动反攻。双方激战五昼夜,阎军伤亡惨重而败退,蒋军占领济南。阎军余部由山东向河北撤退,蒋军跟踪追击,占领德州后停止前进。

大结局

津浦路战场阎军失济南,使战局迅速向有利于蒋军方面转化。8月底蒋军调整部署,集中兵力于平汉、陇海路战场,于9月初开始进攻冯军。此时,在前线作战的吉鸿昌突然归顺蒋介石,更是釜底抽薪,加之士兵因生活困苦,斗志低落,令战局全盘崩溃。阎军退回山西,致使平汉、陇海路的冯军处境孤立,在蒋军进攻面前节节败退。11月4日,阎锡山、冯玉祥通电下野。

冯玉祥的30多万大军顷刻间全部瓦解,半生心血付之东流。他一心一意要带出一支救国救民的队伍,战后仅剩张自忠、刘汝明等残部两万余人,被张学良改编为二十九军,以宋哲元为军长。冯玉祥只带领他的卫队和开封军官学校的员生官兵千余人撤退到山西汾阳县峪道河村,那里原有一些基督教教堂和房舍可供使用。至此,"第十六混成旅"、"第十一师"、"国民军"、"西北军"、"第二集团军"这些曾经威震一时的名号,都成了历史。

有识之人共同认为中原大战是"洋钱打垮了冯军"。天津的一家英文报纸上登了一幅漫画:蒋介石是一手握着洋钱,一手提着机关枪;阎锡山是一手提着杆秤，一手拿着算盘；冯玉祥是一手拿着窝窝头，一手拿着大刀。这幅漫画对中原大战双方胜负之分，真是形象地做了入木三分的刻画。

中原大战历时7个月，双方投入兵力110多万，波及20多个省，官兵伤亡30余万人，耗资巨大，给人民的生命财产造成严重损失，是民国以来最悲惨的一次内战。

大敌当前

冯玉祥的一名部下奔赴天津，向冯夫人报告："先生失败了！"她一听有如五雷轰顶，顿时腿都软了。此时的她怀胎十月正在待产。

李德全自从结婚以后，一年一个孩子，已经生了四胎，头胎儿子洪光死后，一连生了三个女儿。当她在天津发现自己又怀孕时，不想再要，从报纸上看见有打胎药的广告，便买来吃了，但没有生效。重大的刺激和打胎药的不良作用，使她这次遇上了难产，命悬一线，负责接生的医生是老朋友陈崇寿（抗战时在重庆任中央医院院长）。冯玉祥闻报焦虑万分，最后急不择言，在电话里对陈崇寿吼道："再生不下来，我枪毙了你！"陈崇寿只得动了产钳，把胎儿夹了出来，是以婴儿成人后嘴唇上一直留有一道血印。这个孩子就是小儿子洪达，日后在黑海蒙难时救了母亲的命。

不久后，李德全带着子女来峪道河与丈夫团聚，冯玉祥恶劣的心境才有所改善。

冯玉祥每天以读书、写字、练拳消磨时间，内心极其苦闷。1931年1月，日本帝国主义大举出兵，开始了对我

爱国学生向蒋介石请愿要求抗日

国东北的大规模入侵。冯玉祥通过老部下李兴中和中共山西省委取得了联系，与派来的同志秘密晤谈了5天，接受了中共提出的"停止内战，联合抗日"的方针。

"九一八"事变爆发，日军在当天就占领了沈阳的北大营，蒋介石命令张学良不准抵抗，激起全国义愤，抗日反蒋的怒潮席卷中华大地。

蒋介石迫于压力，又想借助冯玉祥的影响平息怒潮，忙令孔祥熙给他打电报："国内严重，如何办法，请指教。"冯玉祥复电："九一八祸首是蒋介石，蒋要向大家认罪下野，然后可以商议。"蒋介石亲电冯玉祥："一切事情都是我做错了，请大家到南京来，赶紧商议救国大计，下野的事，已经完全准备好了，我一定下野。"冯玉祥拿着这份电稿对余心清说："不抗日就要当亡国奴了，祖宗坟墓都不保了，还怕什么？我非打日本鬼子不可！"余心清极表赞同说："先生决心奋起抗日，应该说干就干。"

大敌当前，冯玉祥为了团结抗日的大局，不计前嫌，又前往南京。路过娘子关时，东北军黄师岳师长上车来握着冯玉祥的手说："老将军快出来救国吧！我们的国家不得了啦！"说着失声痛哭。冯玉祥拉着他的手问："你们是东北的军队，怎么到娘子关来住？""不是这么着，日本鬼子怎么会把东三省占了呢！"黄师长泪流不止。"你们怎么到这里来的？""蒋介石调我们到这儿来的，我的队伍就在站上，请老将军下车看看。"站上有一营人光景，个个精壮剽悍。冯玉祥赞叹说："有这么好的队伍，收复失地大有希望！"

到了南京，冯玉祥在国民党中央党部召开的会议上大声疾呼："我们要抗日，我们要收复失地，谁要阻止抗日，谁就是卖国贼。"散会以后，好心的朋友提醒他说："蒋介石是不会抗日的，你这样说话，搞不好有生命危险。"冯玉祥冷静地说："我来就不怕，我怕就不来。"

蒋介石实际上既不打算下野，也无抗日的勇气和决心，

冯玉祥年谱

1931年(49岁)

冯玉祥派人与中共联系。中共北平党委特科负责人肖明和山西省委负责人张祝唐到峪道河与冯见面，冯表示愿意再次与中共合作。并派员到各地联络反蒋势力，再行重组反蒋联合阵线。

4月5日，离开汾阳，19日到泰山。

9月18日，"九一八"事变发生。23、26日，冯两次通电谴责蒋介石的不抵抗政策。

11月29日，应国民党中央的邀请，到南京参加国民党四届一中全会，再任中央执行委员、国民政府委员。

1932年(50岁)

1月26日，与蒋介石在南京会晤，提出抗日主张。28日，日军进攻上海，"一·二八"事变发生。冯玉祥力促出兵迎战，蒋介石按兵不动。

3月24日，愤然离开南京，息隐泰山。

10月9日，赴张家口召集旧部，准备抗战。

只是为了欺骗舆论，缓和矛盾，才不得已在1932年4月7日邀请全国各界知名人士到洛阳，开了所谓"国难会议"。在这次会上，冯玉祥慷慨激昂地发表了"停止内战，全国各党各派联合抗日"的重要演说，批评了蒋介石"攘外必先安内"的错误政策。

会后，冯玉祥应上海各界人士的邀请，到上海宣传抗日。火车到站时，欢迎的场面火爆。上海市长张群抢先上车对冯玉祥说："今天的秩序没法维持，上海的市民都要看看你，没有法子叫他们不看。下车以后，我站在你的背后，要是有人扔炸弹，我也跑不了。"冯玉祥拍拍张群的肩膀说："别开玩笑，不会有人炸我。一个我是老百姓，一个我是老百姓的仆人，老百姓喜欢的话，我就说，老百姓不喜欢的话，我不说；老百姓喜欢的事，我就做，老百姓不喜欢的事，我不做。你明白这个，就知道老百姓是不会炸我的。"

洛阳会议以后，蒋介石还是没有抗日的举措。冯玉祥几次找他，也只是敷衍应付，后来索性摊开来说："我们枪不如人，炮不如人，教育训练不如人，机器不如人，工厂不如人，靠什么和日本人打仗呢？若是抵抗日本，顶多三天就亡国了。"冯玉祥简直不相信蒋介石能说出这样软骨头的话来，当即反驳他："如果不抗日，那才一定要亡国。你这种唯武器论和三日亡国论，都是错误的。"蒋介石说："请你说出理由来。"冯玉祥耐着性子说："你只看见日本可怕，那就是犯了恐日病，只比工厂，比枪炮，为什么不拿人口比一比？又为什么不拿土地面积来比一比？至于唯武器论更是不对，中国有悠久的历史，有许多文武模范人物，我希望你为祖先留下的国家着想，为将来的子孙打算，为中山先生和死难的先烈争光。"蒋介石说："好好好！"

1932年，日军发动"一·二八"事变，进攻上海，受到第十九路军爱国官兵的英勇抗击。

冯玉祥在国民党军委会上提出"出兵援助正在上海艰难抵抗的十九路军，派兵收复东北失地"的提案获得通过，但蒋介石非但没有实际行动，反而和日本签订了《淞沪协定》，划定上海为非军事区，而日本却可以驻兵。

冯玉祥痛感失望和愤怒，他不愿意再在南京呆下去了，不辞而别，上了泰山。

第十六章
解甲泰山壮志不移

"一·二八"上海抗战被蒋介石破坏之后,不但日本不相信中国军队还敢抵抗,就是中国有些人也觉得哪还有人敢和日本人作战呢?我这时候看到日本侵略察哈尔、热河、华北和蒋、汪、何出卖国土的共同阴谋,更看到中国人民和大多数士兵军官的抗日的义愤,我决心在察哈尔组织民众抗日同盟军,号召全国军民抗日。

——冯玉祥《我所认识的蒋介石》

抗日同盟军

东岳泰山,巍峨傲立,峰高谷深,山峻壁峭,具有拔地通天之势。在碧峰翠谷之中,有许多大自然的奇观,雄伟壮丽的古代建筑和历史悠久的文化遗迹。冯玉祥和家人就住在泰山脚下的普照寺里。晨鼓暮钟时分,冯玉祥常登高远眺,旭日东升,晚霞西照,绝峰飞瀑,万流俱鸣,茫茫云海翻腾滚跃,大好河山尽收眼底,"国破山河在呀……"他痛苦地自言自语。

他们住的普照寺,坐南朝北,依山而筑,东院禅舍清幽,西院修竹成林,中院三进,前有钟鼓楼,楼前古松为六朝遗植,松枝密叶平生,状如华盖,有前朝石刻"一品大夫"字,其旁有亭,取"古松筛月"之意,名筛月亭,冯玉祥平时接待客人,谈天下事,多在这棵古树下。(记得1955年婆婆李德全带我和洪达重访此地,坐在这棵老松下,负责接待的人向她反映,山上有家军队医院,流下来的污水已影响到古松的生存,言甚忧虑。李德全很快使此事得到解决，保护了千年珍稀）。

有一位范明枢先生，是山东著名的教育家，富有爱国思想，被国民党当局以"共产党嫌疑犯"抓起来押在济南。冯玉祥和他并不认识，但敬佩他的为人，听说此事，马上派人带上他的信去见济南市市长闻承烈和省长韩复榘等人，韩复榘看在老长官的面子上，放了。冯玉祥把范明枢接上山，尊为贵宾，70岁的范老为冯玉祥讲授《春秋》、《左传》，冯玉祥把他读这两部经史书的心得体会，结合实际写成一部《读春秋左传札记》，其中有很多深入浅出的人生哲理和新颖独到的见解。

这年秋，刚从国外考察归来的吉鸿昌突然出现在冯玉祥面前，他说："我这次来见先生，就是以死报效国家，以死报效先生，我愿意死在日本人手里。"冯玉祥百感交集，但仍是高兴地说："好孩子，你自1913年起跟我当兵，你的血性我知道，别人都管你叫吉大胆嘛！"吉鸿昌说："我这胆儿今天要跟日本人较量较量！"冯玉祥痛心地说："现在有人愿意亡国，先是辽宁丢了，不问；后是东北三省丢了，又不问；紧接着热河丢了，冀东丢了，察哈尔也丢了4个县，还是不抵抗。"边说边领着吉鸿昌走到他自己画来挂在墙上的"国耻地图"和手书"还我河山"的条幅前说："一个有血性的中国人，难道不该豁出命来为抗日救国出把力吗？"

1932年10月9日，冯玉祥秘密离开泰山，经天津、北平到达张家口，着手抗日的准备工作。吉鸿昌在天津变卖家产，集资购买枪弹，召集旧部。冯玉祥在《大公报》上公开答记者问，表明了抗日救亡的意愿和决心。

冯玉祥说："我认为一国的外交，有两种后盾，一种是民气，一种是军备。外交的胜败，系乎两种后盾的强弱。弱国无外交，是一般官僚掩饰惧外媚外的话。若是能够预备着外交的后盾，虽弱国也可获胜。……现在的政府，因为知道民众反对他，连对日的激昂民气，也压抑着。既无民气为后盾，更怕日本的暴力，于是自卫的手段，也不敢采取，甚至备战与国防等名词，都不敢提了。如此，专门去求国联的哀怜，其结果必失败到不堪设想。"

1933年初，日本从东北出兵，进攻长城各口，造成"平津告急"、"华北危急"的险势。全国各地60多个民众团体急电冯玉祥，催他举兵抗日。蒋介石这方面却急令何应钦与日本签订了妥协卖国的《塘沽协定》，后又与日本驻天津司令梅津美次郎签订《何梅协定》，使整个华北门户洞开，平津及察哈尔地区岌岌可危，全国人民更是义愤填膺，抗日呼声更加高涨。5月24日，盘踞多伦的日伪军南侵，沽源守军因无人负责，纷纷后撤，敌人即进占沽源，进而准备兵分两路南下，侵占张家口，察省形势日趋危急。同日，张家口各界组织"民众御侮救亡大会"，成立民众抗日同盟军，公推冯玉祥为总司令，以他的旧部方振武为前敌总司令，吉鸿昌分任北路前敌总司令和总指挥。此时的张家口，已是大军云集，同盟军下辖6个军10多万人，这些部队是冯玉祥原西北军官兵以及从黑龙江、辽宁、吉林、热河败退下来的东北义勇军，方振武的抗日救国军，察哈尔省的蒙、汉两族进步力量，还有来自北平、天津、保定、唐山等地的爱国学生。中共中央也在张家口成立了特委。

旧部李忻一天忽然来到张家口面见冯玉祥，像是很关切地说："日本的军队占领多伦、沽源、康堡，距离张家口很近，说来到马上就可以来到。先生又没有守土之责，为什么在这里住？太危险了。南京请您去开会，您可以到南京去，不然就到上海去，或者再回峪道河去。您一答应，我马上预备车送您走。"冯玉祥走到窗前背对李忻说："我告诉你一句实话，我是下了决心要抗日的，我能动员30万兵，就抗30万的；能动员两万兵，就抗两万的；如果我一个兵弄不到，我一个人爬到房顶上，拿两杆手枪，打死一个日本兵我就够本，打死两个就赚一个。"说到这儿他猛地掉过身来盯着对方问："谁叫你来的，你回去对他说，我姓冯的愿意死在日本人的手里，不愿意做一个软骨头的亡国奴！"

"有贼无我，有我无贼，非贼杀我，即我杀贼，半壁江山，业经改色，是好男儿，舍身报国。"这是冯玉祥心声，也是全中国人民的抗敌决心。他通电全国，号召团结军民力量，坚决抗击来犯之敌，收复失地，保卫国土。在那民族生死存亡的紧急关头，抗日同盟军的义旗在全国人民心中燃起了希望，贺电贺信从天南海北飞向张家口。

冯玉祥年谱

1933年（51岁）

1月3日，日军占领山海关。

2月1日，冯玉祥与共产党派来的宣侠父等商谈抗日的具体计划。

5月26日，察哈尔民众抗日同盟军在张家口宣告成立，公推冯玉祥任总司令。

6月15日，抗日同盟军组成抗日同盟军军事委员会，选出冯玉祥、方振武、吉鸿昌等35人为军事委员。

6月22日，同盟军收复康保。

7月1日，收复宝昌。7日，发动总攻。12日，收复察省重镇多伦。14日，日本就同盟军的抗日活动向国民党政府施加压力。

7月28日，蒋介石、汪精卫联名通电，斥冯玉祥的抗日举动"妨害统一政令"。31日，蒋以16个师的兵力围攻同盟军。

8月初，在蒋、日勾结夹击下，冯玉祥被迫通电解散抗日同盟军，另组织了"抗日救国同盟会"。14日，离开张家口，二度隐居泰山。

11月20日，李济深、蒋光鼐、蔡廷锴等在福建组织"中华共和国人民政府"，宣布反蒋抗日。冯玉祥派余心清代表他参加福建人民政府，并派员四处联络反蒋抗日力量。

杀敌上前线，练兵刻不容缓。冯玉祥亲自教练新兵掌握基本的射击动作。他还编了一套《朝会问答》。

问：日本人占了我们的辽宁省、吉林省、黑龙江省，你们忘了没有？

答：我们不敢忘！

问：你们知道日本人数有多少？

答：有七千万。

问：你们知道我们中国的人数有多少？

答：四万万七千万。

问：你们知道我们中国人比日本多多少倍？

答：多六倍。

问：你们知道我们中国土地比日本大多少倍？

答：大三十倍。

问：中国人多地广，为什么被日本宰割，中国不一致起来抗战呢？

答：因为大多数人，只知保存自己的实力，不爱护国家。

问：我们现在应当怎么办呢？

答：我们要恢复失地，为民族争光。

问：我们怎么办才能恢复失地，为民族争光呢？

答：一不爱钱，二不怕死！

车辚辚，马啸啸，大将出征胆气豪。冯玉祥对将士们说："人民是我们的父母、兄弟、姐妹，谁要是欺侮人民，就和欺侮了自己的父母、兄弟、姐妹一样。"

6月8日，日军占领康保，张北告急，同盟军开往独石口、张北一带布防。15日，同盟军举行第一次军民代表大会，成立最高权力机关军事委员会，冯玉祥任主席，方振武、吉鸿昌、宣侠父❸等11人为常委。一切准备就绪后，抗日同盟军雄赳赳地开赴抗日前线，与日军作战。

抗日同盟军旗开得胜，6月22日收复康保；7月1日收复宝昌、沽源。7月7日，大军向多伦进攻。多伦在军事、经济、地理上都占重要地位，日军把它看做是攻掠察绥的战略据点，派遣茂木骑兵第四旅团两千余人及炮兵部队固守，以伪军为外围，集结在黄旗一带，另以日军西义一第八师团策应，驻在丰宁。多伦筑有坚固的防御工事，但周围地形平坦开阔，是一个利于进攻、不利防守的城池。因此，冯玉祥决定乘胜收复多伦，为进一步收复热河开辟道路。

攻城部队由前敌总指挥吉鸿昌指挥，与左副指挥邓文、右副指挥李忠义和刘桂堂等数路大军同心协力，于7日夜开始攻击。经彻夜激战，到8日拂晓，攻占敌人两道战壕。天明以后，敌方因获得大炮支援，疯狂反扑，战斗日益激烈，吉鸿昌等亲临前线指挥，至下午6时许迫敌退入城内。9日拂晓前，继续进攻，敌人城外的大部分据点被我军占领。夜间，吉鸿昌指挥敢死队几度爬城突袭，但由于敌人火力猛烈，未获成功，伤亡两百余人。十日拂晓，又开始猛攻，因日机轰炸，伤亡很大，进攻受挫。12日晨再次发动攻击，吉鸿昌一马当先，袒臂冲锋，士气大振，连克数垒，直通城下。在总攻的前一天，吉鸿昌派数十人化装成伪军，潜入城内，惊呼："同盟军进城了！"并四处开枪，造成城内秩序混乱，日伪军闻变大惊，开始向城外溃窜，同盟军乘势由南、西、北三门冲入城内，邓文之奋勇，刘桂堂军杀敌之猛状为平日所罕见。巷战约三小时，日伪残敌由东门逃窜。沦陷七十二天

抗日同盟军
第一次代表大会纪念章

的多伦城，经过五昼夜的激战，终被抗日同盟军收复。在收复宝昌、康保和多伦三县的战役中，共击毙日伪军千余人，同盟军亦伤亡近两千人。

收复多伦是中国人民抗战的第一个胜仗，人民群众兴高采烈，各种团体、社会名流、爱国将领纷纷来电祝捷和支前劳军，称赞冯玉祥为"抗日名将"。

南京国民党政府对冯玉祥等的抗日爱国行动，不仅不支持，反而指责他们"破坏整个国策，妨碍中央统一政令"，国民党南京市党部和华北、东北地区的12个省党部致电冯玉祥，要冯"放下屠刀，立地成佛"，指责他宣传共产，实行赤化，要求中央开除他的党籍。汪精卫发电报给他说："在察抗战是一条走不通的死路。"他回电说："我决心抗日，本来就是找死，但是死在抗日旗帜之下，良心是平安的。"蒋介石在庐山发表谈话说："多伦没有日本人，哪里会发生战争？既没有战争，哪来的伤员？这是冯玉祥被共产党包围在那里造谣。"为了封锁消息，蒋介石下令各报馆一律不准刊登有关抗日同盟军的消息，通知平、津各医

指挥作战

院不得接收从张家口运送出来的伤员。

章太炎在苏州发表谈话说:"只要能收复失地,打出日本鬼子去,我们民众愿意赤化,我们民众愿意拥护冯玉祥先生们这样的赤化。"蒋介石还采取他惯用的银弹攻势,以金钱和官爵为诱饵对冯钦哉、庞炳勋说:"你们谁攻下张家口,就给谁做察哈尔主席。"冯钦哉说:"冯总司令是抗日的,我不能打他,我又是他的旧部,更不应当打他。"庞炳勋要出战,他的旅长陈耀荣带着官兵来见他说:"要打冯先生我们不去,你要打,你自己去。"庞炳勋打了陈旅长两耳光说:"我没有说打冯先生。"躺在地上哭了起来。蒋介石又找来宋哲元说:"冯玉祥这次到察哈尔,就是要夺取你的地盘东山再起,你要警惕。"又以华北最高军事官职相许,只要是能搞垮同盟军,就给他当北平军分会主席、河北省主席。宋哲元把这些话都告诉了冯玉祥。蒋介石又以30万银洋收买了同盟军中鲍刚的部队,并派遣大批特务潜入张家口,暗杀了转战千里而来、作战最有功的邓文将军,同时又勾结华北日军,对同盟军天上飞机轰炸,地上重兵包围,枪弹给养运不进来,大批伤员送不出去,使这支英勇救国的民众抗日武装,终于濒临弹尽粮绝的境地。在重重压力之下,冯玉祥召开同盟军军政领导人会议,他分析了局势和困难,声泪俱下说:"如果坚持下去引起内战,将使日寇坐收渔人之利。"他为了履行自己"志在抗日"、"枪口对外不对内"的誓言,无比悲痛地宣布撤消抗日同盟军总部,结束抗日同盟军。

离去前,他赠给东北军1万件皮背心,并写信给张学良说:"……足下于艰难困苦之时,谋捍御撑持之计,不胜佩慰。祥僻居边塞,懔怀国忧,悲愤之情,不能自解。近见报前方杀敌将士,冒弹雨,犯奇寒,不死于陷阵冲锋,亦死厉风惨雪,此其可痛……"

离去前,他筑了一个纪念塔,把抗日同盟军阵亡官兵的名字都刻在上面,塔上有一块5尺(约1.67米)长的木头尖,歪着指向东北,这是要人们记着,不要忘了收复东北失地。

8月14日，冯玉祥抱恨离开张家口回泰山，经过济南时，受到各界的热烈欢迎。

日军得知冯玉祥离开了张家口，又重新攻占了多伦重镇。关于同盟军失败的原因，历来的结论是由于蒋介石不抵抗政策造成的。但新近由人民出版社出版的王晓荣博士所著《国共两党与察哈尔抗日》一书，以翔实的史料揭开了历史的内幕，指出同盟军之所以失败，其中的另外一个因素，是由于以柯庆施为书记的中共前线工作委员会执行"左"倾路线造成的。

察哈尔抗日是悲壮的。冯玉祥取消同盟军，含恨下野，一个来自同盟军内部的重要原因就是在冯玉祥与共产党的合作上出了问题。王晓荣博士的大量研究表明，在"左"倾路线指导下的中共临时中央、河北省委以及前委，视以张垣前任特委书记张慕陶为"右倾"、"军阀尾巴"，对冯玉祥和同盟军实行错误的打击与拆台政策，"要兵不要官"，反冯倒冯，准备取冯而代之，夺取同盟军领导权，变北上抗日为南下反蒋，建立"北方苏维埃根据地"。当时采取的做法是在同盟军中实行极左的"打倒一切"，在工人、学生、士兵中开展罢工、罢

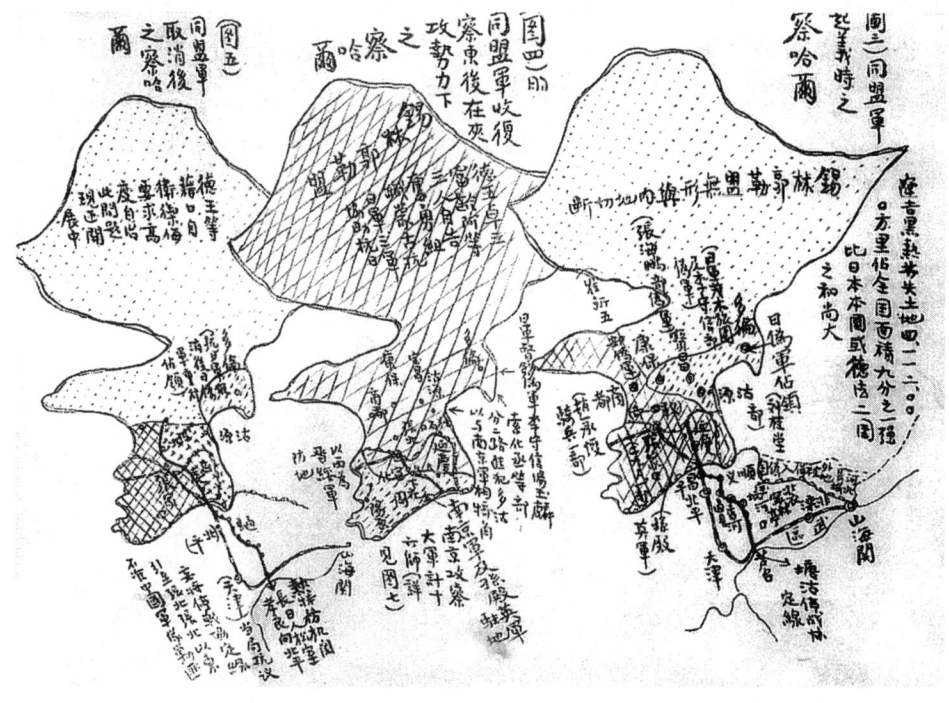

察省作战图

课、罢操运动，公开反对冯玉祥，冯玉祥也严令部队不得参加游行集会，社会秩序更为动乱。临时中央还指示欲图从同盟军中拉出一部分军队发展成为红军，建立苏维埃根据地，实行土地革命。这些过火举措，无疑也是导致冯玉祥下野、同盟军瓦解的重要原因。

冯玉祥的老部下尹心田，当时是同盟军二师地下党的主要领导人之一，由于抵制党内极左的错误路线，和其他四位同志被"前委"开除了党籍，影响了一生。在他的遗稿《回忆冯玉祥与抗日同盟军》一文中，也直言不讳地指出："……前委负责人柯庆施等不顾主客观形势和条件盲目冒险攻打北京，导致了一场轰轰烈烈的抗日同盟军惨遭彻底失败。

柯庆施等前委负责人所犯的错误，绝不是偶然的，是他们执行王明'左'倾路线的必然结果。……谈到历史责任，完全应由以柯庆施为主的前委承担。"

文中具体谈到前委的错误决议："一是争取方振武、刘桂堂合作。二是准备进攻北平。三是若攻打北平不下，可往冀南建立根据地。……在敌强我弱的情况下，冒险进攻中心城市打消耗战是左倾军事路线的作战原则。战士没有御寒的冬衣，没有子弹，没有给养和后勤医院，所经之地均崇山峻岭，人烟稀少，行军作战，缺吃缺喝。……况国民党反动派勾结日寇围困抗日同盟军，已成铁的事实。前委如不正确估计当前形势，将有全军覆灭的危险。"但是，在吉鸿昌、方振武等部队只有一万多人的情况下，"前委负责人柯庆施等人仍顽固坚持要冒险攻打北平。部队驻地也到处写'集中火力，打到北平去'的大小标语口号。"结果是，进军中四面受敌，损失惨重，"前委柯庆施等化装逃去，吉鸿昌和方振武也化装赶马车的逃出虎口……"

在泰山

1933年8月，冯玉祥怀着悲愤沉痛的心情，二次来到泰山。这次回来，住在五贤祠。祠外，有座洗心亭，冯玉祥亲笔书写，请工匠在石梁上刻下了东北三省人口和土地面积，四周还有一排醒目的大字："你忘了没有，东三省被日本人占了去，有硬骨头的人应当去拼命夺回来。"

他每天继续读书、著作、吟诗、写字，在表面上看，似乎安于现状，其实，他的内心是非常痛苦的。他在室内的墙壁上题写"救民安有息肩日　革命方为绝顶人"的诗句自励自勉。

他常和老友吴古月等站在五贤祠院外，放眼远眺，叹息说："锦绣河山，如此壮丽，而人民却处在饥寒交迫之中，东北同胞呻吟在日寇铁蹄之下，我们应该举刀杀敌，救民于水火之中，才不愧对生我们的父母，才是中华民族的好男儿呵！"他即兴吟诗："日本人，欺我国，四省土地被侵夺，三千万同胞过着奴隶的生活，眼泪汪汪望着你和我，我们应当如何？……"

为了排解忧愤苦闷，他奋发读书，潜心学问，著书立学，探索救国救民的道理。还在第一次来泰山时，他就成立了一个研究室，这次又请来许多有学问的人给他讲授各种课程。这些学者中有李达、邓初民、赖亚力、吴组湘、宋斐如、陈豹隐等。从早到晚，他按照自定的功课表学习，课程有政治、经济、社会、自然科学、天文、地理、文学、历史、春秋、左传、辩证法唯物论，真可以说是古今中外，应有尽有的"文理学院"的课程。在同盟军中追随他并一起来到泰山的军事学家金典戎评论说："不知道老冯的人，以为他是当兵出身，是一个十足的'大老粗'，殊不知，冯这个人从入伍那天起，就是一个好学不倦的人。等到后来他的地位逐渐高了，他每天都抽出一段时间来，请国内名流学者为他讲学。他的学问，据笔者所知，起码要顶两个大学毕业生。至于经验的丰富、人情的透彻，更远非一个大学教授可比。"

冯玉祥在《我的读书生活》中是这样描述自己的心得体会的："读书，我此时好象（像）是吃甘蔗，越往下吃越甜。越读越感到它的趣味。而且越读眼越亮，心越宽，因为我所读的书，不是一般骚人雅士读来开心的书，而是救国救世界的革命理论，而是二十世纪最进步的思想学术，而是历史上的宝贵教训……这些书使我可以认识过去，现在，知未来，可以使我获得正确的人生观，可以使我不错走了道路，可以使我意志更加坚定，可

在泰山的科学试验室里

以使我时时刻刻在前进。"

山上的朋友天不亮就看见他在树下大声朗读英语,树上还挂着一盏马灯。"这样用功呀,冯先生?""不用功不成呀,我舌头笨,英文音老是念不正。"

说起来还有个笑话。教育家陶行知的儿子陶宏负责讲天文,他年纪轻,学识渊博,讲课非常引人入胜。每天晚上,他躺在室外的行军床上,大谈星宿知识。一次,大家正听得入神,忽听冯玉祥一声喊:"那是一颗什么星呀?"说完指着南方的一颗明亮发光的星点,陶宏略加思索,讲解那颗又大又亮的星星的学名,忽然那星星活动起来了,向北渐渐移动,冯玉祥哈哈大笑说:"是个火车头!"原来陶宏在讲解的时候,一台机车正停在大汶口车站上,这工夫火车已经向泰安方向开行,所以愈来愈近,也就看得愈来愈清楚。冯玉祥有时是很能逗大伙乐的。

隐居山林,有了时间静心思考和总结过去。他常回想往事,追溯屡次失败的原因,认识到过去虽然对国家尽了一点应尽的义务,可是每次革命后大好的情势,不久又沦为反动的局面,这个错误的责任在自己。因为干革命的时候,没有提出具体的主张来结合同志,以致让善于投机的人趁势而入,贪天之功,坐收渔人之利,使革命的胜利,成了少数人的私产,自己只有在旁边干着急,准备第二次的牺牲。但是一旦成功了,仍然没有预定的办法,于是,革命的再度失败又重演了。为什么会这样?他认为这都是他的历史和环境所造成的。他是穷小子出身,很小就当兵,完全由行伍出来,经历了无数艰难困苦,深知社会里下层民众的痛苦,这就使他见着那些穿锦绣、吃美食的先生们便深恶痛绝,见着社会中的种种不平,就容易激发反抗的决心,这就是他屡次参加革命的本因。他的吃苦耐劳,也是从这里出来的。他觉得自己现在的生活与以前比,虽然还是布衣素食,但已经改善多了,作为个人完全够了,作为志在救世济民的革命者,何必先求个人的享乐。就以他的生活做水准,社会上不如他的穷苦同胞还太多太多,所以处在现在生产落后的状态,更不应当妄费。当然如果全国人民都能过上美国式的资本家生活,他自然不反对高消费了。单从这方面来讲,现在他认识到自己太注重从俭约上苛求,而在整个社会里,只会忍苦耐劳是不够的,只以良心为主来解决社会问题,而不留心社会制度,拿不出改革的方法也是不行的。过去只以为恶人应该打倒,打倒恶人之后,好人就来了,好人一来,社会中一切都好了。所以对恶人是认清了,决心去铲除他。可是一批恶人去了，第二批恶人又来了，不但使从事革命的人疲于奔命，就是民众也受到了极大的损害。自己主要擅长的是作战的研究和训练士兵，对政治懂得太少了，因此许多朋友都认为他是傻干。

对于个人目前的处境，他说要是图一己的功名富贵，也许遭遇了失败就会消极，但他绝不至于这样。他的目的在革命，从事这种伟大的事业，不应当休止，也不容休止，况且革命免不了多次的失败，然而最后的胜利总会归于革命方面。反动力量，绝不能永久保持它的统治势力而不变。革命的发生，就在于旧社会制度已经不适于大多数人的生活，因此崩溃之期虽有迟早，而必然崩溃是定理，大家努力的强弱，可以决定革命成功的快慢。自己的革命勇气，绝不会因失败而有丝毫退却的。

"行年五十，而知过去四十九年之非。"他觉得这句话正好像是对自己说的。"对过去有了这样的认识，对未来他作如是说："我个人的志愿，是决定终身从事于革命。……将来我的革命行动，不仅在攻击统治阶级中的坏人，尤注重在改造培养恶人的坏制度。""我的过去的生命，至今更新了。以后的精神，完全变成一个初入社会的青年革命家一样。凡具有终身从事革命事业的决心者，都可以同我一块儿干，决无作何畛域的区别。这便是我的将来。请全国同胞与我同度这样的将来。"

1935年，中国共产党的秘密工作者刘思慕被蒋介石下令追捕，投奔泰山，冯玉祥掩护了他，并派妻弟亲自送他安全转移。在他们短暂的接触中，刘思慕也向他讲述了革命形势，对日后他的政治倾向起了重要的作用。

在家庭方面，冯玉祥从察哈尔回来以后，夫人带着子女也来到泰山。一家人在一起，生活安定。做父亲的对小儿子最亲热的表示就是抱过来，脱了袜子，闻个臭脚丫儿。

冯夫人布衣素衫，操持家务，还在五贤祠院外种菜，

冯玉祥年谱

1934年（52岁）

在泰山期间，为探索救国救民的新途径而奋发读书。设立了研究室和战术研究班，聘请了各方面的专家学者讲课，结合学习心得，写下了《察哈尔抗日实录》、《读〈春秋〉〈左传〉札记》等。

5月15日，赴胶东考察，历时半个月。回泰山后，撰写了《胶东游记》。

是年，先后为泰山当地办了15所小学，免费招收穷困人家的子弟入学。并广种果树，为人民造福。

就像农家的一个妇女。冯玉祥也是土布衣裤,布鞋布袜,圆顶毡帽,腰束布带,带着随从人员植树种菜除草,跟个老农民没有两样。

空闲的时候,冯玉祥常到五贤祠东一里多路的山坡树林里,独自坐在大石头上,静心阅读。他很喜欢这处幽雅的山林,于是商得普照寺和尚的同意,在这里劈山凿石,为辛亥革命滦州起义诸先烈建筑祠宇,他亲自监工,几个月以后,建成殿宇三座。下面殿里,设立滦州起义先烈王金铭等九人的神位;右殿里设北伐战争中被张宗昌杀害的第二集团军第八方面军副总指挥郑金声的神位;左殿里设了因讨伐张作霖而牺牲的郭松林和夫人韩淑贞的神位。在关帝庙内,还供奉了他

父子情

所崇敬而仍健在的人的长生禄位,如抗日将领马占山、蔡廷锴、蒋光鼐,廉洁奉公的王瑚老先生,东北义勇军后援会主持人朱庆澜。虽然不是晨昏三叩,早晚一炉香,但是每到生位之前,他必脱帽致敬。他派人从曹州买来一百多株梅花,种在祠前,题名"梅花岗"。落成那天,仪式极其隆重。普照寺的和尚见此光景,向他要求布施,想建一座财神庙。冯玉祥笑着对和尚说:"烈士祠和财神庙岂能混为一谈,我建烈士祠是为了纪念为创造中华民国而流血牺牲的先烈,你修财神庙是为了愚弄老百姓,我不想求财神保佑我发财,更不能帮助你糊弄人。"说得和尚很不自在。

每天早上,他带领卫队高唱抗日歌曲,自己打一个小时的拳。

冯玉祥的生活来源,主要是靠旧部的接济,跟随他的还有一个营的手枪队、通讯队、卫队等人员,大家都没有工资,只管吃穿,他用的桌椅,都是白茬的,不上油漆,饭具茶具也都是粗瓷,全家大小一律穿粗布衣服,他每天和随员在一个伙房吃一样的饭菜。汪精卫曾派人给他送来一万大洋,他退了回去,并附一信说:"当此民生凋敝之际,实不忍心使用百姓的血汗钱!"使汪精卫非常难堪。

在泰山期间,冯玉祥为当地做的好事可是太多了。他把韩复榘、宋哲元送给他的几千元生活费,捐助办学,先后办起了15所学校,供佃户、柴夫、轿夫、

贫民子女免费念书。当时有一个在泰安德贞中学上学的女孩杨荷亭，受失学困扰，壮着胆子上山面见冯玉祥，诉说求学的心愿。冯玉祥资助她路费衣物，让她到在山西汾阳办的铭义高中去找校长余心清，继续学业。（20世纪80年代，杨荷亭是辽宁省三八红旗手，大连市人民代表。）他还提倡勤工俭学，在学校内办了木工厂，让学生学做各种木器；又办石工厂，从青岛聘来一名技师，利用泰山金刚石，教学生磨制石章，上刻他的亲笔题词，如"要记着收复失地"，"别忘了还我河山"，拿到火车站去卖，所得收益补贴学校。另外还办了个科学陈列馆，收集了许多植物标本、艺术作品和卫生图表等，请附近老乡来参观，让他们开阔眼界，增长知识。

功 夫

　　泰山多深沟溪流，著名的黑龙潭卧在两山中，两边的人要走到对面去，绕行得半天的工夫。有一次，冯玉祥涉水过一条浅河，一下滑倒了，衣服全湿，膝盖也碰破了，他对随员说："咱们空身人还能滑倒，那些挑着百十来斤柴禾过河的人，又怎么办呢？咱们就是少吃一点，节省点钱，也要修座桥。"说干就干，请来工程技术人设计方案，就近取用泰山的石料，修建了一座石桥，亲笔题名"大众桥"，意思是方便大众。这座桥，后来就设计成通往他陵墓的墓道，现在仍完好无损。

　　在他住处附近的贫民，衣衫褴褛，难以过冬，他为每人添置了一身新棉衣，老少男女皆大欢喜。大家感恩，在一块形如馒头的"馍馍石"上，刻了"冯玉祥是贫民的慈母"一行字。春节到了，他派人调查，凡过节吃不上饺子的人家，每户送面粉1袋、猪肉5斤，年年如此，一直到他离开泰山以后，逢冬时仍不忘派人带上钱回去，分送泰山附近38家贫寒老人棉衣。1935年7月，黄河山东段决口，鲁西遭灾，灾民涌入泰安城，冯玉祥设了救济站，组织各校小学生上街为

127

难民服务，全力进行救助，自己天天和学生们一起去送吃送穿，先后为灾民送馍3600斤，冯夫人也领着子女到街上看望流离失所的灾民并赠送大饼，对其中的产妇和临产的妇女，各给大洋4元。老百姓说："冯玉祥真行善，救济难民吃上饭。"

到了9月份，孔祥熙打来电报说要来泰山看望，冯玉祥回电说："为灾民北来，诚万家生佛，此时政府应全力救灾，即可赎以往之罪，并可收回已失之民心。请竭力主持，我为千万灾民三叩首矣。"孔祥熙吓得不敢来了。

他喜欢种树，在山下买了40亩地，撒种育苗，还新栽了茶叶树、杨树、榆树、柏树、核桃树、栗子树，又从烟台引进了上万株苹果树苗，有人说咱们也住不长，种给谁吃呀？他说前人栽树，后人乘凉是古训嘛，咱们现在吃的果子不也是前人种的吗？他对绿化的成果非常满意，说，"细细的看看，觉得很有生机。"笔者多年以前去泰安，经过一处苹果园时，陪同人员告诉说这还是当年老先生种下的树。

这期间，他写有《读春秋左传杂记》，《察哈尔抗日纪实》。他因为常到老百姓家去，吃到当地的主食煎饼，这是一种以高粱、玉米等粗粮为原料，磨成粉调成糊，然后摊熟，放在箱中可保6个月不坏，冯玉祥很受启发，认为用做军食，不但价钱便宜，而且携带轻便。我们是农业国家，富产黄豆、小米，做煎饼最便当。他说："资本主义国家的军队，战时吃的是饼干、罐头，我们国家穷，吃不起。馒头、大饼容易变质，不好储存，在战地升火做饭又容易暴露目标，唯有煎饼最适合我国的情况。"并写了《抗日与军食》一书，对煎饼的评价很高。他还特地派人给蒋介石送去了一箱，意在请他仿照此样推行各军，用做抗战的军食。

一个5月的清晨，冯玉祥身穿蓝色粗布对襟褂、青布鞋，头戴白布包边的八角草笠，登车北行做他的胶东之旅。此行的目的，是他认为山东在军事上和经济上都具有特殊重要性，日本帝国主义是绝不会放过的，所以要到胶东一带做些实地考察，提出些问题供注意山东形势和华北问题的人参考。任山东省政府主席的韩复榘备专车一列，供他使用。离开泰安前，有记者采访，他用油条招待。记者说："冯先生的生活，实在太刻苦了！"他笑答："我小的时候，跟母亲去赶庙会，哭了半天，才给我买了一根油条，如今可以吃个够，还不满足吗？"说得大家都笑了。在车上，随行的记者问他对目前华北情形有什么看法？他思索了片刻回答说："第二次世界大战将以中国为牺牲品而爆发，恐怕只是时间问题罢了。中国的兴亡和民族的存灭,也将取决于这次大战。"记者又问:"先生对救亡工作有什么设想?"冯玉祥沉重地摇摇头说:"武装抗日,收复失地,是我多年来的一贯主张,可是有人说,中日力量相差悬殊,武力抗日等于以卵击石,不如忍辱持重为好。看看咱们中国这些年的历史,割台湾、让朝鲜,忍辱;二十一条,忍辱;丢了东三省,忍辱;天津淞沪受扰,忍辱;榆关、热河、滦东、察东失陷,忍辱。我们越忍,日本帝国主义越不讲理,我们的土地有尽,侵略者的欲壑难填呵!"反过来他又说:"日本帝国主义固然可恨,但是日本人并不是我们的仇敌。台湾的同胞,受日本帝国主义的压迫,日本国内的工农,也受日本帝国主义的压迫。"

一路经过周村、邹平、潍县、黄县、蓬莱,知己朋友李烈钧也从青岛赶过来相晤。每到一地,都受到当地人民的热烈欢迎。冯玉祥必向各界同胞发表演说,宣传抗日。在威海的群众大会上他讲道:"洋鬼子是欺软的怕硬的,比如说他要你的帽子,你给了他,他还要你的马褂,你把马褂给了他,他还要你的大褂呢!我们的政府软得像面条儿,日本鬼子怎么不欺侮你呢?"他的言行暗中都有人记录下来向特务机关报告。

到达烟台的时候,当地商会非常热诚地送来大包大筐的土特产,表示对冯玉祥的敬意。他表示感谢,但是东西不收。商会的代表说总司令如果不收,回去不好交代。冯玉祥说:"这好办,你回去向你们会长报告,就说我说的,地方额外供给过往军政官吏东西没有必要,因为,第一,一文钱都是老百姓的血汗,绝不能随便去用;第二,过往军政官吏,自有薪金,地方上完全没有必要再格外招待送礼。"来人没办法,只好把礼物原封抬了回去。开饭时,冯玉祥帮忙给大家盛好饭后坐下说:"我们如果无缘无故接受人家的东西,心里怎么能踏实。"同行的一位刘先生笑道:"我们让他们把东西拿回去,商会负责人心里恐怕也不踏实呢!"冯玉祥说:"胶东民风淳朴实在,这是没什么可说的,不过,现在社会上到处充满了变相的送礼现象,直接间接地养成贪污之风,这样做的结果,一方面是使人有份外的希求,养成贪的念头;另一方面容易促使一般人走上奔走钻营的邪道儿,养成侥幸心理。"随行记者深有感触地说:"现在全国上下事实上贿赂已经变成公开的了,受贿的贪赃枉法,行贿的狐假虎威,为所欲为,遭殃的到头来是老百姓。""是啊!"冯玉祥点头说,"自私自利是社会上普遍存在的一种丑恶现象,一遇机会,就马上揩油,装进自己的腰包。要铲除这种病态,一方面社会制度需要改善,一方面人的思想非常重要,要是人人都能奉公守法,守正不阿,贪污之风,未必不能根除,廉洁政治,总有实现的一天。"

在到达蓬莱的当天,他就瞻仰了戚继光的祠堂。站在蓬莱阁上,远眺那碧波万顷、水天一色的辽阔海域,俯视眼底气势雄伟构造巧妙的水城,此情此景,怎能让冯玉祥不缅怀过去的抗倭英雄戚继光呢?他当场挥笔,写下了一副对联:

先哲捍宗邦,民族光荣垂万世。

后生驱劲敌,愚忱惨淡继前贤。

再次登上蓬莱阁时,他又疾挥巨笔,写下了"碧海丹心"四个大字。这字,充分流露出他心中抑郁悲愤的情绪;这字,今天还镌刻在蓬莱阁上。

冯玉祥和李烈钧一时兴起,作了一副对联,冯玉祥出了一句上联:"蓬莱阁中高谈抗日",李烈钧对下联:"备倭城头纵论保民"。

回到泰山后,冯玉祥写了《胶东游记》。

之后,冯玉祥继续和各地的爱国人士、抗日的力量进行联系,竭力促进抗日爱国力量的团结,发展抗日救国的民众运动。他在三阳关庙内,设有私人电台。他的代表四处奔走,有的往来两广与李济深、李宗仁、白崇

蓬莱阁题字现状

禧等联络,有的到陕西活动于杨虎城、邓宝珊之间,四川方面和刘湘、邓锡侯、刘文辉也有联系,各方也派有代表驻在泰安,中共的代表王梓木常驻泰山。因此,国民党的蓝衣社特务对这里的动态是严密监视的。冯玉祥也派人到泰安车站,时刻注意南来旅客中的可疑分子,有情况就及时通知山上。他的住所附近各庙里都有手枪营的人守卫,警戒严密,特务们只能装成烧香的人在外围转转,进不到警戒线内。

共赴国难

在山东和北方各省，冯玉祥的西北军旧部还很不少，韩复榘、宋哲元分别是山东和察哈尔的省主席，其他还有些领兵大将。这些昔日部将虽然都已经依附了蒋介石，冯玉祥也不再握有兵权，但蒋介石对他在人民群众中具有的号召力，仍感到是一种潜在的威胁。冯玉祥的胶东之行，就又让蒋介石如芒刺在背，于是特派孙科来泰山观察他的动向并劝他离开，遭到拒绝后，继而又派汪精卫来当说客，汪精卫说与其山居，不如出国去观光游历一番，政府可以拨给十万元旅费。冯玉祥正面答复他说："现在国难当头，打不走日本侵略者，我是不出国的。"

国难当头，孔祥熙也打来电报请冯玉祥到南京去，他回电拒绝。

老友李烈钧三上泰山，与冯玉祥商谈到南京与蒋介石合作抗日的事。冯玉祥说老蒋一贯出尔反尔，自己一个人到南京去，恐怕起不了什么作用。李烈钧说："你是国民党的中央委员，又是国民政府的委员，开会的时候都有你的发言权。假若主张抗日的中央委员都到南京开会时力主抗战，我看是可以起一定作用的，这要比散在各地，各行其是强得多。"

1935年9月蒋介石耍两面派手法，一面对日妥协，积极剿共，一面又打电报给冯玉祥，请他到南京去"商讨"党国大事。蒋介石的电文说："……中央第六次全体会议举行在即，党国要计，均待商讨，甚盼大驾早日惠莅首都共商一切，谨电速驾，不胜祷企。弟中正叩皓侍密车。"

冯玉祥当即复电蒋介石："……国事至此，惨过于印度，耻甚于高丽，如不急谋补救，来日大难，实有不忍言及者。兹将一得之愚，掬诚敬告如下。关于党务者：一、开放党禁。凡能共同救国，无论个人团体，应一律包容，以期集中

冯玉祥年谱

1935年(53岁)

9月，蒋介石电请冯玉祥去南京出席国民党四届六中全会。

11月1日，到达南京。2日，向全会提出团结抗日议案。4日，面见蒋介石，指出抗日是当前的"第一要事"。26日，又提出十三项抗日救亡具体措施。

力量，挽救危机。此条无论如何说法，非诚不能动人，非诚不能感人。二、开放言论。欲使人人能担负救国责任，必使人人有发表意见机会，然后始能集众思，广众益，共谋国事。三、真正团结。消极方面，凡同志间以往有意见隔阂，应竭力化除，完全消释；积极方面，应请展堂北上，但精卫亦不必离京，并与哲生、右任等诸同志真诚相见，无话不说，共决大计。四、大赦政治犯。在宽字厚字上包容一切，使各竭所长以报国。关于政治者：一、非获得民心，不能救国；要得民心，即凡人民所喜者，兴之作之，否则去之。二、严明赏罚。各省有真正为民官吏，大加奖赏，贪污分子，严加惩办，不管地位如何，背景如何，一赏一罚，必求公允。三、设立救灾部。水旱天灾，严重特甚，非有专部不能办理。四、奖励抗日精神。如石瑛、于学忠等，素具抗日抱负，尤有抗日表现，一则应加起用，一则应即重用。五、起用抗日将领。如蔡廷锴、蒋光鼐等，过去抗日有功，故政府不独应加容赦，更应畀予重用。以上均与民心有关。关于外交者：一、确定国际敌友。苏、美两国，关系我国抗日至大。二、政府应速选派文武大员，担负责任，分赴苏、美切实联络，以谋合作具体办法。关于军事者：一、立即准备发动抗日军事。不抗日必亡，要不亡只有抗日。二、急速充实陆空军备。以上各点，凡祥所知，无不披肝沥胆，详陈左右，所关民族至巨，敢请决断施行。至祥之行止，只求有利于国于民，任何牺牲，皆无顾惜也。"

蒋介石30日再电："泰山即呈冯委员焕章我兄尊鉴：密。弟返籍扫墓，昨始回京，奉读梗日赐电，披沥见教，条分缕析，垂爱之切，谋国之周，钦佩无已。国难至此，洵非集中国力，不足以挽救危亡，尊论诸端，皆先得我心者也。六中全会在即，中央同仁均盼兄如期来京出席，弟尤切盼把握，俾得禀承教训，而慰契阔之思，务盼即日命驾，无任祷盼。弟中正叩卅侍密京。"

南京方面的好朋友如国民党元老

为民安有歇肩日

李烈钧等,也电促他速行,而跟随他在泰山的左右,对于去不去南京发生了激烈争论,其中余心清是坚决反对他前往的,力陈己见,并征得他的同意,负责草拟电文告诉蒋介石拒绝前往,但电文还没有写完,听见冯玉祥吩咐备车。为了有利团结抗战起见,冯玉祥放弃个人恩怨,又决心去南京,于1935年11月1日下了泰山,余心清紧跟相劝不止,当冯玉祥已经上了火车后,他还恨不得把他拉下来。

这时正是吉鸿昌在北平惨遭蒋介石杀害后不久,冯玉祥此行是凶是吉,许多人为他担心,但冯玉祥在人民心目中威望很高,蒋介石不得不在举国上下抗日呼声高涨的情况下,请他出山,并马上任命他为军事委员会副委员长,其实这只是一个位高而没有实权的空头名义。蒋介石这样做,既可以就近控制冯玉祥,又可向天下人做出他要抗战了的姿态。

冯玉祥就任后,被安排住在中山东路头条巷一所大房子里,另外,韩复榘在陵园村有一处别墅,因很少到南京来,就让给冯玉祥的家属住了。在军事委员会办公厅里也设有副委员长办公室,但他只是每周开会时才去。他的一营手枪队,已经编为军政部特务团第四营,粮饷每月向军政部领,但人还留在泰山。他所住两处房子的警卫,都由南京的宪兵担任。

冯玉祥到南京不久,蒋介石曾和他说:"我曾给瑞伯(鹿钟麟)先生去了几次信,请他到南京来,他始终没有来,请大哥邀他来吧!"冯玉祥说:"可以。"鹿钟麟接到老上司的信,就从天津来到南京,冯玉祥问他:"蒋先生请你来,为什么不来呢?"鹿钟麟风趣地说:"我已经五十多岁了,还能再嫁人吗!先生既然来了,我当然也可以来了。"鹿钟麟也是国民党的中央委员,他来到后,就以这个身份替冯玉祥做方方面面的联系工作。

在党国要人中,和冯玉祥来往最密切的,首先是李烈钧,两人经常见面,对一些重要问题随时交换意见。住在附近的张治中,因是同乡关系,与冯玉祥很有感情,冯玉祥的

冯玉祥年谱

1936年(54岁)
1月6日,就任军事委员会副委员长。
11月22日,沈君儒等七君子因宣传抗日,在上海被捕入狱。宋庆龄致函冯玉祥请大力营救。

第一套甲种官呢军装,就是张治中亲自带着南京有名的大同军衣庄的技师,到他的住处量身定做的。此外,老相识孔祥熙、孙科、于右任等,也是座上客。和冯玉祥关系最不好的要属何应钦,私下从不往来。

冯玉祥在南京,工作不忙,除了会客外,空闲时间还是把读书当成头等大事。有时自己读,有时也请人讲课。当陆军大学特别班第三期开学时,他就拉着鹿钟麟和任国术馆馆长的张之江等参加旁听,每天坚持到班听课。

原来在泰山的随从人员,也陆续调了过来。他的一些失业旧部和西北干部学校、第二集团军军官学校的毕业生们,都来找他要求工作,但他没有人事权,不能给他们安排工作,只好分配到中央军校高教班和各兵科学校去学习,吃穿公费。

到南京不久,参谋部次长熊斌告诉冯玉祥,冯洪国在日本留学时认识了一个日本姑娘,现在书信来往不断,恐生意外,不得不报告,并拿出了书信的原件给他看。当天,做父亲的就令手枪排长把洪国带到了副委员长办公厅,训斥说:"你身为军人,居然和敌国军官的女儿交往,后果你考虑过吗?"洪国不语。冯玉祥从屋子的这一角走到那一角,最后站在洪国面前说:"你私下跟别人夸耀说,你在我一人之下,在三千人之上,你知道自己在三千人之上的责任吗?"洪国低声说:"知道。""知道?我看你不知道。你是军人,掌握军事机密,两国交战,万一你无意中泄露给对方,你该当何罪?日本人的间谍工作无孔不入,你一点没想到过这个吗?"洪国口头上认了错,但一时两情难断,互相还通书信。冯玉祥知道了,这一怒非同小可,来到儿子的住处,喝令左右把他绑在树上,解下武装带,痛打了一顿。鹿钟麟等听报后赶来劝说,洪国当场写了悔过书才算完事。事后,洪国离开南京,到北平二十九军服役。他给父亲写来信,其中说:"我从此无颜再见人了。"父亲回信说:"你能知错改正,便是一个好的开端。"洪国随后又寄来一张照片,冯玉祥在背面写上:"国儿寄相片,武装佩短剑,盼尔收失地,立志莫生还。"

自到南京以来,冯玉祥向蒋介石提了许多着眼

南京时期冯玉祥、李德全夫妇与子女(子女前排左起:晓达、洪达、颖达,后立者理达)

军事、准备抗战的建议，但换来的只是"哼哼哼"、"好好好"，没有一点实际措施。倒是日本在台湾举行庆祝占领台湾四十周年大典这样一个活动，蒋介石竟公然派人去参加。

有一天，《大公报》赵记者来到冯玉祥的书房，见他正在检视从一个木箱里拿出来的瓷器，走近仔细一看，是一套景德镇的餐具，冯玉祥说是准备作为寿礼送给蒋介石的。赵记者说，听说蒋委员长要在洛阳庆祝五十大寿，从去年开始，上上下下的人就兴师动众在全国筹备献礼了，到处修"中正堂"、"介寿堂"，甚至连小学生都要捐献财物，为了献寿礼，全国的古玩铺都翻了个

在南京

底朝天。冯玉祥想起当年吴佩孚在洛阳庆寿的光景，说这比那时"八方风雨会中州"有过之而无不及，既然人人都有送礼的义务，他也随一份，备下这套餐具。赵记者发现那些瓷器上都有冯玉祥题写的字，大号合盘的盖上题着"须要认定非抗日不能救国"，盘底题着"须要认定对日万不可稍有退让"，碗上印着"别忘了还我河山"，碟上是"精诚团结"，连小小的汤匙上也题着"抗日救国"、"收复失地"、"还我河山"。赵记者看后说："先生真是用心良苦啊！"

有一天，冯玉祥夫妇到庐山拜会宋庆龄，谈话中提到1925年李德全代表冯玉祥见到孙中山先生的往事，孙夫人泪如雨下。冯玉祥非常遗憾的是他和孙中山先生只有神交，而始终无缘一面。但自从他接受孙中山的三民主义以来，一直是孙中山的忠实信徒，并在自己身为地方父母官时所推行的施政措施，无一不是遵从孙中山的思想，努力付诸实践。

不久，孙科向冯玉祥转交了宋庆龄给他的一封信，信中说："全国救国联合会委员章乃器、沈钧儒、王造时、李公朴、史良、邹韬奋、沙千里七人住宅被搜查，人被诬为共产党逮捕，现拘禁于巡捕房。……请主张公道，迅电蒋介石先生立即释放章先生等七人，民族解放前途幸甚！"冯玉祥看完信对孙科说："爱国的人们心中苦闷极了，真是伤心之至。"事情的发生是因为这几位爱国民主人士发表团结抗战的政治主张，蒋介石就把他们逮捕下狱。

冯玉祥立刻展开行动营救"七君子"，先找了有关要员陈立夫和吴铁城要求

释放，遭到拒绝。又打电报给在洛阳的蒋介石，得到的回答说"七君子""蛊惑人心，煽动罢工，并且执迷不悟"，不予释放。冯玉祥再电请释，最后蒋介石才答应了释放。

这年还有两件事值得一提。一是冯玉祥请了一位土木工程师去泰山，为泰安人民修一个蓄水池，解决当地百姓的饮水困难。再是他回了趟老家安徽巢县，到达的第二天，天刚亮，就带着人踏着隆冬的积雪，在村子里挨门挨户进行访问，凡是鳏寡孤独、老弱病残的人，一一赠送了棉被和棉衣，并将赠送的米、面和布折成现钱送上。同时派出多人到外地去购买桃、梨、苹果、核桃、松树、槐树、榆树、桐树、竹子等树苗上万株，要分赠乡亲和村上广为种植。他连日请本家、本村村民和邻村的乡老一起吃饭，大家说说笑笑，亲亲热热，非常热闹，饭后他都和大家说许多话，中心意思是宣传抗日的道理、教育为本、如何治穷、破除一切迷信等。他不光说在嘴上，还特地从南京请来农业专家沈宗瀚先生和兽医、虫医专家帮助家乡规划发展生产。

过了几天，冯夫人带着子女也来了，冯玉祥亲自到大道上去迎接，老远看见一家大小骑着毛驴而来，乡亲们放起了鞭炮表示欢迎。冯夫人对丈夫说："这要是在城市里，绝没有这样的场面，真让人感动。"全家到祖祠进行了简单的祭祀，冯玉祥仔细地看了牌位的安放，觉得很有秩序，但是牌位太多，如果不拿家谱对照着看，一点记不清了。夫人说风俗应改良，迷信应破除，谈到了蒙古人之礼拜石头，把地质学说了一段，说起有的地方人因为怕打雷而礼拜，把天文学又说了一大段。夫人学识渊博，冯玉祥觉得很有意思。后来又到祖坟上行了三鞠躬礼，礼毕后到冯玉祥赠种的桃园里野餐，空气新鲜，大家都非常开心。其间他对儿女们说道，供给你们上

1936年南京全家福。前排左起：五女颖达、冯玉祥、小儿子洪达、李德全、六女晓达；中立者：四女理达；后排左起：次子洪志、三女弗矜、长女弗能、二女弗伐、长子洪国

学，我是尽力的，但别的一点不愿给你们留下来害你们，如有一点房子这些东西，日后我也必定是捐助学校或者其他慈善事业，愿你们知道。

冯玉祥建议夫人请本家和亲戚家的妇女们聚聚餐，夫人很乐意，摆了六桌，一桌十人，坐得满满的。一桌是十大碗，每道菜上来，夫人这桌她都亲自为大家布菜，其中上的八宝饭、米粉肉、红烧肉上来就精光，而藕这类的素菜就没大动。事后冯玉祥对夫人说："你可以看出人们生活的困难，肚子里的油水太少了，需要的是什么。"

夫人和孩子们来了4天要先回南京去了，这天早上冯玉祥4点钟就起床张罗着送他们走，为国为民为家，样样都操心。

有一天，冯玉祥接到一位姓宋的人从安庆寄来的信，说他在银行工作，因为大意多付出270元，在行里限定的一周时间里，没有办法筹到这笔钱还上，向他求助。冯玉祥并不认识这个人，但是想到人家在危难之时应当帮一把，便叫人如数寄了去。不多日，那人来信千恩万谢。冯玉祥在日记里说："我觉得此事是我应当做的，因为此非人的社会，人对人之间太冷淡了，太冷酷了，谁也不管谁，实在可恨而可怜，我尽一点本分，以求社会渐渐的有些温情，或能有些热情，那就是再好没有的了，这是我的希望罢了……"

这次回老家，冯玉祥住了有一个月之久。他为家乡修了路，赠果树给家人和村民，给公园种了500棵大蜜桃，扩建了他办的巢县小学。这时，他在泰山、北京、保定也办有供穷苦家庭子弟免费读书的小学校。他的所作所为，实践了他在日记里所写的："为大众活，不为己活。为国家活，不为自己活。为民族活，不为自己活。为公共活，不为自私活。要真活着，不要半死的活。"

如今，在巢县的故居仍然保存着，室内有他生前用过的一些物品。其中有一个他制作的纪念脸盆，里面有他和蔡廷锴、飞行家肖德的头像，还有一面国民党党旗。

2006年冯玉祥孙女冯丹龙回巢县故居

第十七章

西安事变前后

> 蒋介石回到南京,在飞机场上我见到他,真是面黄肌瘦,腰也直不起来。蒋过的难关完全是他自己找的,就看这一两个月里的事情,就知道要有大祸发生。不论什么人,都觉得应当抗日,都觉得不应当打内伙。可是蒋介石发出来的那些打内伙的言论说,谁离着他近,就先打谁。
>
> ——冯玉祥《我所认识的蒋介石》

蒋介石的所作所为,和他对冯玉祥的所言完全相反,愈来愈倒行逆施,日本帝国主义侵入东北,他叫张学良不抵抗;后来,他又把张学良和杨虎城的部队调到西北地区去打共产党,妄图镇压革命和消灭抗日力量。

在这严重的时刻,张学良、杨虎城二将军断然发动了"西安事变",扣押蒋介石,要求停止内战,一致抗日。

得到这个消息,冯玉祥和李烈钧、鹿钟麟、张之江等紧张商谈办法,并派亲信北上,告诉韩复榘、宋哲元"小心说话为要"。当晚,又到何应钦家里去开会。冯玉祥和李烈钧等主张以蒋介石的安全为主,何应钦、戴季陶等主张打。戴季陶还提出军事应归何应钦管,立刻遭到冯玉祥的坚决反对。国民党中央开会决定,由冯玉祥代理军事委员会委员长职务。当冯玉祥到军事委员会办公厅去办公时,却找不到一个相关人员,只剩下一些看守的小官。经随从人员打听,才知道都挪到何应钦的公馆里去办公了。

冯玉祥在回复张学良的来电中力劝他以"同挽国难的大局为重",自己愿意当人质，请张学良"释回介公"。同时还给杨虎城和甘肃省主席于学忠、兰州驻军军长邓宝珊去电，希望他们"就近维持，务以介公回京为要。"他对中央社记者发表谈话说："当此外来祸患，犹复未已，收复失地，初有成绩之日，犹需正确之策略与统一之指导。因此，保护最高军政领袖之安全，实为全国军民最大之责任。"

何应钦的一些黄埔系少壮将领，极力主张对张学良、杨虎城实行讨伐，派飞机轰炸西安；而宋子文、宋美龄等，则以营救蒋介石脱险为主要目的，他们的意愿和冯玉祥的主张一致，那就是和平解决问题。在中央联席会上，何应钦主张下讨伐令，主战、主和两派针锋相对，结果主战派在中央政治会议上占了上风，任命何应钦为讨逆军总司令，由国府下达讨伐令。宋美龄向冯玉祥表示，如果打起来，她就马上飞到西安和蒋介石同死。宋子文又亲自到冯玉祥处商谈办法。

在"西安事变"中和蒋介石一起被囚禁的蒋铭三获释飞回南京，冯玉祥和李烈钧到机场迎接。蒋铭三带回了蒋介石给何应钦的信，叮嘱他万不可开仗。如果真打起来，再加上飞机轰炸，蒋介石的命就不好说了。

在蒋介石被扣押西安的半个月里，何应钦大权在握，而冯玉祥却赤手空拳，他担心何应钦可能趁机害他，因此，除了参加一些必要的会议以外，其他时间都呆在家里。他的手枪营还在泰山，只有几个随从副官带有手枪，为了加强警戒力量，他派副官孙冠贤急回泰山，调手枪营的二十名精兵到南京。为了行动隐蔽，这批士兵都换成便装，并把枪械都藏在装着大白菜的麻袋里，乘津浦火车秘密前来。以往，冯玉祥的人从泰山往南京运送东西，宪兵都不检查，而这次孙冠贤一行人带着麻袋在浦口下车后，宪兵非要检查不可。幸亏冯玉祥事先提防到可能会发生这种情况，已准备了军事委员会准予携带武器的护照，才得以免检通过了宪兵这一关。这件事充分证实了何应钦暗中在监视着冯玉祥的一举一动，所

冯玉祥年谱

1936年(54岁)
12月12日，西安事变发生。冯力主和平解决，坚决反对亲日派何应钦意图轰炸西安。

1937年(55岁)
2月10日，在国民党五届三中全会上提出《促进救国大计案》。
2月15日，会同宋庆龄、何香凝等人提出恢复孙中山三大政策的《团结御侮案》。
7月7日，日军进攻卢沟桥，"七七"事变爆发。冯旧部二十九军奋起迎敌。
8月13日，日军进攻上海，淞沪战起。
8月15日，冯玉祥被任命为第三战区司令长官，负责指挥上海战事。
9月，平津沦陷。13日，冯玉祥调任第六战区司令长官，指挥津浦北线战事。
10月20日，第六战区撤销，冯回南京。
11月21日，受命赴平汉线南视察国防工事。

以当蒋介石被释放回到南京时，他的精神放松了，当天晚上，破天荒和全家人一起到最有名的大华电影院去看电影。不巧，上演的片子是美国言情片《父子风流》，他越看越生气，连声说："这是什么混账电影啊！"没等看完就愤愤地走了。

西安事变在国民党上层有识之士和中国共产党的大力周旋调停下，以蒋介石答应抗日为条件获得和平解决。西安事变结束后，冯玉祥曾以自己的耿介善良之心，保证过张学良的安全不成问题。但后来蒋介石翻脸不认账，将张学良拘押了终生。

美国驻远东舰队的司令官要求拜见冯玉祥，并请他参观军舰。何应钦从中阻挠，让参谋长程潜去说："何部长觉得，如果副委员长答应了美国司令的要求，恐怕日本驻华海军司令官会援例也提出这种要求，到那时不答应不好，答应了也不好，请你慎重考虑。"冯玉祥说："答应不答应，答应谁不答应谁，这是我的自由，难道我冯玉祥连这点自由都没有吗？请你转告何部长，中国人不能干涉我的自由，外国人更不能干涉我的自由。"他还是接见了美国的司令官并上舰进行了参观。果然，日本的海军司令也提出同样的要求，冯玉祥接见他的时候，他请求给题字，冯玉祥当场提笔写了"还我河山"四个大字给他，对方讨了个没趣讪讪告辞，也不提参观军舰的事了。

西安事变和平解决以后，1937年2月，中国共产党提出了合作抗日的建议，接着，宋庆龄、何香凝、冯玉祥等十二人向蒋介石提出恢复孙中山先生倡导的联俄、联共、扶助农工三大政策的主张。在中国共产党的正确方针推动下，在全国人民的强大压力下，蒋介石被迫接受了抗日救亡的路线。5月，周恩来、叶剑英等代表中共来到南京，冯玉祥与周恩来作了长谈，了解中共关于抗日民族统一战线政策的精神实质。周恩来走后，冯玉祥提笔在墙上写了八个大字："吃饭太多，读书太少"。

7月7日，驻丰台的日军以一名军曹失踪为借口，向我二十九军驻宛平县守军挑衅，守军团长吉星文是吉鸿昌的侄子，下令无论官兵要拼死保国。

日军疯狂轰炸南苑，冯玉祥的老部下，二十九军副军长佟麟阁、师长赵登禹㉒和官兵一千多人同时阵亡。

消息传来，冯玉祥悲痛不已。他对夫人说："佟麟阁26年前跟我当兵，他人心极细，会练兵。赵登禹是23年前召来的兵，最擅长夜袭敌营。这回要不是老蒋预先有令不让抵抗，这样两位高级将领就是死也应当打死好些日本人，绝不会就这么叫日本飞机炸死了,太叫我痛心了!"

日本广播造谣说在二十九军当营长的冯洪国也被打死了。老友薛明鉴听说后赶来慰问,并问冯玉祥可打听到消息是否属实?冯玉祥强忍悲伤说:"我没有工夫打听他的消息,在前线作战的全是人家的儿子,我为什么单独挂念他呢?"老友说:"你关心国家,我们也应该关心你。"冯玉祥刚写了一首悼念儿子的诗,顺手递给了老朋友:

冯玉祥(左二)、张治中(右三)等在司令部前合影。后冯玉祥刚走出3里地,该司令部就被日本飞机炸成了平地。

儿在河北,父在江南,抗日救国,责任一般。收复失地,保我主权,谁先战死,谁先心安。牺牲小我,求民族之大全,奋勇杀敌,方是中国好儿男。天职所在,不可让人占先。父要慈,子要孝,都须为国把身捐。

7月19日,蒋介石与周恩来等在庐山会谈,表示承认陕甘宁边区。冯玉祥对蒋介石说:"只有这一件事,你办得好。从此国内党派斗争可以停止,大家团结一致,抗日的事大有希望。"

"八·一三"上海抗战之日,蒋介石发表冯玉祥为第三战区司令长官,鹿钟麟为副司令长官,张知行为参谋长,到上海对日作战。冯玉祥表示:"只要是对日本作战,无论什么事,我都愿意担任。"回家写好遗嘱,向前线出发。

途中,冯玉祥对左右说:"这次抗战,我们是为自己打仗,而不是为别人拼命。国家是自己的国家,民族是自己的民族。国亡了,自己的生命财产就不保,民族灭了,自己的子孙就断了种。咱们要想不亡国,不灭种,就只有对日本抗战。"他星夜赶路,到南翔前线视察,刚到昆山,就听见炮声,精神一振,说:"这是我们民族的怒吼声!"不多时,两架敌机飞过头上,接着又来了12架,扔了几个炸弹飞走了,冯玉祥在烟尘中继续前进,敌机掉过头又扑了过来,飞得非常低,机上的人枪清晰可辨。在树下暂避的冯玉祥对身边的副官说:"敌人要是扔炸弹,我就高呼中华民族万岁,然后死!"还好,敌机在顶上盘旋了几圈就走了。

战地指挥官张治中把冯玉祥迎到一个小村子里,冯玉祥对众官长说:"各位为国拼命，非常光荣。我愿意跟在你们的后面，以一死报效国家。"听完汇报后，冯玉祥指示："哪一个能忍耐那最后艰苦的五分钟，哪一个就是最后的胜利者。我们每一个人都应该把这个忍耐最后五分钟的精神，使用到这一次抗日战争上去！"临走时，他对参谋长说："你们这个司令部应该挪一挪，以免被炸。"他刚走出3里地，日机28架把张治中的司令部炸成了平地。

9月26日，冯玉祥被蒋介石委任为第六战区司令长官，鹿钟麟为副司令长官，参谋长为张知行。冯玉祥的长官署设在景县桑园，就近指挥津浦前线的战事。

上海前线的部队，都是蒋介石的嫡系，冯玉祥很快就发现他调不动一兵一卒，也无权解决问题。有一天，张发奎将军问他："前头一连炮队不知道哪里去了，是不是你把他们调开了？"冯玉祥说他不知道，查询的结果，原来是蒋介石调走的。冯玉祥愤然说："一个委员长隔着司令长官、总司令、军长、师长，多少级的直辖长官，把一连炮兵随便调走，这叫什么统率法？真是太没有知识了！"他打电报质问蒋介石："你直接指挥到连排，他们不接受我的命令，如何作战？"蒋介石不答复。冯玉祥的高级随员背地摇头叹息说："老蒋这种做法，既可以推行他的不抵抗政策，又可以让冯长官负战败的责任，这是他的一石二鸟之计。"

淞沪之战以失利告终。冯玉祥总结战场上存在的问题有：权限不清、赏罚不明；没有卫队督战队；越级任免；不信任将官而信政客等。这里所指的政客是萧振瀛，他在冯玉祥到达前线之前，先行来到军中，挑拨离间宋哲元、冯治安与冯玉祥的关系，加之韩复榘作战消极，使第六战区的原西北军将领心不齐。战斗部队又在平津地区刚吃了败仗，士气低落，军无斗志，更增加了冯玉祥指挥战事的困难。

第六战区组建不到两个月就被撤销了，冯玉祥也被免除司令长官之职。回到南京，他没有实际职务，但仍一本对国家的忠诚，连续给蒋介石写信，就补充兵源、军官，解决经费、发动民众抗日等问题，向他提出具体意见和建议；把在南京的老部下孙良诚、张维玺请来谈话，勉励他们"为推动整个抗日工作，而稍尽个人绵薄"；有一天，他一气写了13封信，分别致韩复榘等旧部，鼓励他们振作精神，英勇杀敌，保卫国家。当下给10余名随员发了路费，带上他的信，即日出发分送各地。

战况只有噩耗没有喜报，蒋介石派白崇禧约冯玉祥到昆山紧急面谈说："津浦前线紧急，二十九军转战几个月，疲劳已极，恐怕再难以支撑这个危局了，现在已经从马厂退了下来，委员长的意思请冯先生到津浦线看一看，振振士气，不知同意不？"一心抗敌的冯玉祥屡挫不馁，一口应允："当此败兵之际，危难之秋，只求有利于国,不管多困难,在所不辞。"他当晚就在秋雨潇潇中北上督战。这时河北一带大雨成灾,官兵都在战壕里被水泡着,冯玉祥马上打电话给军政部长何应钦,告诉他官兵的腿脚都让水泡肿了,请赶紧买十万双鞋袜送到前方来。何应钦回话:"已报告委员长,因计划上没有这笔钱,不能发给。"气不过的冯玉祥又打电话说:"你说的是平时,我说的是战时。官兵在水里一泡三五天,怎么打仗?"发火的结果,当兵的一人发一块钱,叫自己去买,官长没有份儿。

冯玉祥在津浦路上督战,驻在桑园。日军以机械化部队和飞机大炮向铁道正面的我军不断进攻,冯玉祥考虑由正面反攻,不易奏效,采取了奇袭的战术,令一部分军队固守连镇、桑园,另由副司令长官鹿钟麟率主力部队由铁道东侧,绕攻敌人的后方要点沧州——冯家口——泊头。我军只用了一天的时间,就占领了冯家口和泊头,斩获颇多,又将铁路破坏,使南下的敌人大为恐慌。冯玉祥令蒋介石的嫡系李文田等分四路从右翼绕抄敌人的后路及当腰,这样可一举把敌人全歼。不料李文田只走了五六里就止步不前。军长黄维纲问他原故,他说:"蒋总司令是不主张抗日的,我们打胜了,他也不喜欢。冯长官是主张抗日的,我们不出来敷衍敷衍,他也是不愿意我们的。"冯玉祥一方面据情上报,请派生力军支援,一面发动民众,构筑深沟高垒,鼓励前方将士,竭力苦撑。关键时刻,突然听报李文田已经擅自退到泊镇附近。冯玉祥叹息说:"我手中没有预备队,直接增援既不可能,也无法制止擅退的将领。但是我绝不能退,我只好在这里等死!"他坚守桑园,李文田不能越过他的防线后退,派员来说:"长官在桑园太危险,敌人如果来袭击,把长官俘去,我们怎么交代?请后移一点。"冯玉祥冷冷一笑说:"我从来不懂危险二字作何解释,常以危险当作我的娱乐,所以哪里危险我就到哪里,我能做的只有这点了。"

蒋介石是不喜欢真心抗日的人指挥作战的,他又把冯玉祥所在的第六战区取消了。这样,冯玉祥不得不离开战场,抱恨回到南京。

日军大举南犯,不合作的守军不战而退,一退千里,由黄河北退到河南新乡。国民党决定要迁都了。

1937年11月21日,是冯玉祥离开南京的日子。他在江边看到逃难的百姓人山人海,到了车站,更是人多如鲫,一时心里说不出的难过。他长叹了一口气说:"今日离开南京,何日再回南京呢?"

第十八章
针锋相对

> 在武昌，表面上看着有个好现象，就是蒋介石同共产党联合的有一个抗战宣言，好多人们看见都觉得抗战是有了希望。如同政治部的改组，部长是陈诚，副部长周恩来，大家都觉得彼此不闹意见，力量就不会对消了。把这个力量都去抵抗日本帝国主义，一定是很有效果的。实在查一查怎么样呢？说是说，做是做，真是一点开诚布公的意思也没有。
>
> ——冯玉祥《我所认识的蒋介石》

宣传抗战

南京、苏州一带，在日机不分昼夜的轰炸下，成了人间地狱。当日军兵临南京城下，蒋介石坐飞机首先跑到了武汉，国民党政府随之也迁都到此。冯玉祥住在千家街福音堂，八路军办事处设在中央街八十九号，相距不远。周恩来、董必武等经常过来晤谈，讨论抗日形势和国家内部的问题。周恩来派李涛等中共党员给冯玉祥讲游击战，冯玉祥结合自己的军事知识，写了《抗日游击战术问答》出版，周恩来看到后说："这太好了，现在延安方面真需要书啊，可惜我们还没有自己的印刷力量。"冯玉祥当下向延安图书馆捐赠了大批图书，并立刻着手办起了一个三户印刷社。他向人解释取名"三户"的意思：从前战国时，秦国几次攻楚不下，后来有人说："楚余三户，终而灭秦者亦必楚。"后来果然秦国被汉高祖楚霸王所灭。我这个"三户"就是说日本欺侮我们，中国就算是只剩下三户，而日本最终也必然要被中国打败。他给印刷厂订了几条规则，其中有：印东西不可有许多错字，出品定价不可太高；有暇时再做外活，须择有关抗日者，不关抗日者不印，反抗日者更不印等。他还刻了一枚"三户"印章。"三户"这个不大的印刷厂发挥的作用可不小，它大量印刷《列宁全集》和毛泽东的《论持久战》等著作，向后方蒋管区输送。

当共产党在国民党统治区公开发行的唯一报纸《新华日报》创刊时，冯玉祥为之题词："大众喉舌"，1940年《新华日报》创办两周年纪念日，冯又题词："精诚团结，抗战到底"。三户印刷社还印《新华日报》社论单行本，后来迁往广西桂林，又印《新华日报》重庆版，由重庆排好底版运到桂林印刷，在广西发行。三户印刷社后来被广西当局查封，《新华日报》底版在重庆被扣留，冯玉祥虽令人提出抗议，仍未能够恢复，不得不停印。在武汉期间，他还把自己身边的不少人送去参加新四军。他住的地方，成了文化界人士聚会的地点之一，很多到过武汉的文艺家和画家几乎都来过这里。作家老舍㉛等文化人都和他住在一起，他请老舍帮助他从事抗日宣传活动，负责编辑通俗文艺刊物《抗到底》、《抗战画刊》等，把老舍当做良师益友，异常钦佩和敬重。老舍在日记中也记道："冯先生和朋友们都欢迎我到千家街去。那里，地方也很清静，而且有个相当大的院子。……流亡中，本来是到处为家，有朋友的地方便可以小住，我就这么在武昌住下去了。"

听说中共号召大唱抗战歌曲，冯玉祥积极响应，请陶行知的儿子来教唱抗战歌曲，兴起了大唱抗战歌曲的热潮。每周在福音堂举办的晚会上，经常是老舍、何容表演相声，邓长耀唱大鼓，还有从河南流亡出来的艺人教唱河南坠子，都由老舍编词，内容全是宣传抗战的，冯玉祥从手枪连里挑了几个好嗓门的士兵到广播电台去演唱。沈钧儒㉜来开

冯玉祥年谱

1937年（55岁）

11月30日，来到迁都后的武汉，住在福音堂。在此期间，创办了"三户印刷社"，出版了《列宁全集》和毛泽东的《论持久战》等著作。团结各方力量为组织和宣传抗日尽力。

1938年（56岁）

1月11日，中共报纸《新华日报》在武汉创刊，冯玉祥题词"大众喉舌"。

10月上旬，被蒋介石任命为督导长官，先后去湖南、贵州、四川等省检阅新兵，督练军队。

同月，在最高国防会议上，痛斥投降派汪精卫。

会，大家也一起放声歌唱：

> 五月的鲜花开遍了原野
> 鲜花掩盖着志士的鲜血
> 为了挽救这垂危的民族
> 他们曾顽强地抗争不歇
> ……

冯玉祥每天4点半即起，福音堂里充满一片激昂慷慨的歌声。孩子剧团到武汉，冯在汉口为他们举行了义卖，添置了衣服和道具。当"中华全国文艺界抗敌协会"于1938年3月成立时，冯出席大会并唱了泰山民歌，当选为理事。在一次有很多儿童参加的聚会上，大家合唱完救亡歌曲后，冯玉祥把一个橘子放在茶碗上，上面再放一粒花生米，让孩子们猜是什么意思？最后告诉说茶碗像征我们的国家，橘子是家，花生米是我们个人。如果茶碗倒了，那就一切全都没有了，国家也是这样，要是国家被人灭亡了，我们的家和个人就都没有依靠了。

冯玉祥夫妇双双为抗日活动忙碌，经常为各种事项商谈到深夜。战时沦为孤儿的孩子非常多，冯夫人积极参与成立了儿童保育会。一次谈及此事，冯玉祥对夫人说："儿童保育会成立了，你要努力去做，我呢，努力做基督教联合会的事，咱们各用全付精力去做，一定会做出成绩的。咱们无论干什么，都要站在救国和抗日的立场上，你和我具体任务不同，但是爱国的心是一致的。"夫人说："现在成立的这是第一个，开幕那天请你去看看，你给写个歌词吧，到那天大家好唱。另外，经费还是个大问题，咱们再出点力吧。"冯玉祥考虑了一下说："这样吧，咱们捐六千块钱，这可以够一百个孩子一年的费用。"

保育会开幕这天，冯玉祥亲自到场祝贺。参观中，他看到孩子们的卧室还算整齐清洁，到了二楼，有的在唱歌，有的在讲话，走在身边的夫人说："流浪的都收到这里了。"他感叹地说："都是一群天真烂漫的小弟弟、小妹妹，是谁让他们成了无家可归的孩子？肯定有的是军人的子女，杀敌去了。"夫人说："有的是爸爸妈妈都被敌人杀了。"冯玉祥说："这是中华民国的生力军，是新的嫩芽，我们要尽力保护他们，培植他们，长大了要为民族奋斗，要为父母报仇。"他见还有些更小的孩子坐了一圈，走过去抱起两个逗了逗才离去。保育院扩大得很快，到了重庆后，难童的人数达到了数十万。

这期间，大儿子洪国在河南信阳结婚了，冯玉祥谁也没有惊动，但是少数特别好的朋友事后知道了,还是送了点钱礼,总共约七百多块。冯玉祥觉得把钱退回去不太礼貌,就全部买成救国公债送还给了本人。

1938年事端多多,10月,蒋介石在武昌召开了一次最高国防会议,会后只剩下几个人时,汪精卫问冯玉祥:"什么叫抗战到底?"冯玉祥说:"收复失地,不但东北四省,连台湾、琉球各省都要收回。打到倭寇投降,这就叫抗战到底。"说完故意反过来问汪精卫:"你是不是不喜欢这个样子?"汪精卫不悦地转过脸对蒋介石说:"这是做梦。"冯玉祥毫不客气地回敬说:"做梦,各人不一样,有人做梦当主人,有人却做梦当奴才!"当面骂了汪精卫。

蒋介石还是又拉又打,不时约冯玉祥见上一面,几次在省府会见,冯玉祥都提出建议,其中有关军中改革三条建议:散兵之收容法;伤兵之收容法;建立粮食队、弹药队、担架队。他特别强调要向八路军学习,军民一致,官兵共甘苦。另一次谈话中,主要谈西北防务、铁路、公路、机场建设维护和新军练兵法等问题。他又写信给蒋介石,大意是:与苏联的邦交应切实增进;军队的整理应切实进行,并新练劲旅;军纪的整理可着鹿钟麟编军律数十条,使士兵熟记,严厉执行;训练侦探,藉难民回乡混入敌人后方进行破坏。在另一信里建议蒋介石成立智囊团和设立专家研究团。

其他方面和各界人士的来往也很多。周恩来、王明到家里来晤谈,涉及如何动员河南知识分子回乡发动群众和如何解决国共中级干部摩擦太多的问题,谈话进行了两个小时。他在日记中对周恩来和王明的评价是:"二位皆极精明细密,殊可敬可佩也。"

冯玉祥内心把拯救民族的希望寄托在八路军、新四军身上,从自己旧部中推荐一大批抗日积极分子给周恩来,分送到安徽、河南、山东等中共领导的抗日战场上去,还选送一批人去了延安。有一次,周恩来夫人邓颖超在给妇女界作报告后题词:"精诚团结,贯彻始终"。冯玉祥见到了说:"现在就是要写这个,抗日和团结,不能分开,而抗战的胜与败,关键在于能不能坚持到底,能不能坚持到底的关键又取决于国共合作的牢靠性。"1938年11月6日叶剑英转译八路军方面朱德、彭德怀的告捷电给冯玉祥,他当即回电大加祝贺。次年1月1日八路军副总司令彭德怀和他见面了,彭总满面春风,穿一身灰布军装,两人握手后,冯玉祥说我替四万万五千万人民谢谢您,您那里打得很好。彭总说副委员长身体很健康,我也替全人民祝福,副委员长在抗战工作上做了很大的推动工作,我们都很清楚的。两人还就在前方八路军和鹿钟麟部加强合作的问题交换了意见。临行前，应彭德怀的要求，冯玉祥送给他密电码，以便联络。

冯玉祥是敌人时刻想要消灭的目标，日本机群对武汉进行大轰炸时，他在千家街的住宅被准确地命中，变成一片瓦砾。

失败和恐惧的情绪，像瘟疫一样在国民党部分上层人士中蔓延。蒋介石避开冯玉祥召开了一次军事会议。何应钦在会上说："我们的军需物资非常紧张，顶多能维持三个月。"冯玉祥事后知道了，针锋相对地在电台发表演说，号召人民"向着最后胜利的目标前进，坚持抗战到底，誓死不当亡国奴。"他在广播中高呼："只有把日寇打到不能还手，才有真正的和平可言！"

这期间一件比较特殊的事是关于韩复榘不战而放弃济南，被蒋介石诱杀。在此之前冯玉祥曾有多封信给韩复榘，鼓励他努力杀敌，1937年11月8日的信中写道："你是好孩子，好好的打日本吧!否则你的首级还将不保呢！"11月9日的日记中记道："昨夜给韩向芳等写信十二封，为劝其努力袭击马厂，以期保定国家民族也。"据冯玉祥的随从副官、中共地下党员李平一回忆，1938年1月20日，蒋介石派张治中到冯宅，征求冯玉祥对韩复榘的处理意见。冯玉祥表示违抗命令当军法从事。韩复榘经军事法庭提审几次，但没有正式判决，却派出军警到软禁他的居所，约他下楼。韩复榘从楼上下来走到一半，发现情况不对，说要上去换双鞋，刚掉过身去，背后就中弹了，他回过头来说："打我……"又连中数弹，倒地身亡。时间是1938年1月24日。冯玉祥是第二天从报纸上得知这个消息的，他在当晚的日记中写下这天有朋友来问起对这件事的看法时，他说的以下几点："一、国人皆曰可杀之，此固为至公至正之裁判，无能幸免者；二、凡事应从大处、重处、公处着想，而应将小处、私处、轻处摒弃；三、舍此而外，余尚应当自责者：1.余不认识人，徒自提拔。2.

台儿庄大战的领导者

左起：司令孙连仲，军长田震南，敢死队队长池峰城师长

余之教育不良，表率无状，有以致之。"

当台儿庄会战胜利的急电一早从前线送到冯玉祥手中时，这特大的喜讯使他兴奋不已，当场挥毫赋诗一首《台儿庄祝捷》。在武汉人民庆祝胜利欢呼声中，他到协和医院看望参战的孙连仲部负伤的王烈武、王郁彬两位团长，给每人送书和大洋200元。

他不止一次派人到亨得利表店订做手表，送给作战有功的将士。表上刻有"精忠报国"四字和受奖人员的名字。不曾想表店回赠了他一只老式怀表，上面刻有数语：上联是"先生爱百姓"，下联是"百姓敬先生"，另一面是"焕章先生赤诚救国，实行抗日真辛劳"，下书"亨得利表行全体员工敬献，民二七，元月。"他的老部属冯治安从河南来见他提到，河南许多人都开口就说，不想爹不想娘，想的就是冯玉祥。

有两天，他到街上走走，看见满街都是伤兵游勇，没人管，没人问，非常痛心，良心不容许他闭目不问，但他又没有办法从根本上解决这个问题。他回去派了4个人，各带50块钱，吩咐说只要看见冻馁的伤兵，就要酌情救济一下，多的每人2元，少则5角，让他们能吃饱，算尽一尽我的心。

长沙巧谏

日军步步进逼，国军节节失利，武汉又告失守，政府再次迁都，退到了重庆。冯玉祥正在桂林视察部队，立即赶到长沙面见蒋介石，二人共进午餐。蒋介石问："大局如何，大哥有何意见？"冯玉祥说："要让全国都深切明白，广州失陷，武汉撤退，都不要紧，我们抗日已经越来越进入佳境，抗战到底必得胜利。"蒋介石沉闷地说："武汉失守，你看我们怎么办？"冯玉祥先讲了一个三国时鲁肃劝孙权不可投降曹操的故事，然后说："这段故事可以用在今天了。你千万不要听那些汉奸投降派的话，要是向日本妥协，你这辈子就算完了。坚持打下去即使抗战失败，也对得起诸先烈，对得起中山先生。你千万不可动摇。"蒋介石心神不定地说："我不会动摇。"冯玉祥进一步说："你光说不动摇还不够。"接着又说了一个历史典故：孔明担心孙仲谋怕曹操兵多，决心还不坚定，要周瑜再去说服孙权。周瑜乃请孙权召集文武百官，当众宣示："今后若有言和者，与此案同。"孙权随即拔出宝剑，砍去桌子的一角，并将宝剑交给周瑜说："敢有言和者，杀无赦！"讲完冯玉祥问蒋介石："现在有许多汉奸乱出主意,要对大众宣言,如再有敢言和者,就是汉奸国贼,必定要这样办,方能使人人坚定信念。"蒋介石无可奈何地说:"好,好!你就本着这个意思作次广播演说吧。"冯玉祥又向蒋介石提出了目前急办的十四件大事,蒋介石认为都很重要,要他写下来详细呈报,并请冯玉祥继续检阅部队。

冯玉祥在长沙广播电台讲演,题目是《我们应该怎样为持久抗战而奋斗》,公开了他和蒋介石的谈话内容,最后严正警告:"重庆有人(指汪精卫)主张投降,我已经对委员长讲明了,有人卖国,就杀他的头!"

发表过演说,冯玉祥衣不解甲,马不卸鞍,又率众匆匆上路,到湖

出发

南、广西、贵州、四川视察部队。先后到达湘潭、祁阳、零陵、桂林、阳朔、荔蒲、柳州、宜山、河池、南丹、都匀、贵阳、尤里、筑垣、遵义、松坝、綦江、巴中、渝市、铜梁、丰都、万县、忠县、涪陵等地。

冯玉祥应蒋介石之请,再次面谈对督练新兵的十条意见。当月,军事委员会任命冯玉祥为第三督练区督练长官,指定让他督练驻在重庆附近的第三十六军、驻贵州的第九十九军和驻鄂西地区的第九十四军。冯玉祥率督练队人员先在重庆附近,又到贵州的遵义、贵阳、筑垣、息烽、铜梓,后又回四川的万县、巴东、宜宾、奉节,再到沙市等地督练新军,非常辛苦。他就在督练中发现的问题,多次给蒋介石上书。

冯夫人和儿女们,此时在贵阳,冯玉祥路过时,和家人们见了一面,抽空带全家乘车去市南三30里处的风景区花溪转了转。身在景区,但话题还是离不开抗日。女儿理达说,学校每星期召开演讲会和辩论会,研究是美国、英国帮助咱们好,还是苏联帮助咱们好?爸爸回答说,还是自己帮助自己的好。9岁的小儿子洪达对爸爸说,他把日本鬼子占沧州时的残暴对人讲了,听的人说要到街上去宣传。爸爸

说，这是你们最大的抗日工作，抗日不一定是都到前线去打仗，在后方也可以抗日，你们这样做算是出了力，但是出了钱没有？孩子们说在汉口时，已献金20元，在桂林也捐过救国捐几元。小儿洪达又说，昨天看见一个人死了，他的儿子请了和尚念经，买了花纸烧，这是不好的，他应该拿钱来捐助国家。爸爸听了这话后说，我死了你们千万不可以学他们，不用棺木不埋坟，就用席子卷了埋在八尺深的地下，上面种上树，成材以后做桌子凳子送给图书馆或是公益地方，上面刻上冯玉祥遗物，这表明我死了仍然报效国家和社会，因为那树是我的肥料长成的。

孩子们从小都习武，夫妇俩看着颖达、晓达、洪达在阳光下打拳，打来打去，出了浑身透汗，精神活泼，体格健壮，冯玉祥对夫人说，谁家有孩子要是不操练身体，怎么也不会健康，你知道艺高才能大胆。他大声对儿女们说，你们练成好本事，就能和日本鬼子大战！

回到重庆后，年关将至，冯玉祥差人花了1000多块钱，买了猪肉、白菜、大米等100多份，先发放罗家湾之内的苦同胞，尽一点他的心意。开始，他住在巴县中学。这所学校位于重庆上清寺附近，规模宏大。在一个大围墙里面，耸立着许多西式的砖房，也有中式的亭榭，另外还有些架木为梁，竹篾做壁，外糊泥土和石灰的四川式洋房。一条宽阔平坦的马路，从大门一直通到里面，汽车可以开到每一座房子跟前。马路的两边，绿树葱郁，蔚然成林，形成一条幽雅的荫道。冯玉祥就住在一栋砖房的二楼，楼下是军委会所属的铨叙厅。

二楼的房子原来是学校的教室，房间用砖墙隔断，开间很大，冯玉祥住进来以后，用木板隔成两间或三间，每个房间里都摆着许多床铺，显得非常拥挤。他自己住的一间卧室很窄小，只有一间稍微宽大点的是他的客厅，同时也是他的饭厅和教室。在这个房间的一端，摆着几张藤椅，两个茶几；在另一端，墙壁上保留着原来的黑板，黑板的前面，有一张藤椅，一张书桌，房间的正中，有一张大圆桌和十几把木椅子。房子的四壁，除了一架挂钟，光秃秃地没有第二种装饰。

痛骂汉奸

1938年年底，汪精卫潜逃出重庆，到南京组织汉奸政权，叛国投日。

冯玉祥在参加国民党中央召开的讨汪大会上，大骂汪精卫王八蛋，主张开除汪逆党籍,通缉他,并连续在广播电台发表题为"粉碎汪逆的卖国密约,战斗到最后的胜利"、"团结抗战粉碎日汪协定"等演讲,痛斥汪精卫投敌卖国。蒋介石却公然在会上说,汪精卫无论怎么不对,我们应当宽恕他。冯玉祥当即指出这是蒋、汪唱双簧。他毫不留情面地揭露说,汪精卫出走前一两个礼拜,他的家眷就带行李坐专机飞走了。那时交通由军统局戴笠管,有人出境坐飞机须事先登记,高级官员走更要经过蒋介石亲自批准。汪精卫带一帮人乘专机飞昆明,事先既没有政府和国民党交付的任务,戴笠③岂有不先报告蒋介石的道理?说汪精卫是暗地逃出重庆,岂非鬼话?汪到了昆明,龙云还有电报给蒋介石,如果要阻止,是完全可以来得及办到的。由此可见蒋介石说他事前不知道,这是谁也不会相信的。

这天开完讨汪大会后,冯玉祥即出发督练新兵,约上老舍同往。车抵青木关,他们下车吃烤地瓜,吃完登车赶路,路上商量怎么写骂汪精卫投敌出走的诗,老舍让冯玉祥出题,自己作。

"那就用烤地瓜为题吧!"冯玉祥想了想说。

老舍很了解冯玉祥"丘八诗"的风格,常常修改他的诗,因此一听就幽默地说:"呜呼汪兆铭,不如地瓜香。"

"好极了!"冯拍了下巴掌。

后来在途中又看到遍地长满黄花菜,老舍说:"要不然以黄花菜为题吧。"

"好哇!"

讨汪大会是1939年1月1日开的,冯玉祥的"黄花菜"一诗,于1月3日在隆昌写成:

时当二九天,蜀道菜花黄,
灿烂真悦目,风来阵阵香,
此花有傲骨,胆敢战风霜,
前方正抗敌,汪贼竟投降!
平素空谈论,离奇又狂妄:
"岳飞是军阀,秦桧是忠良。"
有人对我说,此话出于汪。
此为其哲学,有奶便是娘!
察哈尔抗日,口外作战场,
多伦既克服,官兵多伤亡,

运回一千多，死者四团长，
平津入医院，万目共昭彰，
汪说"未打仗，哪里有死伤"？
黑白多不分，实已昧天良！
武汉打电话，态度已失常，
每闻我军胜，怒气不可当；
一闻我军败，喜气乐洋洋。
喜败而妒胜，此态可思量，
领袖欲太重，汉奸也愿当，
行年已半百，晚节末路忘，
只知富与贵，不替民族想，
国家与朋友，尽弃投敌邦，
千年万世后，"精卫"恶名长。
认贼作了父，甘心拜天皇，
倭寇发狂言，欺世惯中伤，
巨奸欣然喜，竟谓好主张。
不要我赔款，中国整个亡，
取消租界地，全属贼东洋，
曰满华合作，主人倭寇当，
三国成一家，日寇是父王。
此理至明显，世人都知详。
谁说汪不知？未免太荒唐！
如果汪知道，那又怎样讲？
"卖国贼"三字，头衔最适当！
孙凤鸣[54]壮士，一击连三枪，
早晚铸铜像，佩他有眼光，
决心过荆轲，锄贼优张良。
韩国李完用[55]，不孤今有双！
倭寇将大败，我军正威扬，
不久失地复，民族得解放，

冯玉祥年谱

1939年（57岁）

1月1日，在重庆国民党中央监察委员会上力主开除汪精卫党籍，并下令通缉。

1月3日，写下名诗《黄花菜》，痛骂汪精卫变节投敌。

2月26日，出发桂林检阅军队。不久，去长沙，引用历史故事鼓励蒋介石坚定抗战信念。

是年，利用各种机会和场合，发表文章，进行演讲，怒斥卖国行径，号召全民抗敌。

日本革命起，军阀尽灭亡。
到了那一天，汪贼走何方？
不见拿破仑，攻俄势难当，
占了莫斯科，豪气高万丈，
可怜四十万，未剩两千枪。
不见德意志？大战何豪强，
血战整四年，财尽民慌张；
国内起革命，民治为政纲，
威廉忙滚蛋，国外去彷徨。
我们为民族，小败心不慌，
我们能持久，一定打胜仗；
我们为民主，天皇定灭亡！
我们有信心，始终不摇晃；
信念最坚决，至死不投降！
四五千年史，此战最芬芳！
成仁与成功，必耀青史上。
呜呼！汪精卫！心肝尽丧亡！
呜呼！汪精卫！不如菜花黄！

这首诗把汪精卫骂了个痛快淋漓，但国民党官报即不准刊登，然却挡不住口传，受到文化界、文艺界的高度赞扬，成为文艺园地交口称赞的一支奇葩。

冯玉祥的诗自称为"丘八诗"，实则是自成一派的农民诗，因为他的诗，都是用农民习用的言语和调子写的。不仅在形式上如此，在内容上也多半是写的农民生活，或者鼓吹抗日救国、自由、民主一类的题材。茅盾曾在一篇文章中特别写道：

文艺界抗敌的联合战线成立后，有力的支持者之一，就是冯焕章将军。他是"文协总会"的理事。

"文章入伍，文章下乡"，是当时文艺界同人致力的目标，冯焕章将军是实践了这两句话的。他写了很多白话诗，他自称为"丘八诗"。那时，大部分的职业作家一时之间还不能改变风格，使自己的作品适于"下乡""入伍"，而冯焕章将军虽以业余诗人，说到就做到。他这种精神令人不能不钦佩。

陪都生活

　　山城重庆，成了战时的陪都，雾沉沉，魑魅横行，血雨腥风。面对国土的大片沦丧，蒋介石处心积虑要对付的，还是中共，又掀起了新的反共高潮，大批逮捕共产党员和爱国人士，甚至连在广西工作的越南革命领导人胡志明也未能幸免，被抓进了监狱。胡志明被捕后，周恩来十分焦虑，要求冯玉祥设法营救。

　　冯玉祥一向惯着粗布衣衫出入上层各种会议场合，久已引起国民党政府官员的窃窃私议，加之他现在确实倾向共产党，头上戴上了"赤化"的帽子，何应钦、谷正纲等蒋介石嫡系人物，一有机会就公开攻击他是"赤化分子"。他的言行受到特务的严密监视，连他的英文教员王某都是特务。蒋介石对冯夫人始终不肯加入国民党也极为不满，一次见到她时又提："李先生还是应该早日加入本党为好。"冯夫人气愤地说："我们连行动的自由都没有。"在这种情况下，营救胡志明的工作只能秘密进行。冯玉祥曾单独去拜访苏联总顾问，请教办法。之后不久便拉着李宗仁一起去找蒋介石，提出几点质问："一、胡志明是否共产党姑且不论，即使是，也是越南共产党，我们有必要和有权逮捕外国共产党吗？苏联顾问团成员不也是共产党吗?怎么就不逮捕他们呢?二、越南是支持我们抗战的，胡志明应该是朋友，怎么成了罪人?三、假使把赞同我们抗战的国外友人称罪人，那么，我们的抗战就是假的了，这会失掉国际间一切同情。四、究竟我们的抗战是真是假？"

　　冯玉祥刚说完，李宗仁也不客气地问："道理，冯先生讲完了，我问你，为什么要在广西抓胡志明，这不是嫁祸于广西吗?这是下边的意思还是你的命令？"

　　蒋介石被问得无言答对，只得说："调查调查，我马上叫他们调查调查。如果实有其事，一定释放。"不久，胡志明

冯玉祥年谱

1940年（58岁）

1月11日，《新华日报》创办两周年，再为题词："精诚团结,抗战到底。"

继续督练新兵。

营救越共领导人胡志明出狱。

1941年（59岁）

11月14日，冯玉祥六十寿辰,各界热烈庆贺。冯玉祥偕夫人避寿在外。

23日,发表《谢寿》诗,以示感谢。

出狱。

根据周恩来的意思，冯玉祥还先后营救了张申府、王伯阳、沈钧儒、华岗、浦化人、楼适夷、周民藩、陈左武、骆宾基、孟克等中共党员和爱国人士出狱。

日本空军对重庆实行大轰炸，日以继夜，凄厉的警报声时时响彻城市上空，民众伤亡累累。有一次大家在一处防空洞里躲警报，洞门堵塞，人多天热出不来，死了上万人，惨不忍睹。冯玉祥在中央党部和国民政府联合会议上痛批时弊。会后张治中告诉他，他的讲话得罪了不少人。冯玉祥说："在这个时候也顾不得许多了。"

在一次轰炸中，苏联大使馆也被炸毁，冯玉祥把他租的一所教会的房子让出来给苏联驻华大使潘友新住，他对随从人员们说："房子让给潘大使，因为苏联帮助我们抗战最多。我们分开住，一部分住金刚坡去，一部分住云顶寺。"说起来还有一个小趣事，一次赴潘大使的宴请，冯玉祥见烟酒充足，菜也丰富，想到自己请对方时，不过是馒头、豆包、稀饭，菜也只有几盘，面子上似乎有点过不去，但反过来想想，大使请客是用的国家钱，而自己请他是自掏腰包，心里又觉得释然了。当大使端着一杯酒走过来请他喝时，他因为平生从不喝酒，坚决不喝，大使站在他面前说："你喝这杯酒，就把日本鬼子打走了。"还是婉拒了。接着大使又拿一支香烟要他抽，他也不能接受。大使问："你不抽烟有什么说法吗？"他说："有。民国八年我国人民吸英美公司的纸烟，每年共计六万万五千万支，后来增加到八十二万万五千万支，你想这个有多么厉害。帝国主义用毒药米吸收我们的金钱，又去造飞机大炮和一切杀人武器来打我们，我们还跪在地上叫老爷，割地赔款画押，这是何等耻辱的事啊！所以我不吸外国烟，吸中国烟。"其实，他也从不抽烟。

为了加强他的警卫力量，战斗在抗日前线的张自忠从手枪队中挑了40名精壮战士调给他。此前张自忠到重庆叙职时，冯玉祥举行了欢迎仪式，请他报告胜利情况，并设午宴款待，请张自忠坐了首席。

时隔不到一年，张自忠在对日作战中壮烈殉国。恶耗传来，冯玉祥和夫人放声痛哭，他口中说："死的好，死的光荣，人人要学张自忠的死……"他悲痛地先是召集孩子们，后又召集传令

张自忠

队、手枪队官兵,亲自讲述张自忠一生的爱国精神和刻苦精神。他回忆说:"民国五年的时候,他就跟着我听差遣,办事认真,不苟安,不偷懒,后来让他当排长营长,他谦逊不干,说自己学术浅陋,经验不足。但当了以后,更是努力学习,刻苦自励,和士兵同甘共苦,情同手足,以后每逢对敌作战,士兵无不感其德而效命疆场。现在身为总司令,身先

冯玉祥和孙科渡江去参加张自忠的追悼会

士卒,奋身殉国,这真是从抗日以来所罕见的。"他和部属们佩黑纱,亲自题写了墓碑。当张自忠的灵柩运到重庆后,冯玉祥带小儿子洪达亲到北碚祭拜,参加葬礼,他送的挽联挂在灵前:"抗战来建最大功劳正气千秋死无遗恨;从戎后同半生患难国仇初雪恸失元良"。

对于人的死,冯玉祥认为一般人以为死在家里,死在老婆孩子跟前就是善终,要是死在刀枪炮火之下,就不是善终,这是认识上的大错误。他说关公是不是善终呢?他是被人砍头的,你看有多少人给他烧香叩头!岳飞是不是善终?他是被秦桧害死的,看看有多少人给他烧香叩头!自古以来,多少真君子、大丈夫、志士仁人,不是被刀砍的,就是被枪杀的,甚至碎尸万段。再看看那些菜包子、造粪机,许许多多都是平平安安,躺在家里炕上呜呼哀哉的,这就叫"善终"吗?俗话说得好,就怕货比货,我们比比看,谁轻谁重,谁光明谁黑暗。因为这个缘故,所以我就怕"善终",我就愿死在日本鬼子刀枪炮火之下,我觉得这就是"善终",这就是真善终。

在市区近郊的陈家桥,冯玉祥置了一处房子,取名"抗倭庐",大门为"抗倭寇门",大门内的三个二门分别为"不忘辽热门"、"不忘吉黑门"、"不忘北大门"。二门外左右两门,分别为"复国仇门"、"雪国耻门",最外层的两个后门分别为"收复失地门"和"还我河山门"。一个月后,已年近九十岁的原房东张老太太来见冯玉祥,落着泪说这个房子是她儿子瞒着她卖掉的,她现在已经没处安身了。冯玉祥立刻

表示把房子送还给她,当场烧毁了房契,还说房子算租老太太的,以后每月付房租,请她回来住,老太太的儿子为此也感动不已。(这处房子经重庆市政府修缮,现在成为冯玉祥纪念馆,院中还存有老太太的碑石)。

四月的春天,冯玉祥去帮农家耕水田,右手掌犁,左手执鞭,泥水几乎没过膝盖,汗如水洗,真正体会到了"汗滴禾下土,粒粒皆辛苦"的真谛。一次,理达和洪达跟着他经过一户李姓农家,问起为什么他家地里不长禾苗,回答说因为没有肥料,又问为什么不买猪积肥,说没有钱。冯玉祥过后就送他一头猪,这人缺钱,把猪给卖了,冯玉祥又送了他一头。知道附近农家有被盗的,他一一伸出援手,进行救济。

重庆的夏季天气酷热,冯玉祥在抗倭庐附近的金刚坡设了一个茶棚,安了几张茶桌,专门供过路的穷苦百姓不花钱喝茶水。做了这点小事,他心里觉得"十二万分的痛快"。

为了继续学史,冯玉祥托朋友给他介绍一位史学名家讲授中国历史。史学家翦伯赞是和周恩来单线联系的中共秘密党员,征得周恩来的同意,作为一项政治任务,翦伯赞成为冯玉祥的历史教师。1940年10月3日,当翦伯赞来到巴县中学时,冯玉祥已经亲自在住处门前恭候了,见面第一句话说:"我读了您不少的文章,今天能见到您,真是高兴。"

翦伯赞在他日后的回忆文章中说:

在我和他相处的一年中,他除了早晨读圣经和英文不算在内,每天有七小时是坐在教室里做学生。从上午8时到12时,下午2时到5时,都是他上课的时间。在这个时间,任何客人都不接见,如果有熟朋友来,就请到教室来听讲,因此,知道他的脾气的人在他上课的时候都不来会他,因为一不小心,就要被强制地受一小时的教育。

在冯玉祥的教室里,听讲的并不是他一人,上课的时候,他的大多数部下都变成了他的同学。当时鹿钟麟将军,卸了河北省的主席,住在他的寓所,薛笃弼君还没有做到蒋介石的水利委员会的委员长,住在他的隔壁,都来听讲,此外还有去年被蒋介石逮捕至今生死不明的余心清先生,有时也来听讲。

冯将军尊重学术,也尊重研究学术的人,我记得,我每次走进教室的时候,他都像小学生一样站起身来,有时他在教室的门口站着,等我走进教室以后,然后就坐。这与蒋介石之蹂躏学术,屠杀教授,真是一个强烈的对比。

冯将军对于学习,非常认真,他并不是随便听听而已,而且自己做笔记,我永远记得他戴着一副玳瑁框的老光眼镜,拿着一支毛笔,一面听一面记的神气。他不仅自己做笔记,也要他的同学都要做笔记,为了怕他的同学不做笔记,有一个时候,他派鹿钟麟将军为笔记检查员,每天检查听讲者的笔记。

在上课的时候,冯将军从不迟到,也不早退,只有一次是例外,这一次是1941年1月3日下午的最后一堂课。我记得大概距下课还有五分钟的时候,有一位副官走到他的面前,轻轻说了一句话,他就起身走到讲台跟前,向我请假五分钟。

冯将军走出教室没有两分钟,又走回教室,这时全教室的人,一致起立,这在过去是没有的事。我在惊奇中发现了在他后面跟着一位客人,这位客人身材比他矮小得多,光头,穿着一身黄哔叽的军服,没有佩领章。我认得这是蒋介石。

蒋介石一走进教室,东张西望,现出惊奇的脸色,连说:"你们在开会吗?"冯将军回答他说:"不是开会,是上课。"当时冯先生介绍我和蒋介石见面。蒋介石"屈尊"和我拉手,连说:"好好好","好"了很久,才说出一句话来,他说:"你还是讲,我也听,我也听。"我回答他:"对不起,我们已经到了下课的时候了。"

晚餐时,冯将军便把他和蒋介石会见的经过在餐桌上发表。他说蒋介石一走进他的客厅,就想从墙壁上发现他自己的相片,结果,没有找到,却找到了新挂出的一张条幅,一副对联。条幅上写的是苏轼《留侯论》中的几句话:

"当韩之亡,秦之方盛也,以刀锯鼎镬待天下之士其平居无事夷灭者不可胜数……"

对联写的是明朝人讽刺当时不说话不做事的大臣的两句话:

"纸糊三阁老,泥塑六尚书。"

蒋介石看了满口称赞,他问冯将军:"这是你作的吗?"冯将军把渊源告诉他,他马上把话题转到读书问题,用以掩饰自己的无知,他盛赞冯将军之好学,并说他将通令各机关仿效。果然,不到几天,各机关便奉令组织读书会。读书会的来源,发端如此,恐怕到现在还没有人知道。

冯将军对于历史学,有很好的修养,在我们相处的一年中,他从我得到的历史知识,并没有我从他那得到的多。冯将军对近代史,特别熟悉,因为他本人就是一部活的近代史。他既强于记忆,又善于说辞,往往谈到近代史上的事变或人物,原原本本,如数家珍。他所谈的事变,都是亲自经历的事变,所谈的人物,都是亲自接触过的人物,所以说起来,其人其事,历历如在目前。

冯玉祥对晋史、宋史、明史也有浓厚的兴趣。因为他从这些时代的历史中,可以看到一些他最崇拜的民族英雄,也可以看到一些他最痛恨的汉奸。冯玉祥有一次向翦伯赞提议,由他们两人合著一部中国民族英雄传和一部历代农民革命领袖传,请画家赵望云绘像。翦伯赞认为这是极应做的一件非常有意义的工作。但这个良好的意愿不幸成为他们双方的遗愿。

冯玉祥日后在海上遇难,翦伯赞悲痛万分,因为思念故人,他把冯玉祥赠送的画一直挂在北京大学燕东园28号住宅的书房中。在那十年动乱最初的时候,每天总有几次站在画前凝视许久,他在想些什么?"文革"中,翦伯赞的家被抄,人身受摧残,他唯一还保有的东西,恐怕只剩下了冯玉祥遇难前托人带给他的一支钢笔了,在他生命的最后时刻,就是用这支钢笔写下了寥寥数字的绝命书,和夫人戴淑婉一起服毒自尽。

六十大寿

1941年11月14日是冯玉祥六十岁生日,他在给朋友的一封信里写道:"……玉祥年虽六十,而学识才力仍一兵。人生的价值要以对国家民族贡献的多少而定,并不在年岁的大小。玉祥才微识浅,徒负虚名,惭愧之情,与年俱增,您的夸

周恩来贺文手迹

奖，适足使我更加难过而已！真的，我很想哭一场！……"

《新华日报》特辟出一个整版，在"庆祝焕章先生六十大寿"的大标题下，刊登各方的祝电、贺词和寿文。毛泽东、朱德、彭德怀、董必武、叶剑英等中共领导人，都从延安发来祝电。

冯玉祥、李德全夫妇

冯玉祥为避寿，头天一大早和夫人就到了成渝公路上的一个小镇丁家坳，晚上和当地同文中学的师生们举行联欢会，请大家一起吃了面条。第二天回来的路上，碰到三个打柴迷路、在路边哭泣的小男孩，又用车把孩子们连带打的柴送到了家。回到重庆，已是黄昏，一进家门只见厅堂里挂满了各方朋友的祝词和诗文，数百儿童祝寿的画幅，诗人郁达夫等远自新加坡、香港等地寄来的诗篇，苏联大使馆武官崔可夫赠的花篮。

11月23日，冯玉祥在《新华日报》上发表了一首"谢寿"诗，流露了他内心的激情，表达了他对大家的诚挚谢意。他在诗中表示，他已经下了一个决心，要做一个崭新的人，向着真理不断前进。……

为了我们的国家民族，

为了全国同胞和全世界的人群，

努力不懈不怕牺牲，

尽自己的本分打倒侵略的敌人。

……

蒋介石对于冯玉祥亲近共产党、靠拢人民、坚持抗战的言行十分不满，先是开动宣传机器对他进行攻击、中伤，骂他是共产党的尾巴，后来更采取把特务安插在他身边的手段对他进行监视，并把他和外界隔绝开来。

美国的史迪威将军，是中印缅战区美军的中将司令兼中国战区的参谋长，他对蒋介石把几十万部队屯于西北而不肯调到前线对日作战，十分生气。他到重庆，好几次想去看看冯玉祥，都被告知不在家。有一次在外交场合总算见到了，史迪威说：

"我有好多话想和您谈谈，怎么每次找您都说不在家呢？"

冯玉祥说："我一直在家，他们说我不在家是有用意的，免得您见了我，听我说了实话。"

1944年史迪威将军对蒋介石的不满加深，矛盾愈闹愈大，蒋介石竟把史迪威也骂做是共产党。后来，支持蒋介石的美国政府把史迪威调回国去了。

美国青年界派了一个代表来中国作调查工作，经人介绍见到了冯玉祥，谈话中对方说："日本的青年也是主张和平的，但是少数军阀太蛮横了。美国的青年，是期待着贵国抗战胜利的。"冯玉祥老实不客气地说："我对美国的态度非常不满意。我们中国以前都以为美国是爱好和平的，能出来制止日本的无理暴行。不料美国全是私心，牺牲弱小国家，而从中获利发财。要是美国不以大量的废铁和汽油运往日本，日本早已经没力量了，这影响了世界的和平，更严重地影响了中国人的生命。"客人说："是的，我们政府是有一点对不起贵国，可是一般青年是好的，他们几次发动抗议运动，现在美国禁运了。"并对在重庆见到的日机轰炸造成的惨状表示难过。冯玉祥说："这三年来，我们不知道死了多少人，我们还希望贵国帮我们什么？我们只希望美国帮助自己，帮助自己的人格和国格。现在我们中国什么都不要了，只要自由生存，不能得到自由，就只有一死，我们不是只说，我们在做。"客人说："贵国抗战如此艰难，而意志又如此坚强，前途一定是光明的。"冯玉祥送了他一只茶杯，作为这次见面的纪念。

战局不容乐观。日机每天一批一批地来投弹轰炸，山城重庆燃烧的火焰不断，黑烟直冲云霄，令人触目不寒而栗。冯玉祥感到蒙受了奇耻大辱，恨入骨髓。朋友们在一起忧虑地议论，万一四川再不保，还能退到哪里去？冯玉祥说只有以死相拼了。他无时无刻不在心里想，何时能收复失地？何时能雪国耻？怎样能拯救同胞于水火之中？他认为只有大家各尽职责，有钱出钱，有力出力，一寸骨、一滴血、一块肉都要贡献给国家，一心一德一致拼命到底，和汉奸誓不两立，就一定能把日本鬼子打出中国境地去。当他得到一块被击落的敌机上的碎片，在上面写上字挂起来，他说这是最宝贝了，这是日本飞机来炸我们，神圣空军的战利品。

　　他不能指挥作战，心中异常苦闷。为了筹集资金支援战争，索性深入到民间去，以开展献金运动等多种方式，宣传抗战，足迹遍及四川大地。他每到一地，马上就召集各界开会，发表演说，大力宣传抗日救国的意义，讲述当前抗战的形势和中国必胜的道理，介绍各地献金运动的情况，号召大家动员起来，踊跃捐献。他说我们后方能安静地生活，都是前方将士流血牺牲换来的，但他们在前方吃不饱，穿不上，后方要节约献金，买飞机大炮支援前方。他在乐山接见群众代表时说："你们看日本打到宜昌，宜昌离重庆多远？"他用手比着说："在地图上只有这么一点点。你们说危险不危险？"讲演时，他振臂高呼："收复失地，还我河山！有钱出钱，有力出力，拯救国家！"引起强烈反响。为了筹集更多的抗战资金，他有时把自己的字和画亲自拿到绅商富贾的人家去登门义卖；他亲自为商店、茶馆、祠堂题字、写匾。在合江县，至今留有他的"同仁泰"、"正城茶庄"的遗墨。他还组织篮球比赛，把收的门票钱作为献金，在许多演说的现场，人民群情激动，把戴的首饰摘下捐了；更感人的是，贫苦人家的妇女，把割猪草染绿了的银镯子也融入献金之中；有的商店老板，把当天的收入全部拿出来投进献金柜内。他所演唱的一首歌《爸爸在家》，取山东民间小调，自己填词而成，曲调悲凉，每唱都感动许多人下泪。其中有几段歌词是：

　　爸爸在家受饥寒，孩子们在外心真不安。一定打回老家去，赶走倭寇，方能算完，赶走倭寇，方能算完。

　　爸爸在家生了病，孩子们在外心更不宁。一定打回老家去，铲除倭寇，死也光荣，铲除倭寇，死也光荣。

冯玉祥年谱

1942年（60岁）

2月2日，向蒋介石提出国统区兵役弊端35项，要蒋认真查办。

不愿与蒋继续同流合污，动意去陕北，派人做准备。

1943年（61岁）

为了筹集资金支援抗战和慰劳处境困苦的前方将士，在四川发动了节约献金运动，激发起人民高涨的爱国热情。

1944年（62岁）

在川南、川西二十几个城镇继续开展爱国献金运动。总计筹到的资金折合黄金二万两，除少量资助教育家陶行知办学外，全部交给了政府。

1945年（63岁）

8月15日，日本宣布无条件投降。

8月28日，毛泽东到重庆和国民党进行谈判，冯玉祥设宴款待。

9月，中苏文化协会集会欢迎毛泽东，冯玉祥发言说："今天这个场合，正好实现了孙总理提出的联俄、联共、扶助工农的三大政策。"招致蒋介石的极大不满。

爸爸在家挨皮鞭，孩子们在外真是难堪。一定打回老家去，复我疆土，还我河山，复我疆土，还我河山。

在他的后面，跟有几十个特务捣乱，但是人民自我牺牲的爱国热情，使特务们阻挡不了踊跃捐献。这次抗战献金运动取得了惊人的成绩，总共募得资金折合黄金

1982年笔者和冯洪达在四川合江县寻旧迹

两万两，除了少数救济进步人士陶行知办学以外，全部交给了国民党政府，至今在四川许多地方的山崖上都还能看到他当年题词的石刻："一定要把倭寇赶出中国去"、"还我河山"等等，壮怀激烈。

为了救济负伤将士，冯玉祥在《新华日报》上登出启事，卖字筹集资金。他的爱国行动感动了许多人。有一位曾树屏先生，特地到重庆来见他，表示要为抗日捐献十万元，他当即欣然命笔，写了"要想着收咱失地，别忘了还我河山"这样一副对联送给曾先生。万万不料却因此祸及了曾先生，使他身陷囹圄，未及营救便死在狱中。这件事的发生，对冯玉祥感情上的冲击很大，他做了和蒋介石公开决裂，投奔陕北革命根据地，在中国共产党的直接领导下参加抗战的打算。1942年7月，他对曾往泰山投奔过他的于志恭说他想到陕北去，并叫于去三原为他准备住房；又派旧属葛效先、刘致军四出探路，以便在蒋介石逼迫他紧急的情况下到共产党区域去。

1945年日本天皇宣布无条件投降，艰苦的八年抗战终于结束了。

1945年8月28日，毛泽东不避危险，亲自到山城和蒋介石举行"重庆谈判"。有一天，爱国民主人士和各界代表在中苏文化协会开会欢迎毛泽东。宋庆龄、冯玉祥和许多爱国民主人士都来了。会上，主持人欢迎冯玉祥讲几句话，他兴奋地走上台说："今天这个场合，正好实现了孙总理提出的联俄、联共、扶助农工的三大政策"，他同时又指出："我们在高兴的时候，喜欢的时候，千万不要忘记了还要有人来破坏呢！"大家听了热烈鼓掌，掌声一直伴随着他回到自己的座位上。

这次讲话，蒋介石很快就知道了。蒋介石派他的儿子蒋经国把冯玉祥接到

江边南山他的公馆里。一见面,蒋介石就皱着眉说:"听说中苏文化协会开会开得很热闹。"

冯玉祥回答说:"不错。当我一提到中山先生的三大政策时,大家都不知不觉鼓起掌来,这应当说是孙总理的成功。"他看着蒋介石又意味深长地补充了一句,"也应当说是你的努力。"

蒋介石听了,脸色更加阴沉,从此和冯玉祥之间的裂痕更大了。

冯玉祥进一步批评蒋介石:"蒋先生可是国家的领袖,什么都是一身兼任,军校长、陆大校长、中央训练团长、青年团团长、行政院长、军事委员长、总裁,一个人即是万能,也不能身分万处,这什么都管的主义叫什么都不管。"

不久,王若飞等同志不幸遇难的消息传出,冯玉祥闻讯十分悲痛,即致唁电:"中共代表团周恩来先生并转王若飞、秦邦宪、叶挺、邓发、黄齐生诸先生家属礼鉴:惊悉若飞先生等飞机失事殉国,易胜伤悼!为国献身,为民舍命,奔走和平,解救苍生,正值国家转换之际,民主自由行将实现之日,殒此群星,实不只为贵党之损失而已也,尚望节哀,特此唁电。"

家事方面,也发生了一件意外,那就是三女儿弗矜自杀了。弗矜生性脾气古怪,和谁也合不来。她在成都齐鲁大学上药学系时,我的母亲刘兰华是女生部主任,和她一个宿舍的同学都受不了她,纷纷来找母亲反映,不愿意和她同住,提出要么她搬出去,要么给大家调宿舍。那时母亲和学生都住在一处,只好让她先搬来和自己住。记得那是一个下午,她拎了两个包袱,一进门就合衣仰面躺在母亲和我睡的床上,一直到天黑了下来,也没有动一动。母亲当时还没有下班回来,我出于好奇,就装着找东西摸黑进屋转了一圈,她没有出声,也没有动弹一下,仍是直挺挺地躺着,使我感到很害怕。后来,她就离开学校回重庆家里去了。

事情的具体经过是,有一天冯夫人批评弗矜,她回嘴顶撞,两人发生了争吵。冯夫人向丈夫说了这事,弗矜也来向父亲哭诉,做父亲的也说了她几句,她又回了嘴。这时的冯玉祥,正处在心情十分恶劣的境地,救国救民的抱负无从施展,加上曾经最忠诚于他的部将孙良诚叛国投敌,对他精神上的打击尤为沉重,正心烦意乱之际,弗矜的不敬惹火了他,顺手抄起桌上的砚台砸了过去,弗矜捂着脸哭着回屋,当晚吃下一瓶安眠药自杀了。第二天家人发现她始终闭门不出,敲门不应,呼之不答时,便破门而入,人早已冰冷了,在桌子上有她留的一张字条,上面只有几个字:"在这个世界上没有人爱我。"

第十九章
民主阵营

> 蒋介石向来是拿着孙中山说的话当招牌，又拿着中山先生的话当敲门砖，门开了，砖也就丢去了。我看准了，蒋介石一切的行为，完全是为他自己打算。因此我不愿意再做国民党员，我给蒋介石和中央朋友们写了两封信，请他们开除我的党籍。
>
> ——冯玉祥《我所认识的蒋介石》

1945年秋天，毛泽东不畏风险，亲赴重庆跟国民党进行谈判。经过针锋相对的斗争，取得了双十会谈的胜利。在这次谈判中，毛泽东做了大量的工作，揭露了蒋介石假和平真内战的阴谋，给中国人民指明了道路，带来了希望。翌年1月，政治协商会议在抗战胜利后的重庆刚开完，就发生了令人震惊的"校场口事件"。蒋介石派特务分子包围了校场口，对正在集会庆祝政协成功的各界爱国人士大打出手，打伤了郭沫若、李公朴等知名之士，大会执行主席之一的李德全，也几乎被打断了腿。这一打，把广大人民群众对于战后团结兴国、和平民主的满腔希望都打破了；国民党统治区的政治空气顿时变得令人窒息，人们都看见，蒋介石签订"双十协议"的墨迹未干，就片面撕毁协议，露出镇压人民和破坏和平、民主的真面目；这就激怒了一切爱国的、要求和平、要求民主、要求进步的人们，为了国家的前途，人民的幸福，社会的发展，人民必须战斗！

"校场口事件"以后，一个雨后的夜晚，在重庆民权路聚兴诚银行的楼上，有一个不寻常的约会。冯玉祥应约而来、准时进入客厅，他移动着山岳一般的身躯，伸出两臂，同等候在客厅里的人们热烈握手。

冯玉祥进来以后,接着进来的是李济深⑤、张澜㊼和龙云㊽,最后进来的是刘文辉㊾。在座的还有陈铭枢㉘、朱蕴山㊿、余心清和李平一。他们这些人都是与共产党合作,遭受蒋介石迫害的著名爱国民主人士。大家见面互相问候一番以后,余心清首先致开场白说:

"中国抗战八年,赢得一个惨胜。今天正是休养生息的时候,蒋介石却偏要一意孤行打内战。这几天,他正在召开军事会议,政协的前途已经决定被埋葬了!诸位先生都是政治上、军事上的领导人物,而且都在革命历史上写过光辉的一页,彼此又是互相了解和信赖的。今天约会在这里,希望大家能共同商讨出一个挽救国家民族命运的办法来。"

陈铭枢立即发言,他说:"我们的国家今天面临着生死存亡的关头!我们不能眼看着把我们的国家断送在一个人的手里。为了挽救危局,我们要行动。我们彼此以前虽然也曾不断地互通声息,但是团结得还不够,我们要进一步合作,把政治和军事配合起来,在各方面实际上动员起来,彻底地把这个独夫民贼打倒。"

接着发言的是刘文辉,他是一个长于辞令的人。他说:"蒋介石这个龟儿子,是一个大骗子。我认识他最清楚,他说什么我也不相信了。抗战本来是挽救民族危亡的事业,他当做消灭异己的机会,拿这个做法宝,为他做皇帝的阴谋铺路。我们这些人,如果不起来革掉他的命,将来谁也活不成。志舟兄这次吃了他的亏,就是眼前的例子。"说着,他望了望龙云。"我不断地和四川那些带兵的朋友说过这些道理,今后我要加紧和他们联系。在西康这方面,我是有准备的,绝不上他的当。今后大家来干,我算上一个。我们要革命,要干到底!"

龙云很感慨地说:"我在抗战时一向留神老蒋这个坏蛋!没想到胜利之后他还要打内战,他知道要进行内战,就非收拾云南不可,所以他先下了我的手。"余心清听到这里插了一句说:"您这回好比是老虎打了一个盹,被他暗算了!"龙云深深地点了点头,继续说:"我们绝不要放弃我们的责任,有一分力量,就要干一分的事。凡是我能尽力的,我一定跟着诸位一齐去做。"

李济深先介绍了一下他们在广西敌后的做法,接着谈到他这次到重庆的打算:"本来这次我是不想来的,后来,因为觉得要和许多朋友见见面,商量一个做法,所以才决定离开广西到重庆来。今后,蒋介石要打内战,我们就在内战中打倒他。革命工作要从多方面去发动,把各方面的群众团结起来,团结才有力量。现在反蒋的力量是很多的,到处都是。民主是人民一致的要求。只要我们努力，革命是一定会成功的。"

张澜接下去说："民主的力量，像海上的巨潮一样，谁也抗拒不了。只要我们把政治和军事两个力量并用，蒋介石的独裁，最后一定会被打倒。"

冯玉祥一直全神贯注地听着，他挺着胸脯，上身微向前倾，右手紧握拳头，用他洪亮的声音发话了："今天这个聚会，太有意义、太有价值了！我们要称之为'无话不说、真诚坦白的革命会议'。我提议，我们在重庆、成都、上海和广州等这些大城市建立起规模较大的言论机关，用宣传攻势打击独裁。"谈到内战形势，冯玉祥以他丰富的军事知识判断："蒋介石的军事攻势，一定先北后南。因此，我们的工作重点，也要放在北方。心清对北方人事最熟悉，请他去担任这个工作，是再适当没有的。"

会议一直开到深夜才结束。

过了几天，在冯玉祥的乡间住所歇台子，又先后开过两次会，讨论了反对内战、反对独裁的许多问题，对开展民主运动做了具体安排，决定由朱蕴山、陈铭枢、余心清和李平一去进行各方面的联系工作。

余心清夫妇与女儿余华心（本书作者）

第二十章
大江东去

> 因为规劝蒋介石不要拿着自己的同胞当仇敌,我曾同他讲过无数次的话,我看他是下了决心,非杀尽自己的同胞,他不快活。我决心赶快出国去。虽然是这样,我还是希望他责备自己,这样杀自己的同胞,是不对的。
>
> ——冯玉祥《我所认识的蒋介石》

抗战胜利以后,国民党政府还都南京,有权有势者纷纷携家带口坐飞机走了,蒋介石也不得不请冯玉祥乘飞机回南京。但当时冯在各界有许多朋友因抗战云集重庆,如今胜利了,大家既缺钱,又缺交通工具,难离重庆。冯玉祥不忍撇下大家独自飞走,他向蒋介石提出要一条船,话说得很肯定,不给船就不走,结果船要到手了。

回南京的这条船,船名叫"民联"号。所有爱国的朋友们,民主人士们,还有一些文化艺术界的朋友们,凡自己不能走的,冯玉祥都请他们一起走,总共上船的有九百多人。在船上,冯发起创办了一份《民联日报》,由他自任社长,谭平山为编辑,王宠惠为法律顾问。每天一期,每期印200份,共出版了6期。虽然是油印的,不及机器印的清晰,但是淡黄色的土纸上,印上黑色的文字,套上红色的报名,自有它的淡朴美。报的内容,有社论,有国内外时事新闻,有船上新闻,有沿途码头上的商业新闻,有古诗,今诗,有散文,还有谜语。除冯执笔外,同船的文化界、学术界名流也纷纷踊跃投稿。最有意思的是写文章还有稿酬,按篇计算,每篇奉酬鸡蛋两个。以食品做稿酬,这在新闻界大概是史无前例的创举了。

在《民联日报》创刊号上，冯玉祥执笔写发刊词《民联引》：

说民联，道民联，民联果然如所愿，多少好朋友，共乘一条船。连连挥着手，都说：四川，再见，重庆，再见！

说不了的情怀，道不尽的依恋。一路江景皆大观，眼下一片绿水，岸上两排青山，还有名城和胜迹，过了一站又一站。抗战胜利今还都，应当欣跃又狂欢，为什么心头不轻松？为什么面上少笑颜？那是为了政局未开明，那是为了各地有内战，大家个个皆不安，何时和平得实现？时时都在祷告，刻刻都在挂念；同胞还须努力，为了实现那一天。

怀着这种沉重压抑的心情，冯玉祥回到了南京。

还都后，蒋介石在国民党开的三全大会上，撕毁了政协协议。接着，又召开了自己一手包办的国民大会，重新通过了钦定的宪法，拉了两个完全没有群众基础的小党青年党和民社党做装饰品，算是改组为"各党派联合负责的政府"。

这还不算，继重庆"校场口事件"之后，蒋介石又一手制造了"下关事件"。当时国共双方正在为实现和平进行谈判，美国方面由马歇尔居中调停。为了反对内战，要求和平，上海民主人士选派了十一名代表，到南京向国、共、马歇尔三方呼吁和平。

这天，代表们刚到下关车站，蒋介石事先已经布置好的便衣士兵就迎着代表们一拥而上，大打出手。代表中的著名人士马叙伦、阎宝航、雷洁琼等都被打伤，还有《大公报》和《新民报》的两个记者也遭受毒打。消息当时就传到了冯玉祥那里，他怒不可遏地马上打电话给国防部长白崇禧说："抗战以前大学生们到南京来，因为那些大学生们说话激烈，就有人主张叫张治中开枪去打。张治中说，要是开枪打学生，你们去，我不去。结果张治中见了学生痛哭了一回，学生们也都哭，那件事情才过去了。今天把人民的代表都打了，这不是掩耳盗铃，自欺欺人，不是蒋介石打的是谁打的？赶快去认错，赶快去赔礼才对。"他放下电话，马上又赶到出事现场，把被特务围困达数小时之久的代表们解救出来，送进医院。这种事情的一再发生，冯玉祥认为简直是无法无天到了极点。他一向认为民国的公务员都是公仆，人民都是主人，如今仆人到处打主人，真令他痛心万分。

他和所有那些被打伤的人们，怎么也想不到在抗战胜利之后，为了代表人民的意愿，用和平合法的方式来向政府请愿，竟然会遭到蒋介石这种残暴的毒手。

现实毕竟已是如此残酷地摆在人民面前。20年来，中国实际已经成了蒋介石的私产，国民党本身又被一个小组织所操纵。这个小组织的构成分子是：一、蒋介石本人。二、蒋介石的亲戚之类。三、蒋介石嫡系的领兵大将。四、替蒋介石办党出力的头面人物。五、助蒋并为蒋所助的财阀。除此以外，冯玉祥还看透了，蒋介石是非杀尽自己的同胞他不痛快。他曾多次当面指责蒋介石拿自己的同胞当仇敌的错误以及他手下人的胡作非为。

在蒋介石日益变本加厉的高压恐怖政策下，久受其政治迫害的冯玉祥，深感在国内实在难以再呆下去，遂动意出国远行，和蒋介石分道扬镳。

用什么理由要求到国外去呢？正好还在重庆时，有一次冯玉祥和蒋介石谈论起水利问题。冯对蒋说："水利若不赶紧办，保不定年年有旱灾，年年有水灾，我们的同胞们，每天都在恐慌之中。"蒋顺口答道："好，长江的水利归我办，黄河的水利归你办。"因为有过这个话茬儿，冯玉祥便以此为由提出去美国考察水利。选择去美国这个地方，也是经过一番考虑的。当时，美、蒋勾结日紧，杜鲁门政府一面派出大批飞机运送蒋介石的军队抢占抗战胜利后的地盘，一面积极武装国民党军队，准备大启内战，消灭共产党。所以只有提出去美国，蒋介石才不存戒心，何况他确也十分乐意把冯玉祥放逐海外，这是他惯用的手法，给有影响的政敌冠以出国考察的名义赶出国去。蒋介石一面给了冯玉祥一个"水利特使"的头衔，一面又指使国防部未经征得冯玉祥本人的同意，即按照抗战后所下的复员令规定，和其他军人一样给他办了退伍手续。冯玉祥就这样被迫离开了军界，从此结束了他50多年的军事生涯。

1946年8月，冯玉祥在南京准备出国之际，国内局势更

冯玉祥年谱

1946年（64岁）

1月，在国防最高会议上提出大赦政治犯。

2月10日，重庆各界人士在较场口集会，庆祝政协大会成功。国民党特务捣毁现场，制造了一场流血事件，冯玉祥公开谴责当局。

5月，国民党政府由重庆迁回南京。

6月，冯玉祥离开重庆返回南京。

蒋介石指使国防部，在未征求冯玉祥本人意见的情况下，即按照抗战后的复员令规定，给他办了退伍手续。

6月26日，蒋介石派兵进攻中原解放区，全面内战爆发。

8月26日，致信蒋介石呼吁和平，反对内战。

9月1日，在《大公报》上发表致蒋介石的公开信，要求停止内战，实现民主和平。

加恶化，正向着全面内战发展。冯玉祥认识到，蒋介石之所以敢于推翻政协，撕毁各项协议，坚持内战独裁方针，重要原因之一，就在于美国政府不论在任何情况下都给其以帮助，而且帮助还愈来愈多。这种援助加上美军的继续留华，使蒋介石可以肆无忌惮地大打下去。基于这种认识，冯玉祥明确了自己到美国后的真正任务一是反对内战，二是反对美帝援蒋。

冯玉祥临出国之前，朋友们都想从他那里再得到一些指示，讨教些办法。余心清刚好在老上级走前一个星期从重庆到了南京。当天下午他便去拜望冯玉祥，详谈了自己此番北上的工作计划。冯听后沉默了好一会才开口说："你到北方去，要十分小心，尤其和人说话的时候。"说到这里，他停了一下，好像在想什么，脸色逐渐变得严肃起来："一个月以前，我和李任潮先生商量怎样策动陇海路上的刘、冯部队[02]的事，不到一个星期，特务的秘密情报上，就一字不差地写了出来。在座的除我之外，只有朱××和王××。你看糟不糟，危险不危险！因此你要到刘、冯那里去的打算，暂且搁一搁，这几天那里还有人来。"

从事民主运动志同道合的朋友们，聚集在南京对开展全面工作的做法，做了最后的决定:冯玉祥赴美后，国内的反蒋军事策动，由李济深领导，西南各省由龙云负责，余心清以北平为工作基地，朱蕴山驻上海，负责各方面的联系工作。

余心清离开南京的前一天，又去看冯玉祥。冯正在休息，余心清留下一张辞行的纸条就离去了。等他回到住处后，冯派人给他送来一封信，内中说："要与仿鲁[03]在经济上有个切实打算"，这是信中最重要的一句话，"经济"两个字的意思是指争取孙连仲部队起义的措施。

下 篇
魂绕中华日万周

第二十一章
被迫出国

> 本来抗战八年,胜利之后,无论是全国军人,或者是全国国民,都盼望重新建设一个民主幸福的国家。因此许多人一听见说,又要打内战,都觉得痛苦万分。
>
> ——冯玉祥《我所认识的蒋介石》

告 别

1946年8月20日下午3时,冯玉祥旧部秦德纯、曹浩森、薛笃弼、鹿钟麟等百余人,在南京中央饭店举行茶会,欢送他出国,并请他作临别赠词。冯玉祥首先谈了他出国考察水利的动机,继而叙述他个人和国民军的立场。他说:

自辛亥以来,我们国民军一贯的立场,是救国救民,我们为这个立场而出生入死。民国二十四年十月一日,我由泰山到南京,主要为了抗日。为了这个目的,我和各党各派都做好朋友,拉着他们团结一致,共同抗日救国。因为这个,也就引起了人家的误会,给我扣上一顶帽子,而且还是红帽子,要不然就说是"外围",再不然就说是民主同盟,或者说是尾巴。这些,我向来都不理会。我还记得,当我们北伐时,那个时候,北洋军阀就把我和蒋先生说成为北赤南赤等等。到我和蒋先生在徐州会师时,我对他说,人家说我是北赤,你是南赤,其实,我你都应该是以赤子抱赤心,我们的共同立场是三民主义的立场。

现在,抗日的目的已经达到了,今后国家需要和平建国,我仍然是和各党各派做朋友,拉着他们共同走上和平建国的道路。不管人家误会也好,骂我也好,反正我不会再吃骂人饭的。

我从当兵到上将,现在是退役了,我也得高兴。今后,我将全力从事水利建设工作,还希望你们大家仍像过去一样的帮助我。

这次讲话,《新华日报》是以这样的标题报道的:

在南京一欢送会上冯玉祥临别赠言　愿和各党派共同和平建国　不怕扣红帽子　也不怕挨骂

1946年8月28日上午11时,冯玉祥一行离开南京去上海,候船赴美。

早在"八·一三"时,冯玉祥曾任第三战区司令长官,在上海战场指挥军民对日作战,史称淞沪会战。但他任职只有一个月零四天,就被蒋介石免职。蒋介石自兼此任督战,结果造成国民党军队在八年抗战中牺牲最大、战斗最惨的一役。冯玉祥这次是在胜利后来到上海,前往车站欢迎的人如潮涌,晚上7时车还未到,上海北站六号月台就已经挤满了各界欢迎人士500余人。当列车进站时,雄壮的军乐声和震耳的鞭炮声响彻了站台,欢迎的人群情绪十分热烈。

自到上海之日起,各界人士纷纷举行茶话会、报告会、欢送会,请冯玉祥夫妇参加。人们关心他,爱戴他,许多人关心的共同问题是:今后中国的政局会怎么样?冯玉祥出国去会怎么样?他打算干什么?在一次欢迎会上,他即席赋诗,开头两句是:"冯玉祥退了伍,到处说和平民主。"这两句诗表明了他的心愿,回答了人们关心的问题。

在鲁迅夫人许广平主持,邓颖超、胡子婴、曹孟君等妇女界知名人士出席的上海市中国妇女协会举行的招待茶会上,冯玉祥作了简短演讲,号召妇女界也应为争取言论自由、教育自由而努力。

在"利他社"上海分社为他举行的有五百余人参加的聚餐会上,冯玉祥对上海人民沉痛地讲道:"我这次返沪,实觉得对不起上海父老。回忆八·一三时,我担任第三战区司令长官,防守上海南翔一带,但终至不支而退。我觉得当军人的,实在不应对上海父老耀武扬威,而应该向上海父老们说:'对不起,害您老受苦了!'"这话在上海引起很大反响。因为抗战胜利以后,蒋介石派了大量接收大员从重庆来到上海,大肆"劫收"。这帮人还板起一副似乎抗日有功的面孔,把人民群众踩在脚下,污蔑沦陷区的人民"除了贪污的汉奸、致富的奸商、媚敌的走狗之外,老百姓也同样要不得,是些甘心做亡国奴的顺民"。把国破家亡、坚持敌后斗争的广大人民,看成低人一头的"劣氓"。而冯玉祥一到上海,

第一句话就是对不起上海父老，肺腑之言，温暖了上海民众的心。

在上海，冯玉祥一家住在霞飞路1881号楼上。冯走到哪里，蒋介石的特务就跟到哪里，就连他住处的楼下，进进出出的也是特务和一些不三不四的人，乌烟瘴气，杂乱喧嚣。在这种环境极其不安全的情况下，周恩来和邓颖超夫妇却不避危险，亲自登门来看望，并委托冯夫人李德全到美国后，代表中国妇女出席世界妇女代表大会。这次大会，是由美国已故总统罗斯福夫人与美国十九个妇女团体共同发起并召集的国际妇女会议，该会发出请柬邀请邓颖超出席大会。由于国民党政府的阻挠刁难，迟迟不发给出国护照，使邓颖超无法参加这次大会，便把开会的任务交给了冯夫人，并详细向冯夫人说明了我方出席这个大会的目的，旨在使全体代表了解中国目前所受的困苦，比日军占领时期有过之而无不及。好战分子所以能发动内战，完全由于美国政府予以片面援助，因此要求美国政府停止对华一切军事援助，并从中国撤退美国军队。❹

谈话中，当听说冯家的四个孩子有三个因为出国护照办不下来，不得不留下等候时，周恩来非常关心，再三嘱咐留下的几个孩子，一定要先行离开上海，碰上什么飞机就坐什么飞机走，切莫滞留，免生意外。

9月1日，冯玉祥夫妇按照周恩来所嘱，把不能同行的女儿颖达、晓达和幼子洪达送上飞机重返重庆。

同日，他在《大公报》上发表了告别致蒋介石的一封公开信，再次劝他停止内战，实现民主和平。信中开头便说：

今日大局以和平为天经地义，国际要和，国内更要和。和了一切有办法，打了必有至痛至惨之结局。且打了还是要和，即便打多久，到头还是和。打得愈久，所造惨痛愈深，而问题依然未解决。与其将来和，何如现在和。故和平为不二之计。

冯玉祥年谱

1946年（64岁）

9月2日，以"水利考察专使"的名义，离国赴美。

9月14日，抵达旧金山。

信中还列举了在蒋政权统治下国计民生深受危害的种种现状。

这封措辞强硬,晓以大义的告别信,对蒋介石又是一次毫不留情的抨击。当年在报上见过这封信的人,至今谈起来仍有很深的印象。

9月2日,行期已到。为了免除亲友们前往码头欢送往来奔波的辛苦,冯玉祥于上午9时在住处举行茶会与大家话别。席间,《军人周报》的负责人魏某来找冯题字,他拿起笔来写道:"老百姓是军人的父母兄弟姐妹,军人吃的用的穿的住的都是老百姓的血汗,一饭之恩,终身不忘。军人受了老百姓的大恩,必须时时刻刻存着报答的心才好。"

11时半,冯玉祥夫妇偕长女理达、参议冯纪法、英文秘书汪衡、中文秘书吴组湘、水利专家刘宅仁、章元羲一行八人,动身至公和祥码头。一路上,前面一辆开路汽车不停地放鞭炮,表示上海市政府的欢送之意,冯玉祥对这种做法很不以为然,说这纯粹是劳民伤财之举,有这笔费用,不如省下来做点于民有益的事情。

到码头欢送的国民党政府官员有孔祥熙、鹿钟麟、张之江等百余人。

冯玉祥所乘之"美琪将军号"于下午4时离开上海。

民族之光

在船上,冯玉祥见到不少熟人,其中有国际知名的数学家华罗庚、漫画家叶浅予和舞蹈家戴爱莲等;同船还有不少出国深造的大学毕业生,他们都是考取的公费留学生。冯玉祥本身是个勤奋好学的人,所以他特别尊重学术和学人。他知道华罗庚先生的数学造诣扬名世界,心里也为此感到自豪。他认为,有了像华罗庚这样的人物,我们民族的科学和文化才能够发展,国家才有希望。可惜中国的统治者还不知道尊重学术文化,学术界和文化界无时不受摧残,正在极其艰苦的境遇中挣扎。中华民族如果有几千几万个华罗庚这样的自然科学家和其他社会科学家涌现出来,我们的民族就可以奋发有为,对世界文明作出重大贡献了。

船上的中国青年有好几百人,都是到美国去读书的。其中学化学、医学、数学、工程、生物、政治经济学的都有。还有几个是研究水利的。不少青年人因仰慕冯玉祥,纷纷来请他指教。冯一生热爱青年,热心办学,所以每逢这种场合,他总是和蔼可亲地和他们促膝谈心,勉励他们力求进步。他对青年们说:"要做到老,学到老,而且即使学到老,还学不了。所以,我们应当随时随地抱着虚心学习的志愿,多询问,多求了解,多记笔记,万不可像过眼烟云,无所关心。要知道我们在世界上事事落后,至今要是还不急起直追,以求进步,不但愧列四强,而且也无以自立和自存。"一位大学生拿出纪念册,请冯老伯题字,他欣然题道:"君子有三要:要科学,要民主,要和平。"

面对一群生气勃勃、充满远大理想的青年,冯玉祥对他们满怀希望。由于自己名义上是去考察水利的,所以对那几个去学水利的,格外关注。他在日记里写道:"中国的农业最迫切而且普遍需要的就是下雨。若是凭借着美国的科学造诣,研究出个下雨的办法来,就像刚才的天气变化一样,在晴天上制出云彩,把白云变成乌云,把乌云变成密云,在很短的时间内,就制造了一场沛然大雨。如果人工能做到这步,我们中国就没有旱灾了,人民就个个有饭吃了。能学这样一招回来,才算得不枉此行。要不然,到美国去住上几年,花费多少民脂民膏,除了学会了穿西服、吃西餐而外,什么真正解除人民大众苦痛的本领也没有,那实在太对不住人民大众了。"

船上见闻

航程中,冯玉祥还会见了英国的维亚特中将,他曾是英国前首相丘吉尔的代表。意大利投降时,他乘飞机前往受降,因为飞机失事受了重伤,瞎了一只眼,断了一条胳膊。他是躺在医院里代表英国签字受降的,现在他又是艾德里首相的代表。冯玉祥感触很深,他说英国政府用人做到了残而不废,十分难得。假如中国的政府派一位瞎眼断臂的大员出国,就一定会有人大惊小怪,以为有失国体,万万使不得!但是人家是只问才能,绝不以貌取人。从维亚特,他想到了华罗庚,这位学者很年轻,很清瘦,他的吃苦精神和非凡的天才,都可以从他身上看出来。可是他的一条腿不知道什么时候得了毛病,走起路来一拐一瘸。冯玉祥因见我们也有一位瘸了腿的华先生被外国请去讲学,心里感到一阵说不出的痛快,他认为这样也许可以把我们那种既残即废,重表面而不顾真才的恶劣心态纠正一下。

一天午饭后,船上通知要进行安全演习,全船的水手和旅客都必须参加,每人都要把舱里备有的救生衣穿起来。

这种演习,这种居安思危以防万一的精神,冯玉祥深为佩服。他和同舱人谈起两三年以前,他为献金抗日到四川江津去,途过十南海一带,见那里船来船往,没有安全保障,危险得很。他当即致电行政院,希望引起特别注意,防止发生事故。但是政府又有谁把人民的性命大事看在眼里,放在心上?后来"民惠轮"果然在那一带出了事,死了四五百人,其中有艺术家,有教育家,他们都是国家民族的瑰宝,还有许许多多的群众,不幸都葬身河底了!江中失事的轮船不知有多少,淹死的人命无法统计。他说假使我们也有这种救生设备,防患于未然,哪里会发生这么多惨事呢?

明月故国

漫长的海上生活是很单调乏味的,为了活跃同胞们的情绪,一些热心的人常发起组织联谊会。有天晚上8点钟,开了一个"美琪号中国旅客大会",请冯玉祥讲话,他着重谈了以下两点:

第一,关于中国的现状。他说:"有许多人也许会因为中国的不太平而悲观失望,再有许多人也许会因为大小官吏的贪污不法而灰心丧气,这种看法是万万要不得的。从历史上看,我们中国是个长期闭关自守,与世隔绝的国家。鸦片战争以后,又受到帝国主义的侵略,成了半殖民地。直到近半个世纪受现代革命潮流冲击,形势才发生了重大的变化,这是我们中华民族脱胎换骨,新生降临的大时代,一切的矛盾与冲突,烦躁与紊乱,都是这一变形时期的反映,是必然不可避免的。我们所当努力的,是要尽其在我,使这一局面尽量缩短,使之早日归于澄清和平衡。认识了这一点,我们自然不会灰心失望,反倒生出无限乐观的信心,策励自己奋发努力。从另一方面说,比如贪官污吏等等,只是事实的一面,也是历来社会常有的现象。你看,伸出一只手,五个指头也有长有短,有粗有细;一母生三子,老大手不释卷,老二长于经营,老三却吃喝嫖赌,无恶不作。你说怎么办呢?这么久的一个中华民族,其中各种人参差不齐,实在未足悲观。我们惟有自励励人,自助助人,自主主人,自达达人,使得大家能够各除其短,各尽其长,以求中华民族的新生。第二,谁都知道,人生在世,不过数十寒暑,就好像我们旅行的人住旅馆一样,无论长住短住,总有离

开的一天。平常人们想不开，看不到，为了个人利欲，有的钻营奔逐，有的勾心斗角，什么损人利己的事也做得出来。有一等本分的，也要讲明哲保身，那就是只顾自己，不顾别人。财产呢，愈多愈好，权势呢，愈大愈好。可是到头来眼一闭，腿一伸，他还是赤条条而去，什么也带不走。他生前要利己，结果白费了；他生前要保身，结果也保不住。但是我们的社会可被他们弄糟了。"

他最后强调说："活着，为别人，不为自己。这样的活，才不算白活了。因为所谓别人，就是指人民和社会。这是不死的，是永久存在的。"

另有一天晚上，同胞们又组织了一次联欢会，唱歌咏诗，情趣甚浓。中间，大家热烈欢迎冯玉祥来个歌。他欣然起立，先朗诵了他刚写好的"出国之歌"，一共八段，其中两段是这样的：

> 离开祖国到美洲
> 要勤学习要多研究
> 不可只是学洋派
> 要把国事牢记心头
>
> 这次远去美利坚
> 时刻不忘我国家
> 德智群体都进步
> 回来建设新中华
> 回来建设新中华

他把词套上山东民间流行小调演唱起来，他那浑厚的男低音响彻大厅。

一番议论

这天，一个大高个儿的山东人李女士来找，话题转向了边疆问题。李女士说："我在华西大学研究这个问题已有多年，并且实地到西藏、新疆、蒙古一带去考察过，我认为问题很多。这些问题都是极其重要的，要是我们政府不注意，恐怕将来要发生许多变故。"

听完她的话，冯叹了一口气说："说起这些事来话长了。民国二十四年，我就在中央提过一个议案，特别说到边疆的问题。对边疆的同胞，政府应当和内地同胞同样看待，比如海陆空里面，一定须有蒙古、西藏、回民籍的。其次还有医药方面，医生和兽医以及所必需的药物，边疆同胞无力去办，政府就应当大力帮助去办。教育方面，若不把教员、书籍、设备连同一切教育用项，一一办妥送上门去的话，单凭他们自己去办，再过五十年怕也办不成。"李女士用敬佩的目光注视着冯玉祥，她没有料到，面前这个武人对边疆问题了解得这么多。只听冯继续说："说到关于自卫的力量，最要紧的是交通，要是蒙藏新疆通起几条铁路，那就有头绪了。至于中央政府的官吏，我历来主张每一个部设一个蒙藏新疆或回民的次长，或是在司中科中设副长之位，让边疆的同胞看到自己人在中央负责办事，那情形就完全不同了。"

李女士连连点头称是："你说的这些问题都是很重要、很重要的，尤其是医药方面的，他们需要的更迫切。"

"可惜所有的问题都在半空中悬着，一个也解决不了，一样也实现不了，难哪！"冯直摇头。

李女士有意继续谈下去，但见又有人来找，便起身告辞而去。

进来的这一位姓张，曾在长沙青年会做事，和张治中很熟。因知冯、张交情很深，便也来找冯攀谈。他说起抗战中长沙紧急时，省主席张治中托他找了许多教会朋友，办理救济难民的事。他们把难民编成大队、中队和小队，一共几十个队，领着他们分头由西路、南路和西南路逃难，队伍秩序井然。一路上苦是苦，可是没有遭遇什么危险。长沙大火⑤之后，张治中又打电话找他回长沙，办理救济伤兵的事，他冒了很大的危险，努力为伤兵服务。后来他又与朋友们组织团体，专办帮助新兵的事务。他目睹新兵从家乡被保甲长勒索逼迫出来到了集中的地方后，吃不饱，穿不暖，甚至为了怕他们逃跑，就用给他们吃泻药等种种损害身体的办法，叫他们没有力气逃。他同美国人艾德福先生等人合力救助，为新兵解除了很多困苦。以后他们又组织一个视察团，到西南各战场及后方各地察看新兵的情形。可怜那些新兵，胳膊细得连枪都拿不动，举不起，真是惨不忍睹。他们伤心得落下泪来，对胜利失去了信心和希望。不想就在这次视察以后不久，日本投降了。他们意外万分，简直是喜从天降。

冯听后默然良久，他表示要把这些事记下来。日后在他的反蒋演说和著作里，都重点提到在蒋政权下新兵的悲惨遭遇。张先生离去时，冯紧紧握着他的手说："现在虽说胜利了，人民的灾难并没有解除，说不定还要加重。我们都不能好了疮疤就忘了痛，今天正应该痛定思痛，检讨以往，策励将来才是。"

抵达美国

14日，"美琪将军号"驶抵目的地旧金山。一大清早，冯玉祥就听说要验护照和登陆证，然后才可以下船。可是吃过了早饭以后，又过了好久的时间，还不见动静。好不容易等到验过了冯的护照，验关人员在旅客名单上又找不到他的随员们的名字。结果等了又等，迟了又迟。冯玉祥极感不快，因为他知道码头上正有许多侨胞在等着欢迎他，他们已经等了好几个钟头了。

有人送上船来一个长长的盒子，里面是大红缎带扎束的大把玫瑰花，名片上写着"中国民主青年团敬献冯玉祥将军及夫人"。一会儿，又有人不断地传话，说谁谁来了，在下面等着，又是某某人到了，也在码头上，可是检验的人还在那里理不出头绪。冯玉祥强按怒气，说表面上美国人办事好像很认真，一点都不能通融似的，实际上也是官样文章，杂乱无绪。

终于来了通知，冯一行人可以下去了。这是一位在船舶公司工作的侨胞帮的忙，他向检验人员一再说明情况，上岸手续才得以提前办妥。

下船后，才知道驻美张总领事和许多朋友都持有上船执照，可是还是不准上船。张总领事据理力争，吵了好一阵，双方不欢，冯心里像被针刺了一下。事后他说："张是中华民国的官吏，看不起他，就是看不起中国。这是美国的傲慢，对中国人歧视，把中国看成了他们的殖民地，任意作弄。看看中国政府和人民对美国朋友是怎样接待的呢？常言还说礼尚往来呢。"

踏上美国国土上碰到的第一

在旧金山拜谒孙中山像

件事，就使冯玉祥很不痛快。来到码头，只见许多侨胞代表整整齐齐地列队欢迎，他们预备了多辆汽车，当地治安机关也出动进行保护。上车后，冯玉祥注意观察沿途情况：道路两旁高楼林立，条条大街干净整齐，汽车比比皆是，另外就是电车，行人都显得紧张忙碌，来去匆匆。经过国民党党部，冯递进去一张名片，表示问候大家，然后便到了中华会馆，和几百位侨胞代表聚首一堂。先由主席致欢迎词，接着冯玉祥讲话。他先感谢大家的远迎盛情，转而讲到国父孙中山先生领导革命，创造中华民国，赖侨胞之力始得成功。此次八年艰苦抗战，侨胞出钱出力，流血流汗，为胜利也做出了很大贡献。全国同胞无时无刻不在感佩海外侨胞的爱国热忱，无时无刻不在惦记着各位侨胞。他今天代表祖国同胞致谢大家，问候大家。

散会以后，侨胞们出于好心，把冯玉祥安排在加利福尼亚街马克贺普金斯大旅馆。这家旅馆规模宏大，高十八层。房中有客厅、卧室、洗澡间、厨房等等，家具设备富丽堂皇，还配有钢琴，房金每天二十美元。冯置身这种环境，如坐针毡，极度不安。他对冯夫人说："我是当兵的穷小子出身，今天国内一般同胞正过着吃不饱、穿不暖的生活，可咱们在这里住着这样的房子，这怎么能让人安心呢！"

"那你说咱们怎么办呢？"

冯皱了皱眉："现在既然已经住进来了，也只好先受着，过一两天，赶紧想办法搬走。"

初步观感

在房中稍事休息，冯玉祥一家三口便坐着老友李烈钧先生的儿子李赣驹开的车，到中国街上去观光。侨胞们开的店铺里，所有国内风味的东西一应俱全。什么草的、竹的、泥的、磁的、钢的、珠宝的、金银的、景泰兰的、象牙的、绸的、缎的、织锦的、绣花的，甚至京戏用的脸谱，样样都有出售，真是有美皆备，把玻璃橱窗陈列得绚丽耀目。冯玉祥赞叹侨胞们真有思想，有本事，多赖他们的经营能力，为我们民族挣取了很大一笔收入。

李赣驹告诉冯大叔，这条街上原有许多日本铺子，珍珠港事变后，日本人都走了，现在他们的店铺有的租，有的卖，都归我们侨胞做买卖了。冯玉祥露

出一丝微笑说:"日本帝国主义肆意侵略,所得的结果是什么,就是属于他们自己的,反而转手成了别人的。这真是一个深刻的讽刺。"

初到美国冯玉祥极想尽快对美国有所了解,所以经常外出走动。旧金山附近二三百里地,他到过好几处,发现没有一辆人拉车或人推车,也没有骡马车,更没有人肩扛身驮东西的,所见的大大小小全是汽车。对比之下,他体会到自己本国人过的还是不折不扣的中古生活。在他眼前,国内劳苦人民推车拉车、肩挑人抬的一幅幅沉重劳动的图景浮现出来,卖苦力的同胞们,人人

抵美留影

愁眉苦脸,面黄肌瘦,有的前胸凹下去,有的肩背凸出来,骨骼完全压成畸形了。全国各地,无处不见这样的苦同胞。他深深叹口气对走在身边的冯夫人说:"我当兵驻扎保定府的时候,常常从一家粮店往营房抬粮食,路很远,抬上两个钟头,肩膀就压得肿起两个大鼓包,像馒头一样。我还见过不少老百姓因为担驮东西太重,大口吐血倒在地上。"

冯夫人说:"我父亲当年也是扛活儿的啊!"

冯玉祥思索片刻说:"并不是说我们只是在交通工具方面才落后,别的方面都不尽如此。其实,文化是整个的,这一方面落后,也就反映了其他各方面的情况。"

冯夫人点点头说:"来这几天发现,美国妇女很活泼开朗,开飞机,开火车,当军官,当警察,做老板,几乎没有一行没有妇女在担任工作,我看她们干得一点不比男人差。再看看咱们国内,妇女都像是被无形的铁链捆绑在地狱里一样,动也不能动。"

"这就好像一个人假如左手左脚能动,右手右脚不能动,那就是半身不遂,是个残废的人。在一个民族国家里面,男人和女人有如人的左膀右臂。我们中

华民族,去掉了妇女的力量,我们不就是一个残废的半身不遂的人了吗?"

"妇女问题不只是个妇女界局部的问题,而是整个社会、整个民族国家的问题。"冯夫人说。

冯玉祥对妇女解放运动向来是很重视的。早在1927年他任河南省政府主席的时候,在开封举办的各种短期训练班就都吸收妇女参加,结业后分配到机关各部门参加工作。省政府还设了个放足处,专门宣传不缠脚和放脚,并派人深入各家各户讲放脚的道理,甚至不客气地收走裹脚布。这对河南妇女的解放运动是一个不小的促进。

一天晚上他和夫人谈起宗教问题时说:"美国有很多人信仰基督教,但也有许多人反对基督教。有位孙牧师告诉我,他的哥哥就怎么也不肯信教,言下之意,似乎很遗憾。我倒认为最好是信仰自由,谁也不强制谁信仰什么。"

"这是美国民族的传统,尊重个人意志,很值得重视。"冯夫人说。

"希特勒就主张清一色,他提倡什么,德国人就得信仰什么,他要怎么做,德国人就都得跟着做,结果是大家盲从,民族智慧泯灭殆尽,终于招来覆亡之祸,人民跟着多少年翻不过身来。要是动不动就说某人思想不纯正,某人思想不正确,连思想都管制着,这正是希特勒的家传法宝。其实,这样说这样办的人,才真是思想有毛病,不纯正而且不正确。"

第二十二章
在美国西部

> 而今中国内战之炮火惨烈，为八年抗战中所未见。同胞们死的死，伤的伤；饿殍载道，百业凋零，人人都已走投无路。苟无有效之方法制止，中国将成何局面？中国将成何国家？
>
> ——1947年3月冯玉祥对报界的谈话

最初的日子

冯玉祥在美国的第一年，是在西部加利福尼亚州的柏克莱度过的。通过金陵大学农学院章院长的帮忙，他在加利福尼亚大学区罗德明教授家租到了房子。他的随员们分散住在附近的人家里。这里的天气和风景非常优美，他们住的却是最普通的房子，外表已经褪了色，比起邻居的来显得旧得多。在冯玉祥看来，能找到这样的房子，已经很不容易了，有卧房，有书房，有浴室，一间客厅公用，还有汽车借用，汽油自己买，房租每月一百元，伙食费另外算。每人每天的日常费用合起来，只需一元美金就够了，比在国内还省得多。而最令他感到满意的是住处靠近加省学府，读书及找学者教授们谈话很方便。

尽管生活很快安顿下来了，但是冯玉祥的处境实际是流亡异国，开始时有一个阶段，他的心情烦躁不安，容易发脾气。但他终究是个自强不息的人，不论处在什么环境中，总要找些事情做。来到美国以后，仍一如过去几十年的习惯，为自己安排了严格的作息时间，每天要学习3小时的英文，另外还要读书、写作、练字、剪报、听讲美国史，晚上记一千字以上的日记，这是他坚持了几十年的老习惯。有时还写诗、作画。总之,他每天的时间没有片刻是马马虎虎虚度的。

他还拟定了一个著书计划,准备继续写《我的生活》、《我的读书生活》、《我的抗战生活》、《察哈尔抗战实录》、《读左传札记》、《献金文献》等书。可惜,这些计划他没有来得及实现。

冯玉祥有每天早起散步的习惯。一天他顺便去看了一位名叫傅世德的先生,约他一同散步。傅先生是河南人,在瑞典传道六七年之久,即将回国。两人边走边谈,傅谈及瑞典教会组织完善,帮助农民的力量很大,书报杂志办得极多。他特别说道:"瑞典在这次大战中守中立,实在是左右为难。当希特勒得手时,它偏向德国;等到同盟国胜利,又偏向同盟国,表面上看去好像很滑头,但是,如果了解到它所处的地位,就知道它有着自己不得已的苦衷。瑞典只有五六百万人口,力量太薄弱了,不这样应付,就无以自存。"

冯玉祥对此表示非常理解,他说:"我们泰安一个县,就有一百几十万人口,瑞典这一个国家最多有我们六七个县大,我们一个省也比它大十倍。这是它确实的难处。这样一个小国,在强邻胁迫之下,始终能够不卷入战争的漩涡,他们国家执政者的明智和能力,实在不能不令我们佩服。"说完,问傅何时动身,准备请他带点风景画片回去送给河南的朋友们。

刻苦学习英语

冯玉祥六十多岁的年纪还在学英语,这在谁看来也是很不容易的事,但他自己却满怀信心。每天,他要赶到一处英文补习学校去,听一位老女士教课。她不用课本,只拿屋里的东西一件一件地指着教单词。冯认为这是教的活书,有时比教死书好些,只是日后程度深了,这办法就行不通了。他还拿出不少时间进行自习,兼听英语唱片,起初,因为唱片速度很快,他的耳目都跟不上,心里焦急。他希望自己学得快一点,学得能说话,能看报就好了。他在日记里勉励自己说:"读书之本是一步一步前进的,读英文的道理和方法,最要紧的是专心,更要紧的是学而时习之,无论如何手不释卷,真正去读而又读,生字明白记住,然后细细地一句一句快读,久之定会有些心得,绝不可靠自己有什么聪明。"

他在另一天的日记里又写道:"既是决心读英文,即应时时刻刻注意自习,不可只靠人教之时即读,不教亦不习了,那一定是永远学不成的。我应当专心苦读英文，应当多多造句子，应当多学实用的话。"

冯玉祥一生可谓是一个手不释卷、勤奋苦读之人，他以顽强的毅力学英文，仍对自己不满意，他在日记里检讨自己说："我觉得我的大毛病在于不明白学而时习之之真意和快乐之所在。细想起来时，亦很能找出自己之毛病，可是实行时就又不同。"有的朋友认为冯有随身英文秘书，大可不必自找罪受，去学什么英文。一位朋友一次向他说出了这种看法。他听后道："我认定了一个人活在世界上，竖行的文字要学，横行的文字也要会，要是不能会五国文字，至少三国的文字总要会。"

那位朋友反问："不会又怎么样呢？"冯认真地回答说："你不会，赶紧去学，拼命去学，不睡觉、不吃饭地去学。"

对方摇了摇了头："还带到棺材里去呀？"

冯笑了："你不学又干什么呢？你就那么坐在那里等着死？你把你那时间还能带到棺材里去吗？先贤说，'哀莫大于心死'。什么叫心死？那就是这个也不肯学，那个也不愿意学。不过，一个人应该明白的是，心死是不对的，心散也是不对的。一个人在世界上实在应当多学，有工夫就要学习。要是成心自暴自弃，这个人就一点希望也没有了。"

在美国，冯玉祥发现有的人七八十岁还入学校。在外国人看来，七十岁左右的人学外国文字是平常事。他有一个朋友裴校长，就是七十岁上才开始学西班牙语的，这使他深受鼓舞。

他在日记里有这样一段话："美国人能那样，我们中国若自己看自己不是贱种的话，一定要奋发忘食的来干才对哩！成不成是一回事，读不读又是一回事，世界上最快乐的事，是做学生。"

一次，一位美国友人请冯吃饭，所到的客人中多是美国人，有大学教授、商店经理、医生、牧师等。大家在谈话中，对中国的事情提出许多问题。涉及中国内战，冯玉祥直接了当地对这些美国人说："你们的枪炮子弹，正在杀我们中国人。"举座闻言，面呈惊色。冯从他们一个个的表情上，明白了这些人全被他们的政府蒙在鼓里，他们还以为自己的政府在中国做好事呢。这使他意识到唤醒美国人民起来反对其政府援助蒋介石打内战的重要性，他更感到掌握英语的迫切性，如果自己能够直接用英语向美国人民讲话该多好啊！

"有志者，事竟成"，经过一段时间的勤学强记，他终于可以看看报刊杂志，说简单的英语了。他懂得很多，朋友们在给他当翻译时，都得十分小心，一旦译漏了，他会提醒的。

1947年5月25日，他在日记里高兴地写道："今天算是一个最好的纪念日，就是用英文讲演。只要努力又努力，并且是不断地努力，我确信，一定能以成功的。"

国内全面开战

进入1947年，国内局势更加逆转，蒋介石已经从3月份开始放手大打，挑起了全面内战。全国绝大多数的人民，都已亲尝到内战的痛苦，身受到内战的灾难。人民生存的间隙愈变愈窄，人人有朝不保夕之感。人民于水深火热之中渴望着和平，和平的要求与生存的要求结合在一起了。

美国的报纸上，对中国内战战况的报道很详细。每当看到这方面的消息，冯玉祥就感到心里头像刀子扎一样痛苦。他常和人谈到，重庆谈判时，毛泽东亲自到重庆，可见他心地光明，行为坦白。国共重庆谈判后，本应一切解决，可是蒋介石出尔反尔，害苦了全国的老百姓，真是上无以对同胞，下无以对子孙，也无以对先烈和孙中山总理的在天之灵。他向报界指出：

"而今中国内战之炮火惨烈，为抗战八年中所未见。同胞们死的死，伤的伤；饿殍载道，百业凋零，人人都已走投无路。苟无有效之方法制止，中国将成何局面？中国将成何国家？"

是年3月，国民党《中央日报》的代表，给冯玉祥写了一封信，问他对国民党三中全会有什么观感、提案和意见？冯本想不予理睬，但又有话，不说不痛快，因而回信作复。

关于提案，意见是："一、确实开放言禁，使人人说真话，无顾虑，使人民真正享有言论自由。二、凡事举措，悉以人民利益为准绳。方今抗战胜利之后，经济窘困，百业凋敝，吾党应以民生为第一，以实业为最上。"

关于对当前国是的意见："一、不和平，不妥协，后果必至惨，非只亡国而已，且有灭种之祸。二、非用说真话，做实事之人，政治办不好。三、美苏二强之争执，与吾国息息相关，我政府应立稳脚跟，保持无偏无依之中立态度，以维护民族之独立与人民之利益。四、严惩贪污与暴行之不法分子，以息民怨，以振纪纲。"

难忘国耻

5月9日这一天，冯玉祥清清楚楚地记得，这是当年日本帝国主义强迫中国签订二十一条约的国耻之日。早饭后，他告诉正忙着收拾屋子的冯夫人今天是什么日子，并说："我看这个日子，实在应当纪念，为的是使全国同胞，人人个个，记住日本曾经要亡我们的国家，灭我们的种。"

到了晚上，他在日记中写道：

"什么理由咱们中国老受欺侮呢？我看有这么几点：第一，因为我们国家太弱，太守旧，不注重科学，不求进步。第二，改了民国以后，只求争权夺利，并不是真正的民主国家。第三，约法上，什么自由都有，但是连半点也没能实现。第四，过于的散漫，一点团结也没有。我以为以上各条，都是根本的事。民主国家的人民不能当主人，那还有什么说的。要不是真正的改革，从真民主、真自由来努力实行，恐怕要招出比二十一条更大的祸来。武力侵略是容易知道的，经济侵略使你不知不觉，比亡国还要厉害，这是要早早地觉悟才好。"

联系这番思考，他把刚看过的一个电影故事也详细地记了下来。电影的简单梗概是：二次世界大战爆发后，一个军人和一位姑娘一见钟情，两人匆匆结了婚，男的就上前线去了。一年一年过去了，妻子在家寂寞苦闷，变成了嗜酒狂，一喝就大醉。战后丈夫胜利归来，见妻子变成了这个样子，痛苦万分。妻子也不愿成为累赘，要求离婚。丈夫旧情难忘，劝妻子把酒戒掉，这样他们仍可重拾幸福生活。爱情的力量终于促使妻子决心戒酒。但是就在这个时候，男的被妻子的女友爱上了，她知道人家夫妻有约，便想法从中破坏。一天，她买了几瓶好酒上门拜访，倒上几杯放在朋友面前引诱她喝，但是没有奏效。一计不成，又生一计，她临走时故意失手打碎了一瓶酒，满屋酒香四溢，使朋友终于又失去了控制，喝得大醉。丈夫回家得知实情，怒怒跑去责备女友，她辩解说："我并没有让她喝呀，是她自己要喝的。"

"我为什么要把这个电影记得如此详细呢？"冯玉祥继续在日记里写道，"因为现在美国政府的做法就是如此。我把飞机、大炮、坦克都送给你、租给你、借给你，可是我并没有告诉你叫你打内战，这不是和把酒倒上，摆在人家面前一样的吗？谁在你面前倒酒了，那你就知道他是什么样的人。谁把飞机、大炮、坦克车送给你，他是什么意思？是爱你、向你、同你做好朋友吗？只有使自己纵身一跃，跳到圈子外边去想一想，才知道是怎么回事。我们中国今天打得乱七八糟，死的死，伤的伤，不应该联系这件事想想吗？"

在平日与人交谈中，冯玉祥经常提到注意历史的重要性。他自己就是这样，既研究历史，又善于以古证今，紧密联系社会现实来思考各种问题。他认为，一个国家的人民必须了解和不忘自己国家的过去，并从中吸取经验教训，才能正确地认清未来的方向和道路。

考察水利有感

1946年10月1日的晚上，是冯玉祥刚到美国不久的日子，他看见一本《生活》杂志上，登着许多在中国内地拍的照片，那种穷苦落后的状况，都是中国农村的写实，他太熟悉了。这些相片使他夜间不能入睡，翻来覆去地苦苦思索，究竟用什么办法，才能使自己的同胞赶上美国人民的生活水平。他琢磨水利和农业，还有工业和教育，这四者都是中国贫穷落后的对症之药。要能把这几项办好，一切都有希望。但怎么样才能办好呢？想到国内的现状，想到蒋介石的所做所为，他明白，一天不打倒蒋氏独裁政权，中国就没有繁荣昌盛的可能。

正巧第二天，国民党驻美大使顾维钧来到旧金山，派车来请他去吃饭。饭间，顾维钧介绍美国的农业经费，每月是三亿美元的预算，比国内战前全国总预算还要多。冯玉祥听了说："民以食为天。凡是重视人民生活的国家，就应当在这种地方大规模地花钱。美国政府肯用大量资金来办农事，这算看到根本上了。"顾维钧又说："美国农业部聘请专家，分门别类，大规模地从事专门研究，互相之间有密切的联系。各地种植情形、收获情形，随时都有详细的报告。如果是哪个地方有灾，比如发生了什么虫灾，当地对受灾程度、受灾面积等，很快就做出报告，政府马上派飞机去撒灭虫的药。办事非常精确，非常迅速。"

冯玉祥益发感慨道："少川，你从民元到现在，没有离开过政界和外交岗位，你知道我们中国的农工商部，只是一个闲衙门，凡是没处安插的人，就送到农业部里去，这和人家怎么能比？这或是我们民穷财尽的大根由。咱们的国家要是想好，必须选用真正有经验的专门人才，真正有能力的内行。要是只弄些什么都不懂的老爷式的镀金少爷去滥竽充数，那是永远不会把事情办好的。"

顾维钧还谈道："美国人在处处发掘地下矿产，用种种取之不竭的天然财富，造福于民。"

冯玉祥沉吟道："依我看，其实要真正干并不难，第一件事，首先要把金银铜铁锡石油各种矿源找到挖掘出来，把地里的宝物拿出来加以充分利用，人民自然能由穷困变为富裕。只要老百姓富了，国家还愁不富吗？但是这种事情最怕的是一手包办。无论什么事，全由国家一手统揽，不给人民一点自办的权力，这种做法没有不坏事的。"

顾维钧很有同感。

说来也巧，冯玉祥的房东、男主人罗德明博士是一位土壤学专家，夫妇俩在中国期间，从中国学到了造梯田的办法。回国后大力提倡和鼓吹梯田运动，罗博士还写了几本书，讲述梯田的运用和学理，为美国农业做出很大贡献。罗斯福总统特意邀请他到华盛顿去担任水土保持局的副局长。

罗德明博士曾从华盛顿给冯玉祥写了一封热情的信，其中主要谈到：中国人民85％从事农业，美国只占29％。中国真正于大众幸福攸关的事，就是注重水利和农业。除了水利而外，中国农业应当在种子、肥料和合作等方面特别努力。中国的建设，先当注重交通和轻工业，然后再办重工业，重工业必须用在国防上面。他对于中国的建设问题，有个全面的方针。最后他说，冯将军来美考察水利，他愿意尽力帮忙，并愿陪同冯将军到各地去参观。罗博士对中国问题的看法，冯玉祥很以为然。他立即给罗博士回信，谢谢他的盛情。

罗德明博士的夫人虽已50多岁，仍非常活跃。她经常忙于在外边讲演，内容也是关于土壤和农业问题的。他们在中国拍了许多有关这方面的照片、幻灯和活动电影。冯玉祥说他们夫妇真是志同道合，相辅相成。美国妇女一般都有较好的教养，别看她们表面上抹粉抹口红穿高跟鞋，漂亮的衣服一天换好几套，可是她们办事很有能力。就说罗太太，在家里系上围裙收拾屋子，买菜烧饭，洗衣看门，无所不做，和朋友们谈今论古，头头是道，有知识，有学问，不但切实而且意趣横生。每次外出讲演，一讲两三个钟头，对所谈问题很有研究。

一天吃早饭的时候，大家谈起水利问题。罗夫人对中国的事情，说了一番非常恳切的话。她说："人生于世，不能不吃饭，要吃饭，不能不种地。中国在农业方面有几千年的宝贵遗产，梯田的办法，不过是这些遗产之一。中国要富强，一点都不难，第一要安定，第二要主持政事的人能为人民打算。这都不是

193

过份的要求,因为主持政事者当以为人民打算为第一,这是我们的职责所在。至于局势的安定,是常态,动乱是变态。一个国家经常总应该是安定的,只要有了这两点起码的条件,以中国人民的聪明优秀和勤劳耐苦,再加上现代世界的新科学,新技术,将来的发展实在未可限量。"

一席话说得大家哑口无言,内心惭愧。

1947年1月13日,冯玉祥偕吴组湘、刘宅仁、章元羲、冯纪法出发到南部去参观,美国方面派了罗德明博士陪同。

南部之行参观了8个州的不少水利工程和水利机关,来回78天,行程3万余里,获得了不少观感。

关于水利问题,冯玉祥得出的结论是:"水利是关系全民族的性命的根本大事"。对于美国的经验,他对随员们说:"他们的经验,我们不能抄了便用,但他们的研究方法,实在值得我们学习。至于他们不说空话,注重实干的精神,我们更应效法。他们利用机械的各种方法,我们更应迎头赶上。"他对美国人不怕费事,不怕花钱,充分利用有学问的人,用种种方法研究解决人民的实际生活问题这种进取精神和工作效率,印象很深。他感叹道:"他们的各项事业,可以说是昼夜不停地在那里苟日新,日日新,又日新。'周虽旧邦,其命维新',不知怎么的,他们把我们先圣先贤的话弄了来,在那里一句一句地实做呢。看一看我们自己,可真是惭愧,很坦白地说,我们没有别的毛病,就是苟日旧,日日旧,又日旧。周邦虽旧,其命维旧。这就把我们害苦了。因而不是旱灾,就是水灾,不是天灾,就是人祸。"又一次,他还说道:"拿我们的情形来看,宁夏引黄河的水有秦渠、汉渠、唐渠。所谓天下黄河富宁夏,就是因为有那几道渠的原故。可是就没有听说过宁夏有民国挖的渠,这才是值得惭愧的地方。现在我们全国水利最好的地方,那就是灌县,李冰父子开了离堆,成都附近有一二十个县,没有水灾,也没有旱灾。就是不好的年成,也有85%的收成,有的年成常常收到120%成。这就是可以证明人力是最靠得住的。这些年来,陕西还有一位李仪祉先生,他在各处张罗,在陕西开了很好的渠,灌田也不少,可惜他累死了。这位先生为水利尽过大力,我们应当记着他。"

想到故乡

看到美国的农、林、牧发展情况，冯玉祥触动乡情，怀念起他的老家安徽巢县。他根据故土的实际情况，给巢县县长写了一封信，对故乡的建设，提出三点建议：

"一、巢县雨水多就淹，雨水少就旱，人民很苦，应该兴修水利。可在各山凹里建筑水坝，三尺高、五尺高、一丈高均可。只须用本地石头，本地石灰，本地匠人就可以了，假若能做一百个或二百个大坝，就没有水灾旱灾。巢县人民子子孙孙，千年万世，都不会饿死，也不会忘记你的恩德。二、巢县的荒山太多，必须种树木，好处说不尽。最好组织一个森林栽培人民会，有人管理，若每年你能给巢县人民种一百万棵树，那么二年的话，看有多少树，十年就很可观。这样没有旱年涝年，人民不但有烧的，并且按秩序砍伐，还可卖钱。三、成立一个养鱼会，养牛会，养鸡会，养猪会，每家都有一千条鱼，四只鸡，一条牛，一个猪。你做到这点，巢县人民家家户户有鸡蛋吃了，有鱼吃了，老人可以多活几年，男女孩子们也一定长得雄壮。不说大话，马上开始办起来。一面办着，一面改善，定有良果。"

在这封信里，他还讲到人民是主人，县长是仆人。告诫这位刘县长应该有事就办，没事拿本书坐在大门口，百姓来了，无论大事，小事，好办的，不好办的，都要马上见，马上谈，有困难，就替他们解决。

他的这些好的愿望和建议，在当时的旧中国，当然完全没有实现的可能。但是他那向往清廉政治和亲民的一颗赤诚之心，却永远是火热的。

冯玉祥年谱

1947年（65岁）

1月13日，去美国南部参观。

5月，北平、天津、上海、南京等地学生展开声势浩大的爱国民主运动，遭到军警的血腥镇压。26日，冯玉祥在旧金山《世界日报》上发表《告全国同胞书》，严厉谴责国民党政府的野蛮暴行，公开反对蒋介石的独裁统治，呼吁立即停止内战，组织民主联合政府。

6月17日，李济深、何香凝在香港发出《致海外同志暨同胞书》，列数蒋介石八大罪状。冯玉祥立即大量翻印，在美国华人中散发。

10月10日，在纽约举行中外记者招待会，发表《国庆演词》，反对杜鲁门政府援助蒋介石打内战，屠杀中国人民。

11月9日，"旅美中国和平民主联盟"在纽约成立，冯玉祥被推为主席。15日，在《民族报》上发表《我为什么与蒋决裂?》的文章。

12月，在美国国会下院拨款委员会作证，揭露蒋介石政府利用美元从事的种种罪恶行径，使这次援助款大打折扣。

同月，蒋介石政府宣布撤销冯玉祥"考察水利专使"头衔，停发津贴，吊销护照，下令回国。

透过现象看美国

冯玉祥初到美国时，开始只接触到美国的一些表面现象，所以他曾一度产生过错觉，认为美国"社会各阶层、各职业部门，在法律与地位上，都享受平等的权利，人人站在一条水平之上，无贵贱高下之分别，亦无特权阶级之存在"。但是这种看法，很快就被他所目睹的其他现状否定了。他看见，汽车上、电车上，白人坐在前边，黑人坐在后边；同在一个饭店，白人走一个门，黑人走一个门，坐下吃饭的时候，黑白谁也看不见谁；在商店买东西，黑人白人也是各走一门；读书，黑人不准进白人的学校；住房，黑人住的又破又脏；工作，国家机关里看不见几个黑人，而各部门的下层工作，95％以上是黑人。他不禁叹道："真是黑白分明啊！"

黑人问题引起了冯玉祥的同情和注意。所到之处，他看到黑人们无论男女老少，各种工作都参加，开汽车的，开电车的，开电梯的，饭馆里和旅馆里等种种职业，他们都干得很好。他对人说："黑人的能力绝不比别人差。如果他们都能进大学，一定也能成为专家和学者。美国这种种族偏见完全是盲目的。"

受到种族歧视的也包括中国人。中国人在美国买房子或租房子是分地方的，也就是说，有些地方不让你中国人住。冯玉祥最初找房子时就碰到过这种令人愤慨的情况。他起先还有点想不通，认为抗战期间美国和中国是同盟国，是共同战斗的，也是共同胜利的，为什么竟然对我们这样？后来他想通了，一切怨我们自己不争气，不去建设自己的国家，而要去打内战，那样叫谁能看得起？

除此而外，美国报纸上几乎天天登有女儿打死母亲，儿子打死父亲，女人杀丈夫，父亲杀子女等类消息，这使他很为美国社会担忧。他说："这样下去，这个国家将要变成什么样子？"

他终于看清楚了，美国是一个存在着种族歧视、贫富悬殊等严重社会问题的国家。他得出了结论："美国也有它很大的短处。"

见解独到

在考察水利的旅途中，冯玉祥还悉心观察美国人民的风俗习惯。有一天，

他们走到一个地方看见几百名妇女正在集会。这些妇女戴的帽子，式样颜色和质料无奇不有。而且几百人中竟没有两顶相同的帽子。大家见了觉得很新鲜，这在国内可是从来没有的光景。

当然，国内妇女也装饰，但样色都是差不多的一套。美国妇女所以如此，冯玉祥认为出于两个原因：一是美国人有自由的意志，各有所好，彼此尊重，谁也不勉强谁，谁也不屈从谁。二是她们推陈出新，重创造，不守旧。这些原是她们民族的传统，社会的风气，表现在妇女的装饰上，就特别明显。不过对于美国妇女的时髦装饰，冯玉祥认为我们倒没有仿效的必要，只是由此想到了在精神上、思想上，国内那种要求清一色，一个模型铸出来，排斥异己，强迫别人服从自己，以及因袭陈旧，不敢独创的种种弊端，却是我们民族和社会的大病根。照他看来，中国要想进步，要想发展，非得把这种观念连根拔去不可，这样才能在精神上、思想文化上，开出种种的花，结出种种的果，使物资和精神财富琳琅满目，美不胜收。

他们还发现，美国妇女愈是进入老年，穿戴打扮也愈鲜艳。这种现象拿我们中国人的老眼光看来，十分不可取，甚至会令人笑话。冯玉祥认为这正是美国人民葆有青年思想的表现。他们的人民，具有青春不老的精神，充满了内在的活力，不以老为老。反过来看看我们国家的妇女，一上30岁，有儿有女了，她再装饰打扮，就有人说她的闲话，她自己也不敢装饰，社会上也不容许她装饰。一代一代地这样下去，社会就成了个半死不活的光景。冯玉祥对随行人员说："其实，我们国家在先秦时代，原是有这种光景的。看看诸子百家，各有千秋，那是中华民族学术思想史上最光辉绚烂的时代。可叹后来统于一尊，把我们的民族文化弄到现在不得翻身，不得抬头的地步。这也是我们民族几千年就生于斯，长于斯，跟海外别的民族太少来往造成的。到了海禁打开以后，那些专制的皇帝，一是不愿意外人到这块土地上来，二是也不愿这块土地上的人民到外边去，因此人民什么也看不见，什么也听不见，就在那里死巴巴的受压制，受剥削。到了民国以后，实在应当多多地让我们的同胞到世界各处的各个角落去，看看人家到底是怎样生活着。比我们好的，我们要学习人家，仿效人家，拿人家当我们的模范；不如我们或有缺点的地方，则一面警戒自己不要那样做，不要那样学，并且用我们的力量来帮助人家，用我们的知识来培养人家，这样才是应该的。谁想到改了民国以后，仍然是旧套子，不出门，不管闲事，说起话来,张口就是我的家,我的床,我的桌子、椅子,全是我的、我的这一套。"

对比伤情

旧金山每年要为退伍官兵组织一次庆祝会,狂欢七八天。冯玉祥赶上了这个场面。庆祝会期间,只见满街密密地插上了各色旗帜,鞭炮之声终日不绝于耳。街上或坐或立来来往往的,无处不是退伍官兵,有的十个人一队,有的八个人一组,吹号打鼓,声乐震天,快乐热闹极了。天上也满是飞机,一队几十架,足足两三个钟头不断,这是向退伍官兵表示敬意的。陪同观看的房东罗太太问他看到多少飞机,冯说:"总有二三百架吧!"罗太太摇摇头说:"那太少了。"还有人告诉冯,美国今年有八百万陆空军、三百万海军退了伍,退伍官兵大多数入大学读书。有的伤残士兵也进了大学,政府除了每月给六十五元读书费外,还有一百三十元赡养金,直到死为止。所有作战受伤的人,都享受这种供养。在周围一片欢乐的气氛中,冯玉祥不禁又暗自伤怀。回到家里,他对冯夫人说:"我们中国现在也有退伍的制度,我自己也是退伍军人之一,想想我们的退伍军人是什么样子,真是不能说了。多少人生活无着,走投无路,甚至沦为叫花子。"他心情沉重地倒背双手在屋里踱来踱去,"如果有一天我们国内也能组织起一个退伍军人会,使为国家出过力、拼过命的同志们彼此能够进行联络,做些于人于己都有好处的事,那该有多好啊"!

抗战胜利之后,冯玉祥在国内曾多次提出过建议,找些有知识、能做事的人,组成一个机构,按区划分,一个县一个县地进行调查:为了抗战,死了多少人?残了多少人?烧了多少房?毁了多少事业?一面调查,一面宣布出来,不但要叫中国人民知道,而且要叫全世界的人都知道。对退伍和伤残的军人,一律做好优抚工作。只是这些建议蒋介石一概充耳不闻。

美国政府对退伍军人的优抚政策,使冯玉祥对比国内情况,为自己的同胞感到说不出的难过;但同时又激起他对杜鲁门政府执行的对华政策的愤怒。美国政府如此看重珍惜自己的官兵,却视中国军民的生命如草芥,大量军火源源不断地接济蒋介石,支持他打内战,残杀中国人民,致使血流成河,尸积如山,哀鸿遍野!这是怎么说呢?

以后的很长一段时间里,他的心情总是难以平静。每逢见到美国朋友,他就说:"你们美国若真有远大眼光,为了你们自己的利益,为了中国人民的利益,你们就应该有一篇宣言,宣告你们政府和全国人民爱好和平的立场和态度。我老实不客气地说,你们援助中国的武器和物资,鼓励了蒋介石打内战,你们这样做是很不名誉的。如果你们不愿背这个黑名,那就应该自即日起,所有驻华海军陆战队监视国民党军队把所有美国武器封存起来,中国的内部问题一日没有彻底解决,一日不准动用,中国的全民民主政府一日未产生,一日不准动用。采取这样的办法所产生的结果可以是:第一,中国内战没有了,那是救了中国的人民;第二,中国秩序恢复了,全面地进行建设,你们可以大量地去做生意;第三,世界大战的引火线熄灭了,远东平平安安,全世界风平浪静,那是救了全世界人类。我这是为你们美国人着想,你们只有这样办,才有前途。现在你们政府里的一些人,看着我们打得愈厉害,心眼里愈高兴,可是嘴里还说,'哎呀,怎么又打起来了呢?'"

许多人听了冯玉祥这番恳切之词,都极表赞同,认为非常正确。当时,旧金山就曾召开过一个为期三天的援助中国、撤回美军大会。美国《基督教箴言报》也明确指出:"中国坏政府,很无耻,要想把我们拉去替他们打仗,我们绝不办这个事。"

第二十三章
公开反蒋开始了

> 青年学生是中华民国的青年主人。因为吃不饱、穿不暖,诚恳地向仆人们说:你们不要打仗!这是他们的本分,他们应当有这个权力。
>
> ——冯玉祥1947年5月26日发表在《世界日报》上的《告全国同胞书》

《告全国同胞书》

从1947年5月开始,北平、天津、上海、南京各大城市的学生,展开了声势浩大的爱国民主运动。

5月4日,上海学生举行反内战、反饥饿游行示威,接着各地学生纷纷响应。5月15日全国学联在上海成立,各地区也组织了区域性的学联,统一领导学生运动,并酝酿举行全国性的大示威。5月20日,南京各校学生与上海、杭州、苏州等地学生代表6000余人,在南京举行联合游行,遭到国民党军警的镇压,重伤者20余人,轻伤90余人。被捕者20余人。同日,天津学生举行示威,也同样遭到军警的袭击,学生受伤者50余人。这就是"五二〇"血案。在北平,5月中旬国民党军警特务在街头殴打示威学生,多人被殴重伤,但北平学生绝不在反动派面前示弱,5月20日,1.5万多学生举行大规模的示威游行,以此回答国民党反动派的镇压。为了抗议"五二〇"血腥暴行,各地学生纷纷行动起来,一时"反内战、反饥饿、反迫害"的口号响遍全国各地,运动从5月持续到6月,形成了全国性的洪流。

基于极大的义愤，冯玉祥于 5 月 26 日就国民党政府打死打伤请愿学生的法西斯暴行，在旧金山《世界日报》上发表了他著名的《告全国同胞书》。

告同胞书的自始至终，都是以人民为重，一开头便说：

"青年学生是中华民国的主人。因为吃不饱、穿不暖，诚恳地向仆人们说：'你们不要打仗！'这是他们的本分，他们应当有这个权力。仆人杀主人，这是彻底的反叛的行为。……这件事情，是应当马上认罪的。"

在冯玉祥的心目中有的只是人民，念念不忘的是人民的安全与温饱，衷心拥护的是人民的意向和权力。他在文中还谈到经济，谈到米价，谈到军队，谈到政治，谈到党务，无一不是以人民做中心：

"人民是中华民国的主人，胜利之后又随便征粮，随便征兵，粮征走了，人民吃什么？儿子抓走了？他这一家怎么过呢？……违背了民意，还有能不失败的吗？"

他强烈谴责国民党政府逮捕学生，要求立即停止内战，组织真正的联合政府。他的声明，代表了中国大多数人民的呼声，也反映了真

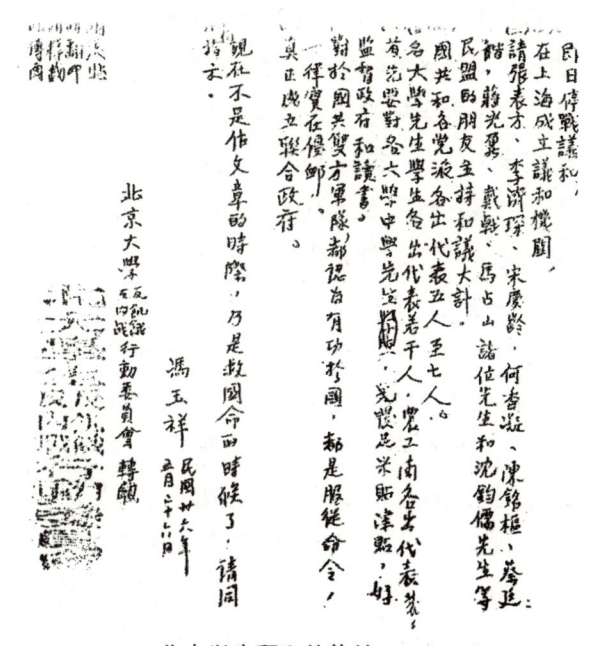

北大学生翻印的传单

正的国民党同志、孙中山先生忠实信徒对当时国是的主张。而南京政府，实在已不像一个政府，明明动员了军警、特务弹压学生运动，逮捕并伤害学生，封闭报馆，绑架记者，搅得全国恐怖，人人自危，事后竟厚颜无耻地推说，不知道这些事情，不负任何责任。

政府不像政府，国家不像国家，全国老百姓在独裁政治压迫下，大多濒于饥饿，求生不得，求死不能。这种现象，叫冯玉祥怎么能缄默？怎么能心安？他呐喊了，他的声音，传到了北平，传到了美国和世界。

《告全国同胞书》在革命阵营和反革命阵营中都引起了巨大的反响。当它的

201

全文传到北平后，学生们振奋鼓舞，大量翻印、分发到各学校和广大群众的手中，一时在各大学不胫而走，引起了强烈的反应。北大、师大和清华大学的学生自治会，全都不约而同地用整张的报纸把它抄录下来，贴在墙上，而且还在若干地方加上密密的红圈。《告全国同胞书》所掀起的浪潮在过去了以后很久，一直还是许多人谈话的主题。

在国外，也有不少人写信或打电报向冯玉祥索取《告全国同胞书》，他印了一千五百份分发给外国朋友，仍未满足需要，可见影响之大。他在出国以前，原本就下定了参加反内战、反独裁运动的决心，《告全国同胞书》的发表，是他公开站到这个运动方面来的新的开端。

国民党当局对《告全国同胞书》的反响，则是气急败坏，破口大骂，大小御用报刊，一齐披挂上阵，猖猖狂吠。《中央日报》发表《斥冯玉祥》的社论，大叫"现在党国困难万分，而冯玉祥却反转面来，辱骂我们的党，骂我们党的领袖蒋先生，这就是叛党、无人格、无骨气"。还有一个名叫李春的，在《晨报》上也指责道："……冯先生想做和事老，要公正之，勿欺骗同胞，何以骂政府，不骂共产党，你良心何在？细看你书中，确系与共产党宣传无异，但你又话系国民党，如此人格，不如一个烂铜钱……"

国民党政府在海外的小喽啰们，也秉承主子的旨意闹腾了一阵。其中，国民党美东支部、巴拿马支部电请国民党中央"开除冯逆玉祥党籍"。

冯玉祥把上了报的这个电文剪贴起来，在日记中写下自己的读后感：

"我读了这个电报以后，觉得国民党可怜到万分！我发表的告同胞书，说杀学生打学生，就是杀主人打主人。他们说，这就是反叛。这样是不准我说话啰！那么应该怎么说？那就是说必须多多的打学生，多多的杀学生，公仆们都起来打学生杀学生，这才是忠实的国民党员吗？这真是笑话到万分！我不晓得这些直属支部，是一个人的党还是一家人的党？这够多么可怜！实在说，也不怪他们，这些在海外的朋友们，他们是一点事情也不晓得，被某人的一只手把他们的眼睛全捂上了，什么也看不见，那怎么能怪他们嘛！"

国民党政府对冯玉祥的态度，引起了华侨的关注。在一次华侨举行的宴会上，有一位华侨提出问题，他说，听说国民党反动独裁打算革除冯将军的党籍，并吊销护照，不知冯将军对此有何感想？冯玉祥当即回答："党籍问题，我在抗战胜利之后，见政府并不实行三民主义，觉得做党员没有意义，曾写信给国民党中央委员会和蒋介石,自愿请求除去党籍。后来中央委员会派居正对我再三挽留。最近我发表告同胞书,被国民党反动派指控,听说在中央委员会议上讨论了我的问题。据说邵力子在报告里说,冯玉祥今天所说的话,过去也同样说过,以前既不提出革除党籍,现在也没有再提的必要。"

冯玉祥在国内的旧部甚多,他们对告同胞书的态度,也因其不同的政治立场而异,其中有拍手称赞的,有忧心忡忡为之提心吊胆的,也有不以为然坚决反对的。他们中都有代表性的人物写信给冯玉祥,提出个人的看法。

在北平的余心清,用与冯玉祥约定的化名刘平向他报告说:"自先生之言论隔洋传来,使青年朋友兴起,使舆论激动,使腐败当道震栗,使老百姓寄以最大希望,此所谓'一言九鼎'、'一鸣惊人',而国际人士,更引起重视。"

在南京政府里任部长等要职的薛笃弼等联名来信劝

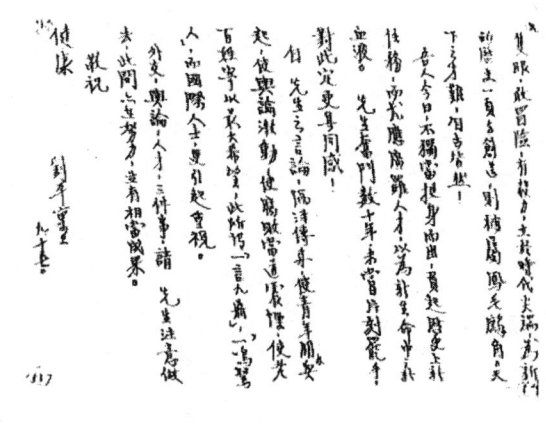

余心清来信

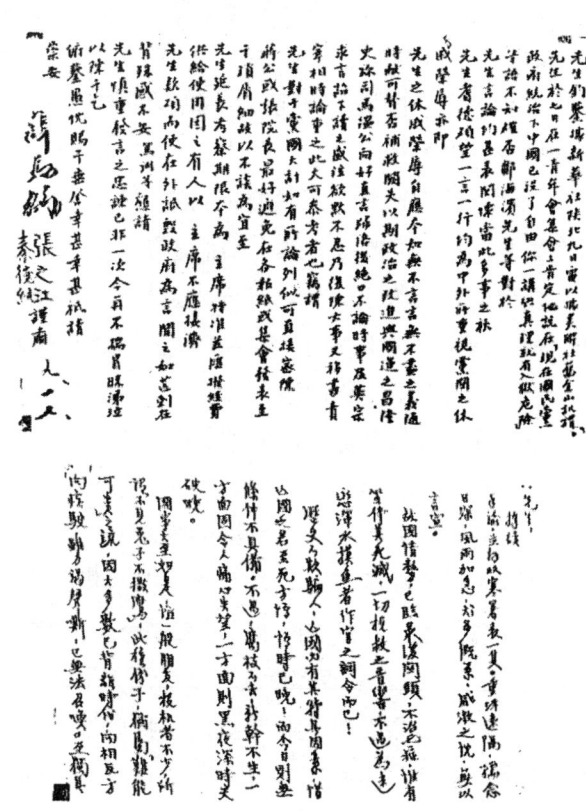

薛笃弼等来信

告说:"当此多事之秋,先生者德硕望,一言一行,均为中外所重视,党国之休戚荣辱,亦即先生之休戚荣辱。……先生对于党国大计如有所论列,似可直接密陈蒋公或张院长,最好避免在各报纸或集会发表,至于琐屑细故以不谈为宜。……笃部等恳请先生慎重发言之忠谏已非一次,今再不揣冒昧涕泣以陈……"

冯玉祥分别给两位老部下回了信。给薛笃弼的信说:

"子良先生大鉴:大札敬悉。由国内来人说:你的兄弟和你的儿子在中央大学读书,这一次学生运动被人打死打伤,我听了十分难过!不过,为了在政府里做事,最好还是不说什么好一点。谨言慎行是要紧的事。孩子们算什么?就拿他们当做不是自己的孩子,可不就算完了么?达观达观,这是最好的办法。问你好!冯玉祥。"

给张之江的信说:"之江先生大鉴:大札敬悉。剪的报也收到了。由国内来人说:你的兄弟、你的儿子和你的女儿在南京和武汉读书,此次学生运动被人打死打伤。我听了难过极了!可是又一想,即你是参政员,是党员,最好是不说话,往开里想,以为他们就是外国人,与咱们没什么关系,这样不是就好了吗?何必着急呢?达观达观。可是要想到滦州革命的人,因为他们不怕,他们为老百姓舍了命。唉!他们都是呆子,咱们还是聪明一点好。问你好!冯玉祥。"

复信的这天晚上,他向冯夫人谈起:"5月26日,就是我在察哈尔抗战的日子。那时候抗日,南京的一般人就把我看成是他们的眼中钉。我发表这个宣言,又是在5月26日。那次是民国二十二年,这次是民国三十六年,当中差了14年。他们这班人,当然又把我看成眼中钉了。"

如果说,冯玉祥对他反对蒋介石专制独裁的后果有所考虑的话,那么,这一考虑现在已然是必须认真面对的现实了。他第一次开始在日记中流露了准备牺牲的决心。事隔几十年后的今天,他当年那些不怕威胁,坚持革命,不畏强暴,大义凛然的字句跃然纸上,读起来令人肃然起敬。他写道:

"我为了蒋杀许多青年学生,我看了如同杀我的弟弟妹妹一样,也如同杀我的子女一样,我要为他们呼冤报仇。我也知蒋会派特务对付我,但是,我为青年们而死,我觉得是我的本分。若我死了,我相信还会有千万个冯玉祥起来作殊死斗争。至于我的家里,有我的夫人李德全,她可以负我的责任的。"

告同胞书的发表并不是孤军作战。接着,在香港从事民主斗争的国民党元老李济深、何香凝于6月17日发出了《致海外同志暨同胞书》,痛斥蒋介石:"贪天之功，以为已力。一意孤行，罔知顾忌。初则纵容降敌，自残同类，继则献媚友邦，出卖国权；终至发动全面内战，屠杀爱国青年，不惜与举国人民为敌以致抗战全功尽弃，人民有倒悬之痛，国家如垒卵之危。数其罪恶，罄竹难书。"

冯玉祥把《致海外同志暨同胞书》翻印了好几百份，在华侨中广为散发。

中国无自由

1947年9月7日，冯玉祥应邀在一个1.4万名美国青年举行的集会上，发表了题为"青年人的天职"的讲话。他在谈到对日战争取得胜利时说："我们这次怎样得到胜利呢？这是中美两国的青年，共生死、同患难所换得来的结果。因此我们两国要永远保持这亲密的关系，永远做最好的朋友。"

"有美国朋友问我，中国胜利后需不需要美国的帮助？我肯定地说是需要。但万不可帮独裁政府的忙，更不可帮中国人自己残杀自己。现在中国没有民主，没有自由，更没有和平。谁说真话，谁就被关起来。蒋介石政府正在打学生杀学生，你们不见盈千累万的中国学生遭受虐待吗？究竟有多少青年学生被囚在监牢里，真是难以统计。"说到这里，他声音凄凉，不少富有同情心的人流下泪来。冯接着说："怎么见得不准许人民说话呢？中国人没有言论自由，大家或者不知道，但由一两个例子就可以看出来。去年和今年马歇尔元帅和魏德迈将军不是到过中国吗？他们两位批评蒋介石政府的话，莫不遭受政府官吏和国民党报纸的痛骂。你们想一想，马歇尔、魏德迈说真话尚且被骂，我们中国老百姓能说话吗？所以本人很希望美国人民及政府，要帮助中国人民争取和平，争取民主，争取自由，切不可帮独裁政府的忙。"

演说完毕后，青年们报以长达5分钟的热烈掌声。

两天以后，美国报纸以醒目的大字标题登出："冯玉祥谓中国无自由"，报道了他的讲话。

国内风闻，鹿钟麟、薛笃弼又飞书来美："据新华社陕北九日电，并据美联社旧金山讯，谓先生于七日在一青年集会上肯定地说，'现在国民党政府统治下中国已没有了自由，你一讲出真话就有入狱危险'等语，不知确否？"他们恳求冯玉祥接受他们的劝告，忠于蒋介石，这样他们便"幸甚，幸甚！"了。

冯玉祥和他们再没有共同语言了，从此也就不再理他们了。

205

申请延长留美的斗争

冯玉祥出国转眼即将一年期满，预定回国的期限到了。由于他反蒋言论尖锐激烈，蒋介石对他恨之入骨。他自知若是此时回国，蒋介石必然报复，绝不会放过他的。因此，他决定以继续考察水利为由，给行政院长张群写了一封信，提出要延长留美一年。不久，张群复了信，同意他的要求，但是说在经费方面，蒋介石只批了半年的。很明显，这是蒋介石从经济上对他进行压迫的手段。

本来，自出国以后，在经济开支方面，冯玉祥都是精打细算的，除了必需的费用以外，一点不敢浪费。他在刚到美国不久就给自己立下了这样两点注意事项：一、不买任何东西。二、竭力节约。举个例子来说，在他们的住房外面有一块草地，需要用一部除草机经常修整。买一个新的得20多元，他不舍得花这笔钱，买了个旧的，而且还是坏了的，拿去修理了一下，一共只花了两元多。他满意地说："这不和新的一样用吗？"他们一行人每逢外出，也是算了又算。像国内有些出差到美国派头大的人，动一步都要先打电报预定旅馆，他们从来也没有这样做过。

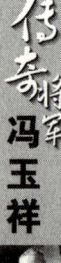

以当时的身份而论，冯玉祥是国家派出去考察水利的特使。但他每月的待遇，比在美国办事的国民党少将官职的人少一半还多。

尽管他的实际经济情况是如此，但别有用心的人却在报纸上自相矛盾地大造其谣，有说在瑞士，有说在美国存钱最多的人，第一个是冯玉祥，第二个是何应钦。看到这种无中生有的谎言，冯玉祥不禁哑然失笑道："我真希望他们把在外国的中国人存的美金，全都充了公。他们能办吗？他们绝不办的。为什么？因为就是说这些话的人，指使人造谣的人，他在美国存的美金比任何人都多。报馆反正在他们手里，要说什么就说什么。"

除了国民党报棍们造谣以外，当时任北京大学校长的胡适，竟也在上海毫无根据地对新闻记者说："冯玉祥和他同行诸位在一年之中共领美金六十万元。"舆论哗然。对胡适的这番言论，冯玉祥再不能无动于衷了。1947年9月22日，《世界日报》发表了《冯玉祥致胡适的一封公开信》，全文如下：

胡适先生大鉴：前者听见说你回国了，可惜没见着面。昨天有朋友寄到国内的报纸，有你在上海对新闻记者说的话，我看了之后，觉得很出奇，别的人随便乱说，可不必回答，你在美国住得很久，当然知道言论自由是有分寸的，随便说话，应当负责。我知道罗斯福大总统他说过他的政敌不但攻击他，还攻击他的太太；不但攻击他的太太，还攻击他的儿子，甚至于还攻击他的狗。现在罗斯福大总统死了，还有人在各处造谣，甚至于到法庭上去打官司，你知道的，罗斯福大总统的儿子打官司胜利了。由此可知真的是真的，假的是假的，只是倾向势力去造谣言更使大众看不起他。你说，我出国领了六十万美元，不知道你以什么为根据？我出国的时候，若不是几个朋友帮忙，连旅馆都住不起。你听见说我在美国买的有汽车，美国的工人，是不是坐汽车，我在国内，是不是坐汽车；你听见说我买的有洋房，你知道美国工人是不是住洋房，我在南京、上海、重庆是不是住洋房；若说到房的大小，我的儿子到现在，还住在街上旅馆里，你可以知道我的房子大小。你一定听见说我在巢县买了三座洋楼，三千亩好田，你可不可约几个朋友到巢县去旅行一次？巢县至南京只一百多里，从南京坐小火轮，很快可以到巢县，你问一问巢县人，就可以知道是真是假。若是你在巢县没有认识人的话，你可以找韩安先生、张治中先生介绍人领你去看，若有一座洋楼是我的，那就送给你，若有一千亩田是我的，或是五百亩地是我的，都送给你，好不好？你又听见说我们家兄在巢县替我办理房产土地的事，你也可以打听得出来，我们家兄叫冯志斋，他原来是军事委员会的顾问，从重庆回到南京，就乘飞机到了北平，现在船板胡同住家，他压根胜利后，就没回巢县一次。凡此种种，都可以证明人家手里有报纸，喜欢说什么便说什么，喜欢骂谁便骂谁；不是他们的报纸，封门的封门，停刊的停刊，那有什么理说呢？人家出国办事的人，一个少将阶级，在去年每月生活费是一千七百美金，去年年底，改为每月八百元美金。我出国是国民政府特派考察水利的，每月生活费只是六百元美金，同我在一起的水利专家秘书的生活费，每月是三百元美金。你知道在美国住个小旅馆，一天要多少钱，一个月要多少钱。你想一想，可以明白我们的生活费，是不是少到无法再少。实在没有办法，才买了一个小房，无论怎么样，比住旅馆省得多，并且回国的时候卖出去，还可以当川资。这些话，你可以查考查考就明白了。我以为你是被人把你的眼蒙住了，你看不明白；把你的耳朵堵住了，你听不清楚。确确实实地说，若是你看得明白听得清楚的话，你绝不会拿六万元当作六十万元。好在没有关系，反正你是姓胡，那就任意胡说，不然的话，就是糊糊涂涂；再不然，你也需要做胡图克图吧？不论怎么说，你是受过教育的，是学过科学的，科学是什么呢？就是实在，也就是实实在在，不能指白为黑，以无为有。你这个毛病，假如不彻底地改革，那么我真的替北大那些先生学生担心极了，你虽然不能误尽苍生，一定也要误尽了青年。特此问好。

冯玉祥

冯玉祥把他的这封公开信印了数百张散发国内外，作为对所有那些造谣者的回敬。这一来，搞得胡适十分被动，但他终是一位正派的人，于10月16日在《大公报》上登出"胡适对冯玉祥道歉"，公开承认错误：

我现在正式请中央社替我发表，更正我上月的错误。我借这个机会，正式向冯先生和资委会道歉。

胡适对冯玉祥的道歉

观　潮

曾经有一次，一个英国报馆的记者采访冯玉祥时问道："中国什么样的政府为最好？"

冯答道："真正的民主联合政府为最好。"

记者又问："什么叫真正的联合政府？"

冯答道："各党各派和无党无派大家团结一致，真诚合作，彼此不客气地说真话，那一定会是好的。要像现在这情形，蒋介石一个人把全国的金子、银子都弄到

外国去了，可以说是他一家的，也可以说是他们几家的；反过来对人民，恨不得都弄去下监，斩尽杀绝。这样的政府是法西斯独裁政府，没有人敢说话，就是有人说了话，谁也不听，这不是人民喜欢的政府。"

记者辞去以后，冯玉祥到海边散步。海岸寂静，阒无人迹。洁净细软的沙滩，像一条弯曲的玉带，给翠蓝的大海镶上一条美丽的滚边。海水正在涨潮。他久久地凝视着奔腾嬉逐的海浪，一个波浪喧哗着涌来了，奋力冲上沙滩足有三四丈，一浪胜过一浪，前赴后继不停地向岸上冲。他掏出随身带的小笔记本，在上面记下他

观 潮

的感怀："这是潮流，谁也不能抵抗，有什么法子让它们不涨啊！现在民主的潮流在全世界上也同这潮水一样，一波未平，一波又起，无法阻挡，无法扼杀。"

这一期间，他对民主这个问题进行了很多思考。为什么在中国一概没有民主呢？他认为这是几千年来，人民被专制帝王的许多法律捆绑得连动也不能动。你对人民说，什么是民主，什么是自由，他都不懂。这样，野心的政治家便利用人民的这个弱点，肆无忌惮地、为所欲为地实行其残暴的统治。反映在目前的中国就是政府来打、来抓、来杀、来征兵征粮。因此，他强调必须使我们的同胞个个都懂得：我们是人，不是猪，不是狗；我们每个人都有生活的权利，我们要民主，要自由，要幸福。谁要剥夺我们这三种权利，我们就起来同他拼到底。他认定，我们的同胞若有了这种根本的觉悟，那就什么都不怕了，并且一定会成功的。

"你们几乎出不来了"

1947年下半年以来,冯玉祥的处境愈来愈困难。在美国的国民党特务加紧了对他的盯梢监视,有的甚至公然登门警告他,叫他"少说话"。国内报纸原来一直连载他写的《美游日志》,现在也以内容有"反对内战"的词句,不予刊登了。他的随行人员,也都陆续离开他回国去了。

政治上所处的逆境,使冯玉祥夫妇为留在国内的三个儿女分外担忧。他们不能忘记,他们曾经是怎样痛失过一个孩子的。为了使留在国内的三个尚未成年的孩子尽早脱离蒋介石的魔爪,经过多方设法努力,在拖延近一年后,总算把出国护照办下来了。但不料又节外生枝,暗阻重重。国内先是说买船票不要法币,也不要美金,而要美国银行的支票;后来又说还要美国三藩市移民局给美国驻上海总领事馆的电报,才允许上船。为此,冯夫人亲自去找移民局的负责人,问他是怎么回事?对方说用不着这样,没有这个规定,冯将军的孩子任何时候来美国,他们都是欢迎的,这才弄清楚了,捣鬼的人在上海,不是中国人,就是美国人。冯玉祥气愤不过,发电报给马歇尔、司徒雷登和张群提出抗议。几经周折,才算办妥了。

这件事,冯玉祥在他的日记里也有详细记述,其中一段说:"因为我主张民主,我主张和平,发了个告同胞书,他们就和我作对不算,又和我的孩子们作开对了。不但我自己家里的人,就是我的朋友和认识我的人,都被看成他的仇人,这还有半点公道没有?"

及至9月底,三个孩子和理达的未婚夫罗元铮抵达美国。冯夫人一见始如释重负地说:"好危险,你们几乎出不来了!"

全家团聚,冯玉祥非常高兴。他没有后顾之忧了,他要大干一场了。他在日记里自勉自励道:"要敢说,要敢做,要为人民受难,要为人民死,不要东西,不要钱,不为自己,不怕一切,不为自己活着。"再一次流露了为国家、为人民勇于赴难、视死如归的决心。

第二十四章

到东部去

> 中国内战全面扩大起来。我现在身在美国,心在中国。我做了五十五年军人,深知战争对于中国经济的破坏,对于民主发展的妨碍。对于中国目前的局势,我是异常关切的。
>
> ——冯玉祥1947年10月10日在记者招待会上的讲话

东去途中

1947年从春到秋这段时间,中国时局的演变,迫使一切关心国家大事的人,考虑以下几个问题:内战长期化了,终止它的最好办法是什么?美国从对蒋介石假调解、真支持,变为公开胁迫中国人民,我们应该怎么办?沉默以及形式上的妥协对谁有利,对谁不利?这些问题,也时时萦绕在冯玉祥的脑际。

这年的9月,在纽约的爱国进步人士赖亚力、吴茂荪、王枫等五人,给冯玉祥发了个快邮代电,请他即刻迁居纽约,领导大家开展反美援蒋的工作。

当时在美国东部的爱国青年,热切地盼望冯玉祥东去,他们团结在中共美东支部负责人唐明照主持的《华侨日报》周围,为了配合祖国的解放战争,迫切要求发动一个有声有势的反美援蒋运动。大家一致公认,冯玉祥是领导他们进行这场斗争的最理想的人物。当时中国留美学生会正准备在纽约哥伦比亚大学举行庆祝"双十节"联餐会,大家请冯玉祥做主讲人,以打响运动的第一炮。他当即回了一电:"双十节"前一定赶到。

9月28日早8点,冯玉祥从柏克莱出发了。女儿理达和未婚夫元铮倒换开车送他前往,冯夫人随车送他们一程。走到一个花园似的小城镇里,他们停车进入一家小饭馆吃早点。饭间,冯夫人对女儿和元铮说:"你们订婚已经一年多了,趁现在大好的日子,也不要按照旧套子办什么喜事了,你们就结婚吧!"做父亲的也极表赞同说:"这样就等于你们跟我旅行结婚。"两个年轻人被说动了,都同意。饭后,他们在一个繁花似锦的公园里一起照了相,便算礼成。

继续上路时,冯夫人握别亲人,自返柏克莱。

当晚在旅馆住下后,冯玉祥兴致极好,他买来上面带有银花的大红纸,用隶书体苍劲地写了一副大对联,作为送给新婚夫妇的礼物。对联上题的是:

元铮贤婿

理达吾女

民主新伴侣

自由两先锋

1947年9月28日于美国加州圣城

去东部的路程相当远,每日晓行夜宿,父亲坐在车后座,夸奖女儿车开得熟练沉稳,他很羡慕女儿会开车,自己也跃跃欲试想学,但谁也没教他,学车对他来说毕竟晚点了。

行至第五天,来到一个城市。该省西南部的校长、教员代表,正在这里召开教育会议。当会议负责人听说冯玉祥将军途经此地,和他们住在一个旅馆里时,马上兴冲冲地来见,请他去讲一次话。冯玉祥从不放过任何一次宣传机会,不顾旅途疲劳,一口答应下来。会议主席把他带到一个大电影院里,介绍给台下的1500名代表,他从容不迫,讲了以下几点:

一、美国教育发达,每天都在求进步,他很佩服。

二、中美两国是盟国,胜利之后,愿两国人民永做好朋友。

三、中国需要的是和平民主,而绝不是美国在目前情况下所提供的金钱与军火的援助。

四、蒋介石的独裁统治日益疯狂,近来殴打、逮捕赤手空拳的学生,全国已达六千以上;许多教授也都被无理解聘,陷于生活无着的境地。

五、中国现在是征兵、征粮、征税,蒋介石用这"三征"害得人民活不下去。

六、希望美国人民主持公道,反对杜鲁门政府对中国的错误政策,帮助中国早得和平。

这次讲话，很受欢迎。散会以后，许多人都争着来请他签名留念，足足用了半个多钟头才签完。

走了一程又一程。一路上，有时是一天不见村庄的荒漠，空旷寂寥，有时是村村相连，树木葱郁，绿茵如毯，百花竞开的富饶之地，好像一天都在花园中穿行一样，令人赏心悦目。但看似平静的旅途，冯玉祥却不曾料到有一条尾巴一直跟在后面日夜监视他。

10月4日的日记里，有这样一段记载："一早起来在小馆吃饭，想不到遇见了张雪山、傅立平，他们是昨晚很晚才赶到这里来的。"

张雪山何许人也？是冯玉祥的一个老熟人了，其实他是一个特务，现在派来美国。冯玉祥在路上走了10天，就是他一直跟踪，暗中监视。此人解放后在北京被逮捕镇压。

特务横行，志士罹难。10月5日，冯玉祥到达芝加哥，夜间十一点与柏克莱家中通电话，获悉余心清在北平被捕的消息。这一夜，他心情苦痛，无法入睡。余心清是他早在1922年当河南督军时认识的，因爱其才，邀往军中共事，一手提携。余心清的命运由此转折，由一个穷苦的青年牧师一步步进入学界、军政界。为了营救他，冯玉祥尽了自己最大的努力，一方面联系国内有职有权的旧部设法搭救，并在他的讲演里、著作里，甚至遗嘱里，都一再提到余心清身陷囚牢，生死不明。当时也在美国的余心清的妻子刘兰华⑥，从报上看到丈夫被捕的消息后，四处奔走求救，她找曾听取余心清谈政见的美国军政界人士魏德迈，也找同乡孔祥熙，但都碰了壁。只有冯玉祥从精神上、道义上给予她支持，使她很感动。她写信说："您为了外子到处讲演申张正义，并打电报到国内设法救援，我对您的感激，是无法用言语表达的。"

打响第一炮

经过10天的长途跋涉，冯玉祥按约准时到达纽约。在旅馆里，他同时看见了赖亚力、吴茂荪、肖树滋、浦寿昌等九位朋友，禁不住兴奋地问长问短。谈话中，他念念不忘余心清被捕的事，吴茂荪告诉他已经请了美国朋友发电报到国内设法搭救。

冯玉祥一到，不事休息，马上和大家一起把准备在第二天作讲演的稿子细细研究了一遍,并说好由浦寿昌担任翻译。同时还决定了次日下午举行记者招待会,由赖亚力等负责组织,晚上正式出席庆祝餐会演讲。大家讨论到与记者的谈话内容时,有一位朋友很坦率地问:"不知冯先生对蒋介石还留不留余地?"他严肃地回答说:"除非蒋介石伏在总理遗像前叩三个头,表示忏悔认错,否则是没有什么余地可谈的。"

大家对他的坚决态度肃然起敬。

朋友们散去时,他提出旅馆房金一天10元太贵,请大家帮忙另找便宜一点的地方。

送走了客人,他独自坐下来,把讲演稿子又反复推敲了一番,亲自改了几处,要点熟记在心,认认真真地做好了准备。

这天傍晚,老朋友老舍先生买了鲜果来看他。去年在来美船上的时候,画家叶浅予先生就告诉他,老舍还在纽约,他的《骆驼祥子》一书的译本,销路很广,他已得到一笔版税。叶先生说:"您到了纽约,可以找他请您吃一顿饭。"冯玉祥爽朗地大笑说:"只要老舍有钱,他会请我的。"

今天两位老友异国重逢,倍觉亲切。老舍领他到一家北方饭馆共进晚餐。老舍谈到,美国最近出了一本新书,名叫《希特勒的下场》,描述了当年希特勒败局已定,身陷重围时,还疯子一样把这个抓起来,把那个吊死或枪毙。今天的蒋介石和当年的希特勒一样,把中国搞成这个样子,已是人所共愤。冯玉祥一听对这本书很感兴趣,请老舍给他搞一本,并说希望过半年以后,他自己能读懂。当说到在美国的一些旧相识时,他对老舍谈了这样一件事:他刚到柏克莱不久,碰见清华大学校长梅贻琦。梅校长向他吐露了内心的苦闷:"现在担任大学校长很不容易。不说真话,对不住青年,对不住自己的良心;要说真话,环境又不许可,实在痛苦极了!"冯玉祥当时对他说:"这不只是你当校长的如此,我想全国不知有多少人和你同病相怜,处境一样呢。"

两人一直谈到深夜才分手。

10月11日下午,冯玉祥在旅馆举行了记者招待会,向世界舆论公开表明了他反对蒋介石独裁,反对美国扶植蒋介石打内战的政治态度。他说:

今天我请各位来,不是拿我水利考察团团长的身份来和各位讲话的。我是站在主张世界与中国和平民主的立场,来和各位讲话的。

我首先要感谢美国人民对于中国的同情。在中国抗战时期给了我们很多物资上和精神上的援助。抗战以后，国民党政府曾经召开各党各派政治协商会议，开幕有好演讲，闭会也有好宣言，说中国非和平不可，决议案非实行不可。可惜国民党反动派不顾人民的要求，不顾友邦的劝告，使过去说过的通通不算。赞成协商会议的人，都成为国民党反动派攻击的目标。这是中国弄成今天这样悲惨的关键，我想许多美国朋友也许还不清楚。

结果，中国内战全面扩大起来。我现在身在美国，心在中国。我做了五十五年军人，深知战争对于中国经济的破坏，对于民主发展的妨碍。对于中国目前局势，我是异常关切的。

10月3日，纽约时报登载了窦尔丁先生从北平发来的电讯，叙述余心清少将等被捕的消息。这段新闻虽然简单，可是意义非常重大。从时报上的记载看起来，这些被捕的人，都没有反叛政府的行为。他们之所以被捕，只因为他们虽然在政府服务，而心却是为着民众的。他们是爱国分子，愿意国内和平，不愿意内战延长；愿意国内民主，不愿意国内独裁……他们是拥护协商会议的。余心清少将等是我的旧同事，是中国的好人才，他们之所以被捕，无非是国民党反动派怕人说和平，怕人说民主，所以就用残酷的手段，用特务把他们逮捕起来。

他谈到他的告同胞书在国民党反动政府内部引起的轩然大波；他谈到中国学生所遭受的残暴镇压等等现状，之后指出：

从世界战争结束以至今天，美国的对华政策犯了严重的错误。它以巨量的军火、金钱及其他物资接济中国的独裁政府，并以许多飞机和军舰运送独裁政府的军队，以致中国内战延长与扩大，死伤了无数的人民，毁灭了无数的财产，全国经济陷于不可收拾的境地。经过八年抗战的中国人民，如何能够忍受？中国人民对于贪污腐败、惨无人道的独裁政府，已不再存一点好感。任何国家支持它，也会引起中国人民的愤慨。

他希望美国政府不要再干涉中国内政，不要再以任何足以增长中国内战的物资接济独裁政府；他希望美国人民本着博爱的精神，注意到中国人民极度惨痛的境况。

演说结束后，一位美国记者站起来提问：“你这样说话，不怕蒋介石谋害你吗？”

冯玉祥微微一笑，平静地答道：“我如果怕死，就不这样说了。”记者们爆发出一片热烈的掌声。

当晚，冯玉祥又精神抖擞地出席了在哥伦比亚大学教职员俱乐部举行的中国学生欢迎庆祝会。中国留学生、华侨和关心中国的美国各界人士以及美国记者，500多人出席大会。除此以外，还有不少国民党特务在场。据熟悉内情的人观察，起码有20多个。的确，冯玉祥的到来，忙坏了中统、军统的大小特务们，他们事先即已频繁开会，密议对付的办法，装扮成旅馆和餐馆的华侨员工，监视冯玉祥的一举一动，一言一语。

在暴风雨般的掌声中，冯玉祥泰然起立，发表了他轰动一时的《国庆演词》。他缅怀孙中山先生领导革命成功，创立民国的伟绩，回顾了中国近几十年的历史，猛烈抨击蒋介石反动政府的败政劣绩，控诉其对人民进行的残酷压榨和剥削。他再次提到余心清的不幸遭遇，而后分析了国内革命形势。他说道：

大规模剿共已剿了一年零三个月，今天成绩如何？大家天天读报，知道的很清楚。东北国军形势危殆，共军已到长江北岸，连南京城门也关闭了。冯玉祥12岁当兵，1946年退役，做了55年的丘八，看不出捆绑来的壮丁能打胜仗，看不出违背人民利益的军队，会能得到最后的胜利。

……中国今天的形势，又好像在1927年北伐大革命成功的前夜，只要把各党派各阶层一切民主的力量都联合起来，向贪污无能和反动的旧势力进攻，精诚团结，坚强组织，我们便是不能摧毁的革命力量，我们便可以促进民主胜利的更早到来。

……你们要认清，民主中国的前途是光辉灿烂的。民主的胜利已经为期不远，你们要效法孙中山先生在美国睡洗衣馆熨衣板的精神，要有孙中山先生伦敦蒙难不畏惧的精神。大家携起手来，团结起来为真正的联合政府而奋斗……

冯玉祥慷慨激昂，听众们聚精会神，不时报以赞赏的掌声。夹杂在听众之中的特务们，有的满脸杀气，恶狠狠地瞪着他，有的忙不迭地在本子上记录，例如CC派来做学生工作的邱某、夏某，《美洲日报》的总编辑陈某，还有一个姓刘的女特务更如凶神一般，气得笔尖把纸都快戳破了。

记者招待会和《国庆演词》不负众望，结结实实地打响了反美援蒋的第一炮。次日，纽约各大报纷纷以大字标题"中国基督将军公开谴责蒋介石，呼吁美国不要支持蒋"、"基督将军说蒋介石是希特勒第二"等为文，详尽报导了冯玉祥的讲话。《国庆演词》还以专辑形式，发往新加坡、吧城、马尼拉、曼谷等东南亚各地，影响波及国内外。

冯玉祥的言论不仅使国民党官吏头痛，也使特务们大伤脑筋。

在北平的军统监狱里，一天深夜提审余心清。

审问的特务姓赵，曾是余心清的学生。他一上来先例行公事问一句："你在北平的口供，没有什么变动的地方吗？"

余心清冷冷答道："半个字也没有。"不料特务把话一转，问道："你知道冯先生近来的情况吗？"余心清有点愕然，不知特务用意何在？他说："你们不许我看报，他的情形，我知道不知道，你们当然很清楚。"但他内心极不平静，担心出了什么问题，他紧接着反问："近来冯先生有什么消息吗？"

特务一个字一个字往外挤着说："他为你的事，在美国发表谈话，攻击政府很厉害，可惜得很……"这"可惜"两个字，显然是对余心清说的。

余心清心里一热，抓住机会不放，追问："我的事冯先生知道吗？他说什么了？"

特务犹豫了一下，还是说了："不但知道，而且知道的很快、很详细，他攻击政府对你非法逮捕，很骂了一些话。"

一股巨大的暖流涌进余心清的心里。他穿着单衣在这阴森恐怖的特务密窟里熬冬，突然感到不冷了。

冯玉祥从发表《国庆演词》的时候起，他所高举的反蒋反美的民主旗帜，就迎着即将来临的政治风暴展开了。

成立旅美中国和平民主联盟

发表《国庆演词》的第二天，冯玉祥约了五六位朋友谈话，其中一位是中共的，两位是民盟的，三位是国民党的左派，大家认为根据当前国际国内形势，有必要建立一个组织，一个民主统一战线的组织。冯玉祥一听十分兴奋，当即表示同意说："我们为了开展工作，没有组织是不行的。我们必须加紧进行，一个月以内成立，希望大家努力！"

冯玉祥的脾气向来是大刀阔斧说干就干，不容拖泥带水。他的到来，原来在纽约有点散散漫漫的朋友们，马上都紧张起来了。大家组织了一个筹备会，加约了五六个志同道合的朋友，一共十来个人，两三天聚会一次，进行筹组工作。他打破了早睡早起的生活习惯，不知疲倦地经常开会到深夜十二点。有时候，大家为了一个问题争论不下，甚至发生了点不愉快，他总是笑眯眯地插进来说:"我讲一个故事给你们听……"他有一肚子历史掌故,随时可以结合具体问题讲出一个生动恰当的故事,他讲得那么好,把大家都引笑,然后他再提出些问题,讲清些道理,往往就把争论的分歧统一了。

筹备用了不到一个月,11月9日旅美中国和平民主联盟在纽约成立了。

在成立大会上,通过了章程,发表了宣言,选举了十三人为执行委员,冯玉祥被公推为主席,并设秘书、宣传、组织、联络四个组。大会宣言中称:

祖国和平民主的力量,在一天一天地生长。国民党内民主的力量已由个别的活动日渐走上统一的奋斗。反战的运动就在国军将领间也已开始展开。在东北、华北、华中,中共领导的人民力量正在澎湃成长。民主同盟虽然被迫解散,民主人士的力量却依然继续。……

我们旅居在美国,争取美国人民对中国和平民主力量之更进一步的认识与同情。争取美国政府对中国内战力量之停止支持,便是我们的中心任务之一。抗战胜利以后,美国官方对华声明,屡次宣传赞成中国之和平民主。而事实上,美国对南京政府的援助已超过四十三亿美元,其结果只是增加少数官僚贪污中饱的机会,延长中国残酷的血腥的内战。对美国这种错误的政策,我们要尽可能的设法加以制止。

宣言并说明,"联盟"并不是一个政党,而是现阶段争取和平民主的广泛运动,热烈欢迎旅美侨胞不分党派、不分性别、不分职业、不分宗教信仰地参加到这个队伍里来,为争取真正民主的联合政府的更早实现而奋斗。

大会即席以主席名义致函杜鲁门总统、马歇尔国务卿和美国国会,重申反对美国援蒋以助长中国内战的严正立场。在给马歇尔的信中,冯玉祥说:"我们海外华侨,他们的家属正在遭受由内战带给他们的前所未闻的苦难,决定在一九四七年十一月九日组织成立'旅美中国和平民主联盟'。并由我担任该协会执行委员主席这个荣誉的职位。这个协会是非政治性的,而且是暂时性质的。它的唯一目的是谋求终止兄弟互相残杀以及建立中国民主。只要这两个目的达到了,这个组织就自动解散……"

"联盟"很快便拥有会员二百余人,并且先后在旧金山、华盛顿、明尼苏达等地成立了分部。设在纽约的总部执委会每两周集会一次,还有许多临时会议。冯玉祥在纽约的家,就成了旅美中国民主革命运动的中心。他在美国的一切工作,都经过执委会商量,他也什么事都向执委会报告。大家热诚地爱戴他,他

也充分地接受大家的意见。民主统一战线在美国，由于冯玉祥的正确领导和各党派人士的团结一致，通力合作，表现得非常成功。

"联盟"组织组编印了一份钢板刻印的《双周刊》，内容丰富，充满了战斗气息。它对美国政府援蒋的内幕，也敢于进行无情的揭露。其中第二期题为《美国自己暴露了军事援蒋的秘密》一文，以无可辩驳的铁的事实披露：

日本投降之后，美国曾与蒋介石政府订立协定，答应助蒋建立空军，供给飞机一千零七十一架，并负责训练管理与驾驶该批飞机的人员；又允许在三年以内，继续补充维持和供给各种零件。

自日本投降迄至去年七月，美国给予蒋介石政府的纯粹军事援助，合计美金七亿七千七百六十三万余元；内飞机四千二百九十余万元〈不包括上述协定内的飞机〉；坦克车及军用车九千五百九十八万余元；战舰四千二百四十五万余元〈经国会同意赠送蒋政府的二百七十一艘战舰尚不在内；军队之装备与制服近一亿元；运输费三亿三千余万元。特别值得注意的是以上所举的"纯粹军事援蒋"甚至在马歇尔"调停"内战的一年中，也照常借给；

国务院又宣布"售予"蒋政府登陆艇五十艘，运输机一百五十架，两项成本合计约一亿二千万元，但是实际售价只不过两百万元，约为成本之六十分之一。

今天中国人民更认清，只有用自己的力量彻底铲除蒋介石的反动政权，粉碎帝国主义的企图，才能真正翻身。

《双周刊》公布美国这些秘密，它的更深远的意义还在于向中美人民指明了美国外交政策的真象。民主党和共和党对于支持中国反动派是同样的卖力，同时都企图进一步进行对华军事干涉。

"联盟"刊物，就是这样无所畏惧地在美国的本土上揭露美国，起到了很好的宣传作用。

在华侨中

冯玉祥极为敬重华侨一贯的爱国热诚。到了美国以后，目睹由于中国国际地位低下，侨胞在异国均受着种种欺凌与屈辱，他把自己的心紧紧地和侨胞连结在一起了。侨胞们对他也满怀崇敬的感情，经常请他演讲聚会。一次，纽约华侨服装行业组织衣联会请他讲演，为的是让会员了解国内实情，以决定参加救国行动的方向。这次演讲会，盛况空前。那天还不到开会的时间，该会会员男女侨胞就纷至沓来，会场拥挤到无插足之地，后来连办事处、图书处、议事厅以至门口，全站满了人，而外面的人还在不断地往里挤。会场负责人眼看人满为患，急忙临时安装扩音器，好让许多站在大街上挤不进来的侨胞，也能听到冯玉祥的声音。当时的情形真是人山人海，万头攒动，人人都想一瞻冯将军的风采和聆听他的救国道理，会场情绪之热烈，前所未有。

当冯玉祥在衣联会常委显肇、光汉的陪同下步入会场时，全场起立，掌声雷动。华侨青年团歌咏队在刘良模的指挥下，唱出了雄壮的歌声。许多人热泪盈眶，他们一面急急地擦拭，一面昂首踮足向冯玉祥看去。会场情绪更为激动。

冯玉祥登台讲演。他身高1.86米，体格魁伟，往台上一站，好像一座铁塔。虽然他以绝对平民化的朴实态度出现，但仍不失大将风度，仪态庄严，把所有的人都深深吸引住了。会场里鸦雀无声。

这天讲的题目是"民主和平"，由刘良模译成粤语。冯玉祥向侨胞们讲述了蒋介石反动政府为了打内战，向民间征兵征粮所采取的暴虐手段。善良的农民，被国民党强征硬拉抓去当兵，为了怕新兵逃跑，就用麻绳、铁链把他们绑着，还不给饱饭吃，让他们虚弱的连动弹的力气都没有。新兵往往没有经过任何训练，就送到战场上去白白死掉，变成孤魂野鬼。中国现在已成人间地狱，言难尽述。他说："外国人批评我们的政府贪污、无能和腐败，而还未说出尤甚者。实际上现在的政府是个屠宰公司，是个屠杀政府，把人民当牛、当猪、当羊一样来任意屠杀，所以是屠杀政府。"听众听到这里热烈鼓掌，经久不息。等大家安静下来以后，他又说："这种情形玉祥就是花八个钟头或八十个钟头也不能和各位父老兄弟姊妹们说得完尽。现在要说的是，既然如此，我们应该怎么办？现在要紧的事情就是要和平要民主。没有和平就一切都没有办法，有了和平而没有民主，政府坏也没有人敢批评也不行。所以目前最要紧的是要实现和平与民主。只有使祖国实现了和平，实现了民主，才能改变外人对我们的态度。"

"但是怎样才能实现和平，实现民主呢？那就需要我们的侨胞共同向美国人宣传了。每个侨胞，无论男女老幼，都负有责任向美国朋友说在中国没有实现和平民主前，不要给军火军械帮助蒋介石打内战去屠杀中国人，引起中国人民的仇恨。绝对不要帮助中国一个钱，因为中国的坏政府是一个无底洞，无论援助了多少，只是落到了贪官们的私人腰包里，对于中国和人民是没有益处的。

我们要时时常常向美国人民这样宣传。玉祥已经写过信和打过电报给马歇尔和美国的议员们，劝说他们美国不要再助纣为虐，援蒋打内战了。"

震耳的掌声响彻了整个大厅，站在街上的侨胞也不住鼓掌。会议主席和冯玉祥紧紧握手致谢，当即向同业征求对冯的建议有什么意见。一时，会场里人们互相交换意见，最后推举代表发言。归纳起来，大家根据过去援助抗日战争对外宣传的经验，提出了如下议案：由衣联会印宣传单，吁请美国政府不要助长中国内战以屠杀中国人民。传单印出后遍发同业，在每一包衣服内夹入传单，引起美国人民注意，以扩大宣传效果，这个议案，全体鼓掌一致通过。

散会后，衣联会和华侨青年团请冯玉祥题字，他的题词不仅富有意义，而且字体刚健有力，很有功夫。以一个大兵出身的人，能写这样一手好隶书，格外使大家欣赏惊叹不已。

为了团结争取侨胞，冯玉祥是事无巨细，有求必应。当时有个团体主办了一个国语班，他们特别来商请冯玉祥亲自去教授，每周一次，晚8时至9时上课。这样的事情，按照一般常情而言，以他的声望和地位，是断难应允的，但他却欣然接受了，并且说明纯当义务，不受分文。他亲自动手，认真热心地编写了教材。

开课那天，座无虚席。冯玉祥首先讲到侨胞们不忘祖国语言，愿意积极学习，这是极好的事。他本人并为能够服务侨胞，贡献一点微力而感到再高兴不过了。他讲授时，态度安闲，像个彬彬文人。课后侨胞们都说课前如果不是听了对冯将军的生平简介，真不敢相信眼前这个温和的老人，竟是过去在中国政治舞台上叱咤风云的人物。

冯玉祥亲近侨胞、深入侨胞的举止行动，使国民党反动分子惶惶然不可终日。为了抵消他在华侨中日益增长的威信和影响，连讲授国语这件区区小事

题词

都抓住大作文章，写成社论：

"冯玉祥领得政府之外汇，不从事水利考察，而乃来美教授国语。冯玉祥以安徽之腔调，去国语标准音不啻十万八千里，其目的欲缓和侨胞之鄙弃，而掩饰其祸国殃民之罪恶，及背信忘义之劣迹……"文中甚至连那不堪入耳的低级下流话也说了出来，为免污读者耳目，便不再将其"文"引用下去了。

冯玉祥看了这篇社论以后说："蒋介石这坏小子一贯就是把造谣生事的人当作心肝。造谣生事，以白为黑，以无为有，他不垮台还等什么？"

了解实际情况的侨胞都知道，冯玉祥正受到多方的压力和打击，举手投足都被国民党特务看在眼里，处境十分不利。尽管如此，仍有不少爱国华侨青年向往着他，络绎不绝上家里来拜访他，请教他。在当时进行这种拜访是需要勇气的。一位署名留石的青年，曾写过一篇"见老冯"的文章在报上登出来。他是这样开头的：

"见老冯，这句话，听起来有点失敬。但我们明明是说过'要去见冯玉祥将军'，却不得不向老叶暗约只说'见老冯'。特别那天晚上在新杏香楼上用餐的时候，谈起要去见老冯，先要回顾四周的生客，似乎要去见冯玉祥将军也是一件犯罪的事。"

由此可知国民党特务之分布密如蛛网，也可见华侨青年对冯玉祥之崇敬。

大声疾呼

冯玉祥对国内局势的分析和估计，赢得了美国进步人士的广泛支持，就连教会中许多正直善良的人对他的主张也极表同情。各种团体纷纷邀请他到全国各地去讲演，日程一直排到了年底。

冯玉祥讲话生动具体，深入浅出，富于幽默感，极受中外听众欢迎。他在各处对美国人民大声疾呼：

自从抗战以来，所有美国给蒋介石的军火，他都留着打内战来用。他以为美国的飞机、大炮、坦克车以及各种新式武器都用来打内战，一定谁也打不过他。他可没有想到，无论什么样的好武器，总得人来用它。现在蒋介石虽然执政，但是全国人民恨他，就是有好武器，那武器自己也不能去打仗。

1946年，当蒋介石发动打内战的时候，他大言不惭地说，三个月就可以打下共产党。后来又说六个月可以打下。现在已经快两年了，数一数蒋介石打的败仗，恐怕谁也数不清。很多师的美国武器，都叫蒋介石的军队送到解放军那边去了。举个具体数字来说，前两年刚打内战的时候，共产党的军队不过三十万人，蒋介石的军队有三百万。打了一年之后，蒋介石的军队剩了二百万了，共产党的军队增至九十万以上。打到现在呢？共产党的军队到了二百五十万以上。这还不足以说明蒋介石是在那里害国、害民，惹得全国人民都反对他吗？他的军队每天都有一师一团一营投到解放军去。你们看，国民党内的高树勋将军，是抗日最得力的将领之一，现在率领他的部队退出内战，成立民主联军，和中共合作打老蒋；第三十八集团军总司令赵寿山将军，抗战时守黄河，功绩很大，现在也率领大军到共产党那边去打老蒋；山东蒋军总司令李仙州，被解放军生俘；蒋的嫡系第七十四师师长张灵甫阵亡，最近更发展到全式美国装备、美国训练的第三军在石家庄战役全军覆没，军长罗厉戎被生俘。凡此种种，都证明蒋介石日暮途穷，败局已定。而美国愈多给他钱只会愈多入了私人腰包，愈多存进外国银行，别无其他结果。

美国听众对冯玉祥揭穿的蒋介石的"新战法"，最为吃惊和震动。每次讲完，大家都起立鼓掌，还有人走上前去和他握手，对他的勇敢公开表示敬佩。什么是蒋介石的"新战法"呢？他告诉听众说："自从1946年蒋介石发动内战以来，不论在河南、山东、河北及东北各省，每逢攻打一个城镇，他先用几百架飞机轰炸三昼夜，然后步兵才向前进，城镇占领了，可是解放军连个影子也看不见。蒋介石的政工人员抓住老百姓问：'解放军哪里去了？'老百姓说：'前两个星期解放军就走完了，你们打的完全是老百姓。你们看，我妈的尸首在这里，头没有了；我哥哥和弟弟的尸体，房上一条腿，树上一个胳膊；我的姐姐妹妹，被炸死在屋里；我的腿也打伤了，走不动了。'说完放声大哭。政工人员一听，便把能找到的老百姓集合起来训话说：'这仗，蒋委员长不愿意打，你们千万不要怪蒋委员长。你们看飞机大炮是哪里来的？都是美国来的。是美国人要打仗，不是蒋委员长呀！'"

冯玉祥据实指出：美国政府与蒋介石互相勾结狼狈为奸，挑起中国内战是有根由的。杜鲁门曾派魏德迈调查代表团到中国，从各个方面对中国的情况加以研究后，做出三项援助计划：一、实现良好政府。二、援助中国经济复兴。三、阻止共产主义。显而易见，美国政府从其一己之利出发，是不容中国存在和发展共产主义的。而今天中国的实际情况是共产党大得人心,共产党的军事力量迅速壮大,共产主义在中国即将取得胜利。因此,美国政府不惜孤注一掷,竭尽全力助蒋做垂死挣扎,这实在是大错而特错。

当时,尽管美国政府在对华政策上一意孤行,冥顽不化,但是美国的知识界,却不乏头脑清醒之士,他们都懂得,援蒋是一条死路。这些有识之士鉴于本国政府干涉中国内政已到了不择手段的地步,他们担心这种错误政策发展下去的结果,不仅助长中国纷乱,延长内战,加深中国人民的痛苦,引起中国人民的仇恨,从而导致破坏中美两国的传统友谊,同时,还有使美国反动派借口对外反共而对内加紧实行法西斯之危险。在这种政治背景下,美国民主人士发起组织了一个"民主远东政策促进会",公开抵制和反对政府错误的远东政策。

"珍珠港事件"六周年时,"民主远东政策促进会"召集举行了1000多人的纪念大会,反对政府援助反动独裁的军阀,以免重蹈过去以废铁、石油援助日本军阀之覆辙。是日,冯玉祥应邀出席大会发表演说。当他步上讲台时,台上歌咏团高唱《义勇军进行曲》,全场起立对中国人民和冯将军致敬,空气极为庄重热烈。

冯玉祥应美国基督教组织美以美会的敦请所发表的演说,也是非常成功的。他独出心裁的给蒋介石取了四个诨号,他说:"蒋介石在中国屠杀了成千上万的教授、学生、青年和老百姓,因此,他是屠宰公司的总经理。中国哪里会有那么多共产党,还不是一个人一手造成的。军队待遇不平等,当然一师一旅的带着军火去投靠共产党,人民生活无着,自然会拥护共产党,去加入共产党来推翻这专制无能的政府。所以说蒋介石是一个制造共产党的工厂的总老板。因为你们美国人送给蒋介石的坦克、大炮、枪支、弹药,他都转送给共产党了,所以我说蒋介石是一个输送军火到共产党去的运输大队长。而且他还是一个无底洞,无论你们美国给多少支援,总是永远填不满的。"

"您能详细谈谈国民党政府对魏德迈将军声明的反映吗?"听众中有人起立插问,会场顿时活跃。

"可以的。我现在就来回答这位先生的要求。自从魏德迈将军到中国开始调查之日起,国内官方报纸就天天告诉读者说,这位是送财送宝的圣诞老人,是善意的使者。这是暗示国民党政府有你们美国人做靠山,他还不是失道寡助的。没想到魏德迈将军临走时给来了顿臭骂。"听众哄然大笑。

"我听说，南京、上海的官方报纸拿到魏将军的声明以后，大伤脑筋。因为这么重要的人物郑重发表的声明是不能不登吧，却又等于自己往脸上抹灰，自己打自己的嘴巴，更和一向歌功颂德的官报方针相违背。这些编辑先生们大搔头皮，大流冷汗，无所措手足。好在是中央社有官译稿，政府有令下达，优先采用中央社译稿，于是这个译稿把若干极不客气的责骂轻描淡写一带而过。更妙不可言的是，魏德迈将军为避免蒋介石政府说他袒护一方，所以声明中插了一段规劝中共的话。那些聪明绝顶的编辑大人们灵机一动，如获至宝，马上有办法了。第二天，官报大字头条标题是：'魏德迈痛斥共匪逞兵造乱'。"台下爆发出一片笑声掌声。接着他又讲："魏德迈对华声明像一颗炸弹，震呆了中国的大官人，他们最初是失望，感到幻觉的破灭，接着而来的是愤恨，恼怒魏将军太不客气了，于是沉默几天以后，国民党政府由外交部长王世杰代表，向美国大使馆提出了答辩书。内容大致是说明魏德迈对中国局势不够了解。据我所知和记忆，答辩书共有四点：一、就经济观点说，中国所以未能充分利用本身资源，主要问题在于战乱和迟迟未能收复东北。二、中央政府之努力消灭共产党，绝不是仅靠武力而已。三、就行政观点说，肃清贪污与提高效能一事，已经获得若干进步。四、美国商人向魏将军抱怨中国政府的经济措施使他们遭遇的重重困难，不完全是事实。这样的答辩和魏德迈的声明对照起来看，实在是理屈词穷得可怜。其第一点，无异是承认了中国具有充足的富源而未能充分利用，无论问题在哪里，自居全国领导地位的政府不能推脱他的罪过；第二点，无异自己承担了内战的责任；第三点是承认了贪污和无效能的存在；第四点等于说美国商人所说的有不少是事实。好了，关于这个问题我就回答到这儿，不知大家是否满意？"听众报以久久的热烈鼓掌。

听完了冯将军的讲演，听众的情绪近乎沸腾，大家不愿就此散会，起立鼓完掌后又不约而同坐了下来，开始陆续提出问题。第一个问题是："蒋夫人对蒋介石有什么帮助？"冯玉祥回答说："你知道的也许比我还多些。"这位提问的先生要求回答得圆满些，冯玉祥考虑了一下说："无论蒋夫人如何努力，一个独裁的丈夫，一个希特勒第二，是不会听从一个妇人女子的话的。"

第二个人问："蒋介石何以竟如此糊涂？"

冯答道："那是因为他为了巩固他的政权，尽用那些特务走狗们，怎么会不糊涂！"

"请您说具体一点。"

"举例而言,国民党里势力最大的陈果夫、陈立夫两兄弟,号称二陈派,也就是大家通称的CC派。其中陈果夫是蒋介石最亲信的顾问,他们掌握着最大的特务机构。二陈派组织之顽劣,其贪污、残暴、阴险毒辣与高压手段,比起美国开国初期横行城市的恶势力组织,有过之而无不及。这是全中国人民所共晓共见的。常言说,众怒难犯,蒋介石如果能听取民意的话,他可以在二十四小时之内,将二陈势力毁灭。但他宁可犯众怒,也要庇护二陈,因为二陈的组织可以供他使用,镇压人民,镇压持不同政见的团体。其实,说蒋介石糊涂,那只是说说而已。美国的一般传说,认为蒋介石被他的部下所包围,所以他对外间情况不大明了;又说他的左右势力太大,他往往屈从,这样他才可以得到左右的支持以消灭其他与之对抗的势力。这种传说不是事实,蒋介石惯于玩弄权术,他的力量,完全可以驾驭他的部下而有余。"

第三个人提问:"共产党怎么会有那么多的武器,是否得自苏联?"

冯玉祥笑道:"我前面已经说了,蒋介石就是一个运输大队长。共产党武器的来源,就是从蒋介石那里得来的。"

又有人问:"蒋介石自己明白这些事情吗?"

"他是从不愿意正视现实的。"冯举了一个例子说,"有一次在重庆开国防会议时,有人说沈钧儒与共产党搞阴谋暴动。因为沈钧儒是我的老朋友,我知道他是忠实于三民主义的国民党元老,但是,一位闻名的大律师,除了一支笔以外,什么都没有,试问他拿什么来暴动?我当然要为他辩护。当时陈果夫坐在旁边,斜眼望着我说你不知道沈钧儒糊里糊涂,一切让共产党利用?共产党准备好了,叫他为首暴动。当时我就说,在重庆谁都知道沈钧儒是我的老朋友,我能不了解他吗?他既是国民党党员,话何以不请他当面来说?要是他不来,我们派人到他家里去谈不好吗?蒋介石坐在那里听着,装聋作哑,不表示态度。于右任先生很生气地说就像这样自己倾轧,才好不等日本人来就早亡国。会后见着沈钧儒,我说了开会的情形。他立刻去质问那个检举他的人。那位先生支吾含糊地说都是谣言,都是谣言!你们看,这就是蒋介石玩的鬼把戏。"

时间不早了,问题还是问个不停。会议主席站起来宣称,只能接受最后一个问题了。

一位女士很激动地问:"如果美国政府仍然帮助这个独裁无能的政府,将引起怎样的后果?"

冯玉祥竖起右手食指,语气肯定地回答说:"后果已经有了,那就是今天中国老百姓普遍的反美情绪。"他又举了蒋介石"新战法"的实例,然后说:"国民党在老百姓面前把内战的责任都推到你们美国身上,试想人民能没有仇恨吗?"

听众中有一位卢索女士,站起来义正词严地说:"以前美国资本家为了自己的利润,把废铁卖给日本,而海员和运输工人自动起来反对,拒绝装运。我们今天也可以发动海员和工人,拒绝运军火去接济独裁政府。"

会场中每个人的情绪突然紧张起来了。有人建议:致电杜鲁门总统、马歇尔国务卿和国会,要他们致电蒋介石,不同意他加强独裁,解散民盟的行动,并要求政府停止援华。

全体与会者一致表示赞成。当场,该会女秘书拟好了电文,宣读以下几条:第一,撤退驻华美军。第二,停止对华军火运输。第三,停止政治性借款。第四,一切援华物资,不能用于内战。

刚刚念完,全场一致举手通过。大家认为,仅仅这样做并不够,还要发动其他团体,共同推动这一真正有助于中国的运动。

冯玉祥的演说,使许多教会人士顿开茅塞。因为蒋介石是美以美会的教徒,由于教派的关系,过去许多人对他的真相并不十分了解。经冯玉祥这一揭露,大家改变了看法。事后,美以美会有个长老,特地到纽约找着冯玉祥说:"以前我们以蒋介石和宋美龄为美以美会教友为荣,现在不能不以为耻了。"

自此以后,该会便约请冯玉祥到全国各地教会演讲,以促使更多的热爱和平的美国人民认清中国的现实和蒋介石的真面目。冯玉祥虽已须眉交白,但却不遗余力地日夜奔波在美国的四面八方,为祖国的解放事业尽心竭力。果然,影响之所及,美国各教会相继掀起了反对政府援蒋的运动,号召各界人士参加对华政策大会。美国圣公会主教毛尔顿、神德学院校长保迪特博士、一神教会拉萨利博士、基督教民主参事会达尔牧师、美以美教会社会问题联盟麦迈可牧师、基督教社会进步参事会祁罗华牧师、长老会摩福牧师、浸信教会康纳德博士等宗教界著名人士,于1948年初联合发表宣言,评论南京政府倚靠美国贷款与接济以维持统治,实际上已经完全丧失了人民的拥护。他们严正指出:美国教会人士中有人此时采取最有害和最错误的态度,就是允许美国政府帮助蒋介石以机枪、炸弹屠杀中国人民。他们并认为,美国对华政策的好坏与中国人民的安全，教会中的人应负一部分责任。因而进一步号召各界人士踊跃参加即将举行的美国对华及远东政策大会，以共同督促政府改变目前所执行的政策。

美国对华及远东政策大会开幕之日，冯玉祥应请到会发表演说。在大会上演讲的还有新近视察中国返美的名记者斯特朗女士，远东问题专家、前蒋介石顾问茵迪格博士，前国会议员特雷施及前罗斯福总统智囊团之一德威尔等。他们共同斥责美国政府尽力支持蒋介石政府，训练蒋介石的军队并供给其装备。因此，美方已无法迫使蒋介石实施使其政府民主化之诺言。他们指出，美国政府两年来的外交政策，已危害联合国之将来。美国政府各领袖现在已公开向人民宣称，美国无法与苏联或其他共产党执政的国家进行友谊合作，从而造成世界的分裂。冯玉祥讲话直抒己见地指出：“美国帮蒋介石帮的多，中国人被蒋杀死的就多；美国帮蒋介石帮的少，中国人也就死的少；美国不帮助蒋介石，中国就不会死人。”

美国著名的哈佛大学、哥伦比亚大学、加利福尼亚大学等，也纷纷写信或打电报，邀请冯玉祥到他们那里去。因此，在美国的学界，他所产生的影响也是深远的。

冯玉祥每次演讲，都是尽量根据不同听众的特点，事先构思，准备好他的讲话内容，这也是他深受欢迎的原因之一。他在各大学的美国学者、学生面前，首先分析了蒋介石反动政府何以如此惧怕和仇恨知识分子的原因。他说：“中国的大学，一向是政治思想的发源地。在本世纪期间，所有革命运动，如推翻满清，改进社会，废除不平等条约，反抗帝国主义在华享受之特殊权利，与租界的取消等，学界都是走在斗争前面的先导，无形中成为政治解放的先锋。不消说，这种解放运动与腐败政府之间，就形成尖锐的对立。中国当局为巩固本身地位起见，遂对于一切学运和学潮，施以无情的高压政策。”他进而具体说，"很长时间以来，中国大学里有名的教授，涉及谈论政治问题的时候，只能是在知己的小圈子里，暗中讨论。一般大学的讨论会，当开展辩论时，没有一个人不袒护政府的，这是因为在大庭广众中，他不得不这样说。为什么呢？因为开会的时候，时常有特务暗中监视。有的人公开身份也是大学生，实际上是国民党密探。例如蓝衣社和陈立夫所组织的三民主义青年团，他们的成员的主要任务就是向当局秘密报告人民的言论。但是等散会以后，人们私下便对政府尽情攻击。不过危险还是无处不在的。有一位教授，因为在课堂上批评政府的短处，就接到了警告信；有的学生家长，因子弟出言不慎，也收到同样的警告信，更有因不听警告而再犯时，第二天便告失踪，从此没有消息。"

谈到近年来不少教授、学生因参加学生运动而献出了生命时，冯玉祥说："他们为什么死？因为打内战的原故，物价突飞猛涨，中国钱一天比一天不值钱。"讲到法币的贬值，他以确凿的统计数字对比说明："当初对日本开仗时，中国钱5元换1元美金；到了1939年，20元中国钱合1元美金；到了1945年，2000中国钱合1块美金；到了1947年，一元美金到了五六十万法币；再到1948年，是190万元中国钱合1块美金了。学生们因为吃不饱，不能读书，才到国民政府去请愿，反对内战。这本来是正当的权利，可是北平、上海、广州、四川以及各地的请愿学生，没有一处不遭毒打。国民党反动派不是说他们是共产党，就是说他们是共产党的尾巴。学生们有的被抓起来装进麻袋包里扔进长江，有的被逮捕下监，用鞭子抽、用火筷子烫，受尽种种酷刑。学生们受折磨时发出的惨痛呼号之声，常常在一两千步以外都能听到。"

美国大学生发问："蒋介石政府的前景是什么？"

冯玉祥回答说："民心和军心，这是根本。这样失掉民心和军心的政府，肯定会失败到底，自取灭亡。这只要看蒋介石的军队是什么情形就全知道了。任何一个兵，都是从人民中来，而中国人民是反对内战的。蒋介石手下的人半夜三更抓兵，用绳子捆着打着逼着当蒋军，试想这样的军队，怎么能和共产党作战呢？结果，虽然有美式武器的装备，但一见了解放军，放下武器的放下武器，投降的投降，改编的改编。所以今天中国的实际情况是，人民解放军的队伍，一天比一天强大；而蒋介石的军队，则一天比一天缩小。有人说，美国援助蒋介石的军火很多，将来总归会打败解放军的，这完全是骗人的话！"

义无反顾

有一次，美国会下院拨款委员会的一个调查小组因久闻冯玉祥激烈反美援蒋，又洞悉国民党政府的贪污内幕，故在做出这次经济援助最后拍板之前，特请冯玉祥去作证说明。冯出席作证前，做了充分的准备。开会那天，他带了很多资料，一气谈了两个多钟头，举出大量事实证明蒋介石浪费美元及援蒋之无用。他无所顾忌地当场指责美国人说："你们政府中间有些人，死抱着一种不切实际的,或者可以说是糊涂的看法,即认为经济是一切的根本,在任何情况下都有回天之力。因此,以大量美元做血浆,注射进蒋介石反动政府这具已经奄奄一息的腐烂躯体,希望能出现起死回生的奇迹。我可以坦白地告诉诸位,这是梦想。美国政府如果执意这样子下去,结果只能是赔了夫人又折兵,绝不会有第二种结果。诸位先生想知道,美元到了蒋介石手中,都干什么用了,下面我就具体来讲。"他列举的事实之一是:"蒋介石的军队利用吃空额来进行贪污,可以说是一种司空见惯的手法。一支军队,名册上是1.5万人,实际上不到6千人,可是军饷是按1.5万人领的。这说的还是那些被蒋介石视之为杂牌的部队。至于蒋介石的嫡系部队,漏洞就更大了,名册上说1.5万,实际连3千人也不足,那1.2万多人的薪饷,都进了蒋介石嫡系将领的腰包了,肥了上层。这些贪污来的钱到手后,他们使用来设钱庄,开银行,开进出口商行,大发横财。"他最后强调说:"美国政府应该是到了迷途知返的时候了。事实很清楚,任凭你们有再多的美元,也永远填不满蒋介石这个贪得无厌的接受美元的无底洞主。"在他一边说着的时候,旁边的女打字员迅速把他的话都记录了下来,后来订成了厚厚的一册。

在冯玉祥出席说明作证之前,美国国会已经通过了紧急"援"华拨款6000万美元。经冯据实力阻,拨款委员会一个折扣就打成了1800万美元。这不能不说是冯玉祥宣传和作证的结果。

不久,1947年12月,眼见国民党军队在战场上节节败退,蒋介石政权摇摇欲崩,危在旦夕,美国国会又欲注射强心剂,再次讨论"援"华案。为了此事,冯玉祥专程到了华盛顿,除了举行记者招待会以外,他还会见了许多美国议员,指出中国人民今天好比生活在第二希特勒独裁统治之下,强烈抗议美国政府无止境地援助蒋介石延续中国内战。他的言行,使国民党驻美大使馆的人员坐立不安。于是,污蔑、攻讦之辞又接踵而来。国民党驻美大使馆公开在报纸上发表"斥冯玉祥在国外诋毁政府的声明"。与此同时,南京方面也向报界宣称:"在国民党新章程下,所有党员必须重新登记。冯玉祥如拟重新登记,保持党籍时,必被国民党以不忠之罪名,开除党籍。"

"海内存知己,天涯若比邻"。当冯玉祥处于国内、外敌人夹击威迫之下时,李济深、彭泽民、柳亚子、蔡廷锴、邓初民等朋友联名从香港给他写信热情称赞道:"您在美国为祖国民主和平所做出的努力和成绩,使我们非常兴奋。您是民主革命的热情的战士。"

的确，冯玉祥在到东部以后仅短短的几个月时间里，以惊人的活力，从发表《国庆演词》开始，做了数以百次计的演讲，举行过五次记者招待会，组织起旅美中国和平民主联盟，亲自访问了许多主持正义的美国议员、法官，拜会了美国前副总统华莱士，前内政部长伊格司，会见了英国和苏联的驻美大使。他的所有这些政治活动，全部围绕一个中心，即反对独裁，反对内战，反对美国援蒋，呼吁和平民主。

一场论战

蒋介石伸手向美国要钱要军火受到挫折，国内外大小蒋记报纸又倾巢出动，相约而同地向冯玉祥"开刀"。

《中国少年报》的社论《国贼冯玉祥》曰：

冯玉祥自假借考察水利名义来美后，实际做着种种卖国活动，对政府肆意恶詈，组织非法团体与共产党公开联络，歪曲事实，煽动各地留学生等；华侨舆论早已不齿其所为。近复变本加厉，当美国国会议员热烈讨论紧急援华之时，彼竟在美京四出活动，反对美国借款助我。祖国同胞久经丧乱垂死待救，冯玉祥忍心谓不应救济，其丧心病狂，叫他做国贼，实属罪浮于诛。

……冯玉祥又说共匪不是苏联指使，完全是违心之言，虽小孩子都不相信。胡说八道，祸国殃民，罪不可恕，我们美国侨胞要起来赶走这个无耻的国贼。

署名周西卜的一篇特写《答复冯玉祥先生》一文曰：

你自民国二十年沈阳事变后即为共党辩护，你现在仍然是中国共产党的宣传员。我从未听见你批评共产党一句。……共产党只是利用你为工具，以破坏国民党，使你身败名裂。苏联有了毛泽东、朱德、李立三等为心腹爪牙，斯大林不会重用你的。……

其他诸如《美洲日报》、《民气日报》也摇旗呐喊，大叫"奉劝侨胞，千万不可上冯玉祥的当"、"愿以宝贵的篇幅，再清算冯玉祥的罪恶，使侨胞们能够抵御任何毒素的侵袭"等等，不一而足。

冯玉祥对这一切绝不惊奇，他津津有味地细读每一篇攻击他的文章，每逢读到那些睁着两眼无视历史事实的胡言乱语时，就止不住地大笑。

231

就在国民党这些御用报纸你抄我袭，千篇一律，互相呼应，大肆诽谤中伤冯玉祥的时候，《华侨日报》、《纽约新报》挺身而出，奋起反击。一篇篇尖锐泼辣的文章，像匕首直刺敌人要害，像外科医生的手术刀，把反动文痞们的无稽之谈剖析得淋漓尽致。《可以休矣的是谁呢?》一文写道：

冯玉祥先生的生平革命事迹，从反军阀，驱逐清帝，随孙中山革命，自动奋起抗日，以至现在的反独裁残暴，反贪污腐败，等等，无一不是以民为主的行动，当做"反复无常"而论的党官报宣传走狗，他们在攻击冯玉祥先生时所写的文章，应该可以自称为反复有常的了。

....

言语可有千百种，真理到底只一个。为反动派宣传，为独裁者宣传，以出卖主权为"爱国"，以残害生灵为"爱民"，反黑为白，反白为黑，满纸荒诞的党报论客们，"呜呼可以休矣"这句话，请你们收回作为自悼的哀词吧！

《侨胞们早就"当心"了》一文写道：

奴才毕竟是奴才，除了供给人民笑料之外，完全没有出息。……然而我们侨胞，却正可以看出了党报他们的卑劣与无耻。

....

如前所说，党报记者是连造谣与说谎都做得非常拙劣的。单拿'清算'冯玉祥先生的'钱'这点为例，美洲日报说他'领有国家十几万的外汇'，民气日报说他'领得六十万美金'，一加就多了四十万。既然说的是'美金'，就绝不像法币跌价那么迅速，早晚天渊之别。党报记者相约而同地向冯玉祥先生攻击，但在这里偏又约而不同，可知他们只是乱造，不要任何根据。这类文章再写百篇，亦犹缠足女子的脚带一样，又长又臭罢了。

在双方报纸激烈交锋的时候，半道里忽然又"杀"出一个为蒋介石充当吹鼓手的美国共和党议员周以德，此人系明尼苏达州选出来的议员，以前曾在我国河南传教，后来专门替蒋介石吹喇叭，抬轿子，为虎作伥。他在国会上说，冯玉祥在美国肆意诋毁中国政府，实有失美国殷勤招待之意。

周以德自以为在中国传教行医多年，是美国难得之中国通，便到处大发"宏"论。他说："在多难的中国史上，以卖主求荣叛变失信著称者，无过于冯玉祥。冯玉祥一生即在叛变中度日。冯玉祥过去为满足个人之私欲，不惜多次勾结军阀，割据中国。而现在竟又与共党狼狈为奸，企图将中华民国变为苏联之

附庸。"周以德又把冯玉祥与美国前副总统华莱士相提并论说:"华莱士在国外攻击美国外交政策,已为美国人士所鄙弃,今冯玉祥竟步华莱士之后尘。"他还攻击道:"一九二六年冯氏去莫斯科入其所谓革命学校读书,返国后参加赤化中国之阴谋"等等。他进而攻击本国进步人士谓"中国人士无不鄙视冯玉祥,而美国左翼分子,竟奉之若神明,诚属可笑⋯⋯"

来而不往非礼也。冯玉祥当即在《华侨日报》上发表文章回敬周以德:"周氏指余曾反对吴佩孚、段祺瑞等,故被称为'以叛乱为职业'之军人,周氏岂欲余拥护满清、拥护袁世凯、段祺瑞、吴佩孚及现在之独裁者,而后堪称忠于中国人民乎?彼对中国历史之认识可谓浅薄矣!"冯玉祥在一次公开集会上进一步针对周以德说:"近来你们这里有个坏小子叫周以德的,大家大概已有所闻,他信口雌黄地对我进行了一系列的攻击。据我了解,他的讲话内容,是由CC派在美国负责宣传的国民党大使馆参赞陈之迈供给的。而这位陈之迈先生,也是个对中国历史一窍不通的蠢东西。周以德还自以为得意,殊不知他上了陈之迈的当,已在世人面前大出其出丑了。"

在过去,国内外的拥护蒋介石的分子,靠蒋介石吃饭做官的人,一向骂冯玉祥一生善变,是什么"倒戈将军"、"叛乱分子"。他们所以要加之于他这些罪名,无非是想作为打击他的武器,力图贬低他的人格,借以掩盖蒋介石的罪恶罢了。不错,他的确曾不断造反,不断地变。但他的每一次变,都有其政治背景。第一次,他在滦州起义,倒中国末代皇帝宣统的戈,那是革命,难道满清王朝不应当推翻吗?第二次,他在四川参加讨伐袁世凯,倒袁世凯的戈,铲除洪宪帝制。在袁世凯心目中当然他是造反,可是,从民族的民主的革命立场来说,难道不应该反对袁世凯称帝和卖国吗?第三次,倒曹锟、吴佩孚的戈,那时候曹锟以金钱贿选总统,窃据大位,民众处于敢怒而不敢言的境地,他这一次是挂了吊民伐罪的旗帜的,难道这一流卖国军阀不该打倒吗?第四次,倒张作霖的戈,一直到他所统率的国民革命军改称"第二集团军",他是响应国民政府北伐号召的。收复北京,逼走张作霖,北伐第一支军队到达的,就是他的部下。以后,他目睹蒋介石丧权辱国,搜刮人民血汗脂膏,处处与人民为敌,他几次和蒋决裂。对蒋介石这样一个暴君,难道不应当反对吗?1933年他组织察哈尔抗日同盟军,主张抵抗日本侵略,主张保卫国土,反对蒋介石屈辱投降,反对蒋介石先"安内而后攘外"的政策,他的主张是一贯的。抗战胜利以后,他反对蒋介石独裁反共,反对蒋介石发动内战,他的主张也是一贯的。因此,那些骂他"善变"、"倒戈"、"叛乱"大人先生们的理由是完全站不住的,是不经一驳的。

1947年12月30日冯玉祥在应美以美教会社会问题联盟邀请发表的演说中说:"对于下院议员周以德对我的攻击,我最后只想说如果周以德肯睁开眼睛正视事实,他也必会同样反对蒋介石。"

美国北美青年志愿参加海外传教年会在堪萨斯城开会,周以德借此机会,又滔滔不绝地一气讲了3个小时的话,大骂苏联和中共,大骂冯玉祥,并招揽到会的两千多人参加中国的反共十字军。殊不料他这一番话竟引起了听众的强烈反感,人们纷纷抗议,认为宗教的青年会不应该被利用作为政治宣传的讲坛。与会者联名请求会议主持人立刻邀请当时正在离堪萨斯城20里处讲演的冯将军到会,向大家说明问题的另一面。人们愤怒地坚持,除非将冯将军请来,否则他们拒绝把会开下去。局面搞僵了,会议主席左右为难,周以德在众自睽睽之下,如坐针毡,不停地擦汗。无可奈何之际,会议主席只得答应去请冯将军,但当他赶到那里时,冯将军刚刚离去。人们不再欢迎周以德,他也无法等到会终,夹着公事包灰溜溜地走了。

事也凑巧,过了不久,应一位美国朋友的邀请,冯玉祥到了明尼苏达州。他在两个星期中,在中西部各处讲演了27次,创造了令人难以置信的记录,这需要他付出超出他这个年龄的精力。百忙之中,他还挤出时间主持成立了明尼苏达州的旅美中国和平民主联盟分会。

他在明州的精彩演说,受到当地各界人士的交口称赞。著名商界领袖们在听了演说后,联名通电国务卿马歇尔,强烈反对美国继续援蒋。

从明尼苏达州返回纽约以后,冯玉祥情绪很高。他对吴茂荪等一班朋友说:"这次我可说痛快了,周以德这小子可把我恨坏了,因为我抄了他的老家。"

第二十五章

《我为什么与蒋决裂?》

> 蒋政权是所有中国坏政府的顶点。
> ——冯玉祥1947年11月15日在美国《民族报》上发表的
> 声明《我为什么与蒋决裂?》

彻底决裂

斗争的日益激化,最终促使冯玉祥以破釜沉舟的决心,宣告和蒋介石彻底决裂。

1947年11月15日,冯玉祥在美国《民族报》上发表了《我为什么与蒋决裂?》的檄文。同时对美国政府和蒋介石进行指控。

他强烈谴责美国政府说:"当'政治协商会议'的决议遭到我党内反动分子的践踏后,美国人民是同中国人民一样,陷于巨大的失望之中。此时,全面内战还未开始,如美国不是将几十亿美元倾注于中国,而是利用那种良好条件促成一项新协议,那这场内战原是可以防止的,如美国完全置身事外,绝对保持中立,战争也会由于缺乏进行的手段而告吹。……使人感到遗憾的是,三十余亿美元在中国是被用来扩大那场摧毁民族之战火了。"他揭露性地指出:"最近美国有人建议政府再向蒋介石提供十三亿美元的政治贷款,进一步加强对中国的干涉,而此项贷款的条件是美国有权控制中国的财、政、军方面的政策。"对此他严正告诫美国说:"历史证明,用外国金钱来干涉中国的政治斗争是白费的,这种干法只能唤起中国人民的仇恨。"

他指出，自日本投降之日起，中国的反美情绪日益增强。中国人民从来没有停止过对自己的坏政府进行斗争，这其中包括1916年的反对袁世凯和日本的人民运动，以及1918年起反对段祺瑞、张作霖和日本的斗争，都还记忆犹新。他明确地说："这种民族主义的急风暴雨从不受任何个人或任何一个团体控制。也没有任何力量，不论来自何方能阻挡它。"

对于蒋介石，他以事实证明蒋是如何培植个人势力和保全他自己的武装，而对于非嫡系的部队，则用尽打击、排斥、压迫、瓦解、断绝援助，甚至假敌人之手等种种手段予以剪除。他愤恨地讲述了在抗日战争中，蒋介石的心腹大将汤恩伯在几个星期里兵败如泻，丢盔弃甲，失地数千里，不仅未受任何处分，反而倍邀恩宠。而被蒋介石目之为异己的张自忠将军，却在得不到应有给养的万般困苦情况下，孤军奋战，把势优于己的日军困在湖北北部，浴血坚守。他等待着援军，而援军却始终没有到来，也永远不会到来。张自忠将军以身许国，壮烈牺牲。

论及国内现状，冯玉祥所举各例足以使人想象出蒋介石已把中国变成了一座大监狱，一个杀人场。他还激愤地谈到著名爱国和平人士宋庆龄女士等人在国内的处境。早在发表这篇檄文之前，他就不止一次愤然说过："何香凝女士，是廖仲恺的夫人，一位革命的实行家，真正的革命的三民主义信徒，可是，连句说话的权利都没有，处处有人监视，处处有人阻碍。再说孙夫人宋庆龄女士为了抗战，为了收复失地，为了民主，为了和平，说了些真话，就有人使出人来，造她的谣言。口口声声说国父孙中山怎么怎么，可是对国母就这样，可恶不可恶！"他公开控诉："住在上海的孙夫人是被严密地监视着，不准自由的会友和接受信件。……有名的学者如哥伦比亚大学毕业生、经济学家马寅初，考古学家郭沫若，都被列入了黑名单。另外有三个团体约三万名男女已经内定要加以消灭。"

冯玉祥最后说："蒋政权是所有中国坏政府的顶点。无论多少外国金钱也不能挽救他的垮台。""美国应当看到，依仗外国的支持以维持自身权力的一个腐败的少数派只是一个可怜的盟友。"

"我为什么与蒋决裂？不为别的，就是出自上面诸种政治原因。"

冯玉祥对蒋介石，有过两次救命之恩，为此蒋主动要和他拜为结盟兄弟。

但冯玉祥当时就说得明白，他们的结义是为了主义，不是私情。此后在分歧大于合作的二十余年的共事中，他们一个是忠国爱民，一个是祸国殃民；一个是光明磊落，一个是阴险狡诈；一个是追求和平民主，一个专门制造血腥黑暗；一个是爱国的革命战士，一个是卖国的民族败类。他们的思想观点针锋相对，他们的政治立场截然不同。这就是他们两个人的最根本的区别。

冯玉祥的革命立场愈是坚定，国民党在美国的特务愈是加紧从各方面破坏他的名誉，使许多明白人都看出来了，这只是阴谋的第一步。各方推测，蒋政权反冯的花样，今后还会层出不穷。果然不出所料，1947年12月冯玉祥在华盛顿招待记者发表谈话后，《纽约时报》就蓄意歪曲篡改他的讲话内容，说他在招待会上表示主张美国监督援华及组织反共联合政府。这则消息传出后，国内外有些不明真相的人，一度感到迷惑不解；而熟悉政局的各界人士，则一眼看穿这又是美蒋反动派制造的新谣言，目的在于破坏民主运动内部的革命团结。当有人向冯问及事实真相时，他说："《纽约时报》这件新闻完全是凭空捏造，署名这篇新闻稿的记者罗扎爱伦，根本没有参加我在华盛顿的招待报界的会议，也从来没见此人来访过。再说，我一向反对美国援蒋，岂有主张美国监督援助之理？同时，我又一向主张和平民主，任何反共政府只会延长内战，加强独裁。《纽约时报》新闻内容之无稽，实在不值一驳。"

但是谣言祸众，也不能掉以轻心。为了正人视听，冯玉祥于15日写信给《纽约时报》，提出抗议，要他们公开在报上更正。造谣者不吭气。

《纽约时报》这则消息使国民党如获至宝，国内各报纷纷转载，混淆视听。冯玉祥写信给香港的朋友们，请他们在舆论界澄清事实。1948年1月31日，李济深将军在《华商报》上登出一则声明启事：

冯同志为革命的三民主义信徒，旅美以来，为独立、民主与和平而奋斗，不遗余力。近数月来，奔走美国各地，发表联共倒蒋，反对美国援蒋残杀中国人民之演说，不下数十次。并于本月十四日在纽约发表公开声明，誓为推翻蒋介石独裁统治，建设独立、自由、幸福的新中国而奋斗到底。并正'研究怎么实实在在的干，怎样与工农大众站在一起来干，怎样把毛泽东的宣言，中国民主同盟的宣言和中国国民党革命委员会的宣言纲领，真正实行起来'。可见《纽约时报》的报道不特歪曲事实，且有意离间中国民主党派人士的团结。

后来，《纽约下午报》发表了有关文章，如实登载了冯玉祥在招待会上讲话的原意,即:一、美国政府不帮助中国打内战,美苏关系就可缓和。二、美国政府不帮助中国打内战,中国共产党反美的情绪就会减低。三、蒋某看美国不再做傻瓜,心里也就害怕了。四、亚洲人民看见美国心地光明磊落,就不反对美国政府了。五、中国人民看着美国不帮助内战,中国人民心中喜欢,可以恢复传统的对美国的好感。

蒋介石见对冯玉祥施加的种种压力不仅未能使其屈服就范,反倒是和他对着干的劲头愈来愈大,他决定进一步采取打压措施了。

首先,国民党监察委员会向记者透露:"监察院对奉政府命令赴美考察水利之冯玉祥,公开组织非法团体,反对美国政府援华事,曾作详细考虑,日间或有所表示。"

紧接着,一系列组织措施的政治迫害开始了。

下令回国

1947年12月20日,各大报赫然醒目地刊出这样一条消息:

"南京政府今日宣布,冯主祥去年被派赴美考察水利,已任务完毕,着令其在年前返国,此令由美京中国大使馆传达予冯。"

到了27日,一纸盖着"中华民国驻美利坚合众国大使馆"大红印章的公函,送交冯玉祥。他打开一看,浅灰色的纸上印着如下字样:

顾大使转冯焕章先生鉴:奉主席谕,先生考察职务以本年底为止,请于十二月底前回国。特达。吴鼎昌寝(二十六日)

冯玉祥当即在纽约举行招待报界会议,就被召回国一事发表声明。声明说:

余前数日在美京时,由大使馆转来文官长吴鼎昌氏电报,内称"奉主席谕",令余在新年前立刻返国。惟余不久之前,奉到行政院张群院长命令,令余继续在美考察水利一年,并预发明年头半年经费。

余来美考察水利,系行政院委任,并直接对之负责,今蒋不循正常行政手续,竟下手令着余立即返国,实使余莫名其妙,尤证明其独裁武断也。余固不能予以承认,而决定静候进一步之释明。

有许多人对余警告,谓余如是公开批评南京政府之内战及独裁罪恶政策,将引起被召回国以封塞余口之企图,若蒋氏之手令系为此而发,余极望其能坦白公开承认。

冯玉祥不但反抗蒋介石对他下的回国令，而且态度更为坚决明朗地向在场全体记者宣布，他将和所有要推翻蒋介石的人合作；他将继续赴美国各地讲演，以号召更多的人起而支持反对蒋介石。

招待会次日，《华侨日报》和美国各大报均在头版头条以大字标题发布了这条消息：

为被召回国事招待报界会议
冯玉祥发表重要声明
指出蒋介石此举违反行政手续

当时冯夫人不在纽约，闻讯后，急书一封短信鼓励丈夫说：

玉祥：

　　国民党员要重新登记了。老蒋召你回国，这一切都证明你在人民心目中的威望更高，高得使他怕极了！努力吧，光明就在眼前。

德全29日

冯玉祥回复夫人：

德全：

　　接你来信。

　　我就等着他通缉了，还有什么呢？

玉祥30日

冯就此事在日记中写道："我们要救人民，第一个就是要准备死，第二个就是要准备坐监，第三个是准备被通缉。那不是什么特别的事，也不是什么意外的事。"

开除公职　吊销护照

蒋介石的回国令对冯玉祥没有生效，继而便又以"冯玉祥在美国肆意诋毁元首"的罪名，撤掉了他水利特使的职务，断绝了他的经济来源。如此仍难解心头之恨，进而又串通美国政府，吊销了他的护照。使冯玉祥在国外陷入了寸步难行的境地。

李济深将军当即有信来说：

"关于蒋撤销护照一事,此间早已看见各通讯社的电讯。各方人士,咸认为蒋氏一向倒行逆施,今日之事,不特于先生丝毫无损,抑证明先生在美之言行实在很有力量,给蒋以很大威胁。今后,如仍可在美继续号召反对蒋氏集团独裁统治,反对美国援助独裁统治,当然大有造于国家民族;万一美国不容许再留,则回来香港,共策进行,亦为民主阵线增加大的力量。"

护照之事,使冯夫人极感焦虑,她两次写信来家急于知道"护照要回来了没有"?因为没有护照,美国移民局随时可以进行控告,法院将会传讯。

开除党籍

紧接着,1948年1月7日蒋介石再以"行为不检、言论荒谬","违反党纪、不听党的约束"之罪名,革除了冯玉祥的党籍。同时又非正式电请美国,希望能把冯玉祥驱逐出境。因为以美国的法律来解释,冯玉祥被中国政府剥夺了公职,吊销了护照,又被国民党开除了党籍,显然已成了"政治犯"。因此,亲蒋的美国众议员楚德便以站在法律的立场提出,国务院应采取法律步骤,把冯玉祥的地位弄清楚。他说:"冯玉祥的任务既已结束,不能无限期地留在这里。"

被开除出党的消息,冯玉祥是在1月7日当天的夜间,从赖亚力打来的电话中得知的。这本是意料中事,他既不感沉重,也不觉苦痛,更谈不上遗憾,他反倒因为终于得以脱离这个"拆烂污"的党而浑身轻松了。这天夜里,他在日记里写下这样几句话:

我的决心办法:

1. 做真革命党

2. 为民众死

3. 努力写东西

4. 读英文

冯玉祥从军一生,身经百战,早已锻炼出一副处变不惊的坚强性格。在对蒋介石的斗争中,又已置生死于度外。因此在这一连串的政治打击和迫害之下,他稳如泰山,无所畏惧,革命性更坚定了。

1948年4月16日,老友至交张治中怀着百感交集的矛盾复杂心情,从兰州寄了一封信来。他说:

……您在美国发表了许多言论，激动中央党部诸位同志的感情。我还在病中，没有出席参加。等我知道以后，已经来不及劝阻。目前这种僵局，我感觉非常可惜。后来和薛子良先生也谈到。当然在您出国前，国防部未征得您的同意，即办退役，这是不应该的。以后国府改组，您原任国府委员一席，也没有能够继续，尤其是不礼貌、不公道的事情。这些事情的发生，适值远处迪化，事前无所闻，未及向总裁进言，时以为憾！但这绝非总裁有意要这样办的。实在说起来，总裁对您是始终保持着亲切而尊重的态度，我有很多事实可以证明。就是您在美国第一次发表言论时，他还写了长信向您解释，正在缮清中，您再接连发表更为决裂的文件，所以信才搁下未发。国内局势到了这种情形，使爱党爱国的人士发生无限地感慨。当然这由于党的错误和政府的错误很多，说也说不完，事到如今也不必多说。我愿向您表示诚挚的心意，希望大家包容些，不要各走极端，我认为我们大家终有为革命建国重新团结合作的一天，我也诚挚的期待着这一天的到来。

其实，以国民党而论，自从蒋介石背叛了孙中山先生的三民主义，抛弃了革命的宗旨以后，国民党便开始分化成了两派：一派是坚持孙中山三大政策的国民党革命派；一派是以蒋介石为头子的国民党反动派。冯玉祥在国民党中有深长的历史，在过去的中国政治生活中，他总是和国民党内的进步力量在一起，和反对清朝的皇帝、反对袁世凯称帝、反对张勋复辟、反对军阀战争、反对帝国主义、反对蒋介石卖国独裁的战斗的力量结合在一起，一心一意地为实现孙中山的理想而坚持奋斗。他之所以能够如此，是和他的阶级出身与尔后自觉追求革命真理，接受共产党的影响分不开的。冯玉祥先世两代，都是农村中最底层的被压迫的雇工，他自身又从下级士兵做起，然而他始终未因地位的变化而忘却他的过去，他了解人民的生活和痛苦，所以反对虐政的意识很深，情绪很

冯玉祥年谱

1948年（66岁）

1月1日，中国国民党革命委员会在香港成立，冯玉祥被推举为政治委员会主席。

1月7日，蒋介石宣布开除冯玉祥党籍。14日，举行记者招待会，表示将为推翻蒋政权作殊死斗争。

2月8日，在《纽约下午报》上刊登《致蒋介石的一封公开信》，进一步抨击蒋介石倒行逆施、祸国殃民的罪行。

2月10日，面对国民党特务的威胁，立下遗嘱。

2月29日，美国移民局欲驱逐冯玉祥一家出境。

3至4月间，著述了《我所认识的蒋介石》一书。

4月，任中国国民党革命委员会驻美代表。8日，美国政府派员收买冯玉祥，要他回国组织反共联合政权，被严词拒绝。

7月30日，发表《告别留美侨胞书》和《告别美国人士书》。

7月31日，乘苏联客船绕道回国。

9月1日，炸药引起客船大火，冯玉祥及六女晓达同时遇难。

烈，易于发展成为革命的行动；对于外来势力的侵略，同样也丝毫不能容忍。冯玉祥作为一个善良的工农兵出身的人，与江浙流氓做交易所出身的人不同，所谓冰炭不同炉，根本立场就决定了不能合作，所以他和蒋介石的最终决裂，也是必然的。

冯玉祥的可贵之处还在于：知错必改。他不掩饰自己的过错，也从不因考虑个人的荣辱得失而将错就错。当他一旦发现了蒋介石是个背信弃义、叛变革命的坏家伙时，两人便一直因政见不合而不断发生冲突。他从切身的经历和与共产党人的经常接触中，逐步认识到中国共产党才是唯一真正的革命党，所以，他便掉转立场，真诚与共产党合作，接受共产党的主张，以实际行动贯彻孙中山的三大政策。

就因为冯玉祥始终忠于中国人民，忠于孙中山的革命宗旨，不肯与蒋介石同流合污，这就招致蒋介石及其党羽的仇视，打击他，排挤他，压迫他，一直到把他开除出国民党。

声明和公开信

面对蒋介石的恣意妄为，在纽约的爱国民主人士都紧紧聚拢在冯玉祥身旁，共商对这一事态应做出的反响。大家讨论的结果，一致决定马上采取下列行动：

一、由唐明照、赖亚力、浦寿昌负责筹备，于1月15日下午1时半举行记者招待会，发表对被开除出国民党的声明。

二、发表致蒋介石的一封公开信，由吴茂荪负责起草。

三、写文章。

四、做报告。

准备工作进行得很快，记者招待会比预定日期提前了一天。1月14日，冯玉祥就对被开除党籍发表重要声明。他宣称：

我被控告为对党不忠，如果这是指我反对他（蒋介石）进行内战和独裁的罪恶政策而言，我就得认罪。但是，忠于蒋介石专制独裁的任何行为都意味着对中华民族和孙逸仙博士的三民主义的背叛。

自蒋介石二十年前篡夺国民党的领导权并背叛孙逸仙博士的三民主义以来，中国是沦于贪污、腐败与混乱中。孙逸仙博士的忠实追随者，如宋庆龄女士、邓演达、李济深等曾不断为反对蒋介石的独裁而斗争过。

声明还谈到，为什么在抗日战争时期大家都曾又支持了蒋介石？冯玉祥说明那是因为当时中国必须保持为一个统一的国家，一致对外。

纵观蒋介石执政20年的独夫政策，冯玉祥指出：

因此，我们得出结论，认为必须像对待清朝、袁世凯和北洋军阀一样，推翻蒋介石的统治，以便在中国能最终实现和平与民主。

他向蒋介石宣战：他必欲和革命同志一起把蒋介石推翻。

时过半月余，2月8日，《纽约下午报》以显著位置刊登了冯玉祥《致蒋介石的一封公开信》。这是他写给反动国民党最高当局的最后一封信，措辞更加激烈。他历数蒋介石背叛孙中山，出卖国民党，祸国殃民的罪迹；他要蒋介石立刻下台，将一切主权交还人民。

对蒋介石派特务威吓他的小人手段，他如是说：

1947年8月，我接到你派来美国的特务一封恐吓信，严厉地警告我，要是我再来抨击你的话，那么，我的性命将会危险。我把这封信放入字纸篓里。自此以后，我在言论上更加毫不迟疑地和大声疾呼地抨击你的政策。

在这封公开信中，冯玉祥痛悔自己在1927年时为了顾全国民革命尚未完成的大局，错把已经下台的蒋介石请回来，扶上高位，误以为他能领导着国家前进。他悔恨自己犯的错误说：

现在我已经感到支持你的罪过，而要向中国人民负起责任，协助他们把你赶走。

冯玉祥最后明确断定蒋介石打内战已告失败，倒台期近，再巴望美元，也无济于事。奉劝老蒋最好有点自知之明，找个地方颐养天年。

第二十六章

中国国民党革命委员会成立

> 中国今天的形势，又好像在一九二七年北伐大革命成功的前夜，只要把各党派各阶层一切民主的力量都联合起来，向贪污无能和反动的旧势力进攻，精诚团结，坚强组织，我们便是不能摧毁的革命力量，我们便可以促进民主胜利的更早到来。
>
> ——冯玉祥1947年10月11日刊登在《华侨日报》上的《国庆演词》

进入1948年，在中国共产党的领导下，决心推翻蒋介石反动政权的各种爱国民主力量，以更快的速度进行集结。其中，国民党内部反蒋的中坚分子，于1948年元旦在香港成立了中国国民党革命委员会。

国民党内坚持进步的有胆有识之士一致认识到，如果任蒋介石这样倒行逆施下去，国家民族将陷于万劫不复之地。为了尽一个爱国者的天职，他们团结起来，一面致力于倒蒋运动，一面积极地做集合孙中山先生忠实信徒另行组织党的准备，以期与各民主党派、进步人士共同进行反帝、反封建、反官僚资本的民主革命，最后达到完成建设独立、自由、幸福的新中国的历史使命之目的。在国民党革命委员会成立大会上，一共通过了四个文件。即：《中国国民党革命委员会成立宣言》、《中国国民党革命委员会告本党同志书》、《中国国民党革命委员会行动纲领》及《中国国民党革命委员会组织总章》。

《告本党同志书》声明，鉴于当前国内局势日益紧张，正处于一个伟大转变之关头，光明与黑暗，民主与独裁进行着殊死的剧烈斗争，为了增加一份加速前者之胜利与后者之溃败的力量，乃决定从蒋介石的私家党中分裂出来，另组成中国国民党革命委员会。由李济深任革命委员会主席，冯玉祥任政治委员会主席。

国民党革命委员会成立的消息传到美国，冯玉祥和国民党的进步同志兴奋欣喜。冯当即挥笔疾书，向委员会的同志们表示，他认为委员会的宣言和行动纲领的理论与主张均极正确。他的这一封信，对委员会产生了很大的影响。因为像他那样德高望重的人也极表赞同，说了肯定的话，就间接地纠正了少数人怀疑革命委员会过于左倾的错误心理。

李济深

民革的成立，实现了在美国的国民党内进步同志的心愿。因为在1947年12月5日这一天，吴茂荪就曾到冯玉祥家去商量如何想办法把在美国的国民党中的先进分子组织起来。如今国民党革命委员会已然正式成立，他们便名正言顺地于2月初成立了国民党革命委员会驻美总分会筹备会组织，冯玉祥并以驻美代表的资格向美国司法部做了正式登记。筹备会也是每两周开一次会，与旅美和平民主联盟间隔举行。冯十分重视革命委员会的工作，当吴茂荪、赖亚力、刘良模等几位同志告诉他国民党革命委员会的四大文件已付印了五百本，即可印好时，他当即表示印刷费由他捐献。他们当场还研究了文件如何分赠的问题，讨论下来决定要送美国国会、马歇尔、华侨商会、各图书馆、各地华侨青年，以及随时赠送。同时，他们本身也对四大文件进行了详细的研究。

冯玉祥向来重视舆论宣传工作，为从各个方面暴露蒋介石的罪恶，促使蒋政权早日崩溃，他又去信香港向李济深建议：

沈钧儒先生在重庆被人在最高国防会议上报告他要暴动那一段事，以及綦江多少青年被杀和被下监，应写出来登在报上，可以证明蒋之独裁与乱杀青年。

马叙伦先生可以把在下关被阻及乱打人的事情，亦详细写一段登在报上。

郭沫若先生可以写较场口和沧白堂的乱打人的情形，登在报上。

还有许多事实，翦伯赞先生、邓初民先生、郭春涛先生大家凑起来一定能成一小本书，可以宣传独裁者之罪，也可以作将来之经史。以目前情形而论，中、英文宣传实为万分重要。

冯玉祥不仅只是鼓励朋友们拿起笔杆当武器，对蒋介石做到除恶务尽，他自己首先身体力行，带头实干起来。

1948年1月17日这天，吴茂荪等几位朋友去看望冯玉祥。他同他们谈起，他打算写一本书，这本书要写出20年来他对蒋介石的亲身见闻，书名他已经想好了，就叫《我所认识的蒋介石》。大家听了，热烈赞成，马上就和他讨论如何着手。谈了好一阵子，最后建议他先拟出一个内容提纲。

冯玉祥接触蒋介石20年，从近距离观察蒋介石20年，他对蒋介石其人，可说是了如指掌。于是，他只用了两个月的时间进行回忆与思考，便拟出了42章节的细目。他在酝酿这本书的过程中，曾在日记里写下几句他所以要写此书的思想动机。他说："蒋真卖国，共有真见，蒋介石的失败在于人心已去，美国再怎么帮助他，也只是打打不起作用的吗啡针而已。我是这段历史的见证人，有责任把它写出来让今人和后人有所了解。"

关于写出这本书后可能引起的不利后果，他也认真考虑到了，那就是很可能要为此付出生命的代价。他在日记里是这样写的：

1．要下监。

2．要被蒋枪决。

3．要被蒋特务杀害。

这是为民主和平努力应得的报酬。

冯玉祥心里很清楚，美国政府随时可能驱逐他出境，他必须抓紧一切时间"赶快写书"。他对自己提出如下要求："凡事要自己下手，自己过眼，不可靠别人。我应笔不停挥，不应靠人写。身心手眼都不可懒惰为要。"但他毕竟上了年纪，两年来为国家安危日夜奔波，心力交瘁，现在完全不靠别人是有困难的。冯夫人竭尽全力协助丈夫从事这项具有永久历史价值的工作。

《我所认识的蒋介石》由冯玉祥口述，冯夫人记录，工作进行得异乎寻常的紧张。冯对亲身经历的事件既强于记忆，又顺口成章，往往一气口述五千多字，中间没有停顿，累得冯夫人的手酸痛痉挛，有时伸都伸不开了。这就是为什么在书的出版序言中，冯玉祥特别要对他的夫人说声"谢谢"。

全书写完，大大超过原定计划，共成77章。由于冯玉祥在中国政界有几十年的资历，又是一个对蒋介石知底很深的军政要人，所以他的著述，生动真实，

患难与共

极具内幕性。

此书的"跋一"、"跋二"中写过这样几段发人深思的话。

"跋一"中说:

这本书写了七十七章,我写的虽然是蒋介石的罪恶,但我的内心,却是为纪念'七七'抗战以来死义的民众,为的是纪念杀敌致果的忠勇将士,以及死于蒋介石罪恶统治之下的中国人民。

"跋二"中说:

我有一位好朋友是加拿大的文幼章教授。他是蒋介石的顾问,他也是教会里的一位忠实的牧师。文幼章本来是拥蒋的,因为看见蒋用特务乱杀人,因此他是一天天地反对蒋了。现在他反蒋最烈,大学教授不当了,牧师也不当了。他说:"主持正义,认识真理,替中国老百姓打抱不平,就是真正的基督徒。"

我还有一位美国朋友拉铁摩尔先生,他是一位大学院长,他是蒋的顾问,原来是拥蒋的,后来因为蒋用特务杀大学教授闻一多、李公朴,就变成美国反蒋的大旗。我问拉铁摩尔:"你是怎样由拥蒋变为反蒋的呢?"他说:"这是科学的,他是,我说他是;他非,我说他非;他爱民实行民主我就拥护他,他害民独裁我就反对他。这不仅我一个人如此,大多数的美国人都有这种追求真理的知识。"

《我所认识的蒋介石》在国外曾一版再版,在香港又曾重新出版。香港出版社为此特请在美国的著名记者赵浩生先生写一篇序言。赵浩生先生满怀激情的以其犀利的笔锋,写了一篇很长的序言。他从自己曾生活在蒋介石的恐怖政权下的切身感受谈起,进而写了把冯玉祥和蒋介石相比对照所作出的评议。下面摘引其中一段原文:

蒋介石的性格是自私顽固,心胸狭窄,他认为中国是他的,爱国就要爱他,不爱他就是不爱国。这种性格发展成其好独霸,讲权术,残酷无情和"宁予外贼,不予家奴"的作风。

五十年来和蒋介石交往过的大人物中,不是沦为他的奴才,就是变成他的罪犯和牺牲品。其中和他分分合合的时间最久,永远不愿做他的奴才,而且他也轻易不敢下毒手的,就是冯玉祥。

蒋、冯可以说是两个完全相反的典型,一个是大气磅礴,忠厚朴实的农民典型,一个是心胸狭窄,诡计多端的交易所经纪人。

1946年在重庆马歇尔做主人的鸡尾酒会上,高大魁伟,声似洪钟,一脸正气的冯,是会中最引人注意的人物,但他那时却是蒋的眼中钉,蒋就怕他对马歇尔说实话,拆穿他的假和平、真内战的阴谋。不久,蒋就以考察水利为名,把他远逐到美国。

以蒋、冯二人的性格相比,冯是蒋的一面照妖镜,以冯的正气实感写蒋,是原形毕露,痛快淋漓。这本书的故事虽然只写到中国解放前,但其中所记史实,所描绘的蒋的嘴脸性格,则是可以帮助青年一代了解蒋逃到台湾的所做所为,以及国民党反动派代代相传的劣根性。

使我们无限惋惜的是,冯玉祥因全身心投入激烈的政治斗争,而使他原来计划要写的几部革命史书无暇顾及,不久后他死于非命,那许许多多保存在他记忆之中的珍贵史料,都同他一起永远、永远地毁灭了。

传奇将军冯玉祥

魏巍中华日月周 下篇

第二十七章

流亡革命者

> *你们的好意我感激，可是你们要知道，现在世界死了多少人，我冯玉祥已经活到了六十多岁，平生足矣！这次我必定要去，什么危险我也不怕，老命拼掉也是值得的！*
>
> ——吴茂荪《冯先生最光辉的一页》

反蒋反美的斗争，尖锐、激烈而又错综复杂。冯玉祥和他的同志们，戮力同心，挫败了美蒋的一个又一个谋策。

定不还账

1948年初，冯玉祥获悉美国政府正在拟订一项新的援蒋计划，不久即将提交国会讨论。当时，国民党驻联合国首席代表蒋廷黻向外国记者发表谈话说，美国如能每年给予五万万美元的援助，连续援助三至四年，则国民党必能将山海关以南地区全部从共军手中收复。一语道破蒋介石渴求美元的急切心情。

美国新的援蒋计划，使冯玉祥和许多朋友义愤填膺。经过研究，一致决定立即行动，阻止这一计划的实现。

首先，冯玉祥在一次三千人的集会上发表针对性演讲。他正告说，美国如果借钱帮助蒋介石杀中国人，这笔血债中国人民是要记在美国政府账上的；至于借款，中国人也是一定不还这笔账的。

散会后，有好多人围拢来问他，不还账这话是谁说的？冯直截了当地回答说：" 中国农工商学各界都有此话。" 美国人很注意这话。

这一年春天，美国政府无视中国人民的抗议浪潮，国会准备正式讨论通过"援"华案。冯玉祥拿定了一个拼命的主意。他对朋友们说："我打算在美国国会讨论'援'华案的那天，去华盛顿，站在国会门口给每一个议员散发一份传单，同时我要效法申包胥哭秦廷的办法，痛哭流涕地告诉他们，不要援蒋，因为美国多援助就多死中国的老百姓，少援助就少死中国的老百姓，不援助就不死中国的老百姓。"他沉痛地停顿了一会儿，若有所思地缓缓说道："也许，这个办法没有效果，不过至少我要使全美国人民都知道援蒋的不对，美国政府走的是一条死胡同。"

朋友们对这个办法认真议论了一番，都觉不妥。他们了解冯此时的心情和定意之坚决，不易为一般劝告所动摇，但是又必须阻止他这样做。他们委婉地向冯谈了他们的想法：天气这么冷，冯以偌大年纪长时间站在国会门口是不行的。再说，万一国民党大使馆弄些流氓来进行侮辱怎么办？万一美国出动警察来加以干涉怎么办？大家百般劝冯打消此意。冯听后声泪俱下地说："你们的好意我感激，可是你们要知道，现在世界死了多少人，我冯玉祥已经活到60多岁了，平生足矣！这次我必定要去，什么危险我也不怕，老命拼掉也是值得的！"朋友们深深被感动了。

冯玉祥态度如此坚决，朋友们便决定按他的意志行事。大家紧急行动，分头为他准备传单和华盛顿招待记者用的讲话稿，当一切准备就绪，正待启程时，美国朋友们获悉了冯玉祥的决定，也都纷纷赶到他的住所来力阻，其中有一位是律师，他从美国法律的观点向冯力陈此举不可行的道理。美国朋友们都认为采取这种做法是得不偿失的。

冯玉祥最后妥协了。在这许多中美好友的善意劝阻之下，他不得不放弃自己的打算，但是他心里非常难过。虽然这个方式行不通，但斗争仍然必须进行下去。大家又想出了这样一个办法：以冯的名义，给每一位国会议员发一封信。

这封信迅速拟稿定稿，用打字机打出500多份。3月27日这天晚上，冯家里热闹起来了，赖亚力买来了大批信封，吴茂荪、刘良模来了，在国内便是知交、如今也正在美国的王昆仑和他的女儿金陵以及朱启贤夫妇等也都来了，一共十几个人聚集在一起，动手帮助装封信件的工作。

冯玉祥第一次用英文签名，他一边签，大家一边忙着装信封，糊封口。冯夫人则跑街买点心，端茶倒水热情招待。大家一面干着的时候，刘良模和金陵不断地唱歌,气氛既严肃紧张又充满了革命激情。看着大家这样热情地工作,冯玉祥的心绪才稍微好了一点。他一气不停地在500多封信上签完了名。

大家一直忙到深夜方散。

街头演讲

冯玉祥在美国最成功的工作,就是广泛深入美国各阶层,利用公开演说为斗争方式,向美国人民揭露中国在蒋介石统治下的真相。但是,当他被剥夺了官职以后,他成了没有身份、没有护照的"非法"旅人,这样,他在公开讲坛上发表演说受到美国政府的限制,他的文章美国报纸也渐渐不予刊登了。处在这种艰难情况下,他毫不气馁,斗志更旺,干脆走上街头,抓紧利用美国职工中午下班吃饭的半个小时到一个小时的空隙,进行宣传演说。此时的他,以一个流亡革命者的身份,无所畏惧地站在美国大都市纽约的街头,站在摩肩接踵的普通美国人民中间,愤怒指责美国政府错误的对华政策,告诉美国人民,他们的血汗正在被其政府大量浪费于支持一个腐败残暴的中国反动政权。他仍以拼却性命的决心,和杜鲁门政府作直接的殊死斗争。

冯玉祥每次演讲,街上都挤满了人。美国人民对于真理和正义所抱的热烈支持的态度,使冯深受感动,也更增强了他的勇气和信心。

有一次,冯玉祥和全心全意支持中国人民正义事业的美国著名女记者、作家史沫特莱等美国朋友,组织了一次街头讲演。美国朋友们准备了一辆大汽车,上面装了许多大喇叭,车身周围贴满了宣传画和标语,内容都是反映美国不可援蒋的。大约在中午12点半开始,从四面八方聚拢来的人群逐渐增加到好几百。当时街上来往的汽车发出的噪音很大,史沫特莱女士刚刚开始讲话,早已布置在周围监视的警察就把扩音器的线掐断了。群众愤然大骂警察,挥动拳头表示抗议,警察默不作声,只是硬站在那里不走。史沫特莱用轻蔑的目光扫了一下四周的警察,不在乎地耸耸肩头,提高嗓音继续从容不迫地讲下去。

这时,又发生了一个有趣的小插曲。国民党中央社有个记者,是个CC小特务,也混在人群中听,不知怎么叫史沫特莱一眼认出来了。史沫特莱当即中断讲话,指着这个小特务严厉地说:"你不可以在这里,你马上到别处去,你滚开!"听众一听明白这人是什么货色,情绪更激动了,不约而同大声吼了起来,吓得那个特务一下蹲下去,从人们的腿缝中钻出去溜之乎也。

史沫特莱女士讲完后,冯玉祥夫妇相继发表演说。他们共同指出,蒋介石反动政府独裁专横,借口剿共,大打内战,置民族生存于不顾,献媚于美,丧失国家主权犹不以为足,今天还在屈膝求援,把全国重要军事根据地让给美军以换取美金,延长内战,心甘情愿做美国的殖民地。而美国政府所执行的是地地道道的以华杀华、坐收渔利的反人道政策。

关于中国今天的情形,他们介绍说,由于连年内战,致使经济破产,通货膨胀,民族工业几乎尽行倒闭,加以三征政策之苛刻,人民流离失所,十室九空,甚至以草根树皮为食物,即使学生教授,也因饥饿而罢课请愿,曾酿起各地军警宪特妄加屠杀的大惨案。而蒋介石不以国家民族之利益为怀,热衷内战,其心目中的当务之急,只在消除异己,维持四大家族的特权。结果是愈内战而国家愈穷,愈穷而愈非向外人求借不可,40余万万美元的巨款,只够蒋介石一年战费之用。最近蒋介石内战一败涂地,财源告竭,又向美国借巨款,而美国政府必然将此一经济负担转嫁于美国人民身上。面对此景,难道美国人民能坐视不管,任政府恣意胡为吗?

夫妇二人的讲话,引起了听众强烈的反响。当场还有一位工人女领袖讲话,反对政府无止境援蒋。她讲完后,黑人歌咏队奏琴唱歌,气氛热烈。散会时,不少人还

在纽约街头公开发表演说

捐了款,表示对中国人民进行慰问,充分反映了美国人民的强烈正义感和同情感。

美国政府实际上也很明白,中国人民对于蒋介石已不再抱任何一点希望,对国民党也已完全丧失了信仰,继续采取一味支持蒋介石、与中国人民为敌的政策,对美国在华利益极为不利。因此,美国密谋踢开蒋介石,拉起中国的第三势力改换门庭,另组织一个政府,耍一个换汤不换药的把戏。

美国政府的这一如意算盘,没有保住密,很快为外界有关方面知悉。1947年12月1日,李济深就此事特别写信告诉冯玉祥说:

"据各方面情报,多谓美国政府有一种阴谋,要培植宋子文、孙科、张群等人,并诱致一部分民主人士,代替蒋政府,保存蒋氏的旧势力,以对抗革命力量。如陷入此圈套,则蒋氏去后,仍不能停止内战,仍不能使老百姓获得解放。请先生注意美国政府对华的动向,设法阻止此阴谋之发展。"

冯玉祥万万没有料到,在美国政府计划收买笼络的对象中,竟然也包括有他在内。事情发生经过是这样的:

时间:1948年4月9日晚8时

来客:美国官员××××

翻译:刘良模夫人陈维姜

记录:李德全

××××事前曾打电话给冯玉祥,说有要事拜访,请指定一个时间。冯约定了时间,特请刘良模夫人担任翻译。

××××按时来到后,先自称他是冯将军的晚辈。因为他的父亲早年在北京的时候认识冯老前辈。套上近乎后,此人便巧舌如簧地把冯玉祥大大恭维奉承了一番,一面说,一面观察冯的反应。冯不知来者何意,无所表示。××××自觉无趣,便把话题一转说:"从中国回来的美国官吏和传教士们,都说蒋介石贪污无能,中国的老百姓大多数是痛恨他的。大多数的民众,都盼望着冯玉祥先生回国去收拾局面。"

冯一听有所警惕了。他不动声色地回答说:"中国人民同是兄弟,不应该像现在这样互相杀戮。中国目前急需的是组织联合政府。至于做领袖我不配,中国民主阵营有孙夫人、廖夫人、李济深将军、张澜先生、沈钧儒先生等。"

××××倾身向前,目不转睛地盯着冯玉祥说:"我们美国政府是反对共产党的,是绝不能与共产党合作的,只要你们不要共产党,我们美国政府,愿意帮你们的大忙,要钱有钱,要军火有军火。"冯当即正颜厉色地说:"无论做什么事,天理人情不能不讲,你们说不要共产党,这和我们没关系。孙中山先生手订的三大政策,是我们的标准,中山先生亲笔写的民生主义,就是共产主义,这是我们全国同胞的宝典,哪能随便更改。更改了这个,便是叛徒。况且,马歇尔在重庆参加的政治协商会议,共产党的人们是在座的,大家是一起讨论研究成立联合政府的,那是有文献可查考的,不能像喝醉酒一样,事后说没有那么回事;杜鲁门可以那么说,我们真正的革命党徒,是有主义的,不能随便说话。"

××××见冯玉祥不上钩,竟然骄横地像下最后通牒一样说:"给你们六个月的时间,请你们民主人士考虑考虑。我们美国人,就是这个意见,只要你们不要共产党,我们就不要蒋介石,愿意帮助你们民主人士。"

冯玉祥平静地、冷冷地说:"我们中国,有几千年的文化历史,不像你们美国,只有短短的一百多年。我们的哲学是:'天听自我民听,天视自我民视',这个意思是说,我们全国的人民,工农大众,喜欢什么,我们说什么,喜欢什么,我们做什么。可是没有听说过,天听自美国人听,天视自美国人视,美国人喜欢我们说什么,我们就说什么,美国人喜欢我们做什么,我们就做什么。那确确实实的,不单是三民主义的叛徒,并且是中国的卖国贼,你看我冯玉祥是做这样事的人吗?"

××××碰了一个大钉子,无功而返。

当晚,冯玉祥写完日记后对夫人说:"这个人是来做说客的,想要分化我们中国人,收买几个奴才做工具为他们的利益服务,真是异想天开。"

美国政府大大错估了冯玉祥。他们以为,金钱是万能,官爵有神魔,武器是军人的命根子,这一切必能打动如今处于一无所有境地的冯玉祥。他们以为,冯从事反对蒋介石的政治活动,真如反动报刊所攻击的那样,是为了"重温军阀旧梦"。

冯玉祥拒绝美国政府的利诱,表现了中国人民威武不能屈,富贵不能淫,大义凛然,昭如日月的传统民族气节。

遗 嘱

1948年2月10日,冯玉祥在一本极普通的黑色硬壳封面笔记本里,用毛笔写下了他的遗嘱。

谁也没有想到，他会立下遗嘱。他还那样健壮结实，对自己的健康又非常注意；

谁也没有想到，他会立下遗嘱。他是那样生龙活虎一般，蕴藏着使不完的精力，在斗争中永不觉疲倦；

谁也没有想到，他会立下遗嘱。他是那样富有朝气，充满了百折不挠的进取精神；

谁也没有想到，他会立下遗嘱。他是那样满怀希望和信心，准备迎接新中国的诞生。

但是，他想到了。

于是，他写下了。

三十多年过去了，冯玉祥遗言中所体现的他的思想、情操，对我们仍具有现实的教育意义。

冯玉祥的亲笔遗嘱内容，大致可以分为以下几个部分：

一、痛斥蒋介石自推翻政治协商会议议决案以来，所犯下的血债累累的法西斯暴行，以及国民党在政治、经济上的腐败。

二、概括地回顾了他自己一生的几件大事。自清王朝末年起，历时四十年，大体分为三个阶段：

1.反清王朝，反袁世凯洪宪，反张勋复辟。

2.反段祺瑞，反吴佩孚。

3.反日，反蒋，反美。

三、对同志、对家人的嘱咐：

"……蒋派出的特务很多，他们一定要用种种卑劣手段对付我，因此我把我的遗嘱预先写好，免得我死后人们无办法或是莫名其妙。分条写出如下：

一、孙中山先生之遗教，如第一次代表大会的文件，是我的朋友们的方针。

二、革命委员会的宣言和毛泽东先生、民盟的最近宣言，同志们应作为指针。

三、要确信反帝国主义、反封建、反内战、反饥饿是我们的目标，并且是一定成功。

四、蒋是封建头子，帝国主义之狗，非铲净不可。

五、我没有什么东西，有几间房子交李德全夫人。

六、我死后最好焚成灰，扔到太平洋。如果国内民主和平真的联合政府成立了,那还是深埋六尺种树,不把我的肥料白白的完了。将来树长成好给学校和图书馆做桌椅用。

七、至于我的几个孩子,虽然还有未毕业的,只要他们能自爱,有双手,就不会饿死。

当天晚上,他在日记里写下了日后触目惊心地映入家人眼帘的两句话:

"我的遗嘱写好了,不怕任何时候皆可死的。"

遗嘱全文

瑞虎十一把害河南人民起個剷除
民十三把賄選政府和吳佩孚打倒又把帝制錢夢薄儀逐走歡迎中山先生北上民十五九月我在五原誓師經甘陳出潼關會師鄭州

名符其實行三民主義
民十六蔣要獨裁我民十九年打過他一次民二十九二八又養生蔣說一切罪都是他的錯他向大家認罪因此我到南京上海
一八六抗日養生我看蔣似是

不願抵抗已年邊都洛陽徐州會議都是假樣子非是我由洛陽到泰山讀書當山海關熱河緊張之際我到張家口蔣皆元首大戰十峰口蔣電召據淶源寄詢
好梅協定成立蔣斷送中國

民二十二年五月廿六日我在張家口有武谷抗日同盟軍之舉載出察一月收復失地四聽鼓倫每餓死內蔣意在殺降日寧乃有種種阻礙抗日之陰謀寄詢張家口我仍回泰山讀書

民二十四年蔣約我到南京開會我告以必先抗日我來出不抗日我而來蔣復抗日挺是我到南京立提有救亡大計劃(寬大會提) 蔣要打兩廣戴以就為守得和平該其不抗日而

殺自已兄弟之非是
七七抗戰以來蔣把他自己為軍隊調力補充藏在陝西和德方兩使他人軍隊牛和並且對待主張抗日之人視為仇敵
八年抗戰以來種種打算

蔣只是消滅異己擴植其私人勢力而有朋伴曾因日寇在荷石鋪忍以二忠著不說吐出大家都和之了日寇投降之後蔣以此他一人抗戰一人有功可派擔收人員全由其一人所派

未同任何人商議鐵果敗商明拾明奪之了家再得天怨人怨使世界多國以災寫因此權之我覺得我應當與我挺翻錯傳打倒洪憲好民主救國精神和南方同志打倒達個專制魔國

治革蔣末第二短蔣中正傳中國人民基其必以民事起見泊泊民主國這就是他青年五月二十六日蔣先生同脆書近來和平民主聯盟成立
本年一月革命委員會成立

这都是为打倒独裁成立真正联合政府把我同胞拯救出水益深火益热之境地而不望及已乃知为什么动乎宫卖

可是蒋派出的特务很为他们一定要用种种卑方

手段对付我们把我们的遗编抓先写去我得我那送人纳我的法我是莫名其妙一个孙中山先生之遗教第一次代表大会的文件是我们朋友们的方针

六年今委员会的宣言和毛泽东先生民无好最近宣言同志们老作为指针三要确信反帝国主义反封建反内战反饥饿是我们的目标益且是一定成功的蒋是封建头子帝国

至战之狗非剥净不可五我没有什么东西有几间房子都交李德全夫人知我死后最好焚成灰扔到太平洋去要國內良友到半真的联合政府成立了和平民主双十就不会饿死那还是军队被人打死的以上这几种都不和

我们肥料自己的完了将来树长成树结苦被他围书馆作样树用

七玉祥我所几们孩挽挽自爱善学业的事但不会成死

这篇写完加上一句但以我死名了良言也是我决不担任政府威主我只愿意经到外国写职务我生活免得别人以为我是为作什么宫打独裁

冯玉祥

第二十八章
在美生活片断

> 人生在世，最要者是衣食住。然衣不在华丽而在适体，食不在精而在养生，住不在高大而在清洁。
>
> ——冯玉祥1924年3月29日日记

崇尚俭朴

凡是深知冯玉祥的人，都公认他为了国家、为了人民，一生刻苦自己，慷慨帮助民众。他几十年如一日地过着简朴清廉的生活，厌恶奢侈浮华。夫人也以朴素著称。

如果追溯冯玉祥家世的渊源，他的可考的家谱，现存的是从嘉靖年间开始有所记载，到冯玉祥这辈为止，传世十代。在家谱的封面上，印着"清白家风"四个大字，冯玉祥谨记祖训，继承了家风。

冯玉祥带兵几十年，从不像别人那样从克扣士兵军饷中发财，拥有公司企业，良田万顷。他和蒋介石集团里的洋奴买办地主官僚党棍所过的花天酒地、纸醉金迷的腐化堕落生活，形成了鲜明的对照。就连美国的魏德迈将军也不得不向人承认说，在中国的官吏中，除了冯玉祥以外，没有不贪污的。

冯玉祥持之有素的质朴生活，竟也成了反动派多年来攻击他的借口，他们污蔑他以此"欺世盗名"，讥讽他"矫情"，给他扣上"伪君子"的帽子，在美国的国民党反动报纸公开在社论里辱骂"冯玉祥一生虚伪，若请化学家加以分析，从发根至足踵，皆为虚伪分子细胞所构成"。秉笔直书的史学家却说，如果冯玉祥"虚伪"，而且还不是一时一事的"虚伪",是"一生虚伪",那么恐怕就大可不必劳动化学家来"加以分析"了,因为稍有头脑的人都可以分析出来,要是一个人一生能够做到从始至终"虚伪"到底,这所谓的"虚伪",岂不反而是实实在在的真面目吗?

前面我们已曾说到过,冯在美国也同样保持着十分俭朴的生活习惯。但是就在他刚到美国不久,上海就有报纸造谣攻击他住豪华的房子,坐漂亮的汽车,穿西服革履;国民党在美国的报纸更张大其词地说他还雇有仆役料理家务。这不仅是污辱他,而且是毫无常识的笑话。

冯玉祥到纽约后,开始住在一家中等旅馆里,他和女儿夫妇租两个房间,每天共十元,他嫌太贵。女儿走后,他自己从报纸广告上看见有间公寓房子出租,每周十四元的消息,便和当时给他当秘书的女婿搬进去住下。可那是一间很小的屋子,两人挤在一起,实在太不方便了,朋友们看到这种情况心里过意不去,经过多人帮忙,最后才在纽约西末大街839号,找了一套在三楼的公寓房,每月房租42元,另外花一点家具费。后来全家都从柏克莱迁到纽约,共同住在这套房子里,挤得安排不开。一间大点的卧室冯玉祥夫妇住,另一间小卧室女儿夫妇住,五女颖达和六女晓达姊妹俩晚上睡客厅,小儿子洪达就在一间小堆房里打地铺。

至于报上说冯"阔绰"得家里"并雇有仆役料理家务,非贪官污吏不能在美国享有此种生活"。这种意在耸人听闻的无稽之谈,实不值一驳。如果硬要说有"仆役",那么还真不止一个,他们就是冯夫人和孩子们,有时还包括冯自己。冯夫人还没到纽约时,有一次吴茂荪代冯玉祥邀请了几个美国朋友到他家吃饭,那天的饭菜全是冯和女婿做的,大家吃得非常满意。冯夫人和其他孩子到纽约后,家务活各有分工,每人一周轮流做饭,小儿子洪达也不例外,他还兼着勤杂务跑外。孩子们轮到了自己的做饭周时,必定个人掌勺,妈妈要帮忙也只能打个下手。冯夫人对儿女的教育是一视同仁的,为了培养他们独立生活的技能,男孩也必须学会织毛活、简单剪裁和踏缝纫机。

在父母的这种教育方式下,子女们个个都很能干。

后来孩子们都上学去了,家务重担全部落在了冯夫人身上。冯玉祥在一篇日记里有这样的记载:"理达昨天回家来,回来一次是不容易的。今天收拾屋子,洗衣服,洗家伙,做饭,样样事情都添了帮手。晚饭吃烙饼,前几天我就答应了,我来烙饼。我当兵的时候,烙饼这个活儿,是我的熟手工作。午饭后先烙了一个,不错,还没忘。"

冯一家在美国的"阔绰"生活，就是这样过的。

不论在家还是出门，冯吃东西都简单极了，但很注意营养。他自己或是和朋友在外面吃饭，从来只下小馆，坐在吧柜上，两块三明治，一盘生菜，一杯牛奶，十分节约。

有一次，他在外面吃了顿午饭，花了四块多钱，晚上他就在日记里责备自己说："其中有一块多钱完全是不应该花的。"可知他对自己约束得多紧了。在家里吃饭，更是简单，常常吃"锅里挑"，就是把白菜、胡萝卜、西红柿和牛肉一锅煮，然后下上面条，大家尽情分而食之。他说这样可以吃得很饱，又有营养。

教 子

冯玉祥的二儿子洪志，先前便已在美国读书做事。冯到美国后，洪志夫妇前往柏克莱，很盼望借此难得团聚的机会，和父亲住在一起，享受一下天伦之乐。可是房子住不开，夫妇俩只得暂住小旅馆里，另想办法找房子。

冯玉祥对子女从不娇宠，他培养他们读书成人，鼓励他们独立生活，不要同他住在一起。但是为了怕洪志不理解他的看法，心里难过或产生什么其他想法，就这个问题和儿子做过一次长谈。他说："现在世界历史的潮流，都是趋向小家庭制，美国人则是更注重个人的独立精神。假如一大家人住在一起，难免有什么长短不齐、互相摩擦的地方，开始还能互相忍耐，各把自己的不痛快藏在心里，可日子长了，积怨多了，早晚要发作起来破坏和睦的。爸爸就认为，中国所以不能进步，其中一个原因就是被大家庭害了，彼此依赖，缺乏独立精神。如果中国想要好的话，在这方面也非彻底改革不可。作为国家，应该有民主，自由，人权。作为个人，应当富于独立精神，尊重独立精神，那样幸福才有保障。不这样，国家要想富有朝气、不断进步是不可能的。比方说，以政治不清明而言，在中国，一个人当官，鸡犬升天富三代，弄一大家子人，什么父族、母族、妻族。父族一边是爷爷奶奶，伯父叔父，一下去又是好几代。母族一边是姨姥姥，舅母，跟着来的是表兄表弟，表侄女。妻族呢，岳父岳母，内兄内弟，妻姐妻妹，又是什么妻侄，妻侄女一大帮子。一个人做了官，也就意味着一个人吃肉，大家摸不着吃肉，也要捞点汤喝。这种封建思想，是在封建经济的时代便形成了，一直沿袭了几千年，至今依然如故。而今天已经是什么时代了？由轮船火车时代，变成了汽车飞机的时代。想想爸爸当年那个时代，坐牛车，一天走50里，骑马跑120里，现在坐汽车，一天就能出去千把里，再要坐飞机的话，从三藩市到上海，只要40个小时，绕了半个地球。再说从前要哪儿捎个话或是信什么的，多不容易，现在从柏克莱同上海通电话，就和在对面一样。全世界都能通上电话了，这就是说世界进化了。因此，中国非改不可，非变不可，万不可照老套子活下去了。"

洪志一直恭恭敬敬地听父亲讲话，不断点头说："我明白您的意思，爸爸。"

"我扯远啦，现在说说咱们自己家的事吧。你大哥结婚那年，我正在武昌。他要把你嫂子家眷从信阳送到我这儿来，我说不可以。我详细地和他说了应该有独立的精神和小家庭的好处。我对他说，什么时候你到我家里来，在门口先叫一声：'老冯，我看你来了！我就开门欢迎你来，吃包饺子或吃炸酱面，或者你喜欢吃什么，我就做什么。我到你家看你的时候，也在你门口喊你说：'小冯，我看你来了！'你把门开了，欢迎爸爸进去，烙饼也好，炒鸡蛋也好，吃饱了，看看大家都好，爸爸就走，你也送我出来，这样，你们高兴，我也高兴。你大哥很了解我的意思，后来就这么办了。"说完，他拍了拍洪志的手，眼睛看着他。

"您的见解很对，爸爸，我完全赞成。"

"作为你们，要紧的是学本事，学能耐，要先自己能站立得定，然后尽力地帮助别人，要是全靠别人帮你的忙，那就是自己看不起自己。常语说的好，'工欲善其事，必先利其器'。一个木匠，必得有一个好的斧锯，才能做好的家具。"

冯玉祥对子女的教育是很注意的，大处着眼。15岁的洪达在柏克莱上学，做爸爸的在纽约每次给他去信，总附上有关于国内政治大事的剪报，培养孩子自小关心祖国的思想感情。而对于任何孩子，如果是出于虚荣心向父母提出什么奢望的要求，他是从来不予满足的。

冯玉祥也很重视对孩子的劳动教育。每逢小儿子洪达放寒暑假回来，他绝不让他在家里呆着，而是把他送到林场去学伐木，再不然就是让他到奶牛场去，刷奶瓶子，挤牛奶。这就是冯玉祥对子女的爱。

一个重感情的人

冯玉祥虽然于己于人十分严格，给人以严厉的印象，实则他内心是一个极富感情的人，无论对革命同志还是对亲人，都是如此。

1947年4月16日这天，他对冯夫人说："今天是李大钊先生遇害的日子。一九二五年，本来是想请李大钊先生来部队当政治部部长的，他因为忙，脱不开身，没能来。如果他那时候来了，也许不致遭到杀害。唉，可惜了一个有作有为、有学有识的国家栋梁之材！"

7月15日这天清早，冯玉祥把身边的亲人召集在一块儿，举行祭祀祖先仪式。他事先在一张3尺见方的大红纸上，写下可追溯到的冯氏家族历代祖先和自己父母的姓名。祭祀的时候，先向历代祖先三鞠躬，又向高曾祖父母三鞠躬，最后，向自己的生身父母三鞠躬。行完了礼，献上鲜花，再致三鞠躬礼成。

仪式完了以后，他叫大家坐下，说明今天所以要这样做的意思。他眼中闪着一层泪光缓缓开口说道："52年前的阴历5月27日，我母亲在保定府康格庄病故了，今天是她逝世的一个纪念日。她是山东济宁州人，嫁到我们家里没有过过一天好日子。我母亲生了我们兄弟七个人，只有我和大哥长成了，其余的都死了。现在，我父母的灵柩都在山西。抗战胜利以后，真想去上上坟，谁想到又打起内战来了，回也回不去，真是罪过深重，难过万分！"他深深叹了口气，又说："后来我又想想，国内像咱们这种情形的人，不知有多少，国家不民主，没有和平，人民连活都活不下去了，不要说有心祭祖，连什么也顾不上了……"

冯玉祥幼年丧母，长嫂代母，对他十分关心爱护。他对嫂嫂有着眷恋慈母般的感情。日后他境况好转，每逢春节，不论身在何方，距离多远，只要有可能，就一定设法把嫂子接来，过一个团聚的节日。

冯玉祥不仅重私人感情，尤其突出的是重民族感情。这在许多方面，我们已提到过了。当时在美国，还有一件事的发生，使他精神上受到很大刺激，那就是北平的"沈崇事件"。

沈崇是北京大学的女学生，1946年12月24日晚，她看完电影回家路上，被美国兵强奸了。事情发生后，全国义愤，强烈要求政府追查严惩罪犯。国民党政府哪敢得罪美国主子，中央社竟谎造了一条寡廉鲜耻的消息为美方辩护。当时北平和上海主持正义的报纸，怒骂中央通讯社是奴隶，是狗叫。后来在全国人民愤怒声讨美军不法行为的强大舆论压力下，美军军方不得不将罪犯美军中士皮尔逊交出，问了案子，定了罪。但遣送回国后，马上就释放了。

冯玉祥从报上见到了关于"沈崇事件"详细过程的报道。他满腔悲愤地写了一篇长篇日记：

这话怎么说呢？中央通讯社的负责人，若稍微有一点良心或羞耻感的话，找不着水，无处投河，自己尿泡尿，自己淹死自己也算有点骨头，也算还有点良心。不然的话，还在那里装人样，还在那里出什么消息，不但全中国人骂，就是全世界的人，谁看了能觉着还有一点人味呢？

原先一般读书的人，都讲究骨气，都讲究品格，都讲求实在。那么中央通讯社的人，他们没有读过书吗？还不知道品格的重要吗？为什么就将良心丧尽了呢？我想一定有个原因的，他认定了钱要紧，有钱给他，叫他说什么他就说什么，他也只知官要紧，只要给他一个官，叫他写什么他就写什么。什么叫民族？什么叫国家？什么叫人民？一概不问。不论怎样杀学生，怎样把学生、把教员、把无辜良民、把爱国者成千成万抓去下牢，总是说做得对，做得好。百姓和学生饿得直不起腰来，说一句请愿的话，这就说是受了共产党的利用，受了共产党的挑拨，这不是蒋介石自知孽债如山，心中有鬼，害怕人民到了如此虚弱的地步是什么呢？很多的人，只要说几句公平的话，正直的话，马上就说他是共产党的尾巴，这么个干法，谁看了中央通讯社的消息，能不痛骂呀？人民说得太对了，太痛快了，这真是奴才的消息，这确实是狗在那里汪汪叫！……

良好的习惯

冯玉祥非常注意锻炼身体，每天必散步一小时，风雨无阻。依他看来，人是一种动物，必须要动，愈动的多愈好，愈不动愈坏。他每天走路，还不喜欢走平坦的路，专找高坡上，非走出一身汗来不痛快。他在日记里写道："我一面浑身出着汗走着，心里暗自想：我是当兵出身，我是穷小子出身，我是一个平民，我应该时时刻刻督促自己，勉励自己，多走路，多活动，不要变成饱食终日、无所用心的官僚、绅士，也不要变成书呆子。"

他也是非常注意守时刻的。每次约定时间去看朋友或应邀吃饭，他总是提前一刻钟赶到。他说宁肯早到，在门口逛逛，也不要叫外国人说我们不守时间。

他的兴趣非常广泛，平日走在街上，什么店铺都喜欢进去看看，但很少买什么。

困 境

自从蒋介石断绝了冯玉祥的经济来源以后，他的境况日见拮据。他的日记里有这样一句话："无进款只出款如何得了？"在他保存的信件中，我们还看见一封署名李维城的写给他的信。其中说：

"先生在美近况并谓欲置新衣一袭因受限制而不可能。先生之经济问题将从何处说起耶？先生将来用度方面如告困难，不独是城等当尽其力之所能而为之，而国人也莫不同情共仰也。"

他的窘困到了如此地步！但仍安慰冯夫人说："不要紧，我还可以写文章挣点稿费。"

为了增加一点收入贴补家用，冯夫人找了一个教中文的工作。据报载：

美以美国语班
冯玉祥夫人任教

本埠美以美国语班开办多年，成绩卓著。是学期，礼聘冯玉祥夫人李德全女士，担任教授，定期四月十一日晚七时半，开始上课。以后每星期五依时授课。冯夫人在国内创设平民学校多所，一向热心教育，兹为推行国语，培育人才起见，故允就任斯职。男女侨胞，有志向学，一律欢迎。

任教的地方很远，奔波的劳苦，自不必言。尽管他们的经济状况已出现了危机，但当接到刘思慕的来信，说他在香港主持的中共党的机关报《华商报》发生了经济困难，发出求援时，冯玉祥仍毫无二话地慷慨解囊，捐助了五百元港币。

除了经济上陷入困境外，政治上的处境也日更险恶。不论冯玉祥何时出门，总可见三三两两形迹可疑的人在周围徘徊游荡，一望便知是国民党特务。其他诸如匿名信、恐吓电话，也时有接到。

日日新

冯玉祥在美国写了许多即兴小诗以及长篇三字诗，内容都是反内战、反独裁、盼望和平建设，或一景一物的有感而发。他身边总带个小本，看到了，想到了，便马上记下来，虽当场韵脚不一定能押整齐，但对那一经触动，稍纵即逝的灵感，他是立刻紧紧抓住不放的。在他的遗物中，有许许多多小的活页纸片，上面或钢笔，或铅笔，或毛笔，写满了诗句。

他还常画些小画送给朋友，自画自题。他在美国画赠翦伯赞的一幅山水人物画上，题的诗是：

"乘小船，上高山，脱下长衫，打倒卖国独裁的汉奸！立志要坚，不怕任何危险。"

他对自己画画的目的性很明确，他不是以此消遣作乐，他在日记里说："应当为什么画画？依我看来，应当是为革命，应当为一般劳苦大众来说话，揭露那些吃人肉喝人血的人们；还有一方面，就是唤醒人们团结起来，不容许大的欺侮小的，强的凌弱，使全世界人类都得到自由平等，都得到民主，这就是我画画的真正的意思。"他在美国还抽空学着画油画，唯一的一张习作保存在洪志手中。几年前洪志回国见到我搜集有大量父亲的资料和老照片后说："我那有一张爸爸画的油画，我考虑了很久把这张画给谁，我给你。"我到美国时，得到了此画。画画水平虽然一看就是初学者，但冯玉祥这种活到老学到老的精神，对我们后人是极大的激励。

冯玉祥也喜欢写对联。在他分赠给朋友们的对联中，充分反映了他的政治思想。如其中有一副写的是：

人民为主宰　　科学是救星

另一副是：

守旧必淘汰　　维新方适存

他练成了书法家，他还会弹一手好古筝。在一次文化界的集会上，他熟练地弹了"高山流水"等名曲，举座惊叹。

冯玉祥的一生，确实做到了活到老，学到老，做到老，求知无止境。郭沫若也曾评价他说：

"'苟日新，日日新，又日新'，这几句汤之盘铭，是冯先生一生所奉行的生活原则。而他的日新又新所企求的目的，都不是自己一个人为圣为贤，而是希望中国得到好处。"

第二十九章

决心回国

> 我这次回国是为了参加新的政治协商会议,筹备召开全国人民代表大会,组织真正民主的联合政府。蒋氏独裁政权已日趋危殆,摇摇欲坠。中国人民的力量正在以排山倒海之势蓬勃地发展,中国的前途是再清楚也没有了。人民的胜利就在不远的将来。
> ——冯玉祥1948年7月31日刊登在《华侨日报》上的《告别留美侨胞书》

告别美国

杜鲁门政府既压不服冯玉祥,又引诱不了他上钩,他们终于摊牌了。1948年2月29日下午两点,移民局的两名官员找上门来了。

"我们要检查一下您的护照。"他们对冯玉祥说。

"我曾经有过护照,不过现在没有了。"

"您的护照呢?"他们明知故问。

"这个你们已经很清楚。"

"您现在是不是还替政府工作?"

"这个你们也很清楚。我反对独夫杀人,所以不替蒋介石政府工作。我现在是国民党革命委员会驻美国的代表,我们的组织已向贵国政府登记注册。"

"打算回国吗?"

"不打算回国。"

"住在美国吗？"

"暂住。"

这次谈话就这样结束了。

没过几天，几个在不同地方上学的子女，分别接到了移民局的通知书，通知他们护照即将期满，不得继续在美国留下去。

美国政府要驱逐冯玉祥出境的这一天，终于到来了。

下一步该怎么办？向何处去？

当时，国内形势已发展到解放军以摧枯拉朽之势，直捣蒋家王朝，革命胜利在即。冯玉祥感到，他在美国的斗争已经结束，他已尽了他应尽的责任，他再在美国呆下去已经没有多大用处了。他最后拿定主意：回祖国去！

回国的路线怎么走？这又是一个大问题。冯玉祥反复思考，权衡利弊。虽然李济深有话在先，要他一旦在美国呆不下去了，就到香港去。但是他知道，香港情况非常复杂，是国民党特务最集中的地方。他去那里，安全没有保障，蒋介石是不会放过他的。

多方考虑的结果，冯玉祥决定偕全家绕道苏联回国。

这一天，一辆汽车疾驶到苏联驻美国旧金山领事馆的门前。车门开后一对老年夫妇从里面走了出来。他们不是别人，就是冯玉祥夫妇，由女儿理达驾车送他们来此接洽回国事宜。为了摆脱特务跟踪，理达很快又把汽车开走，绕了几个大圈子以后，再开回领事馆接父母。

苏联领事接待了冯玉祥夫妇。听完了说明来意后，表示一定尽快向国内请示，尽力帮助。这之后，冯夫人又单独到华盛顿苏联大使馆两次，会见了苏联驻美大使潘友新。早在重庆时，潘友新便是苏联驻华大使，和冯玉祥是老相识了。潘友新就安全问题提出两点看法，请冯夫人转告冯将军参考。他说，从安全的角度考虑，最好是乘苏联客船走，到苏联后，再设法进入中国解放区。如果搭美国或其他国家的船，有可能发生两种意外：其一，万一国民党政府向对方提出引渡，则冯将军很可能被劫持递解蒋介石手中；其二，在航行途中，混在船上的国民党特务随时可能下手，把冯将军秘密扔进大海，消尸灭迹。接着，潘友新又说，由于美、苏目前所处关系很紧张，美国政府对苏联是处处加以限制的，所以美国什么时候能够允许苏联客船入境，现在还很难说，冯将军需要等待。冯玉祥很同意潘有新大使这一分析，愿意乘苏联船走。

1948年5月底，吴茂荪夫妇准备离开美国去香港。临行之前，冯玉祥夫妇请他们去最大的"无线电城"电影院看电影。冯唯一的娱乐就是看电影，有好片子他就去看。他们看完电影后，冯又在一家天津馆子请吃水饺。吴茂荪见破费了冯将军几十块钱，心里很不过意，因为知道他平常是不大舍得花这么多钱的。

吴茂荪夫妇临行的头天晚上，一位朋友请他们和冯玉祥夫妇在一家很精致的希腊饭馆吃饭，为吴氏夫妇饯行。吴茂荪注意到，冯这天晚上兴致特别好，红光满面，喜气盈盈，胃口特别好，吃了许多冷菜，自己起身去添了一次又一次。吴茂荪心里很纳闷，因为很久没看见冯的情绪这么开朗了。后来，冯一面兴致勃勃地吃着，一面悄声对吴茂荪说："德全两个月以前和潘友新大使说的事情，已经有回信了，他们欢迎我们全家都去，一切招待，现在就是要设法进行护照的事。"说完想了想又嘱咐说："你回去暂时不必对任何人说，以免万一发生障碍。"吴茂荪这才明白了冯玉祥为什么那样高兴的原因。

当天夜里，吴茂荪夫妇再次到冯家里去辞行。冯把他写好的信和准备分赠几位朋友的钢笔一起交给吴茂荪，托他带去香港。然后，彼此依依惜别地一直长谈到下半夜一点多钟，吴氏夫妇才起身告别。主人亲送客人到电梯口，冯玉祥伸出他那巨大而温暖的手，紧紧地久久握住吴茂荪的手，声音里充满慈祥和热情地说："局势发展很快，我看新政协可能双十节就能举行，也许我们很快就会再见面的。祝你们一路顺风！"

电梯的门关上了，迅速下降。吴茂荪走到街上，手上仍感到冯玉祥留给他的温暖。他怎么也想不到，这是最后的一握。

冯玉祥积极做回国的准备。为了告别侨胞和美国朋友，他分别写好《告别留美侨胞书》和《告别美国人士书》，以备待用。

他的《告别留美侨胞书》是这样的：

亲爱的留美同胞们：

为了祖国的召唤，玉祥不能不和亲爱的侨胞和同学们暂时告别了！短短留美的两年中，和侨胞们同学们携着手，在海外高竖起反对独裁争取民主的旗帜，从事于把祖国真相报道给美国人民的工作。在这离别的时候，对侨胞们和同学们，玉祥一方面是衷心地万分感谢，一方面是希望朋友们再接再厉，完成我们未竟的工作。

玉祥这次回国是为了参加新的政治协商会议，筹备召开全国人民代表大会，组织真正民主的联合政府。从每天的报纸上，侨胞们和同学们都看得很清楚，尽管在美国千方百计援助之下，蒋氏独裁政权已日趋危殆，摇摇欲坠。中国人民的力量正在以排山倒海之势蓬勃地发展，中国前途是再清楚也没有了。人民的胜利就在不远的将来。

除了蒋介石及其反动集团外，将都有代表参加新的政治协商会议。这当中包括了中国共产党，中国国民党革命委员会，中国民主同盟和其他各党各派及无党无派的人士参加。这是一个真正代表中国人民利益的政治会议，这是中国历史从旧王朝走向新时代的一个里程碑。

侨胞们在美国所受的种种痛苦，玉祥一定要在这个新的政协会议中详细地提出。在蒋政权统治之下，今天侨胞们如果回到故乡，几十年血汗换来的一点积蓄，会被官僚恶霸敲诈得一干二净。继续留美工作的，会受到种种的歧视。美国移民局方面对中国侨胞更特别苛刻，美国经济恐慌到来的时候，侨胞们的经济难关如何渡过……这一些一些问题，玉祥都要提出在新政协研究解决的办法。

但侨胞们的自由同时也是要侨胞们自己去争取的，不愿意受剥削，受欺骗，受歧视的侨胞们，应该团结起来反对蒋氏独裁，反对官僚资本，反对美国援蒋。在积极的民主运动当中，产生出中坚的干部来，准备在全国人民代表大会当中，为侨胞之福利而呼喊，并且定出确实有效的政策来。

留美同学们在异国辛勤地学习，完全得不到祖国的照顾，学费没有着落，学成归国后，职业也成为问题，即使找到工作，在疯狂的通货膨胀之下，也无法维持最低的生活……对这一切一切痛苦，玉祥都要在新的政协中详细提出，以便得出补救的办法。

但是同学们的福利同时也要靠同学们自己去争取的，独裁政权的万恶，同学们比谁都清楚，但因种种具体困难，同学们反独裁的斗争还需要更加坚强，更普遍。希望诸位同学要同侨胞们携起手来，掀起一个争自由争民主的巨浪。

最后敬祝侨胞们同学们健康和自由民主运动的开展。

冯玉祥

告别美国人士书

在我短短的居留美国两年当中，旅美的中国人士反对南京贪污独裁反动政权及反对美国援蒋的运动，已经获得了你们很大的同情与支持。特别是我个人

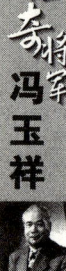

常被邀请向美国人民报告中国的真实情况。为了这些,我非常地感激你们。

我对于中国情况的分析,以及我说南京政权之必然崩溃,都已经被许多事实所证明了。今天,大多数的美国人士对于南京政权之必倒,和中国人民之最后胜利,都已经没有什么怀疑。

我现在回国去参加新政治协商会议。新政协与一九四六年在重庆举行的旧政协最大的差别就是新政协不容许蒋介石及其反动派参加。

新政协将包括中国共产党,中国国民党革命委员会,民主同盟,其他民主党派,以及无党无派的领袖们。

新政协的主要任务就是联合一切民主力量,建立共同纲领,以争取更早更大的胜利。同时,召集人民代表大会,和组织真正的民主联合政府的程序与方案都将被讨论。

我对于中国民主运动之最后胜利具有极大的信心。我可以向你们保证新的中国不仅要维持中美之间的友谊,前且要增进它。我们欢迎所有民主的美国人士到新中国来观光、投资和工作。

但是,我必须着重地指出:美国现行对华政策,经济与军事援助最贪污反动的蒋介石政权以苟延其生命,是违反中国人民利益的。结果,中国人民的苦痛是延长了,美国纳税人民的钱都等于丢在老鼠洞里,而中美之间传统友谊是被破坏了。

在悠长的中国历史中,中国人民是从不向威权屈服的。中国的大学教授与学生都已宣称他们宁可饿死也不接受美国的救济。我希望你们,美国的朋友们,尽一切的努力来变更目前这种有害的政策。

冯玉祥

在冯玉祥离美前夕,《告别留美侨胞书》于7月30日刊登报上,《告别美国人士书》于31日见报。

在冯玉祥内心的深处,是否还潜伏着某种预感?他分别给洪志夫妇和一岁多的孙女、几个月大的孙儿写下了三封信,这是他对后人关爱的最后嘱咐,这是他的绝笔家书。

信件之一

洪志、美玲吾儿:

我不几天即离开美国，你们知道我是为铲除害民贼去的，你们不要惦念我。

你们二人切记住我的话：

1. 你们要各自小心谨慎自己。
2. 和和睦睦比吃什么都好。
3. 和和睦睦比穿什么都好。
4. 你们上有父母，下有子女，不是应当欢喜快乐吗？
5. 不论什么时候要知彼此相忍，彼此相让。
6. 你们不高兴的时候，要吵吵嘴的时候，就想爸爸对你们说的是什么。
7. 要生气了先拿出爸爸的信来看看。
8. 那样永远和睦，你们就是孝顺的儿女了。

切记切记

爸爸　37.7.23.13

纽约

信件之二

文贞爱孙孙：

去年在美西我推着你坐的小车在人行道上走来走去，也照过(相)，可是你不会说话。去年九月我离开卜二克力来到纽约之后，至今就没有见你了，只是你爸爸寄来你的像片，看见你会走路了，我很喜欢。不几天我就要离开美国去打那压制中国民众的独裁去，这是为同胞铲除贼害的工作，你爸爸要同我去，我不叫他去，叫他同你妈妈好好招呼你同你的弟弟文敬。你要记住，永远为民主为世界全人类谋最大幸福，那是最高尚的人格和愿望，这是爷爷教训你的话。此嘱

爷爷冯玉祥

37.7.23.12

纽约

信件之三

文敬爱孙孙：

自生下你来的那一天，我就想到美国西部来看看你，抱抱你，可是我因为革命工作要打倒压制人民的强盗独裁者，就没有工夫了。现在我要离开美国，

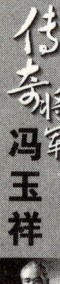

你爸爸要跟我去打独裁去，我不叫他去，我叫他同妈妈好好招呼你同你的姐姐。盼望这封信留在你爸妈手中，等你能懂的时候，他们念给你听。记住爷爷说的话，要为全世界的劳苦大众服务，不为自己活着，那是最伟大的人物。此嘱。

爷爷冯玉祥
37.7.23.12

  此时，中国人民解放军在各个战场上，势如破竹，长驱直进。蒋介石败局已定，蒋家小朝廷覆灭在即。当中共中央着手筹备召开中国人民政治协商会议的消息传来时，在海外的冯玉祥和多少爱国的志士，是何等振奋啊！他们这些不畏蒋介石的强权暴政，在各条不同的战线上尽心竭力，一致为促成新中国早日诞生的人，此时听见了革命胜利的号角在召唤，他们是多么急切渴望能够马上回到祖国的怀抱，汇合到人民庆祝胜利新生的欢乐海洋中去啊！

  1948年7月，苏联客轮"胜利号"（颇毕达）驶抵美国。美国卫生当局要登船施用烟熏消毒法驱灭老鼠，遭到船长的拒绝。美国当即扣留了"胜利号"，迫使它驶入禁海抛锚。以后经过苏联大使馆多方交涉，"胜利号"才靠上码头，并进行了航行检修，部分船体重新刷了油漆。

  7月31日，冯玉祥一家冲破了国民党特务的重重围困和迫害，在纽约登上了"胜利号"。许多朋友到码头来送行。冯玉祥兴高采烈地大声爽朗笑着，和每一个人紧紧握手。

  当他登上舷梯时，又停下来回转身向朋友们挥着手高声说道："我们到祖国再见吧！"

  来美时是一行8人，回国时仍是8人，即冯玉祥夫妇，秘书赖亚力，理达、颖达、晓达、洪达和元铮几个子女。

在"胜利号"上

  "胜利号"是第二次世界大战时，苏联从希特勒德国手中缴获的当时欧洲首屈一指的最大豪华游轮，排水量九千吨。船上宽敞舒适，富丽堂皇，各种设备一应俱全。有可以容纳上千人同时进餐的大餐厅，金碧辉煌的会客厅，碧水清清的游泳池，跳舞场，酒吧间、弹子室、游艺厅等等。

冯玉祥始终不知道，他所乘的这艘豪华客轮，是中国共产党出钱给他包的。就连冯夫人，也是在1958年她加入共产党以后才得知的。有一次，冯夫人见到故旧于志恭时告诉他说："冯先生回国参加新政治协商会议，是毛主席、周总理批准，指示当时东北局财政负责人钱之光同志拨出专款，从苏联雇了胜利号接冯先生回国的。这是我入党以后，和吴老（玉章）在一个小组学习的时候听说的。"

冯玉祥去美国乘的"美琪将军号"，住在一间三层铺、两个座位、与大人小孩杂居的狭窄舱室中，他以偌大的身躯，被夹在中铺，且一家人还住不到一起。现在乘的"胜利号"，客舱分四层，头等舱在顶层，他们一行人住了四套包间，另外还有四位苏共中央委员，三男一女，住在同一层的其他包间里。冯玉祥夫妇舱室的对面，住着颖达和晓达；甲板另一头理达夫妇住舱的对面，住着赖秘书和洪达。头等舱的外面，是宽阔的甲板，其他三层客舱的外面，是大海。

船上有400多名回国的苏联公民，其中大部分是苏联驻美外交人员的子女，因为美国政府不允许苏联在美国设立自己的子弟学校，所以这批孩子多由老祖母等亲人伴陪，回国去读书。

船行一路，饮食丰盛，每天各种娱乐活动丰富多彩。到了晚上，不是开音乐会，就是放电影，或是在月色波光相映交辉之中，举行露天舞会。久受政治压迫的冯玉祥，骤然置身于这样一个气氛轻松愉快的新环境中，多年来压在心头的一块重石头，一下子卸掉了，心情无比舒畅。

一日，海上天气格外好。蔚蓝的天空没有一丝云彩，蓝色的海水平静如镜，一幅奇妙的图景出现在眼前：海天交融成一色，没有了天和水的分界线，远处的航船，分不清它是在天上走，还是在水上行。在甲板的上坐着的冯玉祥被眼前这景色迷住了……

美丽奇妙的大自然，往往会在人的心灵深处激起一种想要拥抱一切的感情。冯玉祥生性严肃，从不在儿女面前表露夫妻之情，这时忽然一反往常，伸出胳膊深情地搂住冯夫人的肩膀，很长一段时间默默无语地凝视着大海。后来他开口说：

"我这次回去以后，要做一个小学生，一切从头做起。"

冯夫人轻轻拍了拍丈夫搭在她肩上的手。

最后诗信

这一次航行，冯玉祥的心情一直很好。他很少出舱，大部分时间在房间里看书，写日记、整理文稿。他的最后一首诗《小燕》，就是在这种愉快的心情下写成的。既有诗情画意，又充满了反对帝国主义的精神，他写道：

"……二次大战后，美人食前言……金元为工具，到处造强权，各洲设基地，无处不为然，德意日所为，转眼又复现。……不可轻人民，人民主人翁。不可恃武力，武力非万能；不可再援蒋，延长我战争。几十亿金元，抛入无底坑；此种冤枉债，我人定不还……"

他在给李济深的长信中，扼要回顾了他在美国所做的部分工作。其中谈道："因为种种原因，实在不能不离开美国。以祥的判断，美国正走法西斯的初步；压制黑人，随便杀，杀了无事；压制自由分子，随便抓起来治罪，对犹太人，红人，华侨，都是用非人的待遇。"

在这封信中，冯玉祥表达的已不是他初到美国时看到的那种貌似太平的假象，他已经了解到美国的种种阴暗面，如果他初到美国时对美国的一些表面现象有过不切实际的认识的话，这种看法已被后来美国的现实所改变了。

这封信的结尾说，他在船上已经快20天了，对外界的消息什么也不知道。他请李济深为他找些《华商报》寄到莫斯科苏联外交部转他。他说："一定能收到。"

8月12日，他一生中最后的一封信写完了。

他的时间已经不多了。

此时此刻，他如何能料到，他愈来愈接近的目的地，不是苏联，而是生命的终点站。

"胜利号"横过大西洋，于8月10日进入直布罗陀海峡；8月17日，驶抵埃及北岸的亚历山大港。靠好码头以后，冯玉祥发现紧靠"胜利号"停泊着一艘国民党军舰，这引起了他的警惕，不再出舱。

冯夫人和理达，当时还持有虽已过期，但尚未被吊销的红色护照，拿着它可以在任何港口自由上岸。18日一早，母女二人抱着姑且一试，争取上岸办事的心情，向验关人员出示她们的红色护照。还好，检验人员没发现期限已过的破绽，放她们过去了。她们松了一口气，赶紧先到邮局，往香港给李济深寄出了信件。我们今天还能看到这封信和这首诗，就是这样侥幸才得以保存下来的。

母女俩匆忙又买了些报纸，急急赶回船上。能有报纸看，冯玉祥很高兴。他一张张打开翻阅，忽然在一份美国报纸上看见一段关于他的消息，标题是："冯玉祥跑了！"内容是说他此行行踪诡秘，去向不明，各方猜测纷纭等等。

全家人倍加小心在意，很少露面。

"防止起火啊！"

"胜利号"在亚历山大港停泊了6天。这期间，有三千多被埃及政府驱赶回国的苏联亚美尼亚人上船回国。

8月21日，"胜利号"重新启航，开往苏联黑海东岸的高加索海口巴统。巴统是离亚美尼亚共和国最近的一个港口，那些新上船的乘客预定在那里登岸。

船上骤增几千人，秩序大乱，人声嘈杂，拥挤不堪，连甲板上、走道间都塞满了人，水泄不通。新乘客们每天晚上都举行盛大舞会，大跳特跳吉普赛舞，有时兴奋到狂热的程度，竟然点起火把欢歌劲舞，船上也不加禁止，更谈不上有什么防火演习了。每逢见到这种场面，冯玉祥不止一次担忧地说："可要提高警惕，防止起火啊！"

船行数日，抵达巴统，三千归民尽去，船上又恢复了安静。

巴统地方官员，上船来向冯将军夫妇表示问候和欢迎。交谈中，他们建议，如果冯将军对长时间坐船感到疲倦了，可以由此地改乘火车去敖德萨。因为"胜利号"的终程也就到敖德萨。冯玉祥有所犹豫，但考虑到船到敖德萨也只剩两天路程了，再换火车，还得花钱另买票，就没有采纳这个建议。

事后家人每每回忆这段往事，都痛悔莫及，因为当时大家都同意继续走水路，如果改乘火车，也许就能躲过劫难了。

巴统行政官员请冯将军上岸观光市容，他欣然应允。一家人高兴地登陆玩了玩，中午在一家饭馆吃了饭。饭后账单送来冯玉祥一看，竟算了相当于30多美元的饭钱，他对苏联食品的昂贵感到惊异，因为这样一顿饭菜完全不值这么多钱。

"胜利号"在巴统又停靠了一周的时间后，横渡黑海，向敖德萨驶去。

第三十章

黑海惨剧

我的遗嘱写好了，不怕任何时候皆可死的。

——冯玉祥1948年2月10日于纽约写下的亲笔《遗嘱》

无声无息火突来

8月31日，船上从无线电中获知苏共中央政治局委员日丹诺夫逝世的消息。9月1日中午，全船为日丹诺夫举行了隆重的追悼大会。会后，船长对旅客们说，明天就要到敖德萨了，大家经过1个月的海上长途旅行，一定感到疲劳了，他建议午后各自回舱，收拾东西，好好休息一下，准备明天下船。

这天照例是午后两点钟开中饭。往常，午饭后是很热闹的，船上光8岁到18岁的苏联儿童和青年，就有200多人，他们总在饭后到处欢蹦乱跳，欢声笑语不绝于耳。这天不然，船上鸦雀无声，静得出奇。各游艺室的门也都锁上了。

颖达、晓达饭后没有回自己的住舱休息，一起跟着进了父母的舱室，房门没有关死，露着一道缝。冯夫人开始动手拾掇东西。

"妈妈，您不用急着收拾，等会儿我们就干了，您休息会儿吧！"晓达说。

"小零碎先归拢一下，省得到时候忙。你们坐那儿陪爸爸说会儿话吧！"冯夫人爱抚地看了晓达一眼说。

卧舱里有两只沙发，一个女儿坐了一个。她们各有各的美，充满了青春的魅力。颖达20岁，丰满略胖，睫毛下闪动着一双美丽的大眼，擅长家务，注重实际；晓达19岁，苗条轻盈，白皙的面皮上，生着两只细长黑亮的秀目，妩媚动人，性喜文艺，《红楼梦》里的诗词，她差不多全能背诵，是姊妹里最聪明漂亮的一个。

父亲半倚在床上，对两个女儿讲述起1926年他去苏联的情景。他说："那时候苏联还很贫困，社会秩序也还没有完全上轨道，比较乱，但它是世界上第一个由劳动人民掌权的社会主义国家，革命气氛很浓厚，生机勃勃的。所以我就把洪国、弗能和弗伐送到莫斯科中山大学。"他把苏联和美国的两种社会制度做了比较，说明这是两个性质完全不同的国家……

女儿们边听边点头笑，在她们那单纯的头脑里，对政治制度、社会性质这些复杂的概念，还装不进去多少。她们只知道自己又要到一个新的国家里去了，天真的心里只充满了新奇、兴奋和快乐。

看着冯夫人干练地来回忙碌着，冯玉祥又有所思地说道："我和你们妈妈奔波奋斗了大半生，没有成就什么事业，也没有攒下什么钱。过去有过一点钱，都办了学校了。今后你们要想自己生活得好就得靠着有本事。我跟你们说过不止一次，在这个世界上，有些人有能力，有些人有钱，这两样比较起来，那钱毕竟是很空虚、很软弱的，因为它本身不是生活必需物品，一旦拿它换不出东西来，它就一点用也没有了。所以，爸爸总希望你们自己多多努力……"话刚说到这儿，素日对什么都最敏感的晓达吸吸鼻子问："什么味儿？"四下一看，她发现有烟从门缝里涌进屋子里来。"着火了！"晓达惊呼着一下从沙发上蹦起来，第一个往外冲了出去……

颖达跟着也朝外跑，一进过道，一股灼热的空气使她感到火烧火燎，她猛又向前冲了几步，忽然一个念头闪过她的脑际："我四姐还不知道呢！"急忙回身，跑着给理达报信去了。

晓达的惊奔，引起了慌乱失措。冯玉祥来不及多加思索，来不及冷静判断，他跳下床来，提起随身的一只小箱子，本能地也离开房间向过道走去。冯夫人抓起丈夫的大衣，紧跟在后面。这时，过道里已是浓烟滚滚，一片漆黑，充满了一氧化碳的热浪。冯夫人隐隐听见丈夫痛苦的呻吟声，但此时此刻她已经爱莫能助了，火舌舐着她的全身，浓烟使她窒息得说不出一个字来，意识模糊了，她昏昏沉沉、跌跌撞撞又回到了房间，一下栽倒在沙发上。她告诉过我，她当时心里最后的一个念头是："就这样完了……"接着就失去了知觉……

房门大敞，浓烟大量涌入。

大火从底层已经蔓延到顶舱,奇怪的是全船的人似乎仍处于毫无觉察的状态,听不见火警、呼叫、哭喊、奔跑……船上极度安静,死寂得像在坟墓里一样。

在这同一时间内,理达穿着睡衣正安闲地躺在床上,看着元铮整理东西。她无意间一抬头,看见从舱顶的壁缝间,冒进缕缕黑烟,她跟元铮说:"你看房顶上怎么冒烟呢?"元铮扫了一眼没在意地说:"是小孩在上面跑的土。"话音刚落,只见颖达一头闯进来喊了句"着火了"转身又往外跑。理达眼疾手快,从床上一跃而起,追上几步把颖达拖了回来,紧紧把门关上。

"赶紧从窗户出去!"元铮直奔舷窗,迅速打开。

"先叫颖达出去。"理达边说边和元铮托起颖达,把她塞了出去。颖达跌落在甲板上,昏过去不省人事了。

"你快出!"元铮催促理达。理达迟疑了一下,回头望了一眼放在床头柜上的一只她喜爱的一只小手表,但转念一想:"反正一会儿就回来了,不拿吧!"就这样连衣服也没顾得换,和元铮相继从舷窗爬了出去……

在这同一时间,洪达也正在床上躺着,赖亚力一面收拾东西,一面给洪达讲1926年他在苏联时看到的各种情形。洪达一只手支着头侧着身子听累了,就换个姿势平躺下去,就在这一瞬间,他看见天花板上往里灌烟。

"赖秘书,怎么上头有烟?"

赖亚力看了看不经心地说:"小孩儿们调皮。"

"看看去!"洪达穿上鞋,走过去拉开了门。迎面一股烟火猛烈地蹿涌进来。

"不好,出事了!"赖亚力扑过去拉住洪达:"出不去了,快跳窗户!"

洪达到了外面,首先想到的是爸爸妈妈怎么样了?他们的住舱还在甲板那面,他撒开腿拼命奔去,理达也刚出来,一眼看见洪达急呼:"快去看爸爸妈妈!"刚缓过来的颖达躺在地上也用微弱的声音对弟弟说:"快救爸爸……妈……妈……"

赶到父母住舱外面,洪达只见窗户紧闭。他脸贴在玻璃上往里看,里面一团漆黑,什么也看不见。他拍着窗户呼叫:"爸爸!妈妈!……"没有一点回音。他觉得脑子"轰"的一下,情急之中,抡起双拳猛砸玻璃。那玻璃是抗强风巨浪的,何等厚实,可怜他皮开肉绽,血涌如注,玻璃连道缝也没裂。

"快去拿斧子!"洪达两眼疯狂的朝元铮吼道。他什么都不顾了,继续用拳头奋击玻璃,鲜血四溅。

理达也捶着舱壁哭喊着:"爸爸!爸爸!妈妈!……"

元铮飞速取来太平斧，洪达夺过向窗户劈去，玻璃哗啦一声碎了，迸开来的玻璃碴子嵌进了洪达的肉里。

"我进去！"元铮拉开洪达。

"我进！"框上残留的玻璃，又在洪达身上划出一道道深深的血沟。

舱里全是浓烟，洪达睁不开眼，吸不动气，发不出声音。他强忍着窒息，伸手到处乱摸。碰到床上，一摸是空的。他想起了沙发的位置，身子东倒西歪地扑过去，他碰到了人，也看不见是谁，一个猛劲抱起来送到窗口，先把头顺了出去。

"是妈妈！妈妈！"理达呜咽着和元铮把母亲死命拉了出去，放倒在甲板上。颖达扶着墙艰难地走过来，看见母亲双目紧闭，她浑身颤抖："妈妈怎么了？"理达把住母亲的脉搏，很微弱，但还在搏动。

"你照顾妈妈！"理达把母亲交给了妹妹。

颖达跪了下来，掐母亲的人中，揉她的胸口。冯夫人一动不动地躺着，她看上去好像已经死了。颖达屏住气靠近母亲的脸，才试出还有一丝鼻息出入。

洪达把母亲抢救出来以后，已经快要憋过气去了，脑子嗡嗡巨响，意识逐渐消失，他觉得自己就要不行了。

"洪达！洪达！"他仿佛听见元铮从遥远的地方在呼唤。"给你……消……消防……器！"元铮被烟呛得话不成句。

洪达挣扎着、踉跄着从窗口接过递进来的灭火筒撞开阀门，一股泡沫强劲喷射而出。他艰难地稳住脚底下，紧紧抱住灭火筒，浓烟稍被驱淡，他这才隐隐绰绰看见父亲那巨大的身躯头朝里、面朝下卧倒在进门口的地方。

"爸……"洪达扑了过去，把父亲翻了过来，一手托起他的头，一手伸进两腿腿弯，想把他抱起来。但竭尽全身最后的一点力气，尝试了几次都没有成功。父亲的头，朝后仰在儿子的臂弯里，两只胳膊软弱无力地垂在地上。不管儿子多么努力，他没有任何轻微的动作表示要助儿子一臂之力，他完全没有反应。

浓烟火浪继续无情地从走廊里往里涌。洪达绝望地摇晃着父亲，父亲的身体沉得像石头一样……

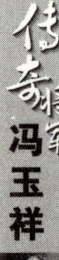

冯玉祥将军告别了

冯家在自救!

洪达紧紧抱住父亲不放,他已经无能为力了,窒息再次使他陷入半昏迷状态,他向父亲的身上倒下去。

正在这千钧一发之际,四个高大的苏联船员身穿消防服冲进舱来,他们一个人拉起洪达,三个人托起冯玉祥送到窗口,但是舷窗的窗口太小了,人出不去。年轻人强大的生命力使洪达从昏迷又清醒过来,他记起那把斧子,摸到后向窗框劈砍。在苏联船员的帮助下,窗口扩大了,冯玉祥终于被救了出去,抬到远离烟火的甲板上。

他的脸是安详的,只有鼻孔下面有一抹黑灰。

他的身体余温犹存。

船医赶来了,他蹲下去翻开冯玉祥的眼皮一看,瞳孔已经扩散,再试脉搏,找不到了。他立刻进行人工呼吸,多时不见心脏起搏。医生显然是临时突然从什么地方跑来的,手边任何急救药物都没带。当他决定注射强心剂奔回医务室去取药时,医务室也正在燃烧,什么药品也抢救不出来了。

窒息过久,急救无药,顷刻之间,冯玉祥将军与世长辞。

海浪滔滔,潮起潮落,永无止息。冯玉祥将军的生命终止了,永远地、永远地终止了。他历尽沧桑,饱经忧患的一生,到此安息了!

冯玉祥将军告别了!

灾难深重

"六姐呢?"洪达哑声地问。

理达悲痛欲绝地从父亲的遗体旁抬起头来,看着遍体鳞伤的弟弟,哭泣着说:"元铮没有找着,正到处找呢。"

洪达放心不下,不顾生死,再入火窟,到晓达卧室里去找她。到处烟火弥漫,他的头发嗞嗞地冒着烟,身上发出一股焦糊气味,他跪在地下爬,迅速摸遍床上地下,没有。他忽然转念想到,他的小姐姐会不会因为身上着了火,跳进澡盆晕过去了，又冲进浴室，澡盆空空的，还是没有。他拧开淋浴喷头，想把自己浇湿再冲出去，水没有了。

冯夫人躺在甲板上，呼吸了新鲜空气，渐渐苏醒过来。她微微睁开眼，目光凝滞地看着天空，意识还没有完全恢复。她仿佛感到在离她很远的地方，飘动着一层迷迷朦朦的蓝色氤氲。逐渐地，那蓝色清晰起来了，那么蓝，那么亮。她认出来了，那是阳光照耀的蓝天。"我这是在哪儿?"她问自己。她忽然发现自己躺在甲板上，"我怎么会在这儿?"就在这一刹那间，她的意识一下子恢复了，眼睛迅即变化出惊恐、痛苦、焦虑一系列复杂的内心感情。她环顾四周，只见颖达面色惨白，失神地坐在她旁边。

她轻轻动了动，颖达马上感觉出来了，她俯身唤着："妈妈，妈妈……"

"他们呢?"母亲无力地问道。

颖达强做镇定地说："他们都在那边陪爸爸!"

"爸爸没事吧?"

"爸爸……爸爸他很好……"

冯夫人脸上掠过一丝欣慰，又闭上了眼。但她突然又睁开眼，挣扎着坐起来说："我过去看看你爸爸去?"

"不不，"颖达急忙按住母亲说，"您休息一会儿再过去，您受伤了，妈妈。"

冯夫人这才感觉出脸上、手上的灼痛。

从事情发生到这时，前后不过二十几分钟。

这时，船上火势愈来愈大，晓达找不到，救火成了当务之急。洪达和元铮拉开一条水龙，拧开消防龙头，准备扑火，不料水管不出水，水源断了!面对取之不尽的万顷海水，他们却束手无策，心如火焚，只能眼睁睁看着大火猖獗蔓延。

"胜利号"上唯一可以通行之道，就是一个木质螺旋形楼梯，自下盘绕而上，再无别的出路。这场大火，是自下而上、自上而下同时燃烧的，熊熊烈焰封住了各层船舱的楼梯口。位于上层建筑的医务室、报务室顷间烧毁塌下，又把顶舱梯口堵死。所有船上的人，上不能上，下不得下。呼号求救之声，震天动地，惨绝人寰。下层各舱的乘客和海员，会水的争先恐后从窗户里纷纷跳进海里。幸亏是夏季，水温高，只要会游泳能坚持，还有希望活命。

可悲的是那些妇女儿童，大部分都没能出来。有的被浓烟呛死、憋死，有

的烧死，还有的不会水也跟着跳海淹死了。苏联妇女一般比较胖，本想从舷窗逃生，结果上半身钻出去了，肥大的臀部卡在窗口出不去，下半身活活烧成焦炭，凄厉惨号之声，令人毛发竖立。窗口一堵，其他人也不得逃生而葬身火海。

和冯玉祥同住头等舱的四位苏共中央委员，三人遇难，一人重伤。

有一个在头等舱服务的姑娘，年轻漂亮，能歌善舞，对人热情，大家都喜欢她。起火后理达在甲板上见到她时，她浑身赤裸，被烧得体无完肤，像个幽灵似的蹒跚着游走。

船上200多名旅客和部分船员，成了这次海难的牺牲品。

海难发生，只有救生艇是唯一可以逃生的工具。"胜利号"上配备有救生艇十几条，但此时大部也已被烧毁，只有三条还能用。当理达绕甲板奔跑寻求生路时，她发现船头左舷放下去的两只小艇上，已经挤满了人；她又跑到右边，那边放下一只救生艇，上面还比较空，一根缆绳垂下，距小艇还有两米多的距离，攀附而下搞不好就有摔伤或跌进海里的危险。

理达把这个发现告诉弟妹们，决定大家都马上下小艇。他们先让母亲下去，赖亚力在下面接着，然后他们几个逐一顺绳而下。

"你爸爸和晓达呢？"冯夫人不见丈夫和小女儿下来，心生疑惑。

"爸爸心脏有点不舒服，晓达陪着他呢。"说完，理达背过脸去，不敢再看母亲。她的神情没有逃过冯夫人锐利的眼睛。

"胜利号"上的幸存者，并不是全都能下救生艇的。船长命令共产党员、共青团员和年轻的人留在船上，和船员们共同组织起来参加救火，他要求自己的同胞们遵守纪律，听从指挥，首先全力以赴保住锅炉不爆炸，尽一切可能切断正向船体后半部蔓延的火势。

苦难之夜

夜色降临了。

冯玉祥将军安静地、孤独地躺在后甲板上。清凉的海风，吹拂着他稀疏的白发，黑色的夜幕，做了他的盖尸布。

"胜利号"上，火焰腾腾，黑烟突突。固定在前甲板上的苏联人带回国去的几部小卧车，也在熊熊燃烧，火光冲天，映红了天空，映红了海面。三只救生艇像树叶一样在无边的夜海中起伏漂荡。幸亏没有大风，否则后果更加不堪设想。

"胜利号"此时的位置，距塞瓦斯托波尔港口只有几小时的航程。可是火灾一起，报务员连海难紧急呼救讯号"SOS"都没来得及发出，报房就毁于火焚。

存活下来的老弱妇孺互相紧紧地偎依在一起，没有哭泣，没有哀号。人们被这突如其来从天而降的大祸吓呆了，暂时处于一种麻木状态。

烧伤者的痛苦呻吟，令人揪心。头等舱的那个女服务员，被安置在冯一家人所乘的小艇上，她在昏迷中不断喃喃着："水……水……"按理，救生艇上应常备食品和药物，定期更换。但小艇上却一无所有。熬到黎明时分，女服务员断气了。

这一夜，冯夫人没有开过一次口，只是睁大着眼睛，凝视着"胜利号"上的火光。

洪达伤势很重，他的两只手，被不时打上来的海水一泡，肿得像拳击师戴的橡皮手套一样。

漫长的苦难之夜……

紧急搜索

9月2日下午3时，是"胜利号"预定抵达敖德萨的时间。

从中午开始，敖德萨港口码头就逐渐热闹起来了。旅客们的至亲好友，船员们的家属，济济一岸，等候远航归来的"胜利号"。接近3点钟时，从莫斯科专程前来欢迎冯玉祥将军的苏联政府官员和敖德萨市的首脑，也出现在码头上。人人企盼地遥望海面，殷切期待着……

3点钟过去了，人们看看表，又望望海。时间一分一秒地向后推移。

港务值班室里的工作人员，先已产生了一种不安的情绪。因为从昨天下午以来，就没有收到过"胜利号"报船位的电报，这是异常现象。

4点了，人们开始显得烦躁……

5点了，人们焦躁的情绪中有了忐忑不安……

海岸电台早已开始和"胜利号"进行不间断的联系，报务员不停地呼唤着"胜利号"，电波在太空中搜寻，呼叫……"胜利号"沉默，沉默……

不祥的预感变为确定的事实："胜利号"出事了！

侦察机立刻奉命起飞,沿着"胜利号"的航线,低飞俯视着波涛起伏的茫茫大海。

夏季的白昼是长的,天将暗时,侦察机终于飞临"胜利号"遇难方位的上空。它低飞盘旋,侦察现场,发出报告。

难船上的人们也看到了飞机。救星来了!男人们脱下自己的上衣,呼喊着挥动衣服。在这一瞬间,人们好像突然从噩梦中惊醒过来,心中的悲痛爆发了,许多人失声痛哭起来。他们已在失去亲人、忍饥受渴和伤痛折磨中苦煎苦熬整整两天一夜了!

两艘军舰紧急出动,全速前进,于9月3日零点抵达"胜利号"出事地点。全体官兵已做好充分准备,救人先救火,在接近"胜利号"一定距离时,停车抛锚。事先已架好的高压水枪对准"胜利号"喷去,一部分官兵分驾小艇攀登上难船,勘察火情,指挥灭火。

经过几个小时的紧张抢救,拂晓时分,"胜利号"上的最后一星余火,被扑灭了。

一片残襟

"胜利号"得救了,但它已面目俱非。到处是烧得糊黑的断壁残架,到处是一股被烧焦的难闻的尸体臭味。

晓达下落不明。姐弟们都心存一线希望,认为她可能和其他苏联青年一起,留在船上参加救火了。当灭火工作一结束,允许旅客回到船上时,理达、洪达和元铮立刻上去,一起寻找。"胜利号"现在是一片混乱可怖的情景。寻找亲人的叫喊声,呼天抢地嚎啕大哭声,把"胜利号"变成了一座人间地狱。想到父亲的惨死,几个孩子一边哭着,一边找寻他们的另一个亲人。

他们爬上顶舱,看到船的前半段建筑全部烧光了,从顶舱一眼可以看到底舱,浇湿的木头,嘶嘶地还在冒烟。他们首先回到住舱去找,原来的家具、陈设、随身携带的衣物,全部化为灰烬,房间里只剩下歪七扭八的铁梁支架,空洞洞怪模怪样地看着他们。四间住舱一一走过,唯独理达房间里放在铁柜上的一只黑色小闹钟,还保持原样地立在那里,元铮走过去一拿,小钟在他手里变成了一撮灰末。

晓达没有。他们的心揪紧了。

"下去找找。"理达说。

洪达走在前面。

"该不会也出了事吧?"元铮满面愁容。

楼梯已不存在了。他们踩着空架一步步往下走,不时有一些塌落在上面的东西往下直掉。

"晓达……"元铮在呼唤。

"六姐……"洪达在呼唤。

不见那熟悉的美丽身影,听不到一声回应。但是他们绝不相信,残酷的火魔会同时夺去他们两个亲人的生命。

找到底层了,没有。

"怎么办?妈妈和颖达在下边该着急了。"理达泪如泉涌。

"什么也不能让妈妈知道!"洪达声音哽咽。

绝望的情绪笼罩在三个人的心上。他们悲痛地站在那里默默相视。在这短短的几十个小时里,他们一下都老了许多。谁也不想说话,只有目光表示出一个决心:再找!

他们重又沿着原来的路线,互相搀扶着往回走。走几步,停下四处张望一阵。楼架上上下下的人多了起来,人人神情悲痛严肃,泪痕满面。军人们碰到旅客,都闪开身子站下,同情地让他们先过去。也许是人来人往碰撞震动的缘故,在姐弟三人刚才经过的三等舱拐角处,理达一眼从一火堆黑糊糊的乱物中,看见一片花料子的衣服碎片。她浑身的血顿时好像都凝固了,两眼直直地盯着那片残襟,瑟瑟发抖,张了张嘴却说不出话来。洪达见姐姐神色突然大变,顺着她的目光方向望去,他的心猛地往下一沉。他也认出来了,那是晓达今天穿的衣服。他两腿发软地慢步移过去跪下,双手轻轻拨开乱物,小心地取出一片巴掌大

冯晓达

的残襟,托在剧烈颤抖的手心上……

经过的事实是:当时晓达一察觉出着火后,跑出去就直奔楼梯口,她哪知道这楼梯正是火源的中心,无情的烈火一下就把她卷下去吞噬了。她就这样从这个几秒钟前对她还是充满光明和快乐的世界上消失了。

她只留下这一片衣襟,告诉家里人:她走了!

劫后余生

活下来的旅客,全部被接上了军舰。"胜利号"也被拖着,一齐送往敖德萨。

船行至中途,一艘快艇飞驶而来,靠上一艘军舰,从上面接走了冯夫人、颖达、洪达和几个苏联重伤员,直接送到克里米亚半岛上的一所疗养院进行治疗。

冯玉祥将军的遗体,由理达、元铮、赖亚力护送着,继续前往敖德萨。

克里米亚半岛,经过第二次世界大战的洗劫后,尚未恢复,满目疮痍,一片荒凉,使人的精神上更感到愁苦压抑。入院后的次日晚上,洪达走进母亲的病房,在她床边坐下来,把她的一只手握在自己的手里。

"觉得好点吗,妈妈?"

冯夫人久久地看着儿子,一语不发。突然,大颗大颗的眼泪滚落枕边。"你爸爸不在了,晓达也不在了。你们不用再瞒着我了。"

洪达无语哽咽。

"我都知道,我都明白……"冯夫人把脸埋在枕头里痛哭。

洪达紧紧抱住母亲:"好妈妈,不要这样,不要……"他忍不住了,也放声大哭起来。

"着火了!着火了!"一个女子的尖叫声突然从走廊传来。

冯夫人和洪达惊得跳起。

"着火了!着火了!"

颖达光着脚,披头散发在走廊里边跑边狂呼。医护人员、病员都跑了出来。洪达追上去把她抱住:"怎么了,五姐?"

颖达喘息着,眼睛惊恐地四下望着:"着火了!着火了!"

"你看着我,"洪达摇晃着姐姐,"这里没有火。"

"那是我做梦了,我做梦又着火了!"

冯夫人和洪达把颖达送回房，大夫叫护士给她打了一针镇静剂，看着她安静下来大家才离开。

在几个孩子中，颖达自小因父母忙于抗日活动，照料不过来，把她寄养在别人家，缺乏细心的照顾，得了肺病，体质不好，遇事有点神经质。她的精神受不住这样重大的打击和刺激，一度失常。每天晚上都从噩梦中惊醒，大叫着"着火了"往外跑，一直到去了莫斯科住在旅馆里，夜夜都出现这种情况。过了一个多月以后，才逐渐恢复正常。

在克里米亚的三天中，冯夫人没有合过眼。丈夫和晓达的音容笑貌，总在她眼前。她怎么也无法接受这残酷的现实，她那活生生的丈夫和女儿，就这样好端端的突然没有了，她不能相信。她总觉得自己是在做噩梦，她希望这真的是一个梦，一觉醒来，一切都好好的，什么也没有发生。

但这毕竟不是梦，这是活活痛煞人，叫人能发疯的残酷现实。

一个晚上，她又流着泪对儿子说："你爸爸写的《我的生活》里，有一章是'河边的眼泪'，写的是他十八岁那年，和他爸爸生分；没想到你今年正好十八岁，爸爸和你死别了。他走了，把晓达也带走了，都走了！"母子二人又哭了一场。

冯夫人痛定思痛，几不欲生。但当她想到，丈夫生前的志愿，是要回到祖国的解放区去，参加人民民主革命，如今他的志愿，变成了未竟的遗愿，她负有继承丈夫遗志的责任，去完成他的心愿。她勉励自己，不能就这样在悲痛中消沉下去，应该振作起来，坚强地活下去！

忠魂化做轻烟去

9月6日，苏联政府派专机飞往克里米亚，接冯夫人去莫斯科商谈关于冯玉祥将军后事的处理办法。冯夫人带着颖达和洪达，未愈便出院了。

到了莫斯科，冯夫人表示，冯将军在遗嘱中有所嘱咐，希望身后火化。她一切按照他的遗愿办。

9月7日，苏联当局又派两架专机到敖德萨，一架接运冯玉祥将军的遗体，一架接赖亚力、理达和元铮。

飞机降落莫斯科机场，冯玉祥将军的遗体由苏联近卫军战士缓缓抬下。冯夫人大恸。

机场上举行了隆重的迎灵仪式，气氛悲壮。仪式完毕后，冯玉祥将军的遗体当即被送往火葬场火化。

火化前，按照苏联陆军传统的最高葬礼，举行告别仪式。灵堂布置得庄严肃穆，摆满了苏联党政军各有关方面敬献的花圈。

冯玉祥将军的遗体，躺在苍松翠柏鲜花环绕之中，灵床的四个角上，肃立着四名持枪的红军战士。

仪式由苏联陆军高级将领主持。哀乐声起，仪仗队鸣枪致哀。

苏联方面致悼词后，冯夫人向冯玉祥将军做最后的告别。她坚强镇定，没让自己掉下一滴眼泪，凝视着丈夫的遗容说："玉祥，你安息吧!有晓达陪着你在一起，我们更放心了!"

仪式结束，火化开始。冯玉祥将军灵床下的地板无声无息地洞开，灵床托着他的遗体，徐徐降了下去，直到看不见时，地板复又悄然合拢。工夫不大，只听轰然一声震响，空气中顿时散发出一股隐约可嗅的电火味。仅三秒钟，冯玉祥将军的遗体焚化完毕。

民族忠魂冯玉祥，化做一缕轻烟，飘忽而去了。

家人做最后的告别

不久，在敖德萨的一处公墓里，出现了一座新坟，墓碑上刻着：冯晓达之墓

后事料理完以后，苏联外交部长莫洛托夫接见了冯夫人，对冯玉祥将军不幸遇难深表痛心。他表示，为了对这一重大不幸事件负责，如果冯夫人同意的话，苏联政府愿意承担几个孩子的全部教育责任，直到他们在苏联学成为止。

深切的悼念

冯玉祥将军海上遇难的噩耗传出，中外震惊。尤其是国内的同志、朋友，甚至一般老百姓，都难以置信地怀着无限沉痛的心情互相询问道："冯先生真的死了吗？"一切认识

洪达在苏联入学后与母亲

他、了解他、知道他的人，是不愿意相信像冯玉祥这样一个人，会这样的突然倒下去的。尤其是正当全国被压迫人民在中国共产党的领导下组织起来，团结起来，做反帝、反封建、反官僚独裁的最后激烈斗争中，人们是不愿意像他这样一个爱国者和革命领导者无端端死去的，他们怎么也不能相信冯玉祥会死，他绝不会无缘无故在黑浪滔天的火光中倒下去。

但是，报道冯玉祥将军父女同时罹难的电讯违人心愿，陆续传来。国民党革命委员会的同志们惊心动魄，奔走相告。李济深将军尤难置信，因为他刚还收到冯将军自亚历山大港寄给他的信和诗，怎么可能旦夕之间便有此剧变？但各通讯社均作报道，他只得往莫斯科发了一个急电，请塔斯社设法转交正在莫斯科国家医院中接受治疗的冯夫人。电文说：

冯夫人礼鉴：

惊闻噩耗，本会同人，同深痛悼。冯先生之殉难，实为中国民主革命之重大损失。特电致唁，并希节哀。

至于冯将军殉难详情，尤盼电告。李济深，九月八日。

冯夫人报丧的复电到了：

李济深将军：

冯玉祥将军不幸于九月一日下午三时在黑海"颇毕达号"轮船上被焚逝世。我俟健康恢复后即返中国，继续为民主奋斗。冯李德全，九月八日晚。

千万人所不相信、所不愿意的冯将军的死，终于是事实了。他竟是真的去了！

李济深将军接获冯夫人的复电，证实冯玉祥将军确实遇难的死讯后，即于9月9日晚间，用驻港中国国民党革命委员会秘书处的名义，由李济深署名，公开发表谈话如下：

据本月五日中外各通讯社报道，本会中央执行委员会常务委员兼政治委员会主席冯玉祥同志，于自黑海巴统赴敖德萨航程中，不幸与其女公子同时遇难。济深等惊闻之下，悲痛莫名。冯同志自满清末年以来，即服膺革命的三民主义，致力革命，逾四十年，举凡辛亥革命、讨袁、反段、倒曹、北伐、抗战诸役，无不赴汤蹈火，躬与创导。近两年来，为求实现总理三大政策，及奠定中国与世界之民主和平，不惜以六八高龄，远涉重洋，大声疾呼，抨击国内外反动势力，唤起国内外人民大众，反对美帝援蒋屠杀中国人民，促进实现民主联合政府，成绩昭然。今不幸逝世，诚为中国与世界和平民主运动之一大损失！济深等为完成冯同志未竟之志，誓当再接再厉，奋斗到底，以期革命的三民主义之完成，中国的独立民主与和平之彻底实现。至于冯同志之遇难经过事实，本会正在查询中。

同时，国民党革命委员会与各民主党派在香港的领导人，共同开会商讨举行冯玉祥将军追悼大会事宜。在会议上，他们决定了四个原则：一、大家联名去电莫斯科，向苏联各方面探询冯玉祥将军罹难的经过详情。二、由各党派联名，去电莫斯科向冯夫人李德全女士致唁。三、于最近期间，在香港筹备召开一个追悼冯玉祥将军死难的纪念会，并集资出版冯玉祥将军著述全集。四、香港各民主党派，本来预定于10月1日，在香港举行一个"民主筹备"的庆祝会，藉以庆祝各党派中70岁以上的八九位民主老人。顷以冯玉祥将军不幸遇难，决定取消。

各进步党派、人民团体和友好人士的唁电，像雪片似的飞往莫斯科。向冯夫人致慰。

中共中央主席毛泽东，人民解放军总司令朱德：

惊悉冯先生及令媛不幸遇难，至深痛悼，冯先生置身民主，功在国家。尚希勉抑哀思,并为实现冯先生遗志而奋斗。

中共中央委员周恩来、董必武、邓颖超:惊悉冯先生及令媛遇难,谨致哀悼之忱。

这些唁电只是其中的一小部分,还有许多充满了深切同情和真挚感情的慰问电,给予冯夫人以极大的鼓励。

在香港的国民党革命委员会的同志,原计划要举行一个较大规模的追悼会,但因反动势力从中阻挠,未能开成。一直推迟到10月3日,才得以举行一个小型的追悼会。到会的有李济深、何香凝、朱蕴山、陈邵先、张文等数十人。

追悼会会堂,布置得简单庄严,堂中悬挂冯将军遗像,前置香台,供奉清茶、鲜果、花圈,四壁满悬挽联挽词。民革中央常委朱蕴山代表献香及恭读祭文。

冯将军的故交知友,莫不哀痛著文,从各方面对他进行缅怀。这些纪念文章,当即汇编成《冯玉祥将军纪念册》,在香港出版。其中,郭沫若所著《永远活在人民的心头》一文有诗一首:

> 革命焉能血不流?
> 人民冤债向谁收?
> 不辞肝脑终涂地,
> 乃挈妻孥远赴欧。
> 假道未能归冀北,
> 求仁有得在心头,
> 功亏一篑吾知勉,
> 魂绕中华日万周。

在上海的旧部,迫于当局的压力,悲痛地开了一个无声的追悼会。

冯玉祥将军惨遭不幸时,余心清正关押在南京老虎桥监狱里。一天,一个难友从他的囚房经过,看四下无人,赶紧扒在囚门的小窗上低声急唤:"余先生!"

"什么事?"余心清从地铺上起来,发现难友脸色十分难看,他想是自己要被执行枪决了。

"听说外面报纸上登了,冯先生死了!"

"你说什么?"余心清不相信自己的耳朵。

那位难友紧张地回头四顾了一下,又急急说:"说是在海上遇难了。"

"详细情况是什么?"

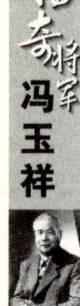

"就听说这么点,别的都不清楚。我走了。"

晴天霹雳在余心清心里炸开,他脚下好像生了根似的,久久站在那里一动不动。

彻夜不眠,老泪长流。他用心血凝成了两句哀悼诗:

  海上惊噩耗

  狱中哭先生

支持中国革命的美国朋友们,对冯将军之死,也万分痛惜,集会悼念。据新华社陕北9月7日电转载纽约讯:

"美国民主人士三日在此间举行冯玉祥将军追悼大会。在大会上演讲者有奥斯伯尔尼教授、史沫特莱女士、华侨日报编辑唐明照及哥伦比亚大学讲师与校友等。冯玉祥追悼委员会在对大会的通告中宣称:为纪念冯玉祥将军,该会将发起一个援助中国学生的行动。通告指出冯氏对于中国学生运动曾寄予同情和关怀。并宣称:中国学运今日在反暴政的共同斗争中起着英勇的作用。成千的学生急需粮食、衣物、书籍及其他基本的必需品。我们应该对他们的迫切需要有所援助,才能使我们对冯将军的追悼更有意义与更切合实际。"

美国前内政部部长伊格司连续在《纽约邮报》上发表两篇悼念文章,并对本国政府迫害冯玉祥将军进行了强烈谴责。

冯将军之决定悄然离美而不惜远渡重洋去华北或其他地方以寻求安全,这应该怎样解释呢?几个月前,曾有两个美国移民局的官员去纽约访问冯将军,要求查看他的护照,他们问他何时进入美国以及打算逗留多久。

他们所提出的唯一另一问题是:他是否拥护蒋介石。他回答说,他是蒋介石的敌人,他认为蒋已经背叛了中国。他说明他是香港国民党革命委员会的代表,而且他已经在国务院登记作为该委员会的代表。

这两位移民局官员的访问自然使冯大为不安,特别是因为他经常都是在中国特务的威胁之下,他同时还收到过许多匿名的恐吓信,他认为都是蒋方间谍的大作。

在美国,冯将军曾多次出席大会演讲,这些大会多半是我们美国人也在里面猛烈抨击我国对华错误政策的大会。

冯将军是加入美以美会的一个基督教徒。他曾经聘了教士去对他的士兵讲道。然而,今天,这位英勇的大兵自己却不得不悄悄地逃出了一个基督教的国家,因为有理由相信在这个国家里他的生命和安全都是在危险之中。

在美国的许多侨胞,也深深为冯将军之死哀伤。他们写了长长的悼念信,寄往香港国民党革命委员会。

对冯玉祥将军之死,美国国务院拒绝评论,只是不着边际地宣称:"蒋总统因冯玉祥之不忠行为,已于本年1月间撤销其政府职务。"

蒋介石阵营方面的反响是:"不能和冯玉祥道别甚憾!甚憾!""像冯玉祥这样一身反骨的倒戈将军,倒不如死了好,免得给党国增加许多不必要的麻烦。""何以李德全仅受轻伤,不曾死去?"他们以为,没有了冯玉祥,他们的反动统治就可以多苟延残喘几天了。但是,他们高兴得太早了,殊不知冯玉祥浩气长存之日,正是他们行将灭亡之时。

国民党政府对冯玉祥之死所抱的态度,激起了人民的愤怒。在南京有一个士兵,因见大汉奸周佛海死了,国民党当局如丧考妣,公然祭吊;而今抗日将领冯玉祥遇难了,竟然毫无表示。他气愤不过,公开写信向南京政府提出抗议。和这样一个普通士兵的觉悟和正义感相比,冯玉祥在南京的很多旧部中,像薛笃弼这样身为部长的就有好几个,可是他们之中谁也不敢发起举行追悼会。薛笃弼还向新闻界发表谈话说:"冯在美迭次发表反政府的言论,本人还抱着一种知无不言的态度,向冯劝告,但是冯因为彼此的政见不同,后来连信也不回了。"还说:"如果冯先生能和蒋先生携手合作,岂不甚好,冯先生练兵到底是个角儿,假若不涉猎政治,这就好了。"

其实,南京政府如果真给冯玉祥开追悼会,那反倒是对他的污辱。因为他早已公开宣布与蒋介石反动政府断绝关系,而成为中国民主阵营的领袖之一。纪念他并继续奋斗去完成他的未竟事业,乃是中国人民大众的任务。

1948年11月,冯夫人伤愈出院,告别了她留在苏联的儿女,独自抱着丈夫的骨灰盒,回到了东北解放区。抵达东北后,她即在电台上发表声明,号召西北军官兵弃暗投明,光荣起义,站到人民方面来,不要再为蒋介石挑起的罪恶内战卖命了。

1949年2月26日,冯夫人回到北平。她把丈夫留给她的房产,无偿上交国家,又把丈夫遗下的28箱珍贵史料,捐献给全国政协文史资料委员会。丈夫留下的衣物,全部分赠亲友,她说:"看见这些东西,心里就难过。"

冯玉祥遗留的这批珍贵史料,后来全国政协移交给了南京第二历史档案馆。

"文革"结束后,见到文史资料委员会办公室的同志,他们说当年幸亏这些史料转走了,如果还留在政协的话,"文革"中就什么也剩不下了。我们今天能看到出版的多种冯玉祥的文集、日记等,都来自于此。

1949年9月1日午后2时,冯玉祥将军逝世一周年纪念大会隆重举行。周恩来总理等六百余人出席了大会。毛主席、朱总司令及各民主党派、各人民团体所送的挽联花圈布满了会场四周。

哀乐声中,由李济深主持举行了祭礼。周总理致悼词指出:

"冯玉祥先生从一个典型的旧军人转变成一个民主的军人,他经过曲折的道路,最后走向了新民主主义的中国。冯先生生前进行反蒋,尤其在美国最后一幕与美帝国主义曾进行了正面的斗争。……冯先生坚决地拒绝了美帝国主义对他的引诱,毅然离美准备回到中国解放区,接受参加新政治协商会议的号召,不幸中途遇难,实值得大家纪念。"

民革主席李济深的悼词是:

"公死我曾哭,今日不可再。计公死至今,历时才一载。短短一载来,局面已大改。领导有贤明,团结力滋太。解放立丰功,生产竟超迈。封建已消除,帝国已失败。人民翻了身,国势弥澎湃。公灵定有知,九泉应自在。"

郭沫若等许多冯将军生前知交先后致了悼词。

最后,冯夫人臂缠黑纱,登上讲台。她声音慷慨悲凉:

"冯玉祥,安徽巢县人,一八八二年生,出身农家,自幼投军……"

她简明扼要地追溯了冯玉祥一生的重大经历和遇难经过。她表明自己的心迹说:

1948年7月31日,我们终于冲破了美帝国主义及国民党反动派在美特务分子的百般阻挠,搭乘苏联船"胜利号"离开了纽约。一行八人,除我和冯玉祥以外,还有我们的三个女孩理达、颖达、晓达,一个男孩洪达,女婿罗元铮和赖亚力先生。但没想到我们在旅途快结束时,出现了火灾,遭到了不幸,冯玉祥和我们的小女孩晓达遇难。我们都受到不同程度的烧伤。当我们一行被快艇送到克里米半岛上的一个医院治疗时,我躺在床上仔细想,冯玉祥的志愿是回到解放区,参加人民民主革命。现在遭遇不幸,他的志愿未能亲自看到实现,我也要把他的骨灰带回解放区来,以实现他的心愿。为了参加革命,我勉励自己要踏着冯玉祥的脚印完成他的遗志。我虽然自信半年多来的工作比我一生任何一个时期都更使我兴奋,我觉得生活得更有意义,但是由于我过去50多年,都生活在落后的环境当中,使我学习的还不够快,进步的还不够迅速。今后,我只有更加百倍地努力,在党和毛主席的领导之下,为人民民主革命,为新民主主义建设,尽我的一切力量。我觉得这是纪念我敬爱的冯玉祥最好的方法。

冯夫人没有稿子,她一字不顿地致完了她的悼念词。

当时,冯夫人住在北京饭店三楼西头临街的一间大客房里。当她参加完追悼会在饭店楼下等候电梯时,神情十分悲痛,竭力保持镇定。她贝满女中时代的同学、我的母亲刘兰华上去扶住了她,陪她一起回到卧室。床上铺着墨绿色的罩单,墙顶垂下同样颜色的大幔帐,冯夫人倒在床上,双手掩住脸面,眼泪从她的指缝间涌了出来。

1951年,冯夫人向邓颖超同志表示了她想争取参加中国共产党的愿望。邓颖超同志鼓励她努力学习,努力工作。1958年,冯夫人以六旬之年光荣地参加了中国共产党。

长眠泰山

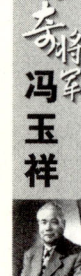

为了永久地纪念冯玉祥将军爱国一生的历史功绩,党中央决定将他的骨灰安葬在泰山。在周总理的亲切关怀下,选址泰山西山麓下修建陵墓,1952年破土动工。

1953年10月15日,冯玉祥将军骨灰安放仪式,在他的陵墓前隆重举行。墓地上笼罩着肃穆庄严的气氛。墓前高悬着毛主席、朱德委员长、周恩来总理的亲笔挽词。毛泽东为一个人题写两次挽联,除冯玉祥外,没有第二个人享有过如此殊荣。

政务院副总理黄炎培挽词:

扶正驱邪,出其不意,惟先生能为人所不能为,抗敌忾国,委曲求全,惟先生能忍人所不能忍!从这点上看,先生是民族英雄主义者。新中国站起来了,先生其安息!

墓地四周,放满了花圈。送花圈的机关有中央人民政府政务院,中共中央统一战线工作部,中国国民党革命委员会中央委员会,中国民主促进会,中国人民救济总会,中国红十字会总会,中国人民解放军海军司令部、政治部等。个人有宋庆龄、李济深、张澜、沈钧儒、郭沫若、黄炎培等。

参加安葬仪式的有中央人民政府李济深副主席，中国共产党中央委员会统一战线工作部副部长于毅夫，中国人民政治协商会议全国委员会副秘书长梅龚彬，中央人民政府委员会办公厅副主任余心清，中国国民党革命委员会中央常务委员于振瀛、王昆仑、邵力子、陈劭先、贺贵岩、张治中、蒋光鼐和中央委员吕集义、吴茂荪、刘斐及冯将军生前友好高树勋、赖亚力、王冶秋、王卓如、屈武、黄绍竑、王葆真、魏凤楼、傅华亭、高象九等人。此外参加安葬仪式的还有中共中央山东分局统一战线工作部副部长赵笃生、山东省各界人民代表会议协商委员会副主席李澄之、中国国民党革命委员会山东省分部筹备委员会召集人范予遂、泰安专员公署专员王翰卿、泰安县人民政府县长罗祥临及泰安县各机关、团体、学校和当地居民共八百余人。

冯玉祥将军陵墓

安葬仪式在上午9时半开始，由李济深副主席主持。在哀乐声中，刚以优异成绩从苏联海军学校毕业回国的洪达，身穿中国人民解放军海军制服，怀中捧抱着父亲的骨灰盒走到墓壁前，轻轻把骨灰盒放进开在墓壁正中央的洞穴内。

在场的泰山居民有的泣不成声，有的放声痛哭，有许多上了年纪的人，是从几十里地以外走着赶来参加的，对冯玉祥仍怀着十分深厚的真挚感情。

全体默哀三分钟。

李济深副主席致悼词，冯夫人致答词，洪达代表子女致谢词。

11时礼成，备极哀荣。

冯玉祥将军的陵墓，位于他当年在泰山时为便利人民来往而修建的大众桥东头。全墓皆采用泰山花岗石砌成，庄严宏伟。墓壁正上方是郭沫若的手笔："冯玉祥先生之墓"七个金色大字。骨灰盒放入洞穴后，外面镶嵌以冯将军的侧面浮雕头像封穴。黑色的头像衬以白色花岗石底，四周以黑色花岗石镶边，庄重朴素。在头像的下方，横嵌着一块长方形的黑色磨光花岗石，上面刻着冯将军在1940年5月30日手书的一首自题诗——《我》：

> 平民生　平民活
>
> 不讲美　不要阔
>
> 只求为民　只求为国
>
> 奋斗不懈　守诚守拙
>
> 此志不移　誓死抗倭
>
> 尽心尽力　我写我说
>
> 咬紧牙关　我便是我
>
> 努力努力　一点不错

这首诗，可以说是他对自己一生的概括写照。

墓阶分三层，由最低一级拾级而上，共六十六级，这是泰山人民用以象征冯玉祥将军在生命的道路上度过了六十六个春秋。

墓前两旁，栽了两株梅花，周围和顶上，栽满了苍松翠柏，银杏冬青，郁郁葱葱，巍峨气派。

在"文化大革命"十年浩劫中，泰安人民用他们的爱，把冯玉祥将军的陵墓完整无损地保护下来。至今，每逢清明节，到他墓前扫墓的人群络绎不绝。

泰山，这是冯玉祥当年探讨革命真理、锤炼革命意志，为继续前进进行休整的地方。至今，那里仍保存着他的许多遗迹，岱庙里辟有纪念室陈列他的遗物，介绍他的生平，民间广泛流传着关于他的故事。

冯玉祥将军最终安息在他生前喜爱的泰山。他的头上云雾缭绕，脚下大众桥水淙淙流响，四周古柏苍松萦绕环抱。

安息吧！

冯玉祥将军遇难的真相，长久以来始终是个谜。当年流传最广的说法，是说他在自己舱里放电影，不慎胶片燃烧，引发火灾。如前所述，实际情况完全不是这样。

1982年夏天，赖亚力和夫人朱虹到青岛疗养，约洪达和我见面。

他第一次向我们透露了这样一个内幕：当年黑海事件发生后，苏联方面最后有一个调查报告，那场大火是"烈性炸药引起的"。

"为什么没有公开这个调查报告呢？"洪达问。

"出于国际和政治上的种种因素考虑吧。"

"那是谁干的?"我问。

"这到现在还不清楚。有过很多的猜测,比如船在美国曾经进行检修,船体刷过油漆,这中间有没有人做过什么手脚?再是那几千亚美尼亚人登船,是不是有国民党特务混在里面?还是有什么其他政治势力的阴谋,都讲不好。"赖亚力说。

"还是一个谜呀!"洪达叹气。

"至少咱们知道了海难不是意外灾害,而是谋害。"我说。

"对你们家人和世人来说,这是个很重要的真相。我为什么直到现在才告诉你们,是因为看了你们写的书,我觉得是应该告诉你们的时候了,我的年纪也这么大了,我再不说,你们就永远不会知道事实真相了。"

"谢谢你,赖叔叔。"洪达伸过手去和赖亚力握手。

第三十一章

冯玉祥百年诞辰纪念

> 焕章先生是很值得我们纪念的人物，他一生有相当长的时间为国家为人民做了许多好事，建立了丰功伟业。
>
> ——1982年9月27日《人民日报》

1982年9月26日，隆重的冯玉祥百年诞辰纪念大会在北京举行。

邓小平在人民大会堂亲切会见了冯玉祥的子女。他说："今天我们在一起纪念焕章先生诞辰一百周年。焕章先生是很值得我们纪念的人物，他一生有相当长的时间为国家为人民做了许多好事，建立了丰功伟业。他是同我们党长期合作的朋友。李德全大姐是很好的同志，我们也很怀念她。"

二姐冯弗伐代表没有来的第三代向邓爷爷问好。小平同志笑着说："你们的大姐弗能是我在苏联东方大学的同学，她是我们班上年纪最小的，只有十五六岁。当时有两个人是我们班上最年轻的，一个是冯弗能，一个是蒋经国。"小平的思绪又回到了久远的过去："焕章先生要求我们党派人到西北军，我们从莫斯科来了20多个人，刘伯坚同志也是那个时候来到了西北军，做政治部部长。当时我们有三个人打前站，我就是其中的一个，那时我才23岁。记得1926年跟李大姐的弟弟一起经过大沙漠，坐的是运军火的汽车，当时交通很不方便，我们在库伦呆了一个多月，才回到内蒙。回到内蒙以后，焕章先生五原誓师，李大钊同志还派人送来了作战计划。当时还检阅了部队，是马鸿逵的队伍。记得我们还和焕章先生在红城广场一起会餐，吃馒头啃咸菜，那时候西北军的生活苦得很。"

小平同志点燃一支香烟，沉思了一下又说："从辛亥革命以来，焕章先生一直

大会现场

是比较好的，即便有一段时间经过一些曲折。1927年蒋介石清党的时候，别人都在杀共产党，他对我们的态度还是比较温和的，礼送出境。"说到这里小平同志笑了，"焕章先生和我们是有因缘的。"

接下去，小平同志关切地问大家："你们工作上、生活上有什么困难没有？"问得大家心头又是温暖又是酸楚。几十年来，由于历史及其人物大多都没有得到公正的对待，冯玉祥头上一直顶着"军阀"、"伪君子"的帽子。从苏联学成海军指挥人员的洪达，归国后一直在海军服役，因受阶级路线的限制，备受压制，这时他已年近半百，在团的职位上已经蹲了快三十年了。我鼓足勇气，简单向小平同志介绍了洪达的情况。此后不久，洪达的工作问题就解决了。

结 束 语

写到这里，本书可以告一段落了。在半个世纪的风云变幻中，冯玉祥扮演了一个有声有色的角色，近、现代的许多历史事件中，留下了他的足迹。在一切公正的人们的心目中，他是一个真诚的爱国者，一个坚决抗日御侮的民族英雄，一个反对独裁内战以身殉国的民主斗士。历史的结论就是如此。

冯玉祥之所以能不断进步，就在于他的心和普通老百姓的心是相通的，把"不扰民，真爱民，誓死救国"作为他的行动口号。他从前半生的挫折、失败中，不断地总结经验教训，敢于和旧我决裂，和一切逆历史潮流而动的黑暗势力决裂。他是老而弥坚，愈挫愈奋。特别到了晚年，思想达到了一个新的高度，认识和接受了这样一个真理：只有共产党，才能救中国，并且把共产党看作他安身立命的最后归宿。

在最后，笔者引用著名历史学家翦伯赞的一段评议，来作为统观冯玉祥一生的说明。

翦伯赞在1948年所写的《追忆玉祥将军》一文中写道：

冯将军的一生，每天每时，都在学习，不断地学习，切切实实地学习，这在一个普通人也许没有什么奇怪，然而照一般的情形说，以他的地位，他就应该学会洋奴买办地主官僚党棍的习惯，把他的时间用于贪污剥削、卖国求荣、杀人放火、谋财害命，做一个祸国殃民的帮凶。以他的年龄，他就应该把他的时间用于嫖赌逍遥抽鸦片，做一个腐朽无知的元老，但是他都没有学会，所以在洋奴买办地主官僚党棍看来，他是"欺世盗名"。

由于冯将军在生活上保留着浓厚的农民习惯，和知识之继续增长，所以在政治上就表现为不断的进步。照他的时代和环境，他可能做一个满清忠臣，但他没有，他参加了辛亥革命。在辛亥革命以后，他可能做一个北洋军阀的头目，但他没有，他从军阀阵营中举起革命的旗帜，反对曹、吴，反对段祺瑞，最后誓师西北，参加十五六年的大革命。在大革命以后，他可能像阎锡山一样割据

一方，也可能像何应钦之流臣服蒋介石，但他没有，他曾经几次武装起义，反对蒋介石的独裁。在反蒋失败以后，他可能像李宗仁、白崇禧一样，认贼做父投降蒋介石，但他没有，他隐居泰山，读书乐道。在"九一八"以后，他可能像汪精卫一样假借共赴国难和蒋介石同流合污，用不抵抗主义，变相投降日本，但他没有，他发动了长城抗战，反对妥协。在抗战爆发以后，他可能像许多两面派的政客一样不左不右，亦左亦右，但他没有，他和中共及左派的文化人做朋友，呼吁民主，主张团结。在政治协商会议破裂以后，他可能像孙科一样望风转舵，反共反苏，以保持其禄位，但他没有，他跑到美国考察水利。到美国以后，他可能隔岸观火，看风转舵，但他没有，他公开反蒋反美，而且在美国反美，以致被取消护照。在取消护照以后，他可能接受美国国务院的收买，像胡适和于斌这些洋奴一样做美国反动派的工具，但他没有，他断然予以拒绝，毅然离美回国，参加新政协，以致因此而遇难。即因他没有做保皇党，没有做军阀，没有做卖国的汉奸，没有做蒋介石的帮凶，没有做美帝国主义的洋奴，而是一步一步向前走，所以在一切反动派看来，冯玉祥的为人是"叛变"，是"倒戈"，是"反复无常"。

总而言之，冯将军的一生，是一个由农民出身的将军，而又逐步回到农民的过程，他从反满清反军阀进步到反蒋反美，进步到拥护中国的解放战争，完成了他的完美的历史人格。为了中国，为了中国的人民，他一生刻苦自己，帮助人民，他菲饮食，恶衣服，卑宫室，最后献出了他的生命。

江河日夜流，大浪淘英雄。在我国近、现代史上，一些显赫一时的"大人物"，都成了匆匆来去的过客，灰飞烟灭；而那些真正为民族、为人民做过好事的人，人民总是不会忘记的。在中国革命历史博物馆中，那些为民族解放、国家独立、社会进步、人民幸福而做出贡献的一代英杰中，就有冯玉祥将军在内。

千秋功罪，谁人评说？人民，只有人民，人民创造了历史，又对历史人物作出自己的最有权威的定论。

注　释

①陆建章(？—1918)，冯玉祥的长官、姻亲，有知遇之恩。被北洋皖系将领徐树铮诱杀于天津奉军关内总司令部(时张作霖为总司令，徐为副职)。1925年徐在廊坊火车站被冯玉祥部下枪杀。(文见第10页，略写为p10，下同)

②蔡锷(1882—1916)，湖南邵阳人，字松坡。辛亥革命时举行昆明起义，任指挥。后反对袁世凯称帝，发动护国战争，带兵入川。英年早逝，有《蔡松坡先生遗集》。(p18)

③蒋鸿遇(生卒年月不详)，字静庵。河北保定军官协和第一期学员，学习骑兵，曾在云南任骑兵营长，为人机警干练，足智多谋。(p18)

④张之江(1882—1966)，河北盐山人，字紫岷。早年为冯玉祥"武学研究会"成员，滦州起义失败后逃匿。后又跟随冯玉祥南征北战，衔至陆军上将。新中国成立后任全国政协特邀委员。(p20)

⑤李鸣钟(1886—？)，字晓东，河南沈丘人。1909年毕业于陆军随营学堂，辛亥革命时，在冯玉祥营任排长，滦州起义失败数年后，重又投奔冯玉祥，1916年授步兵上校，1917年任步兵团长，并授陆军少将。1921年升任步兵旅长，兼驻常德镇守使，后晋升陆军中将。(p20)

⑥鹿钟麟(1884—1966)，河北定县人，字瑞伯。早年曾参加冯玉祥组织的"武学研究会"，滦州起义成员。1917年重投冯玉祥，一生相随，屡建战功。1924年在冯玉祥发动的首都革命中，执行了驱逐末代皇帝溥仪出宫的任务。官至国民党政府兵役部部长等职。抗战后退居天津，新中国成立后任国防委员会委员。晚年寓居天津热心街道工作，调解邻里纠纷，颇多好评。(p21)

⑦薛笃弼(1890—1973)，字子良。山西运城盘村人。1911年山西法政学校毕业，投身辛亥革命，任河东军政府主办的《河东日报》社长。随后任河律县地方审判厅审判长、临汾县地方审判厅厅长等职。1914年后在冯玉祥部先后任第十六混成旅秘书，常德县知事，五原誓师时为财政委员会委员长。而后在国民党政府任过甘肃省省长、民政部长、内政部长。(p26)

⑧徐谦(1871—1940)，安徽歙县人，字季龙。清末进士。1917年任孙中山大元帅府

秘书长;1921年任大理院院长;1924年参加国民党"一大";1926年任国民党中央执行委员兼北京执行部主任。武汉政变发生后,受到汪精卫、蒋介石两派排挤,被迫辞去一切职务,寓居香港,重操律师职业。一生为中国现代司法制度的建立和完善竭心尽力。(p29)

⑨钮永建(1870—1965),上海松江马桥乡人,字惕生,号天心。早年在日本学习军事,加入同盟会,辛亥革命时率队攻打江南制造局,失败后遭通缉,逃亡日本。1912年任南京临时政府参谋次长代行总长职务等,1926年参加国民革命军北伐,曾担任国民党考试院院长,长期任国民党政府监察院院长等要职。(p29)

⑩胡景翼(1892—1925),陕西富平人,字励生。同盟会会员,辛亥革命后,在直系任师长等职。1923年与冯玉祥、孙岳结成反直联盟,于1924年发动了首都革命,任国民军副司令兼第二军军长、河南督办。(p33)

⑪张自忠(1890—1940),山东临清人,字荩忱,著名爱国将领。从1916年起在冯玉祥部队先后任营长、团长。1931年任二十九军三十八师师长兼张家口警备司令。七七事变后,一度代理冀察政务委员会委员长,后率部参加台儿庄会战。1940年5月在与日军作战中壮烈牺牲。(p34)

⑫刘镇华(1883—1952),河南巩县人,字雪亚。1912年任豫西观察使兼镇嵩军统领。1918年任陕西省省长,1925年被吴佩孚任命为讨贼联军陕甘总司令。1927年任冯玉祥部第八方面军司令,后归属蒋介石。1936年精神失常,1952年死于台湾。(p35)

⑬孙良诚(1892—1950),河北静海县人,原名良臣,字少云。行伍出身。历任冯玉祥部团长、师长、第二方面军总指挥,后出任山东省政府主席。抗日战争时期任鲁西行政主任,后投敌,任敌伪第二方面军总司令。解放战争时又被蒋介石任命为一〇七军军长。1948年11月向解放军投诚,后脱逃潜居上海。上海解放后被捕,病死狱中。(p35)

⑭孙连仲(1892—1990),河北雄县人,字仿鲁。行伍出身。1924年任青海省政府主席。中原大战后附蒋,曾任国民党第二十六军总指挥。抗战时任第二集团军总司令,后任第六战区司令长官,参加台儿庄战役。解放战争时任第十一战区司令长官兼河北省主席等职。新中国成立前夕逃往台湾,任国策顾问。(p35)

⑮冯治安(1896—1954),河北故城人,字仰之。行伍出身。历任冯玉祥部师长、军长。七七事变时,所部驻守卢沟桥,抵抗了日军的入侵。后任河北省政府主席、第六战区副司令长官等职。新中国成立前夕逃亡台湾。(p35)

⑯余心清(1898—1966),本书作者之父,安徽合肥人。早年为冯玉祥部的随军牧

师,受冯玉祥提携,转入军界、政界。毕业于美国哥伦比亚大学行政系。1933年任抗日同盟军总务处长。后代表冯玉祥参加反蒋抗日的"福建人民政府"。抗战初期,在华北敌后打游击。1939年到重庆任国民党行政院赈济委员会委员,负责救济难民的工作。1946年到北平任孙连仲第十一战区设计委员会主任。1947年因策动孙连仲起义,发往延安的密电被蒋介石特务机关截获,被捕入狱,在狱中坚贞不屈。建国后,历任中央人民政府办公厅主任、政务院机关事务管理局局长、民族事务委员会副主任、人大常委会副秘书长等职。"文革"初期被迫害致死。著有《在蒋牢中》。(p36)

⑰宋哲元(1885—1940),山东乐陵人,字明轩。历任冯玉祥部师长、总指挥、热河都统,后任国民党第二十九军军长、察哈尔省政府主席。1933年,参加抗日同盟军进行长城抗战。抗日战争时任第一战区副司令长官。1940年在四川绵阳病故。(p36)

⑱王瑚,字铁珊,国学大师级人物。民国时任江苏省省长,名望高,孚众望,他清正廉明,两袖清风,无积蓄,无财产,人品极受冯玉祥敬重。冯玉祥说:"我所见到的真能廉洁自律的官吏,第一当数王铁珊先生。他身为大吏数年,即一文钱亦无不清白,他生前清苦一世,到老尤为寒素。"王铁珊写过16个字,作为自己终身操守的座右铭:"万分廉洁,只是小善;半点贪污,即为大恶。"(p41)

⑲唐悦良(1888—1956),广东中山唐家湾镇人,字公度。早年毕业于上海圣约翰大学。1909年(清宣统元年)公费赴美留学,获哥伦比亚大学硕士学位。1925年在冯玉祥部任外交处长。曾任国民党代理外交部长,处理过"济南惨案"善后问题,后任外交部常任次长。(p41)

⑳李德全(1896—1972),北京通县人。解放后历任我国第一届卫生部部长,全国妇联第一、二、三届副主席,全国政协第四届副主席及其他多种社会职务,1956年加入共产党,曾率团访问过世界30多个国家,做出杰出贡献。(p41)

㉑李彦青作为曹锟的下属,还杀害过两名爱国记者,被曹锟包庇下来。(p46)

㉒刘郁芬(1886—1943),字兰江,河北清苑人。1925年冯玉祥命其为甘肃总指挥,并代理他任甘肃军务督办。历任冯玉祥第十一混成旅旅长,国民军第二师师长,驻甘肃总司令,甘肃省政府主席等。(p47)

㉓曹锟之弟,和曹锟住在一起。(p49)

㉔光绪妃。特允延后两日出宫。(p50)

㉕光绪妃。(p50)

㉖石友三(1891—1940),吉林长春人,字汉章。行伍出身。跟随冯玉祥多年,官至

总指挥。1929年投靠蒋介石，抗战时期任第六十九军军长，第十军团军团长。1940年因准备投降日寇，被其部下高树勋处决。一说是在马上被从后面用绳勒死，一说是在黄河边给活埋了。(p52)

㉗孙科(1891—1973)，广东香山(今中山)人，字哲生。孙中山之子。官至国民政府行政院院长等职。(p53)

㉘加拉罕(1889—1937)，前苏联高加索人，全名列夫·米哈伊洛维奇·加拉罕。1923年任第一任苏联驻华大使，在推动冯玉祥倾向革命、支持中国北方革命运动和中共北方区委的工作方面起了重要作用。(p55)

㉙米·马·鲍罗廷(1884—1952)，苏联人。他出生于沙俄时代一个犹太人的家庭。16岁开始革命生涯，支持列宁，在国内外从事革命工作。1918年十月革命后，被派到欧美许多国家执行秘密任务。1923年孙中山要求苏联派一位高级政治顾问给他，鲍罗廷被选中来到中国，任广东革命政府最高政治顾问和共产国际驻华代表，对中国早期的革命做出了应有的贡献。1949年初因斯特朗案在国内被捕，1951年5月29日，死于西伯利亚劳改营中。1956年政府又为他平反恢复了名誉。（斯特朗，美国女作家，1927年和鲍罗廷同时在郑州冯玉祥处，表现得对鲍极为恭敬，甚至亲手为他拉风扇，并表示愿与其他同行人轮班为他服务。)(p55)

㉚佟麟阁(1892—1937)，河北高阳人，字捷三。行伍出身。曾在冯玉祥部任国民军第一师师长、陇南镇守使。1931年任国民党第二十九军教导团团长兼张家口警备司令。1937年任第二十九军副军长。七七事变爆发后，日军飞机轰炸北平南苑，以身殉国。现在的北京城内有"佟麟阁路"，以资纪念。(p57)

㉛于右任(1879—1964)，陕西三原人，原名伯循，号骚心，又号髯翁，晚年号太平老人。早年加入同盟会，追随孙中山反对帝制。复旦大学校友。曾在上海办《神州日报》。诗人、记者、政治家、书法家，被誉为"当代草圣"。1964年病逝于台湾。(p59)

㉜孔祥熙(1880—1967)，山西太谷人，字庸之，号子渊。早年经营钱庄。1901年留学美国，毕业于耶鲁大学。辛亥革命后，任山西督军阎锡山的参议。后历任国民党政府实业部部长、财政部部长、行政院院长、中央银行和中国银行总裁等职务。1967年病逝美国。(p59)

㉝李烈钧(1882—1946)，江西武宁人，字协和，老同盟会会员。1913年发动"湖口起义"，掀起"二次革命"，1915年参加护国运动，任护国军第二军总司令。后与冯玉祥结识，成为莫逆之交。(p59)

㉞邵力子(1882—1967),浙江绍兴人,原名凤寿,字仲辉。清末举人,同盟会会员,著名爱国人士,后为中国国民党革命委员会领导人之一。20世纪50年代曾热心提倡节制生育。(p59)

㉟吴稚辉(1865—1953)。老同盟会员,国民党元老,西安交通大学校友,学贯中西。与张静江、蔡元培、李石曾并称国民党四大元老。曾拒绝出任国民党政府主席职务。去世前嘱咐将他葬在金门附近海域以贴近大陆。(p59)

㊱孙传芳(1885—1935),山东泰安人,字馨远,大军阀。1935年在天津做佛事时,被为父报仇的女义士施剑翘刺杀。施女被捕入狱,经冯玉祥营救得以释放。(p60)

㊲韩复榘(1890—1938)河北霸县人,字向方,行伍出身,曾任河南省政府主席等职。中原大战时投靠蒋介石。1930年任山东省政府主席。抗战时任第五战区副司令兼第三集团军司令,日军侵入济南,为保存军事实力,不战而放弃山东。1938年初蒋介石到开封,以召开军事会议为名诱捕了他,即被押送武汉,拘禁在武昌平阅路30号二楼,交军法执行总监部羁押,被军警枪杀于居所内。(p61)

㊳张宗昌(1881—1932),山东掖县人,字效坤。出身贫苦,早年在东北当土匪。辛亥革命时率百余兵马回山东任民军团长,曾占据了山东、河北、江苏的一部分,成为最有实力的军阀之一。督鲁三年,横征暴敛,骄奢淫逸,人民痛恨,有民谣:"也有葱,也有姜,锅里煮的张宗昌。"(p62)

㊴阎锡山(1883—1960),山西五台人,字百川。辛亥革命后任山西都督,长期盘踞山西。1927年投入国民党集团,1930年与冯玉祥等联合出兵反对蒋介石,失败后逃往大连。"九一八"事变后,支持蒋介石的不抵抗政策;抗战时期在中共的影响下,组织"牺牲救国同盟会",后又屠杀山西共产党人。抗战结束后,参加蒋介石反人民的内战。1949年逃离大陆,1960年病死台湾。(p63)

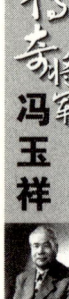

㊵刘伯坚(1895—1935),四川平昌人。1922年加入中国共产党,1923年赴苏联学习,1926年被派到冯玉祥西北军中任政治部副主任。1935年被国民党军逮捕杀害。(P70)

㊶吉鸿昌(1895—1934),河南扶沟人,字世五。回族。曾任冯玉祥部师长,中原大战倒戈投向蒋介石,后任国民党第二十一军军长兼宁夏省政府主席。1933年与冯玉祥共同发动察哈尔抗战,任第二军军长兼北路军前敌总指挥。抗日同盟军失败后,到平津等地从事抗日活动,1934年在天津被国民党逮捕,英勇就义。临刑前,用树枝在地上写下了绝命诗:"国破尚如此,我何惜此头。恨不抗日死,留做今日羞。"(p83)

㊷续□□(？—1947)，山西崞县人。早年参加中国同盟会，后在国民军工作，1935年因痛恨国民党政府卖国投降政策，在南京中山陵剖腹自杀，以死抗争，遇救未死。1947年病逝。中共中央追认为中共正式党员。(p84)

㊸刘志丹(1903—1936)，陕西保安县(今志丹县)人。1924年成为陕北的社会主义青年团第一批团员，1925年转为共产党员。在冯玉祥部曾任第四路军党代表兼政治处主任。国民党反共后，转入地下活动，成功地创建了西北工农红军和西北革命根据地，为中央红军两万五千里长征到达陕北，在延安建立根据地打下了基石。1936年4月14日，在与国民党军作战时，中弹牺牲。(p84)

㊹唐生智(1889—1970)，湖南东安人，字孟潇。1927年任第四方面军总指挥，与冯玉祥率领的国民革命军第二集团军在郑州会师，是第一个举兵反对蒋介石的人，兵败。中原大战时，他联合汪精卫、阎锡山通电反蒋。被蒋击败后，化装逃往天津，后流亡香港、澳门、新加坡等地。抗日战争时，避居湖南，从事教育。建国后曾任全国人大常委和民革中央常委等职。(p84)

㊺方振武(1885—1941)，安徽寿县人，字叔平。1926年率部加入冯玉祥的国民军，后任国民党第四军团总指挥、济南卫戍司令、安徽省政府主席等职。1933年参加冯玉祥组织的抗日同盟军，失败后出走香港。1941年日军进攻香港时，在逃难途中遇害。(p88)

㊻徐永昌(1887—1959)，山西崞县(今原平市)人，字次辰。曾任国民军第三军军长，国民革命军北方军东路总指挥，国民革命军第三集团军第十二路总指挥，绥远、河北、山西省主席，南京军事委员会办公厅主任，军令部长。日本投降后，代表中国在东京湾美国密苏里号军舰上接受日本投降。后任陆军大学校长，国民大会代表，国防部长，总统府咨政。(p89)

㊼何应钦(1890—1987)，贵州兴义人，字敬之。北伐后，继蒋介石任国民革命军第一军军长。1933年3月调任军事委员会北平分会委员长，负责与日本侵略者谈判，并先后与日方签订了妥协的《塘沽协定》、《何梅协定》、《秦土协定》。抗战爆发后，兼中国陆军司令部总司令。新中国成立前夕逃往台湾。(p96)

㊽李宗仁(1891—1969)，广西桂林人，字德邻。桂系军阀首领。中原大战时站在冯玉祥、阎锡山一边。抗战时任第五战区司令长官，指挥台儿庄会战。抗战胜利后任军事委员会北平行营主任。1949年任中华民国代总统。1965年从美国回国。(p96)

㊾宣侠父(1899—1938)，浙江诸暨人，号剑魂。1923年加入中国共产党，1925年到

冯玉祥国民军中工作。1933年参加同盟军,任第二军政治部主任兼第五师师长。1938年被国民党特务杀害。(p118)

㊿赵登禹(1890—1937),山东荷泽人,字舜臣。行伍出身。1927年任冯玉祥部旅长,1928年任国民党第二十七师师长。1933年率部在长城喜峰口抗击日军,后任一三二师师长,1937年以身殉国。 (p140)

(51)老舍(1899—1966),满族,北京人,原名舒庆春,字舍予,笔名老舍。中国现代小说家、戏剧家。抗日战争时为“文协”负责人。有《骆驼祥子》、《茶馆》、《四世同堂》等传世之作。“文革”初期受迫害在北京投湖自尽。(p145)

(52)沈钧儒(1875—1963),浙江嘉兴人。早年为清光绪进士，后留学日本。回国后参加了辛亥革命运动和反对北洋军阀的斗争。“五四”运动爆发以后，他积极参加新文化运动，提倡新文化、新道德。坚决反对蒋介石的不抵抗政策，“四一二”反革命政变时被国民党当局逮捕。抗日战争胜利以后，为彻底摧毁南京反动独裁政府，为彻底实现民主、和平、独立的新中国做出了重要的贡献。后来他创建并领导了中国民主同盟。新中国成立以后，曾担任过中央人民政府委员，最高人民法院院长，全国人大常委会副委员长，全国政协副主席，民盟中央副主席、主席，国际民主法律工作者协会副主席等职务。 (p145)

(53)国民党特务头子。(p152)

(54)抗日战争前,孙凤鸣在南京枪击汪精卫,汪受伤未死。(p153)

(55)李完用(1858—1926)，朝鲜人，任内阁总理大臣，在朝鲜改称韩国期间，极力献媚日本帝国主义，1910年竟主张日韩合并，与日本订立日韩合并条约，朝鲜从此亡国。 (p153)

(56)李济深(1886—1959),广西苍梧人,字任潮。桂系军事领导人之一,爱国民主人士,中国国民党革命委员会的创始人,建国后曾任中央人民政府副主席等职。(p167)

(57)张澜(1872—1955),四川南充人,字表方。25岁中秀才。在保路运动中立下大功。为官川北,革除旧弊,标立新尚,在任期间,廉明清正,不以居官而谋私利。1941年参加发起中国民主政团同盟(1944年改为中国民主同盟),同年10月继黄炎培之后任民盟中央执行主席、民盟第一届中央委员会主席。(p167)

(58)龙云(1884—1962),云南昭通人,字志舟,彝族。曾任国民党政府云南省主席等职。1948年加入中国国民党革命委员会。新中国成立后曾任全国政协常委,国民党革命委员会中央副主席。(p167)

㉟刘文辉（1894~1976），中国爱国将领。字自乾，法号玉猷。四川大邑人。1916年毕业于保定陆军军官学校。曾任国民革命军第二十四军军长、川康边防军总指挥、西康省主席及川康绥靖公署副主任等职。1949年12月9日，与邓锡侯、潘文华在四川彭县通电起义。中华人民共和国建立后，历任西南军政委员会副主席、四川省政协副主席、林业部部长、全国人大常委会委员、全国政协常委。著有《走到人民阵营的历史道路》等。(p167)

㉖陈铭枢(1889—1965)，广东合浦人，字真如。国民党爱国将领，中国国民党革命委员会领导人之一。曾参加淞沪抗战，后任国民党政府代理行政院院长，反对蒋介石妥协政策，主张积极抗战。日本投降后反对蒋介石发动内战。建国后，曾任全国人大常委等职。(p167)

㉑朱蕴山(1887—1981)，安徽六安人。同盟会会员，失败后被逮捕，曾被绑赴刑场陪斩。中共秘密党员。中国国民党革命委员会的发起人之一。建国后曾任全国人大副委员长，全国政协副主席，民革中央主席等职。(p167)

㉒刘、冯指刘汝明和冯治安，他们过去都是冯玉祥的部属。抗战胜利后，刘任职第二集团军总司令，驻防在开封一带，和中共部队紧挨着。冯治安的第三十三军，驻防在徐州一带，西面与刘汝明防地相接。余心情曾计划利用西北军的旧关系，打进刘汝明的军队中去策反。因为刘、冯所处是居中的一环，地位处在蒋介石南京的心门上。如果冯治安肯把刺刀举起来反伐一击，半个华北的局势就会发生重大变化。(p172)

㉓仿鲁即孙连仲，冯玉祥的西北军旧部。他当时的战区司令部设在北平。抗日战争胜利后，他电请余心清北上帮助工作。(p172)

㉔1946年10月12日，冯夫人李德全在国际妇女代表大会预备会议上发表演说，呼吁美国政府停止援华，并从中国撤退美军，获得大会热烈的支持。会后不久，冯夫人收到邓颖超写来的一封热情洋溢的信，祝贺她成功。(p177)

㉕1938年11月13日，国民党军弃守岳阳，纵火烧长沙，造成"长沙大火案"。(p182)

㉖刘兰华(1889—1969)，本书作者之母，山西榆次人。父母在义和团时殉难，由教会抚养，13岁上小学一年级，后入贝满女中，留美后，毕业于美国耶鲁大学。曾是孔祥熙的亲弟弟孔祥祯的未婚妻，孔祥祯不幸一次外出时被土匪杀害。年近40岁时才与余心清结婚。曾任齐鲁大学女生部主任，山东医学院外语系主任，山东省人民代表，济南市妇联副主席，山东省政协驻会常委。"文革"中面对红卫兵的暴行，傲然漠视之。(p213)

主要参考书目

冯玉祥著,《我的生活》,黑龙江人民出版社,1983年版
冯玉祥著,《冯玉祥自传》,军事科学出版社,1989年版
冯玉祥著,《冯玉祥选集》,人民出版社,1985年版
《冯玉祥日记》,江苏古籍出版社,1992年版
冯焕章先生丛书之五,《十六混成旅练兵纪实》,北平东方学社(出版年月无考)
冯玉祥丛书,《国民革命军革命史初稿》,(出版社无考),1931年版
赵谨三著,《察哈尔抗日实录》,上海军学书社,1933年版
王晓荣著,《国共两党与察哈尔抗日》,人民出版社,2005年版
尹心田遗稿,《回忆冯玉祥与抗日同盟军》,1981年
鹿钟麟遗稿,《一九二八年访苏前后的回忆》,(年月无考)
简又文著,《冯玉祥传》,传记文学出版社,1982年版
蒋铁生编著,《冯玉祥年谱》,齐鲁书社出版,2003年版
陈立人著,《冯玉祥》,昆仑出版社,1998年版
刘芳著,《我和冯玉祥的来往》,天津文史资料选辑第七辑,1980年版
宋聿修著,《抗日战争前冯玉祥在南京的一些情况》,河南文史资料第四辑,1980年版
王华岑著,《跟随冯玉祥在泰山》,山东文史资料选辑第十四辑,1983年版
孙连仲著,《我在冯军经过及对冯玉祥的认识》,传记文学出版社,1982年版
米暂沉著,《杨虎城传》,中国青年出版社,1998年版
余心清著,《在蒋牢中》,新中国画报社,1950年版
阎稚新著,《李大钊和冯玉祥》,解放军出版社,1987年版
[苏]阿·瓦·勃拉戈达托夫著,《中国革命札记》(1925—1927),新华出版社,1985年版
[苏]亚·伊·切列潘诺夫著,《中国国民革命军的北伐》——一个驻华军事顾问的札记,中国社会科学出版社,1981年版
中国现代革命史资料丛刊,《鲍罗廷在中国的有关资料》,中国社会科学出版社,1983年
西安党史资料《冯玉祥的清党情况》,第七辑,1986年版
郭烙著,《由爱国主义到共产主义——李德全生平纪略》

后 记

——一本值得一读的好书
——一位值得纪念的国士

王　奇

2007年岁末，接到余华心寄来的新作《传奇将军冯玉祥》，一时想起1980年她作为最早的北漂一族来到北京，搜集资料，撰写冯玉祥将军晚年生活的情景。她的父亲是余心清，我极佩服他爱憎分明、宁折不屈的性格。"十年浩劫"中，他被迫害致死。犹记开国之初，他出任中央人民政府办公厅副主任及典礼局局长。一些从老区来的同志，对于外事礼节以及吃西餐的规矩都很陌生，由他口述，笔录成文，几经推敲，打印成了外事礼仪须知，反映很好。当年分管民革中央机关日常工作的吴茂荪副主席与冯玉祥将军和余心老，是反对国民党反动派的亲密战友，叮嘱我尽力帮助华心。我从公谊和私交两方面都义不容辞。主要还是华心本人奋笔疾书，日写万字，终于完成《冯玉祥将军魂归中华》一书。时隔28年，又见她的新作，较前书规模更为宏大，颇多人所未道的第一手材料，又配近百幅少见的图片，图文并茂，引人入胜。2008年是冯玉祥将军海上遇难60周年祭，这本书无疑是对将军的最好祭奠。

《传奇将军冯玉祥》可读性很强。作者作为和冯氏家族有着家庭渊源的一员，掌握了不少鲜为人知的第一手资料，系统客观地再现了冯玉祥一生的历史轨迹，在不少方面填补了冯氏研究的空白。冯玉祥的一生，可圈可点。他从11岁当清兵，一步一步迁升到总司令的高位，在民国史上每次发生的重大事件中，都参与其中；他好学不倦，自奉极俭，遇事敢作敢为，体现了他的不平凡之处，不愧是我国近代史上一位伟大的爱国主义者。作者以她亲见亲闻和所掌握的大量史料，旁征博引，选择重大的历史事件和有趣的生活细节，较之过去更为细致地将冯玉祥对国之忠，治军之道，治学之勤，赴事之勇，律己之严，爱人之切，待人之诚，一一道来。

本书主要从几个方面向我们讲述了冯玉祥其人:

革命性:过去不了解冯玉祥的人,认为他的性格反复无常,善变多变。本书使我们清楚地看到冯玉祥一贯的精神。他反清,反袁,反复辟,是为了推翻帝制,拥护共和;反段,反张,反曹、吴,是为了打倒军阀,改革政治;反日,反美,反蒋,是为了民族解放,民生幸福。他一生为之奋斗的目标只有一个,那就是民族解放,国家独立,政治民主,经济平等。可以说,他是孙中山先生的真正信徒。

治军:中国近代统兵将帅,真正了解士兵生活,与士兵同甘共苦的,公推冯玉祥。他的军纪严明,走遍了黄河流域和江淮流域,所到之处,无论是驻扎还是过路,都受到老百姓的欢迎,在过去军阀混战时代,只有他能做到"不扰民"三个字。

治学:冯玉祥从未受过正式教育,他的学问都是自己刻苦学来的。他是活到老,学到老,做到老。对于求知方面,丝毫不肯放松一步。他爱读书,善读书,一字一句用心圈点,悉心研究,对于政治、经济、文艺,都有很深的造诣,在汾阳和泰山是他读书最有成就的时期。他有丰富的社会经验,所以每读一本书,都不是读死书,而是联系实际,有他独到的见解和收获,所以能对中国革命和民主运动作出贡献。

本色:冯玉祥先世两代,都是农村中最受压迫和剥削的底层,他自身又是从下级士兵做起,虽然从艰苦的环境中脱颖而出,身居高位,但是始终没有改变平民本色,几十年如一日地与百姓同呼吸,共命运。

爱憎:冯玉祥爱憎分明。他爱国爱民,礼贤下士,对于有气节有学问的人,非常恭敬有礼,亲切而富有人情味儿。他从不包容坏人,从北洋时期一直到南京政府,所有的腐败官僚政客,流氓党棍,都贿赂不了他,更威吓不倒他,可以说他是出污泥而不染。他推崇"万分廉洁,只是小善;半点贪污,即为大恶"的廉政思想,在中国腐化堕落的人们眼中,他是一个怪物,是一个叛逆。他家教极严,生前就对子女明说不留遗产,遗嘱中也如是写明,让子女靠自己的双手去生活。他机智幽默,有演说的天才,对于坏人无情地嬉笑怒骂,使之无地自容。

归宿:冯玉祥晚年在美国,为自己光荣的历史画上了一个圆满的句号。他无数次地公开讲演,谴责美国政府援助蒋介石打内战的错误政策,敢与美国政府直接斗争，澄清了不少中国人对美国所抱的幻想。他绝不上外国势力的圈套，大义凛然地拒绝收买，毅然决然地返回祖国，参加建设新中国的大业，表现了不折不扣的大智大勇，在归途中最终为民主而牺牲。作者在本书中首次公开了冯玉祥遇难的真正原因是谋害。

作者还为我们提供了近百幅极有价值的老照片，在影像凝固的一瞬间，留住了对冯玉祥将军的记忆，也留下了对历史的记忆。

据悉本书出版后，读者反映良好，此次印刷已是第三次印刷。这本书写到了1948年民革成立的前因后果。李济深将军和冯玉祥将军是民革的创始人，他们分任民革中央执行委员会和政治委员会主席。作为民革中央机关的老干部，我觉得此书值得我们民革同志一读，以了解先贤前辈们为新中国的创立而不怕坐牢牺牲，与中国共产党共同奋斗的艰苦历程。

是为重印后记。

注：作者为前民革中央常委、全国政协委员，曾任《团结报》（中国国民党革命委员会主办）总编辑、《统一论坛》杂志社（中国和平统一促进会主办）社长。本文首发于2008年6月26日，2009年6月刊发于本书时略有改动。